아기 운이 쑥쑥

예쁜 이름 좋은 이름 1000

베이비네임스 대표 · 박상원

동학사

Prologue

이름대로 산다

세상에서 가장 큰 기적은 생명을 낳는 일이다. 이제 막 태어난 아기의 조그만 손과 맑은 눈을 보며 가족들은 기쁨과 감사의 기도를 올린다. 건강하길 기도하고 총명하길 기도하고 풍요롭고 행복하길 기도한다. 그러한 소망과 기원을 담아 이름을 짓는다. 부르기도 좋고 뜻도 좋으며 운명에 잘 맞는 이름을 찾기 위해 엄마 아빠는 오랫동안 많은 노력을 기울인다. 지금까지 들어보지 못했던 특별한 이름을 짓기도 하고 항렬을 따라 이름을 짓기도 하고 산뜻하게 한글이름을 짓기도 한다. 그리고 가장 좋은 이름이라 결정한 그 이름으로 아이를 평생 부른다.

    사람은 이름대로 산다. 어떤 사람들은 인생의 성공과 실패가 이름과 무슨 상관이냐고 하지만 이름은 아이의 운명을 결정짓는 가장 중요한 요소다. 이유는 반복되는 에너지 때문이다. 이름에는 에너지가 있다. 이름은 많은 사람들이 반복해서 평생 부르므로 이름에 담긴 에너지는 더욱 커지고 더욱 단단해진다. 그 에너지가 운명을 이끈다. 그래서 이름은 신중하게 짓고 운명을 밝게 열어줄 좋은 이름을 지어야 한다.

그러나 현실은 안타깝다. 오늘날 우리의 삶 속에서 이름 짓는 일이 도무지 쉽지 않다. 표기는 한글이고 내용은 한자고 발음은 국제적으로 쓸 수 있게 부드럽고 세련돼야 하니 학문적 배경이 없는 부모들이 짓기에는 여간 힘든 일이 아니다. 가까운 부모님께 부탁하자니 한문에 대한 지식이 깊지 못하고 학식이 높은 성직자에게 부탁하자니 특별히 가까운 인연이 없다. 여기저기 작명소를 알아보지만 그렇게 신뢰가 가지 않는다. 오행이니 획수를 말하며 이름을 잘못 지으면 명이 짧고 복이 없다며 위압감만 준다. 듣고 나면 찜찜하고 기분이 좋지 않다. 더군다나 획수작명법이라는 것이 일본이 창씨개명 때 한국에 가져온 일본식 작명법이란 것을 알고 나면 오히려 분노가 치민다. 결국은 작명관련 책을 섭렵하지만 바른 길잡이가 될 만한 마땅한 책이 없고, 한자사전을 가져다 놓고 몇 날 며칠을 고민하며 여러 이름을 만들지만 무엇인가 단단함이 없어 보인다. 만든 이름을 아이에게 불러보면 씽긋 웃으며 좋아하는 것 같기도 하고 싫다고 딴청을 부리기도 한다. 그러다 출생신고 기한이 다가오면 부랴부랴 가장 부르기 편한 이름으로 출생신고를 한다.

    문제는 살다가 생긴다. 아이 스스로 이름을 들으면 뭔가 자신의 옷이 아닌 듯 거추장스럽고 시간이 지나자 촌스럽기도 하고 또 너무 흔한 이름이기도 하고 이래저래 부딪히는 문제가 생기게 된다. 더군다나 아이가 이름의 뜻을 물으면 부모로서 별로 해줄 말이 없다. 이름을 지은 마땅한 철학적 근거가 부족하기 때문이다. 그러니 아이는 이름에 대한 자부심이 없다. 철학적 근거 없이 이름을 지었으니 운명도 우왕좌왕이다. 이렇게 갈팡질팡하는 것이 우리 이름의 현실이다.

    소망으로 가득 차도 아까운 생명들이 겨우 눈앞의 길흉화복에 좌우지되며 뜻 없는 이름이 지어지는 현실을 보며 이름의 바른 길을 열어야겠다는 간절한 사명감이 생겼다. 긴 시간 노력하여 지금까지 지은 이름 중에 가장 좋은 이름 1,000개를 정리했다. 우리 아기 이름을 운명의 결에 맞춰 찾기 쉽고 선택하기 편하게 했다. 이름 짓는 일이 하나의 축제가 될 수 있도록 했다. 한자는 그 자원의 뜻을 정리하고, 한글이름은 시대에 맞게 뜻을 엮었으며, 영어이름은 외국에 나가서도 소망을 밝힐 수 있도록 했다. 우리의 철학을 바탕으로 동서고금의 지혜를 더해 작명구결을 만들고 그것을 바탕으로 부모가 아이의 이름을 하나하나 찾아가는 형식을 취했다. 기도와 기도 속에서 만든 1,000개의 이름을 세상에 펼쳐 보이는 일이 새의 첫 날갯짓처럼 설렌다.

나라의 미래는 이름에서 시작된다. 좋은 이름이 좋은 사람을 만들고 좋은 사람들이 모여야 밝은 세상이 열린다. 이 책에 모아놓은 모든 이름은 천지자연의 뜻과 소명을 받들고 선조들의 깊은 숨결로 다듬었으니 사람의 뜻으로 만든 이름이 아니다. 전우주의 바른 이치가 이름마다에 담겨 있으니 하늘의 이름이며, 땅의 이름이며, 사람의 이름이다. 우리 선조들은 인류 역사에 빛날 위대한 정신문화를 이루었다. 이 정신문화의 정수를 이름마다에 담았으니 그 이름들은 영원히 기억될 것이다.

　호랑이는 죽어서 가죽을 남기지만 사람은 죽어서 오직 명예로운 이름 하나만을 남긴다. 영혼으로 살아간 사람은 불멸이다. 이름은 영혼의 집이다. 자신의 육신이 사는 집도 깔끔하고 따뜻하고 아름다워야 하듯이 이름도 영혼이 빛날 수 있도록 아름답고 자신의 운명에 잘 맞아야 한다. 작명구결, 즉 이름을 짓는 아홉 가지의 시크릿 코드를 만들었으니 1부 이름짓기의 시크릿 코드에서 아기의 운명에 대한 시크릿 코드를 하나하나 풀어보고, 다음 2부 이름 목록에서 아이의 이름을 직접 찾아보면 된다. 하늘이 내린 이름과 땅이 받든 이름 그리고 사람이 소망한 이름 중에서 하나를 선택해 운명을 이끌 위대한 이름을 지을 수 있도록 했으니 민족의 큰 서광이 밝게 비쳐 오는 듯하다. 소중한 생명들에게 이름을 선물하는 귀한 삶을 허락하신 하늘에 감사하며, 이 책으로 인한 영광과 축복은 하늘에 계신 아버지께 그리고 이 땅에 서신 어머니께 모두 바친다.

베이비네임스 대표 · 박상원

>> Contents

prologue	002
일러두기	006

1 이름짓기의 시크릿 코드
How to choose a baby name?

01 좋은 이름을 짓는 9가지 원칙

1. 이름대로 산다 … 010
2. 뜻이 좋고 부르기 좋은 이름이 좋은 이름이다 … 011
3. 이름은 부모가 아이에게 주는 최고의 선물이다 … 014
4. 좋은 이름을 짓는 9가지 원칙 – 작명구결 … 015

이름에 대한 QnA ①
정말 이름대로 사는 걸까요? … 023

02 운명의 시크릿 코드 9

1. 이름은 운명의 안테나이다 … 025
2. 이름 속에 운명의 시크릿 코드가 있다 … 027
3. 운명의 시크릿 코드 9 … 028
4. 작명구결과 운명의 시크릿 코드 9 … 030

이름에 대한 QnA ②
사주를 안 보고 이름을 지을 수 있나요? … 035

03 하늘의 시크릿 코드

1. 이름의 시크릿 코드 1 … 036
2. 이름의 시크릿 코드 2 … 074
3. 이름의 시크릿 코드 3 … 080
4. 하늘이 내린 이름을 찾는 법 … 084

이름에 대한 QnA ③
작명소마다 발음오행이 달라요 … 098

04 사람의 시크릿 코드

1. 이름의 시크릿 코드 4 … 100
2. 이름의 시크릿 코드 5 … 103
3. 이름의 시크릿 코드 6 … 108
4. 사람이 소망한 이름을 찾는 법 … 115

이름에 대한 QnA ④
불용문자는 이름에 쓰면 안 되나요? … 122

05 땅의 시크릿 코드

1. 이름의 시크릿 코드 7 … 124
2. 이름의 시크릿 코드 8 … 131
3. 이름이 시크릿 코드 9 … 136
4. 땅이 받든 이름을 찾는 법 … 141

이름에 대한 QnA ⑤
외국에서도 사주로 이름을 지을 수 있나요? … 148

06 이름짓기 실전 사례

실전 사례 01 – 여자아이 이름 … 152
실전 사례 02 – 남자아이 이름 … 160
실전 사례 03 – 외국에서 태어난 여자 아이 이름 … 168

이름에 대한 QnA ⑥
외자 이름은 정말 외롭게 사나요? … 177

2 이름 목록
Baby name lists

이름의 구성 순서와 표기 원칙	180
남자이름 300선 – 001~300	182
여자이름 300선 – 301~600	283
중성적 이름 100선 – 601~700	384
한글이름 100선 – 701~800	418
영어 여자이름 100선 – 801~900	452
영어 남자이름 100선 – 901~1000	478

일러두기

하나, 이 책은 길흉을 판단하는 이분법적 접근을 최대한 배제했다.

지금까지의 성명학 관련서적은 획수나 오행의 상생·상극을 따져 그 이름이 길한 이름인지 아니면 흉한 이름인지 판단하는 이분법적 설명을 위주로 했다. 그러나 세상에 절대적으로 흉한 이름도 절대적으로 길한 이름도 없다. 내 아이가 이름에 자부심을 가지고 살아가면 그것이 좋은 이름이다. 이 책은 내 아이의 소망과 특징, 성격의 장단점을 동서고금의 철학을 통해 이해하고 그 소명을 밝혀 이름을 짓자는 취지로 씌어졌다.

둘, 획수작명법이 일제의 잔재라는 사실을 널리 알리기 위해 노력하였다.

부모들이 직접 작명을 할 때 현실에서 가장 많이 부딪히는 부분이 이 획수의 길흉이다. 내 아이 이름의 획수가 19획이라 질병이 많고 28획이라 대흉수고 그래서 개명을 해야 한다는 말을 듣게 되는 경우가 많다. 그러나 사실 이 말들은 모두 근거 없는 말이다. 이유는 이 획수작명법이 창씨개명 때 좋은 일본 이름으로 개명하라는 의도에서 시작된 작명법이기 때문이다. 쿠마사키 겐오가 한국에 들여온 일본식 작명법으로, 일본 막부의 쇼군 중에 풍신수길, 덕천가강 등 성공적인 인생을 살았다는 사람들의 이름에서 획수를 세어 길한 이름의 획수를 만들고 단명한 쇼군들의 이름의 획수에서 흉한 획수를 분류한 것이다. 일본 사람이 우리의 조상도 아닌데 일본 조상의 획수를 따라 이름을 짓고 있는 것이 우리의 현실이다. 반드시 근절되어야 하는 작명법으로 이는 부모들의 올바른 역사 인식에서 먼저 시작되어야 한다.

셋, 내 아이 이름을 부모가 실제로 지어 직접 불러보는 것에 목적을 두었다.

이름은 부르는 것이 목적이다. 그래서 어려운 법칙이나 작명이론이 아니라 하나의 이름이라도 아이의 운명과 연결된 이름을 찾는 데 주안점을 두었다. 이 책은 필자가 지은 이름 중에서 가장 잘 지은 1,000명의 이름을 정리했다. 그 1,000개의 이름 중에서 운명의 시크릿 코드와 연결된 9개의 이름을 바로 찾을 수 있게 했다. 운명의 숨결과 일치하는 완성된 이름 9개를 부모가 찾기만 하면 된다. 그 9개의 이름을 바탕으로 우리 아이의 소중한 이름이 결정된다. 한자 지식이 부족한 부모들이 어려운 한자사전을 펼쳐가며 짓는 것이 아니라, 완성된 이름들 중에 좋은 이름을 선택하면 되므로 쉽고 빠르다.

넷, 이름에 연역적 방법을 적용했다.

필자는 아이의 천부경, 사주, 별자리, 부모의 사주, 태몽, 항렬, 형제자매의 이름, 부모의 소망, 종교, 가풍, 관상 등 모든 것을 시공간에서 파악하고 이름을 하나하나 짓는 귀납적 방법을 따라 이름을 짓는다. 그 생명만이 가지고 있는 운명의 결을 따라 이름을 짓는 것이니 정밀하다. 그러나 이 책에서는 필자가 지은 수천 명의 이름 중에서 가장 잘된 이름 1,000개를 먼저 뽑고 그 1,000명의 이름을 바탕으로 운명의 결을 9개의 코드로 분류해 정리한 연역적 방법을 적용했다. 귀납적 방법과 연역적 방법 모두를 잘 사용하는 것이 좋으나, 부모는 내 아이 이름 찾기의 논리적 방법론을 알아둘 필요가 있다.

다섯, 운명을 배제하고 소명을 밝히는 것에 중점을 두었다.

운명은 정해진 결과를 믿는 것이고 소명은 뿌릴 씨앗을 믿는 것이다. 그래서 소명과 운명은 정반대 말이 된다. 세상에 정해진 운명은 따로 없다. 운명은 스스로의 의지와 노력으로 만들어가는 것이다. 그래서 중요한 것은 '어떤 소명을 가지고 인생을 시작할 것인가?'라는 질문이다. 이 책은 아이의 특성과 소명을 하나하나 밝혀 나가는 것에 중점을 두었다.

이름짓기의 시크릿 코드

01 좋은 이름을 짓는 9가지 원칙
02 운명의 시크릿 코드 9
03 하늘의 시크릿 코드
04 사람의 시크릿 코드
05 땅의 시크릿 코드
06 이름짓기 실전 사례

01

이름짓기의
시크릿 코드

How to choose a baby name?

01

좋은 이름을 짓는 9가지 원칙

1. 이름대로 산다

부모가 아이에게 주는 첫 선물은 이름이다. 그래서 이름을 짓는 일은 설레는 한편 신중하게 생각해야 한다. 부모는 아이의 이름에 부유함도 담고 건강과 행복도 담기를 바란다. 주위에서 좋은 이름을 본떠 지어보기도 하고, 옥편에서 좋은 한자를 찾아 지어보기도 한다. 어제는 한결이라는 이름이 좋았는데 오늘은 서윤이라는 이름이 더 마음에 와 닿아 고민하기도 한다. 그렇게 정성을 다해 지은 이름을 불러보면 아이가 반응하는 것 같아 뿌듯해진다.

한번 아이의 이름을 지으면 그 이름은 평생 아이와 함께하며 운명에 큰 영향을 준다. 좋은 이름으로 사업에 크게 성공하기도 하고, 이름 때문에 놀림을 받으며 살아가기도 한다. 살다보면 이름이 곧 운명이다. 그래서 사람은 이름대로 산다. 한민족 역사상 가장 큰 영토를 만들었던 광개토대왕의 묘호廟號는 국강상광개토경평안호태왕國岡上廣開土境平安好太王으로 줄여서 광개토태왕廣開土太王이다. 넓을 광廣자에 열 개開 그리고 흙 토土자를 쓰는데 해석하면 광활한 땅을 연다는 뜻인데 역사상 가장 큰 영토를 정복한 왕으로 남았다. 한글을 창제한 세종대왕의 이름은 이도李祹이다. 복 도祹자를 파자로 풀면 볼 시示자에 질그릇 도匋자이다. 볼 시示자는 나타나다 또는 실현한다는 뜻이고, 질그릇 도匋자는 흙을 빚어 도자기를 만든다는 뜻이다. 흙은 자연이고 도자기는 문명이다. 흙에서 도자기를 만들 듯 세종대왕은 천지인天地人의 이법으로 한글을 창제했으니 창조력이 뛰어난 세종에게 어울리는 이름이다. 율곡 이이李珥의 이름자를 파자로 풀면 왕[王]의 귀[耳]라는 뜻이다. 왕의 귀이니 세상의 소리를 듣고 왕에게 전하는 이가 되었다. 이름대로 백성의 소리를 귀를 열어 듣는 훌륭한 정치가가 되었다. 이순신李舜臣 장군은 뛰어날 순舜자에 신하 신臣자를 쓰니 난세에 나라를 구하고 백의종군하는 신하가 되었다. 이름은 이렇게 운명을 예견하고 있다. 그래서 이름은 중요하다. 이름이 바르고 크면 인생도 바르고 크다. 이름이 자신의 운명과 맞지 않으면 인생도 겉돌게 된다.

2. 뜻이 좋고 부르기 좋은 이름이 좋은 이름이다

어떤 이름이 좋은 이름일까? 우리 선조들은 어떻게 이름을 지었을까? 이름을 지을 때 부모들이 가장 먼저 하게 되는 질문이다. 돌이켜보면 시대마다 이름을 짓는 방법이 다른데, 역사를 통해 이름에 대한 많은 이야기들을 들을 수 있다.

신라를 세운 박혁거세는 박에서 나온 큰 빛이라는 뜻으로, 알에서 나온 그의 탄생 일화를 그대로 이름으로 옮겨 적은 것이다. 가야를 세운 김수로는 우두머리를 뜻하는 마로를 가차하여 쓴 순우리말 이름으로 진취적으로 앞장서서 세상을 살라는 의미이며, 무리의 수장을 뜻하기도 한다. 신라 진덕여왕 때의 대신인 알천은 속이 차고 부유하다는 의미의 순우리말 이름이고, 을지문덕의 을지는 고구려의 관등명이다. 단군이 세운 고조선의 수도 아사달은 아침이 아름다운 땅이라는 뜻이다. 순우리말로 아사는 아침이라는 뜻이고, 달은 땅이라는 뜻이다. 이것을 한자로 옮기니 아침 조朝자에 고울 선鮮자를 써 조선이 된 것이다.

이렇게 옛 이름들은 그 사람의 지위나 탄생을 배경으로 지어졌다면, 한자 문화가 전파된 이후에는 이름에 유가사상을 접목하게 되었다. 다시 말해 삼강오륜을 바탕으로 인의지예신仁義智禮信 각각의 글자를 이름에 넣는 경우가 많아졌다. 인휘仁徽, 의성義誠, 지수智秀, 예준禮俊, 유신有信 등은 유가의 가르침을 배우고 따르려는 이름들이었다. 조선시대에는 유가의 사서삼경에서 이름을 따오는 경우도 있었다. 매월당 김시습의 이름은 부친 김일성이 『논어』의 첫 구절인 '학이시습지불역열호學而時習之不亦悅乎'에서 따온 것으로, 때 시時자에 익힐 습習자를 써 늘 배우고 익히는 사람이 되라는 뜻으로 시습이라 지었다.

유가적 이름들이 목화토금수木火土金水 오행의 상생을 찾아 항렬을 만들고 가족의 계보를 만들며 정착되다가 큰 변화가 일어난 계기가 바로 일제강점기의 창씨개명이다. 1910년 한일강제병합 이후에 일본은 내선일체內鮮一體를 주장하며 창씨개명을 강요하였다. 그 결과 우리의 성씨는 일본식으로 고쳐졌는데 예를 들어 김金은 金田, 노魯는 江村, 임林은 山下 등 한 글자로 된 성이 일본처럼 두 글자로 바뀌었고, 여자아이의 경우 영자, 순자, 애자 등 끝에 자子가 붙는 일본식 이름이 많이 지어졌다.

가장 큰 문제는 좋은 일본 이름으로 창씨개명을 한다면서 일본인 쿠마사키 겐오[熊崎健翁]의 획수작명법을 도입한 것이다. 획수작명법은 도요토미 히데요시[豊臣秀吉], 도쿠가와 이에야스[德川家康] 등 일본 쇼군[將軍]의 이름들에서 획수를 세어 운명의 길흉화복을 점치는 작명법이다. 이것이 한국에 정착했고, 현재 많은 작명가들이 이름을 짓는 이론적 근거로 사용하고 있다. 해방 후 1946년 조선성명복구령이 내려져 강요된 창씨개명을 무효화함으로써 본래의 성과 이름을 되찾게 되었지만, 여전히 일본인 이름의 획수에 맞추어 우리 아이의 이름을 짓고 있으니 안타까운 일이 아닐 수 없다. 일제의 잔재가 아직까지 청산되지 못한 우리의 뼈아픈 현실이기도 하다.

그러나 이러한 상처 속에서도 새살이 돋듯 해방 이후 새로운 이름짓기 운동들이 일어났다. 바로 순우리말 작명법을 따라 나리, 가온, 찬별, 봄날, 산에, 한솔, 가을, 난새 등 순우리말 이름이 나타나기 시작한 것이다. 순우리말 이름은 뜻이 바로 전달되고 이해하기 쉬우며 기억하기에도 편하다. 그러나 성을 포함해 세 글자를 기본으로 하는 우리 이름의 특성상 순우리말 이름은 한계가 있다. 다시 말해, 세 글자에 맞추려면 쓸 수 있는 이름이 어느 정도 한정되어 있다는 뜻이다. 또한 우리나라가 한자문화권이다 보니 한글에 한자의 뜻을 더해주어야 뜻이 더욱 명확해지는 경우도 많다. 예를 들어, 가온이라는 이름은 순우리말로 가운데라는 뜻인데, 한자로 아름다울 가佳자에 쌓을 온蘊자를 쓰면 풍요로운 대지 위에 아름다움과 복과 지혜를 모두 쌓으라는 뜻을 더해줄 수 있다. 그 결과 이름의 뜻이 더 풍부해지고 더 깊어진다.

해방 이후 20세기 말까지 한글이름이 큰 흐름을 보였다면, 21세기에 접어들어서는 앤드류김, 로이김, 세리박, 필립정, 레이첼송, 재니한 등 영어식 이름이 등장하였다. 영어식 이름은 부르기 편하다는 장점이 있다. 거센소리가 없어 발음하기 편하고, 외국인도 쉽게 부를 수 있어서 국제화 시대에 맞는 이름으로 인기를 모으고 있다.

이와 같이 이름의 변천사를 짚어보면 시대마다 이름을 짓는 기준들이 조금씩 달랐고, 이름짓기에 유행이 있음을 알 수 있다. 그러나 오랜 작명 역사에서 변함없이 전해져 온 공통점을 하나 꼽는다면 부르기 좋고 뜻이 좋아야 좋은 이름이라는 사실이다. 이름은 부르기 위한 목적이 있다. 아무리 뜻이 깊고 좋은 이름이라고 해도 그 이름을 힘차게 불러주는 사람이 없으면 이름은 무용지물이다. 그래서 자꾸 부르고 싶고 기억되는 이름이 참 좋은 이름이다. 그리고 뜻이 좋아 부를 때마다 스스로 행복해지고 그 행복한 마음을 나눌 수 있는 이름이 참 좋은 이름이다.

3. 이름은 부모가 아이에게 주는 최고의 선물이다

우리 이름은 다른 나라의 이름들과는 다른 몇 가지 특징이 있다. 성을 포함하여 대부분 세 글자로 이루어지며, 성씨가 이름 앞에 온다는 것이다. 성씨는 아버지의 성을 따르고, 여자가 결혼한다고 해서 자신의 성을 남편의 성으로 바꾸지는 않는다. 요즘에는 아버지의 성과 어머니의 성을 한 글자씩 따고 이름을 한 글자로 하여 세 글자 이름을 만드는 사람도 많아졌다. 예를 들어, 아버지가 김성호이고 어머니가 유아영이면 딸의 이름은 부모의 성인 김과 유에 이름자인 빈을 넣어 김유빈으로 짓고, 부를 때는 유빈 또는 빈이라고 한다. 여기서 가부장적 문화를 탈피하고 남녀 평등의 의미를 내세운 작명의 트렌드를 엿볼 수 있다. 또한 이름을 지을 때 형제나 자매끼리는 돌림자를 써 우애를 다지는 경우가 많고, 남자이름에 쓰는 글자와 여자이름에 쓰는 글자가 따로 있다. 건·욱·혁·찬·준 등은 남자이름에 많이 쓰고, 희·선·아·리·나 등은 여자이름에 많이 쓴다.

오늘날 이름짓기의 또다른 특징으로 표기는 한글로 하고, 뜻풀이는 한자식이며, 발음은 영어식 이름을 선호한다. 그래서 우리나라에서 이름을 짓는 것은 그리 쉬운 일이 아니다. 위의 3가지 조건을 모두 만족시키기가 생각처럼 쉽지 않다. 이름은 영어이름처럼 세련되고, 뜻은 음양오행을 갖춘 한자로 조화를 이루어야 하며, 그것을 발음하고 표기하는 방식은 한자가 아닌 한글인데 좋은 뜻과 산뜻한 어감을 담아야 한다. 이러다보니 부모가 한글이름을 지으면 할아버지 할머니가 가벼운 인상을 준다며 반대한다. 그래서 막상 한자이름을 지으려고 하면 할아버지도 한자에 대한 지식이 이름을 지을 만큼은 깊지 못하다. 그렇다고 가까운 스승이나 존경하는 사람에게 부탁하기에는 뭔가 믿음이 안 가고, 작명가에게 부탁하니 마음에 드는 이름이 나오지 않는다. 여러 가지 조건에 딱 맞는 우리 아이 이름짓기가 하늘의 별 따기처럼 힘들고 어렵다.

그러나 사실 좋은 이름을 짓는 일은 아주 쉽다. 차근차근 이름에 정성과 진심을 담으면 아주 쉽고 즐거운 일이다. 첫째 한글의 창제원리와 발음오행을 알면 되고, 둘째 이름에 쓰면 좋은 한자의 뜻과 작명 사례를 알면 된다. 여기에 해당 영어이름이 현재 영어권에서 세련된 이름인지 좋은 뜻으로 불리는 이름인지 판단할 수 있는 정보가 있으면 된다. 차근차근 하나하나 풀어가면 부모는 세상에 하나뿐인 아들 딸의 좋은 이름을 스스로 지을 수 있다.

좋은 이름의 답은 사실 부모의 믿음에 있다. 부모가 가장 좋은 이름을 지을 수 있다는 강한 믿음을 부모가 가지고 있어야 한다. 부모는 아이의 운명과 연결되어 있다. 운명과 연결되어 있다는 것은 부모가 아이에게 가장 좋은 선택을 할 수 있다는 뜻이다. 마음을 비우고 진심으로 찾으면 가장 좋은 이름을 찾을 수 있다. 반면 부모가 의구심을 가지면 자꾸 여러 사람의 말에 휘둘리게 된다. 이래서는 좋은 이름이 나올 수 없다. 부모가 가장 좋은 이름을 지을 수 있다는 믿음이 좋은 작명의 시작이고 끝이다. 이름은 부모가 아이에게 줄 수 있는 최고의 선물이다.

4. 좋은 이름을 짓는 9가지 원칙 – 작명구결

좋은 이름을 지으려면 어떤 원칙을 따라야 할까? 모든 일에 원칙과 기준이 있듯 좋은 이름을 짓는 데에도 원칙이 있다. 그것을 작명구결作名九訣이라고 한다. 이름을 짓는 9가지 비결이라는 뜻이다. 이 9가지 원칙에 준하여 이름을 지으면 참 좋은 이름을 지을 수 있다.

한·띠·샘·솔·빛·참·단·길·울, 이 9가지 성품이 이름을 짓는 기준이다. 한은 크고 단단한 소명을 뜻하고, 띠는 중심과 중도를 지킴을 말하며, 샘은 창조적인 생명력이 있어야 한다는 말이다. 솔·빛·참에서 솔은 한결같은 성품을 말하고, 빛은 크게 소통하고 밝게 나누는 마음을 말하며, 참은 인생의 참된 진실을 뜻한다. 마지막으로 단·

길·울에서 단은 생명을 뜻하고, 길은 역사의식이며, 울은 자신만의 영역과 울타리를 뜻한다. 한·띠·샘·솔·빛·참·단·길·울의 9가지 비결이 이름짓는 기준이 되면 이 성품들이 이름에 하나하나 담기게 된다.

01 한 이름에 소명이 있어야 한다

첫째, 이름에서 가장 중요한 것은 바로 소명이다. 사람마다 태어난 이유는 각자 다르다. 그 목적과 이유를 찾아가는 과정이 바로 인생이다. 삶은 거친 항해와 같다. 파도에 휩쓸리고 바람 따라 떠돌면서도 우리는 그 비바람 속을 헤쳐 나가 인생의 참된 의미와 만나야 한다. 그래서 이름은 인생의 선명한 목적지를 말하고 있어야 한다. 삶이 흔들리고 방향이 보이지 않을 때 선명한 소망이 등대가 되어야 한다. 그래서 이름에 담긴 소명이야말로 이름을 짓는 가장 처음 단추이며, 가장 마지막 매듭이다. 삶의 소명을 이름을 통해 바르게 해주면 바른 삶으로 나아가고, 삶의 소명이 풍요로우면 결국 풍요로운 세상을 만나게 된다. 이름에는 자신만의 진실한 소명이 있어야 한다. 한 사람의 색깔과 개성에 맞는 바른 소명을 이름에 담는 것이 이름을 지을 때 가장 처음 할 일이다.

02 띠 이름에 중심이 있어야 한다

둘째, 이름에서 중요한 것은 중도를 찾는 것이다. 이름은 자신의 운명보다 크지도 작지도 않아야 한다. 이름이 너무 크면 스스로가 이름에 주눅이 들고, 너무 작으면 마음이 갑갑하고 성격이 소심해진다. 이름 따라 성격이 변하기 때문이다. 그래서 이름을 지을 때는 아이의 그릇이 어떤 그릇인지 파악하고, 형제관계에서의 위치나 집안 가풍을 전체적으로 보고 그 중심을 잘 잡아 지어야 한다. 역사적으로 좋지 않은 이름은 피하고, 동명이

인이 많아 구별하기 힘들면 또한 피해야 한다. 치우쳐 있거나 튀면 다시 한번 점검할 필요가 있다. 이름은 운명을 이끌어주기도 하고 뒤에서 받쳐주기도 하지만, 반대로 이름 때문에 놀림감이 되어서는 안 된다. 그래서 이름에는 알맞은 중심이 있어야 한다. 치우치지 않고 넘치지 않는, 그러면서 충만하고 모자라지 않는 이름이 참 좋은 이름이다.

03 샘 이름에 창조의 미덕이 있어야 한다

셋째, 이름에는 창조의 미덕이 있어야 한다. 이름에는 마르지 않는 샘물처럼 끊임없이 솟아나는 창조의 힘이 있어야 한다. 누가 들어도 산뜻하고 누가 불러도 편안해서 자꾸만 부르고 싶고 자꾸만 듣고 싶은 이름이 참 좋은 이름이다. 한마디로 식상한 이름은 좋은 이름이 아니다. 시대에 맞게 세련되게 지어진 이름이 좋은 이름이다. 또한 전 인생을 살아가며 아이 때는 귀엽고, 어른이 되어서는 당당하며, 노년이 되어서는 지혜로운 이름이 참 좋은 이름이다. 이것이 쉽지 않아서 선조들은 아명을 따로 짓고 자나 호 등을 만들어 여러 이름들을 함께 사용하였다. 나이에 맞게 소명에 맞게 이름을 계속 창조한 것이다. 자나 호는 살면서 여러 개를 만들어 부를 수 있지만 이름은 하나다. 단 하나의 이름이 마르지 않는 샘물처럼 많은 의미로 쉼 없이 다가설 수 있다면 그 이름은 참 훌륭한 이름이다. 그러므로 이름에는 창조의 미덕이 살아 있어야 한다.

04 솔 이름에 꾸준한 성품이 있어야 한다

넷째, 이름에 성품이 담겨야 한다. 성품이란 성격과 품격이다. 성격은 사람마다 다르며, 평생 바꿀 수 없다. 타고난 천성이라 성격이 불처럼 급하면 급한 성격으로 살아가고, 성격이 물처럼 느긋하면 차분한 성격으로 살아간다. 그러나 성품은 다르다. 성품은 노력과 인내에 의해 만들어진다. 그래서 성격은 가지고 있되 성품으로 조화를 이루어야 한다. 이름은 성격을 나타내야 하지만, 그것을 넘어 성품으로 발전할 수 있게 도와야 한다. 사군자의 성품을 따르고자 매화 매梅자나 난초 난蘭자를 이름에 넣었던 것도 모두 이러한 성품이 되고자 한 바람이었다. 한결같은 모습, 꾸준히 자리를 지키는 모습, 의연하고 꼿꼿한 모습이야말로 사람이 가진 가장 아름다운 성품이다. 이합집산하지 않으며, 눈앞의 이익에 경박하지 않고 한결같은 마음으로 살 수 있게 하는 이름이 좋은 이름이다.

삶은 뜻을 세워 고난을 헤쳐 나가는 과정이다. 여름만 있는 곳의 나무는 무르다. 사람이 성장하려면 겨울도 있어야 하고 가을도 있어야 한다. 그래야 나이테가 생기고 단단해져 거센 바람에도 흔들리지 않는다. 아이에게 좋은 일만 생기길 바라는 것은 부모의 잘못된 생각이다. 오히려 삶의 역경을 이해하고 공감하고 그것을 이겨낼 수 있는 품격을 높이기 위해 노력해야 한다. 겨울 눈 속의 푸른 솔처럼 이름에는 꾸준한 성품이 오롯이 드러나야 한다.

05 빛 이름에 밝은 이치가 드러나야 한다

다섯째, 이름은 밝고 이치에 맞아야 한다. 밝은 성격의 사람들이 세상을 즐겁게 한다. 작은 미소 하나가 사람의 마음을 따뜻하게 녹인다. 이름은 밝고 밝아야 한다. 환하게 세상을 밝히고 위트로 삶을 넉넉하게 만드는 사람이 될 수 있게 이름부터 상쾌하고 청량해야 한다. 그래서 이름에는 절대 긍정의 뜻이 들어가는 것이 좋다. 부정적인 생각이나 부정적인 뜻이 이름에 들어가게 되면 인생에 그러한 기운이 나타난다.

한글 이름자는 그 뜻이 명확하여 부정적인 요소를 쉽게 배제할 수 있지만, 한자는 그 연원이 다양하고 쓰이는 뜻도 여러 가지라 구분해내기가 쉽지 않다. 그래서 인명용 한자가 따로 있는데 여기에 포함된 글자는 일반적으로 많이 쓰는 한자라고 생각하면 된다.

한편 인명용 한자 중에는 이름에 써서는 안 된다고 분류된 불용문자들이 있다. 하지만 그 이유가 타당성이 없거나, 오히려 왕가에서 사용하는 이름자라 불용문자가 된 경우가 많아 일률적으로 적용하기 어렵다. 그러므로 역사적으로 이름에 많이 쓰인 이름자 또는 밝고 긍정적인 이름자를 우선 찾는 것이 좋다. 그러기 위해서는 인의지예신 효선덕도仁義智禮信 孝善德道 등의 근본 이치에 부합하는 글자를 사용하고, 사서삼경이나 고전을 기준으로 가장 근본이 되고 좋은 뜻으로 사용된 글자를 찾아 쓰면 좋은 이름이 된다.

06 참 이름에 진실한 미덕이 있어야 한다

여섯째, 진실한 미덕이 있어야 한다. 이름은 스스로의 진실과 양심을 지켜갈 수 있게 도와주어야 좋은 이름이다. 인생을 살다보면 거짓말을 하기 쉽다. 바른 길보다는 쉽고 빠른 길을 선택하기 일쑤다. 그러나 문제는 처음에 있지 않고 나중에 생긴다. 거짓은 또다른 거짓을 만들고, 결국에는 자신의 진실이 무엇인지 모르게 되고 양심을 잃게 된다. 조금 앞서 나가는 것 같지만 마지막에 도착한 곳은 거짓된 자신의 모습일 수도 있다. 그래서 자신이 처한 진실을 받아들이고, 그 진실한 마음만큼 행동하고 말하는 것이 인생에서 중요하다.

이름도 참된 인생처럼 참된 이름이 좋은 이름이다. 이름은 거창하지 않고 참되고 진실해야 한다. 참된 이름이란 자기 이름에 떳떳하고 자랑스러운 이름이다. 이름대로, 이름만큼 살아가고 있다는 자부심이 있어야 한다. 진실은 가장 아름다운 가치이며 더불어 가장 어려운 가치다. 사람은 때때로 자신의 이름을 걸고 지켜야 하는 무엇이 있는 법이다. 어디에서 무엇을 하든 자기 이름에 떳떳한 사람이 훌륭한 사람이다. 작고 하찮은 일이지만 그 일에 이름을 거는 사람이 성공한 사람이다. 그러하므로 이름에는 거짓 없이 진실한 미덕이 있어야 한다.

07 단 이름에 생명력이 있어야 한다

일곱째, 이름에는 생명의 에너지가 있어야 한다. 몸을 건강하게 해주고 정신을 풍요롭게 해주는 이름이 생명을 주는 이름이다. 그래서 운명에 비추어보아 음양오행이 상생하고, 자신의 모자란 기운은 보완해주며, 성공의 기운은 강하게 끌어주어야 좋은 이름이다.

나무를 도끼라는 이름으로 부르면 나무는 자랄 수 없다. 목木의 기운이 많은 사람에게 금金의 기운을 가득 담으면 심성이 불안해진다. 도끼가 나무를 치기 때문이다. 반면, 화火의 불 기운이 강한 사람에게 목木의 기운을 보완하면 어떻게 될까? 이름이 끊임없이 장작 역할을 하여 인생이 영화롭고 화목하게 된다. 이렇듯 이름 안에 운명을 열어주는 생명의 에너지가 있으면 삶을 지탱하는 힘이 되어준다. 좋은 이름은 화수분처럼 끊임없이 기운을 보완하고 운명을 이끌어준다. 그러므로 이름에는 생명의 에너지가 숨쉬고 있어야 한다.

08 길 이름에는 끝없이 뻗어 나갈 길이 있어야 한다

여덟째, 이름은 삶의 방향을 제시해주어야 한다. 한 사람의 인생은 한 사람에게서 시작하여 그 한 사람으로 끝나지 않는다. 대대로 이어진 삶은 가풍이 되고 국풍이 되어 다음 세대에게, 또다시 다음 후손에게 그 공과가 전달된다. 따라서 이름 속에 가풍과 역사적 소명이 담아내는 것이 좋다.

길은 처음이 따로 없다. 내가 걸어가고 다음 사람이 지나가면 그것이 길이 된다. 그래서 삶은 연결되어 있다. 아버지는 아들에게 어머니는 딸에게 그 삶의 방식과 소망을 전달한다. 그래서 조선시대에 가장 큰 벌은 삼대의 이름을 빨간 글씨로 써 불태우는 일이었다. 삼대를 운명 공동체로 본 것이다.

이름은 조상으로부터 받아 그 정신을 받들어간다는 의미가 있다. 이름에서 집안의 가풍이 드러나야 좋은 이름이다. 서양에서는 찰스 2세, 에드워드 3세 등 조상의 이름을 소중히 하고 그 가풍을 이어감을 영광스럽게 생각하였다. 그와 같이 이름에 전통성과 보수성이 있는 이름이 좋은 이름이다. 이름 속에는 집안의 가풍이 살아 있어야 한다. 이름이 전하는 가풍이 인생을 다시 돌아보게 하고, 자신만의 인생이 아닌 더불어 살아가는 삶을 돌이켜보게 한다. 그러면 삶의 방향이 더욱 선명해지고 더욱 명확해진다. 피는 물보다 진하다.

09 울 이름에는 자신만의 울타리가 있어야 한다

아홉째, 이름에는 자신만의 영역이 있어야 한다. 삶을 살아가다보면 자신의 영역이 생긴다. 기술의 영역이 있는가 하면 명예의 영역이 있고, 학문의 영역이 있는가 하면 부의 영역이 따로 있다. 각 개인은 자신이 잘할 수 있는 영역이 따로 있다. 재운이 많은 사람은 금융권에서 수장이 되고, 학운이 큰 사람은 학계에서 이름을 날리며, 관운이 센 사람은 어느 선거구에서도 승리한다. 이것이 삶의 영역, 즉 울타리다.

아이의 이름을 지을 때 마지막 고려할 사항은 버릴 것은 과감히 버리고 취할 것을 바르게 취하는 것이다. 그 선을 분명하게 할수록 힘은 집중될 수 있고 삶의 성공확률도 높아진다. 울타리를 쳐줘야 한다. 성 안의 백성은 안전을 보장받는다. 인생에 울타리를 바르게 쳐주면 적어도 그 분야에서 최고가 될 수 있다. 한 분야에서 최고가 되면 다른 모든 영역과 소통할 수 있다. 최고끼리는 하나로 통한다. 이것이 인생의 비밀이다.

사랑하는 내 아이의 이름을 지을 때 위의 9가지 성품을 천천히 살펴 이름을 지으면 참 좋은 이름이 된다. 한 · 띠 · 샘 · 솔 · 빛 · 참 · 단 · 길 · 울, 이 9가지 성품이 좋은 이름을 짓는 원칙이다. 이름이 9가지 성품을 갖게 되면 어떤 인생도 행복하고 건강하게 열어갈 수 있다. 그리고 그 인생의 시작을 함께한 부모는 가장 훌륭한 조력자가 되어 인생의 놀라운 기적을 아이와 함께할 수 있다.

각각의 원칙을 실제로 이름짓기에 적용하는 방법이 이어서 설명할 '운명의 시크릿 코드Secret Code 9'이다. 작명구결의 각 원칙이 열쇠라면, 운명의 시크릿 코드는 자물쇠다. 운명의 신비 속에 잠긴 문을 여는 방법이 작명구결이다. 천릿길도 한 걸음부터다. 아는 것을 적용하는 것이 진짜 시작이다. 운명의 시크릿 코드를 하나하나 대입하여 작명구결의 신비를 풀어가다 보면 운명의 이름과 만날 수 있다. 평생 부르게 될 내 아이의 소중한 이름과 만날 수 있다.

이름에 대한 Q&A ①

정말 이름대로 사는 걸까요?

Q 이름이 정말 운명에 영향을 미치나요?

A 운명은 이름을 따라갑니다. 우리나라에서는 이름이 운명과 깊은 관계가 있다고 보고 이름을 한글로 짓든 한자로 짓든 글자의 뜻을 중시했으며, 사주명리학으로 운명의 결을 보기도 하고 주역의 괘상으로 운명의 미래를 예측했습니다. 이름에 쓸 자원오행은 물론 발음오행과 글자간의 궁합도 고려합니다.

　이름과 운명의 관계에 대한 관심은 우리나라와 같은 한자문화권 나라에만 국한된 현상이 아닙니다. 미국에서는 이른바 '이름효과(Name-Letter Effect)'라고 하여 이름의 머리글자가 사람의 행동에 영향을 줄 수도 있다는 가설이 1985년에 처음으로 발표되었고, 2000년대에는 이름효과를 뒷받침하는 여러 연구가 발표되었습니다. 미국인 수만 명을 조사해봤더니, 이름에 있는 알파벳의 종류와 그 사람의 삶 사이에는 연관성이 있었다는 것이 주된 내용입니다.

　예를 들어, 인간은 무의식적으로 자기 이름과 유사한 문자를 가진 직업과 행동을 선택할 가능성이 높다고 합니다. 톰(Tom)이란 이름을 가진 사람은 이름과 비슷한 '도요타(Toyota)'차를 구매하고 토론토(Toronto)에 살 가능성이 높고, 데니스(Dennis) 또는 데나(Denna)라는 이름을 가진 사람은 치과의사(Dentist)가 될 확률이 높다고 합니다.

　또한 알파벳 A로 시작하는 이름이 D로 시작하는 이름보다 학업성적이 뛰어나다고 합니다. A라는 이름은 학점 A⁺를 연상하게 하고 D라는 이름은 학점 D를 연상하게 하므로 이름과 관련된 학점을 받기 쉽다는 통계입니다.

필자 역시 작명가로 활동하면서 이름과 성격의 상관관계를 생생하게 느끼곤 합니다. 필자가 직접 이름을 지어준 아이의 부모님들께 물어보면 한결이라는 아이는 성품이 한결같고, 해온이라는 아이는 해처럼 밝고, 강솔이라는 아이는 강직하고 느긋하다고 합니다.

　　이름은 많은 사람이 불러줍니다. 이름을 부르면서 그 뜻을 연상하고, 그 뜻과 사람을 동일시하는 에너지가 발생합니다. 그 에너지가 축적되면 인생이 그렇게 흘러가게 됩니다. 잠시 잠깐 한 번 하는 일은 그 성과가 있을 수도 있고 없을 수도 있지만, 이름은 인생을 살면서 무수한 사람들로부터 셀 수 없이 많이 불리게 됩니다. 이렇게 지속적으로 평생 동안 이름이 불리는데 어떤 결과가 나오지 않는다는 것이 이상한 일입니다. 생각이 우주의 기운을 빨아들이는 것처럼, 이름이 이름과 같은 운명을 전 우주부터 빨아들이게 됩니다. 그래서 운명은 이름을 따라갑니다.

02

운명의 시크릿 코드 9

1. 이름은 운명의 안테나이다

내가 그의 이름을 불러주기 전에는

그는 다만

하나의 몸짓에 지나지 않았다.

내가 그의 이름을 불러주었을 때

그는 나에게로 와서

꽃이 되었다.

내가 그의 이름을 불러준 것처럼

나의 이 빛깔과 향기에 알맞는

누가 나의 이름을 불러다오.

그에게로 가서 나도

그의 꽃이 되고 싶다.

(이하 생략)

이 시는 김춘수 시인의 「꽃」이다. 이름을 불러주기 전에는 아무리 아름다운 꽃도 하나의 몸짓에 불과하다. 이름을 불러주는 순간 꽃은 향기가 되고 빛깔이 된다. 사람도 이와 같다. 아무리 좋은 성격과 아무리 잘생긴 외모를 가졌더라도 이름이 개똥이면 어느새 개똥이 인생을 살게 되고, 이름이 포악이면 성질이 점점 포악해진다. 이유는 이름이 운명의 안테나 역할을 하고 있기 때문이다. 여러 사람이 자꾸 그 이름을 불러주면 그 이름이 가진 파장을 전 우주에서 끌어당긴다. 계속해서 그렇게 불러주니 성격과 성질이 그렇게 변하는 것이다.

일본의 물 연구가 에모토 마사루[江本勝]가 쓴 『물은 답을 알고 있다』를 보면, 컵에 물을 담고 사랑한다고 말하면 그 물의 결정체는 미워한다고 말한 물의 결정체보다 더 아름답고 견고하며 선명하다고 한다. 우리의 운명도 이름의 끌어당김 효과의 영향을 받는다. 건강한 이름은 건강을 전 우주로부터 끌어당기고, 부유한 이름은 풍요로움을 자꾸 끌어당기게 된다. 이름자에 세울 건建, 재물 재財, 쌓을 온蘊, 클 태泰, 이로울 리利자 등을 쓰면 재운을 보완하여 넉넉하고 풍요로운 인생을 영위하게 되고 이름자에 여름 하夏, 차례 서序, 으뜸 원元, 다스릴 윤尹, 하늘 민旻자 등을 쓰면 명예를 중요하게 생각해 공직의 길을 걷는다. 이름자에 인장 인印, 깊을 연淵, 다스릴 리理, 볼 람覽, 닦을 수修자 등을 쓰면 학자적인 풍모를 갖추게 된다. 글자가 담아내고 있는 에너지를 전 우주로부터 자꾸 불러오기 때문에 그러한 성격이나 그러한 운명이 열리는 것이다. 그래서 이름은 자꾸 불러주는 것이 중요하다. 자꾸 주위에서 불러주고 자꾸 이름의 뜻을 스스로 새겨야 좋은 기운이 찾아온다.

누구나 인생을 살면서 가장 많이 듣게 되는 고유명사가 바로 자신의 이름이다. 자신의 이름이 파장을 일으키기 시작하면 걷잡을 수 없다. 그 이유는 그것이 일회성으로 끝나는 것이 아니라 반복되기 때문이다. 칼로 바위를 뚫을 수 없지만 떨어지는 물방울은 바위를 뚫는다. 여러 사람에 의해 평생 불리는 이름은 그 에너지가 반복해서 쌓이게 된다. 이름의 에너지가 굳어지면 그것은 곧 운명이 된다. 꿈꾸는 대로 이루어진다는 메시지를 담은 책 『시크릿The Secret』에서 저명한 강연가인 밥 프록터Bob Proctor는 "자신이 풍요롭게 사는 모습을 그리며 말하면 풍요가 현실이 된다. 이 법칙은 시간이나 사람을 초월한다"고 말한다. 말하고 생각하면 그것이 현실이 된다. 그것이 우주의 끌어당김의 법칙이다. 사람은 생각하는 것을 끌어당기는 힘이 있다. 이름도 그렇다. 이름의 뜻을 자꾸 불러주면 그것과 같은 에너지가 운명에 들어온다. 운명을 결정짓는 가장 크고 강력한 방법이 바로 이름이다. 말이 씨가 되어 운명이라는 열매를 만든다. 그와 같이 이름이 곧 운명을 만든다.

2. 이름 속에 운명의 시크릿 코드가 있다

사람마다 개성이 다르고 잘하는 것과 못하는 것이 따로 있다. 그래서 이름은 개성을 잘 드러내주고, 잘하는 것을 더 빛나게 하고 취약한 점이 있으면 가려주는 것이 좋다. 무엇보다 이름을 지을 때 가장 중요한 것은 각 개인이 가진 운명의 코드를 잘 읽어내는 일이다. 빨강을 자꾸 파랑이라고 하면 빨강은 원래의 빛을 잃어간다. 다른 이름으로 부르니 주눅이 드는 것이다. 봄은 봄다워야 하고 여름은 여름다워야 한다. 진실함과 검소함이 있어야 하는 운명에 자꾸 아름다움을 추구하라는 이름을 지으면 사치나 허황된 인생을 살 수 있고, 풍류가 있고 예술이 있어야 하는 운명인데 찬찬히 따져보라는 이름을 지으면 스스로 답답하여 울분이 쌓이는 인생이 될 수 있다. 그래서 이름을 지을 때 가장 먼저 해야 할 일은 아이의 운명의 코드를 밝혀내는 일이다. 이 운명의 시크릿 코드를 바르게 밝히면 좋은 이름을 지을 수 있다. 집을 지을 때 기초공사를 튼튼히 하면 비바람에 강한 집을 지을 수 있지만, 모래밭에서는 아무리 좋은 집을 지어도 하루 아침에 무너지고 만다. 운명의 시크릿 코드는 집의 설계도와 같다. 설계를 잘해야 집을 튼튼하게 짓듯이 설계를 대충 했는데 좋은 집이 나올 리 만무하다.

　　이름을 짓기 위한 운명의 시크릿 코드는 모두 9개로 구분할 수 있다(각각의 시크릿 코드를 이름의 시크릿 코드라고 부른다). 이 9개 코드를 바탕으로 이름을 지으면 운명에 합당한 이름이 된다. 그렇다면 이 운명의 시크릿 코드의 이론적 배경은 무엇인가? 한마디로 말해 9개의 시크릿 코드는 동서철학을 바탕으로 만들어졌다. 동서철학을 섭렵하여 운명을 짚어보고 이름을 지으니 글로벌 시대에 맞는 이름이 된다. 고대로부터 동서양은 운명을 들여다보는 많은 철학들을 낳았다. 천문점성학에서 사주명리학 그리고 주역과 천부경 등 많은 사상들은 한 개인의 운명과 역사의 흥망성쇠를 들여다보려는 노력의 산물이다.

　　21세기에 태어난 생명들은 태어난 지역에 한정되어 인생을 살지 않는다. 서울에서 태어났지만 미국 보스턴에서 공부하고 일은 중국 베이징에서 한다. 그래서 그 인생을 동양의 사주명리학 하나로 판단하기에는 무리가 있다. 이 시대의 운명학은 동서철학이 낳은 천문점성학과 사주명리학을 함께 적용할 때 더욱 현실성 있고 더욱 정밀하게 들여다볼 수 있다. 세계적 시각을 바탕으로 이름을 지을 때 이름은 더욱 운명에 합당해진다. 아이의 개성과 색깔에 좀더 가깝게 다가간다.

3. 운명의 시크릿 코드 9

이름짓기와 관련된 운명의 코드는 모두 9개이다. 다음 표의 빈 공간에 하나씩 합당한 코드를 써 넣으면 한 사람이 가진 고유의 시크릿 코드가 완성된다. 그리고 그 시크릿 코드에 합당한 이름을 2부 이름 목록에서 찾으면 된다.

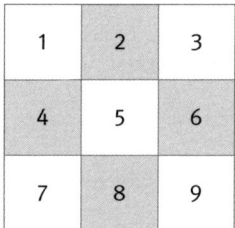

물론 이름은 작명가에게 의뢰할 수도 있고 존경하는 스승에게 부탁할 수도 있다. 그러나 가장 좋은 것은 부모가 아이의 이름을 직접 지어주는 것이다. 이름에 소망을 담으면서 부모가 아이의 운명을 깊이 이해하고 공감하는 것이 중요하다. 이렇듯 부모가 지어주는 이름에는 부모와 자녀가 운명공동체로 인생을 함께 이끌어간다는 의미가 담겨 있다.

운명의 시크릿 코드 9는 아이의 운명을 거울처럼 보여주는 좋은 나침반이 될 것이다. 운명에 대한 정답은 아닐지라도, 동서양의 철학가들 사이에 오랜 시간 동안 축적된 인문학적 데이터에는 그만한 이유가 충분히 있다. 이 9개 공간에 채워진 숫자가 내 아이의 운명의 번호라고 생각하면 된다. 모든 대한민국 국민이 서로 다른 주민등록번호를 부여받듯이 운명이라는 것도 숫자로 바꾸면 운명의 주민등록번호가 된다. 각 개인과 운명마다 다른 숫자로 표현되기 때문에 그 숫자를 조합하여 운명의 문을 활짝 열어볼 수 있다.

이 9개 문의 구성 원리를 보면 먼저 하늘의 문·사람의 문·땅의 문으로 나누어지고, 각각의 문은 다시 3개의 문으로 나누어져 모두 9개의 문이 된다. 1·2·3이 하늘의 문이고, 4·5·6은 사람의 문, 그리고 7·8·9는 땅의 문이다.

1번은 81천부경이고, 2번은 사주의 10천간이며, 3번은 별자리의 10수호성이니 아이가 태어날 때 가져온 하늘의 뜻을 들여다보는 문이 된다.

4번은 사상인데 혈액형과 음양팔괘의 이치로 운명을 보고, 5번은 오행으로 운명을 보며, 6번은 육친으로 운명을 본다. 이들은 사람과의 관계 속에서 어떤 운명의 변곡선을 그리는지를 살피기 때문에 사람의 문이라고 한다.

    마지막은 땅의 문으로, 7번은 12지신으로 운명을 예측하고, 8번은 12별자리로 운명을 예측하며, 9번은 12운성으로 운명의 대의를 찾는다.

    각 방의 운명은 모두 숫자로 변환하여 대입하고 풀어볼 수 있다. 하늘의 문과 사람의 문, 그리고 땅의 문에 속한 비밀들을 풀어가는 동안 우리 아이의 운명이 어떤 모습인지 종합적으로 파악하고, 이를 이름과 연결지어 운명에 가장 합당한 이름을 정하게 된다.

하늘의 문	1 81천부경	2 10천간	3 10수호성
사람의 문	4 사상	5 오행	6 육친
땅의 문	7 12지신	8 12별자리	9 12운성

4. 작명구결과 운명의 시크릿 코드 9

작명구결이 이름을 짓는 원칙이라면, 운명의 시크릿 코드 9는 그 원칙의 실제 적용으로 볼 수 있다. 작명구결이 양이면, 운명의 시크릿 코드 9는 음이다. 정신적이고 추상적인 원칙이 작명구결의 '한띠샘솔빛참단길울'이라는 성품으로 대변된다면, 시크릿 코드 9는 명확한 숫자로 표현된다. 작명구결의 한은 시크릿 코드 9의 81천부경으로 표현되고, 띠는 10천간, 샘은 10수호성과 연결된다. 마찬가지로 솔은 사상, 빛은 오행, 참은 육친과 연결된다. 마지막으로 단은 12지신, 길은 12별자리, 울은 12운성과 연결된다.

　이름의 원칙은 운명의 시크릿 코드 9에서 아이의 실제 성품이나 성격 등으로 변환된다. 변환 과정에서 중요한 것은 원칙과 실제를 잘 적용하는 것이다. 운명과 이름을 조화롭게 연결하기 위해 9가지 이름의 시크릿 코드가 만들어졌다. 이 숫자를 바탕으로 실전에서 이름을 정할 때 작명구결 원칙을 다시 읽어보면 합당한 이름을 선택하는 데 큰 도움이 된다. 정해진 이름을 원칙에 준해서 다시 점검하면 그 뜻이 더욱 명확해진다.

작명구결과 9가지 이름의 시크릿 코드

하늘	1 한	81천부경	천지인(天地人) 삼재(三才)를 바탕으로 한 81천부경에 담긴 운명과 소망
	2 띠	10천간	갑(甲), 을(乙), 병(丙), 정(丁), 무(戊), 기(己), 경(庚), 신(辛), 임(壬), 계(癸)
	3 샘	10수호성	태양, 달, 수성, 금성, 화성, 목성, 토성, 천왕성, 해왕성, 명왕성
사람	4 솔	사상	태양인(AB형), 소양인(A형), 소음인(B형), 태음인(O형)
	5 빛	오행	물[水], 불[火], 나무[木], 쇠[金], 흙[土]
	6 참	육친	정재, 상관, 편인, 정관, 정인, 식신, 비견, 겁재, 편재, 편관
땅	7 단	12지신	쥐[子], 소[丑], 호랑이[寅], 토끼[卯], 용[辰], 뱀[巳], 말[午], 양[未], 원숭이[申], 닭[酉], 개[戌], 돼지[亥]
	8 길	12별자리	양자리, 황소자리, 쌍둥이자리, 게자리, 사자자리, 처녀자리, 천칭자리, 전갈자리, 사수자리, 염소자리, 물병자리, 물고기자리
	9 울	12운성	장생(長生), 목욕(沐浴), 관대(冠帶), 건록(建祿), 제왕(帝旺), 쇠(衰), 병(病), 사(死), 묘(墓), 절(絶), 태(胎), 양(養)

다음은 좋은 이름을 짓는 순서이다. 하나하나 정성껏 작성한다.

1) 생명표를 작성한다

생명표는 아이가 태어난 시간과 장소, 태몽, 태명, 부모의 이름과 생일, 조부모와 외조부모 성함, 형제자매 이름, 돌림자, 혈액형, 별자리 등을 정리한 표로 아이와 관련된 전체적인 정보를 한눈에 볼 수 있다.

태명	
태몽	
생년월일시	
출생도시	
혈액형 · 별자리	
부모 성명 (생년월일)	
형제자매 성명	
조부모 성명	
외조부모 성명	

2) 사주간지표를 작성한다

운명의 결을 하나하나 따져보기 위해 아이의 운명을 예측할 수 있는 기초자료인 사주(사주팔자)를 먼저 찾아보아야 한다. 베이비네임스 홈페이지 www.babynames.co.kr에서 아이의 사주간지표를 받을 수 있다. 게시판에 태어난 연월일시와 출생지, 성별을 남겨두면 된다. 사주간지표는 이 책의 표지를 찍어 SNS나 블로그에 책 추천글을 올리면 무료로 받아 볼 수 있다. 또한 이름짓기에 필요한 천부경점도 베이비네임스 홈페이지에서 칠 수 있다.

사주	팔자	오행	육친	오행 수 · 육친 수
연주(1~20세)				
월주(21~40세)				
일주(41~60세)				
시주(61~80세)				

3) 작명구결표를 작성한다

운명과 연결된 9개 숫자, 즉 아이가 타고난 운명의 시크릿 코드 9를 하나하나 찾아서 작명구결표에 기입한다. 이 숫자를 모두 조합하면 내 아이의 성격과 운명 그리고 직업과 장단점을 하나의 그림으로 펼쳐 보일 수 있다. 한·띠·샘의 숫자는 하늘이 내린 이름을 찾는 기준이 되고, 솔·빛·참의 숫자는 사람이 소망한 이름을 찾는 기준이 되며, 단·길·울의 숫자는 땅이 받든 이름을 찾는 기준이 된다.

1	한	81천부경	
2	띠	10천간	
3	샘	10수호성	
4	솔	사상(혈액형)	
5	빛	오행	
6	참	육친	
7	단	12지신	
8	길	12별자리	
9	울	12운성	

4) 작명구결표와 연결되는 9개 이름을 찾는다

작명구결표의 숫자를 바탕으로 2부 이름 목록에서 하늘이 내린 이름 3개, 사람이 소망한 이름 3개, 땅이 받든 이름 3개, 모두 9개의 이름을 찾아 하나하나 적는다. 이 이름들을 부모가 직접 아이에게 일일이 불러본 다음, 최종적으로 성과 연결하여 부르기 편하고 부모가 소망하는 뜻과 일치하는 3개의 이름을 가려낸다.

5) 3개의 이름 중에서 1개의 이름을 고른다

앞에서 가려낸 3개의 이름 중에서 어떤 이름을 고를지는 집안 어른들과 함께 상의하는 것이 좋다. 가족과 친지들과 함께 불러보면서 가풍에 어울리고 여러 세대 모두가 부르기 편하면서 뜻이 좋은 이름을 결정하면 소중한 아이의 운명에 가장 합당한 이름을 결정할 수 있다. 마지막까지 오른 3개의 이름에서 각각의 이름자를 조합하여 새로운 이름을 만드는 방법도 가능하다.

6) 출생신고를 한다

출생신고는 결정된 아이 이름을 세상에 널리 알리는 것으로, 우리나라에서는 출생 1개월 이내에 출생신고를 해야 한다. 한자이름의 경우 대법원에서 정한 인명용 한자인지를 먼저 확인해야 하는데, 대법원 홈페이지에서 바로 알 수 있다. 마지막으로 출생신고를 한 다음에는 이름이 잘 등재되었는지 가족관계증명원으로 확인한다.

참고로 작명소에서는 이름의 뜻과 소명을 적은 작명액자를 주는데, 부모가 직접 이름을 짓는 경우에도 이러한 작명액자를 만들어주면 아이가 자기 이름의 의미를 되짚어보고 스스로를 소중하게 생각하도록 도와준다. 이는 앞서 설명한 '끌어당김' 효과를 사용하는 것으로, 이름에 담긴 뜻을 눈으로 보고 입으로 불러주면서 그 소망을 전 우주로부터 끌어당기는 방법이다. 운명은 여러 사람이 진심으로 불러주는 만큼 이름대로 열린다.

이름에 대한 Q&A ②

사주를 안 보고 이름을 지을 수 있나요?

Q 저희 집안은 대대로 기독교를 믿어왔습니다. 사주를 보지 않기 때문에 어떻게 해야 아이에게 좋은 이름을 지어줄 수 있을지 걱정입니다. 하나님의 '하' 자나 예수님의 '예' 자를 넣어 아이 이름을 짓고 싶은데 가능한가요?

A 가능합니다. 사주를 무시하고 이름을 짓자니 뭔가 빠뜨린 것 같고, 그렇다고 사주를 보고 이름을 짓자니 종교적 신념에 어긋나 난처한 부분이 있습니다. 만약 기독교나 천주교를 믿는다면 별자리와 수호성을 찾아 아이의 성품이나 소명에 맞게 이름을 지어주면 됩니다.

동방박사가 밝은 별의 인도를 받아 예수를 맞이하러 간 것처럼 성경에는 별이 이끄는 예언이 많습니다. 별의 운행은 양력을 기준으로 움직이고, 사주는 사실 음력을 기준으로 움직입니다. 양력을 기준으로 움직이는 천체의 운행을 깊이 들여다보면 한 생명의 특별한 기운이나 소망을 예측할 수 있습니다. 아이가 태어났을 때 각 별자리에 자리하고 있는 행성들의 궤적을 정밀하게 찾아보면 됩니다.

실제로 5월 황소자리에 수호성인 금성이 유난히 강한 아이들은 건강하고 부유해서 '하' 자를 기준으로 삼을 때는 여름 하 자에 볼 람 자를 써 하람(昰覽), 깊을 연 자를 쓰는 하연(昰淵), 성대할 성 자를 쓰는 하성(昰盛), 세울 건 자를 쓰는 하건(昰建) 등의 이름으로 부유함과 강건함을 담을 수 있습니다.

만약 1월 물병자리에 천왕성의 수호성을 타고난 아이라면 창조력이 뛰어나고 세상을 이끌어가는 힘이 크므로, '예' 자를 기준으로 본다면 예도 예 자에 빛날 찬 자를 쓰는 예찬(禮燦), 으뜸 원 자를 쓰는 예원(禮元), 수컷 웅 자를 쓰는 예웅(禮雄) 등이 가능합니다.

이밖에도 성경에 나오는 지명이나 이름을 따라 시온(始昷), 마리아(摩利亞), 사라(師羅), 야고보(野高保), 필립(弼立), 요한(要瀚) 등 한자의 뜻을 살려 이름을 지을 수 있습니다.

03

하늘의 시크릿 코드

1. 이름의 시크릿 코드 1

이름의 첫 번째 시크릿 코드는 천부경天符經이다. 오랜 역사에도 불구하고 기독교의 성경이나 불교의 반야심경처럼 널리 알려져 있지 않으므로 9개 시크릿 코드 중에서 가장 어렵게 느껴질 수도 있지만, 이름짓기에 적용하기에는 가장 쉽다. 단지 부모가 '좋은 이름을 주소서'라고 기도하고 천부경 81괘 중에서 하나를 선택하고, 여기에 맞는 이름을 찾기만 하면 된다.

  부모는 아이의 운명과 가장 깊게 연관되어 있고, 아이의 이름을 기도로 찾을 수 있다는 2가지 믿음에서 시크릿 코드 1은 시작한다. 아이 이름을 정하는 데 천부경이 가장 처음 나오는 이유는 이 경전이 아이의 소망을 들여다보는 기준이 되기 때문이다. 천부경은 글자로 씌어진 경전이 아니라 81개 그림이 모여 만들어진 하나의 도식으로, 하늘과 땅 그리고 사람의 이치를 표현한다. 주역이 하나의 그림을 64개 괘상으로 쪼개 설명한 것처럼, 천부경도 81개 괘상을 하나하나 쪼개 설명하고 있다고 생각하면 이해하기 쉬울 것이다. 부모는 기도를 통해 81개 그림 중에서 하나의 그림을 선택하게 된다. 그 그림이 아이 운명의 바탕그림이라고 생각하면 된다. 그리고 그 숫자가 운명의 첫 번째 시크릿 코드가 된다.

1) 천부경의 기원

세상에는 많은 경전經典들이 있다. 성경은 하나님의 말씀을 전하고 있으며 불경은 부처님의 지혜를 전하고 있다. 노자의 말은 『도덕경道德經』이 전하고 있고 공자의 말씀은 『논어論語』가 전하고 있다. 역사 속 성인들이 남겨놓은 생각의 단초를 우리는 경전이라 한다. 경전은 종교를 낳고 종교는 문화의 근간이 됐으며 인류의 삶을 진화시켰다. 그런데 선조들의 경전을 잘 보면 유독 글이나 말씀이 아닌 형상으로 된 사상 체계가 있다. 『역경易經』, 즉 주역周易이 그러하다. 주역은 음과 양이라는 형상을 만들고 이것을 발전시켜 사상팔괘의 개념을 완성하고, 다시 64괘로 전 우주를 설명한다. 컴퓨터는 0과 1로 모든 세상을 인식한다. 그 컴퓨터는 중국에서 만들어졌고 사상 체계는 주역에서 가져왔다. 인류가 낳은 최첨단 기계 속 매트릭스가 사실 가장 오래된 중국의 시원사상에서 비롯된 것이다. 추상적 사상은 수천 년을 거쳐 철저한 물질로 전환된다. 천부경은 신라말 최치원(857~?)이 81자로 해석한 단군조선의 천부인 사상으로 알려져 있지만, 사실 천부경은 글이 아닌 그림으로 주역과 같은 형상 체계의 철학이다. 81괘로 표현된 하나의 큰 형상을 풀어서 문자로 해석한 것이다. 지금까지 알고 있던 최치원의 천부경은 사실 도입부에 불과하다. 보물지도가 보물이 아닌 것처럼 천부경을 안내하기 위한 지침서이니 천부경이라 할 수 없다.

천부경이 가진 매트릭스를 이해하기 위해서는 단군신화를 이해할 필요가 있다. 인류의 모든 신화는 이야기를 통해 메타포metaphor를 전하고 있다. 단군신화의 메타포 속에는 천부경의 비밀이 숨겨져 있다. 우선 천부天符라는 말이 처음 나오는 것이 우리 민족의 건국신화다. 우리 민족의 건국신화가 전하고자 하는 메타포를 분석하면 하늘과 땅의 만남으로 이루어진 사람이다. 하늘의 제왕 환인이 아들 환웅에게 인간세상을 다스리라는 뜻에서 천부인天符印을 주고 환웅은 풍백, 우사, 운사를 거느리고 인간의 360가지 일들을 주관하며 세상을 다스리게 된다. 하늘은 환웅에게 천부인을 주었다. 하늘의 신비를 담은 시크릿 코드이니 이것을 통해 세상을 통치하고 사람을 이롭게 하라고 하였다. 널리 인간 세상을 다스릴 시크릿 코드, 그 천부인이 무엇일까? 천부인의 뜻을 그대로 풀이해본다면 하늘 천天자에 부적 부符자 그리고 인장 인印자이다. 하늘의 비밀secret를 선포한다는 뜻이다. 우선 인장 인印자는 도장을 찍어 인정한다는 뜻이다. 나라가 법을 정하면 국새를 찍어 그 권위를 공표하게 된다. 곧 국새가 찍힌 문서는 법이 된다. 즉 하늘이 내린 위대한 비밀로 법령을 세웠다는 이야기이다. 그 비밀을 각각 천인天印, 지인地印, 인인人印이라 이름한다. 천지인 이 3가지가 하늘이 내린 신비로운 법칙이다. 이것을 우리 역사는 삼재三才, 삼석三析, 삼근三根, 삼원三元 등으로 칭하며 민족사상의 근간으로 삼았다. 3은 발전하여 9가 되고 9는 다시 변화를 진행해 81괘상을 만든다. 이 81괘상이 우주만물의 근본 원리와 비밀을 설명하는 천부경이다.

2) 한글과 천부경

이름을 짓기 위해 먼저 천부경으로 점을 치는 이유는 다음 2가지 측면에서 이해할 수 있다. 하나는 아이의 운명이 부모와 가장 밀접하게 연관되어 있다는 믿음 때문이다. 부모는 아이가 잘되길 그 누구보다 간절히 바란다. 그 바람이 기도가 되고 기원이 되면 운명의 비밀을 열 수 있는 힘을 갖게 된다. 그 힘으로 아이의 소망을 들여다보는 거울이 바로 천부경이다.

    천부경점을 치는 또다른 이유는 한글이 천부경을 바탕으로 만들어진 글자 체계이기 때문이다. 우리 이름은 한글로 쓰고 발음한다. 그래서 한글의 창제 원리를 이해하는 것은 아이 이름을 구조적으로 파악할 수 있는 좋은 방법이다.

    우선 한글의 창제 원리는 훈민정음 해설서인 훈민정음 해례본訓民正音 解例本 서문에 정인지가 다음과 같이 명확하게 밝혀놓았다.

천지자연의 소리가 있으면 반드시 천지자연의 글자가 있는 법이니, 그러므로 옛사람이 소리를 따라 글자를 만들어서 그것으로 만물의 뜻을 통하게 하고, 그리하여 삼재三才의 이치를 실어서 후세 사람이 능히 바꾸지 못하는 까닭이 여기에 있다. (중략) 계해년 겨울에 우리 전하께서 정음 스물여덟 글자를 창제하시고, 간략하게 보기와 뜻을 들어 보이시고, 이름을 '훈민정음'이라 하시니, 모양을 본떴으되 글자는 옛 전자를 닮았고, 소리를 따랐으되 음은 일곱 가락에 들어맞고, 삼극三極의 뜻과 이기二氣의 묘가 다 포함되지 않은 것이 없다. 스물여덟 자로써 바뀜이 무궁하고, 간단하고도 요령이 있으며, 정밀하고 잘 통한다. 그러므로 슬기로운 이는 하루 아침을 마치기 전에 깨칠 것이요, 어리석은 이라도 열흘이면 배울 수 있을 것이다. 이로써 한문 글을 해석하면 그 뜻을 알 수 있고, 이로써 송사를 들으면 그 속사정을 알 수 있다. 글자의 소리로는 청탁을 잘 가를 수 있고, 풍악의 풍류와 노래로는 곡조 율려에 잘 맞는다. 쓰는 데마다 갖추지 않음이 없으며, 이르러 통하지 않는 것이 없다. 비록 바람 소리와 학의 울음 소리와 닭의 울음 소리와 개 짖는 소리라도 모두 적을 수 있다.

정인지가 밝힌 바와 같이 한글은 삼재三才의 이치를 실어 만들었다. 삼재는 천지인天地人 즉 하늘·땅·사람을 말한다. 이 삼재를 형상으로 나타내면 동그라미·네모·세모인데 동그라미는 하늘, 네모는 땅, 그리고 세모는 사람을 형상화한 것이다. 이 동그라미·네모·세모, 즉 삼극三極의 형상을 기본으로 음양을 나누어 자음과 모음을 만들었으니 천지자연의 이치와 형상이라 사람이 능히 바꿀 수 없다는 말을 덧붙였다.

한글의 창제 원리를 보면, 자음과 모음의 기본자를 각각 3개씩 만들고 그 기본자를 변용하여 글자를 넓혀 나갔다. 자음의 기본자는 ㅇ(원)·ㅁ(방)·△(각) 삼재이고, 모음의 기본자는 ·(천)·ㅡ(지)·ㅣ(인) 삼재이다. 자음의 삼재가 하나가 되고 모음의 삼재가 다시 하나가 되어 서로 마주해 글자가 만들어진다.

한글의 모든 글자는 자음과 모음이 합하여 이루어진다. 자음과 모음이 대립하여 만물을 표현하니 음양의 이기理氣가 있어야 비로소 완성을 이룬다는 뜻이다. 모음은 하늘·땅·사람을 모양으로 본떠 동그라미·네모·세모가 됐으며, 자음은 하늘·땅·사람을 점과 선과 획으로 표현하였다. 이렇게 자음의 하늘·땅·사람의 삼재와 모음의 하늘·땅·사람의 삼재를 통해 모든 사물을 표현하니, 대저 하늘 아래 표현하지 못하는 말과 뜻이 없게 된 것이다.

한글의 기본자

자모음 \ 삼재	하늘[天]	땅[地]	사람[人]
자음[陽]	○	□	△
모음[陰]	·	―	ǀ

천지인을 바탕으로 자음과 모음을 만든 순서

자음	ㄱ	ㅋ	ㆁ	ㄷ	ㅌ	ㄴ	ㅂ	ㅍ	ㅁ	ㅈ	ㅊ	ㅅ	ㆆ	ㅎ	ㅇ	ㄹ	ㅿ
	1	2	3	4	5	6	7	8	9	10	11	12	13	14	15	16	17
모음	·	―	ǀ	ㅗ	ㅜ	ㅏ	ㅓ	ㅛ	ㅠ	ㅑ	ㅕ						
	1	2	3	4	5	6	7	8	9	10	11						

3) 한글의 발음오행

다음 소개하는 훈민정음 해례본 제자해制字解를 보면 자음이 만들어진 철학적 배경이 오행五行임을 알 수 있다. 한글은 우선 천지인 삼재를 바탕으로 모음의 기본자를 만들고, 다시 천지인 삼재를 바탕으로 자음의 기본자를 만들었다. 이렇게 음양을 대립시켜 천지자연의 조화를 바탕으로 문자를 만든 다음, 오행을 바탕으로 각 방향으로 변수를 증가시켜 사방팔방의 모든 형상과 소리를 담아낼 수 있게 하였다. 그래서 삼재의 근본철학과 음양오행의 변수철학을 더해 한글을 완성하게 된다.

무릇 사람이 소리를 내는 것은 오행에 근본이 있는 것이므로 목구멍은 입 안의 깊은 곳에 있고, 젖어 있으니 오행으로 보면 물[水]이다. 어금니는 어긋나고 길어서, 오행의 나무[木]에 해당한다. 혀는 날카롭고 움직여서 오행의 불[火]에 해당한다. 이는 단단하고 무엇을 끊으니 오행의 쇠[金]에 해당한다. 입술은 모나지만 합해지므로 오행의 흙[土]에 해당한다.

이렇듯 한글은 삼재 오행을 바탕으로 한 자연의 성음(소리)과 수리에서 만들어졌기 때문에 자연의 모든 소리를 나타낼 수 있다. 아음(牙音, 어금닛소리)은 오행 중 목木에 해당하고 ㄱㆍㅋ을 배치하였다. 설음(舌音, 혓소리)은 오행 중 화火에 해당하고 ㄴㆍㄷㆍㅌㆍㄹ을 배치하였으며, 순음(脣音, 입술소리)은 ㅁㆍㅂㆍㅍ을 성음에 따라 표기하였다. 치음(齒音, 잇소리)은 금金의 성격으로 ㅅㆍㅈㆍㅊ을 배치하였고, 후음(喉音, 목구멍소리)은 ㅇㆍㅎ을 그 성음에 따라 표기하였으며 오행 중 수水에 해당한다. 이렇게 목소리가 낼 수 있는 모든 성음을 오행으로 나누니 오행의 이법理法이 적용되게 된 것이다.

한글의 오행과 자음 · 모음

목(木)	화(火)	토(土)	금(金)	수(水)
어금닛소리	혓소리	입술소리	잇소리	목구멍소리
아(牙)음	설(舌)음	순(脣)음	치(齒)음	후(喉)음
ㄱ ㅋ	ㄴ ㄷ ㅌ ㄹ	ㅁ ㅂ ㅍ	ㅅ ㅈ ㅊ	ㅇ ㅎ
ㅏ ㅑ	ㅜ ㅠ	ㅣ ㅡ	ㅓ ㅕ	ㅗ ㅛ

한글을 만든 철학적 바탕을 들여다보면 하늘 · 땅 · 사람, 즉 삼재의 이법이 바탕이 됨을 알 수 있다. 이것이 천지자연의 이름에 어떻게 적용되는지 예를 들어보면, 먼저 하늘, 해, 우주 등 저 하늘에 있는 것들은 ㅎㆍㅇ이 많이 들어가고, 땅에 있는 것들은 바람,

물, 나무, 등 ㅁ·ㅂ이 많이 들어가며, 사람의 감정을 나타내는 말에는 사랑, 속내, 정, 산뜻 등 ㅅ·ㅊ이 많이 들어가는 것을 알 수 있다. 우리가 무심코 부르는 많은 이름들이 하늘의 기운과 땅의 기운 그리고 사람의 기운으로 나누어지고, 그 기운들은 다시 오행으로 분류된다. 한글 창제의 기본 원리가 천지인 삼재를 바탕으로 하므로, 역으로 수많은 사물과 사람의 이름을 분석해가면 그 시원을 삼재와 오행으로 밝힐 수 있게 된다.

사물의 형태나 일이 진행되는 모양새 등을 국局이라고 하고 오행의 각 형국은 성격, 관상, 관례 등을 말하는데, 예를 들어, 오행의 목국인 김씨, 고씨, 강씨나 이름에 건, 경, 욱 등 ㄱ자가 들어가면 성품이 강직하고 진취적인 성격이 많고, 오행의 수국인 이씨, 오씨, 하씨 등은 재운이 탄탄하고 이재에 밝은 사람이 많다. 이름자에 오행상 토국의 ㅁ, ㅂ이 많이 들어 있는 사람은 성품이 온화하고 유순하며 생각이 깊은 사람이 많은 반면 조씨, 차씨, 성씨나 이름에 선, 주, 창 등 시옷이나 지읒이 들어가면 옳고 그름을 판단하는 명확한 기준을 가지고 사리분별을 중시하는 사람이 많다. 이렇듯 한글의 발음은 오행의 기운을 모으는 힘이 있고, 이것이 이름에 적용되면 성격과 성품으로 나타난다.

이처럼 한글은 삼재 오행의 이법을 바탕으로 만들어졌기 때문에 발음을 역으로 추적하면 삼재와 오행의 근원을 밝힐 수 있다. 그렇다면 삼재의 사상적 배경은 어디에서 왔을까? 삼재의 이법을 철학적으로 설명한 것이 바로 천부경이다.

4) 한민족의 근본수 3

우리나라 사람들 대부분은 성까지 포함하여 이름이 세 글자이다. 이렇게 이름이 세 글자로 굳어진 이유는 무엇인가? 그에 대한 답을 찾기 위해서는 우리 민족의 시초를 되짚어보아야 한다.

다음은 『삼국유사三國遺事』「기이편紀異篇 고조선조古朝鮮條」로, 이에 따르면 우리 민족은 '홍익인간弘益人間 재세이화在世理化'의 이념과 천부인天符印 3개를 가지고 단군조선을 개국했다고 한다. 여기서 이 천부인 3개가 바로 삼재를 뜻하고, 삼태극을 말한다.

『위서魏書』에는 단군 임금이 아사달에 도읍하고 조선이라는 국호를 썼으니 중국 요와 같은 시대(B.C. 2333)라고 되어 있다. 『고기古記』에 의하면, 한인의 서자 한웅이 인간 세상을 구하고자 할 때 환인이 그 뜻을 알고 삼위 태백을 내려다보니 널리 인간을 이롭게 할 만하다 생각하여 그들에게 천부인 3개를 주어 다스리게 하였다. 한웅은 3천 명의 무리를 거느리고 태백산 마루 신단수 아래에 신시를 열고 여러 신들과 세상을 다스렸다. 이때 곰과 호랑이가 사람이 되고자 하여 한웅은 쑥과 마늘만 먹으며 100일간 햇빛을 보지 않으면 사람이 될 수 있다고 하였다. 참을성 많은 곰만이 100일을 견뎌내 사람이 되었고, 환웅과 결혼하여 아들을 낳으니 그가 곧 단군이다.

우리 민족에게 3은 민족신앙의 철학적 근거가 되는 숫자이다. 단군은 하늘로부터 천부인 3개를 받아 통치의 기틀을 마련했으며, 태양 안에서 산다는 세 발 달린 전설적인 새의 이름은 삼족오이며, 최치원은 유불선 삼교를 통합하여 풍류도를 만들었다. 3을 근본철학으로 하는 우리 조상들은 정월 초사흘, 3월 삼짇날, 10월 초사흘이 되면 장독대에 정화수를 떠 놓고 기도를 올렸다. 신성한 완성의 수 3은 여러 종교에서도 그 연원을 같이 한다. 기독교에는 성부·성자·성령의 삼위일체가 있으며, 불교에는 불·법·승의 삼법인이 있다. 그리고 유가에는 삼강오륜의 삼강이 있으며, 노자는 자애·검소·겸양의 삼보를 중요하게 여겼다.

인류의 모든 도덕과 종교가 3이란 숫자의 비밀을 사상의 기본 코드로 가지고 있듯, 우리 민족도 근원적 숫자 3을 민족사상의 시크릿 코드로 만들었다. 이것이 바로 삼재 또는 삼태극이다. 3은 우리 민족에게 가장 신성한 숫자이다. 그래서 우리 민족은 이름을 지을 때에도 세 글자를 기본 형태로 삼았다. 이름을 세 글자로 만들어 불러보니 천지인 삼재의 이법을 안정되게 담아낼 수 있었던 것이다.

이름에서 성은 자신이 바꿀 수 없다. 부모로부터 받은 성이니 천지인 중에서 사람의 성품이다. 다음에 오는 중간자는 하늘의 이치를 담고 있으니 사회적 지위나 업적을 담게 되고, 마지막 끝자는 땅의 이치이니 말년의 운명과 연결되어 있다.

이름 첫 자(성)	이름 중간자	이름 끝자
초년(30년)	중년(30년)	말년(30년)
△	○	□
사람	하늘	땅

인생에서 초년의 운은 부모의 성격과 역량의 영향에서 크게 벗어나지 않는다. 초년의 운은 부모에게서 받은 DNA를 그대로 펼쳐내는 시기다. 아이는 거울처럼 부모를 비춘다. 피와 뼈 속에 녹아난 DNA가 혈통으로 보전되어 외모와 성격을 그대로 물려받게 된다. 부모를 바꿀 수 없듯이 그 성을 바꿀 수 없다. 그래서 성을 보면 그 집안의 가풍을 볼 수 있고, 부모를 보면 초년의 운세를 엿볼 수 있다. 그래서 부모는 가문의 가풍을 되새기고 지키려고 노력해야 한다. 마음을 바르게 하고 후덕한 삶을 영위해야 가풍이 완성되고 후손에게 그 덕과 성품을 전해줄 수 있다. 가풍은 오랜 시간 유전된다. 초년운은 30대 전후로 본다. 공자는 30세를 이립而立이라 했다. 스스로 일어난다는 뜻이다. 부모의 영향권에서 벗어나 경제적, 정신적으로 독립을 이루는 시기를 뜻한다.

다음 중년의 운을 보여주는 중간자는 하늘의 기운이니 천직과 사회적 지위를 뜻한다. 삶이 나아갈 방향이며 자신의 정체성이다. 그래서 이름의 중간자에는 운명의 대의를 담는 것이 좋다. 사회적 지위나 소망을 담으면 그 방향으로 운명의 궤도가 움직인다. 나이로는 30세에서 60세까지의 기간이다. 61세를 회갑回甲이라고 하는데, 천체우주의 계절을 한 번 돌았다는 뜻이다.

　마지막 끝자는 땅의 결실이니 삶의 열매와 결실을 뜻한다. 자손의 번영과 자신이 이룬 영역을 뜻하므로 운명의 후광을 보여준다.

　성은 바꿀 수 없으므로 결국 이름은 보편적으로 중간자와 끝자 두 글자를 선택하는 것이 대부분이다. 인생의 중반부와 후반부 각 30년을 대변하게 될 대표글자이므로 전체적인 조화는 물론 개별적인 특성을 잘 살릴 수 있어야 한다. 물론 한 글자로만 지은 이름도 있고 성이 두 글자여서 전체로는 네 글자로 지어진 이름도 있다. 삶의 소망과 운명의 특성을 살리면 이름의 글자수는 그다지 문제되지 않는다. 다만, 우리 민족이 대대로 3이란 숫자를 근본으로 철학을 발전시켜왔고 그러한 결과물로 한글을 탄생시켰으며, 천부경 역시 삼태극의 철학적 배경을 가진 근본 경전이므로, 천부경을 통해 이름을 짓는 것은 우리 선조들이 이루어온 사상의 맥을 바탕으로 미래를 열고자 하는 열망이 담겨 있다고 할 수 있다.

5) 천부경의 생성 원리

위편삼절韋編三絕이란 말이 있다. 공자가 『주역』을 엮은 가죽끈이 3번이나 끊어질 정도로 이 책을 읽고 또 읽은 데서 유래한 말이다. 이 고사에서 짐작할 수 있듯 공자의 유가사상의 핵심은 주역에 있다. 성경이 서양사상의 근저라면, 주역은 동양사상의 근원지다. 우리나라 왕실만 해도 왕세손이 태어나면 감상관이 천체의 운행을 왕실에 보고하고 성균관 대제학은 주역을 통해 세손의 운명을 점쳤다.

　주역은 태극 → 음양 → 사상 → 팔괘로 발전하며 사상을 전개해 나간다. 2→4→8→64괘의 진법이니 2진법의 사상 체계이다. 그러나 우리 역사의 뿌리는 2진법의 사상이 아니다. 우리 역사는 삼원, 삼태극, 삼재 등과 같이 3진법의 사상 체계로 전개되어왔다. 다시 말해 수리적으로 1→3→9→81로 전개된다는 뜻이다. 그 수리적,

사상적 전개과정을 나타낸 것이 바로 천부경이다. 주역에서 팔괘가 건곤감리진태간손乾坤坎離震兌艮巽이라면, 천부경에서 아홉 뿌리는 한띠샘솔빛참단길울이다. 이 9개 성품을 바탕으로 이름 짓는 비결을 만드니 이것이 작명구결이 된 것이다. 여기에서는 이름을 짓는 목적에 집중하여 천부경 중에서 작명구결과 관련된 사상적 내용만을 간단하게 설명한다.

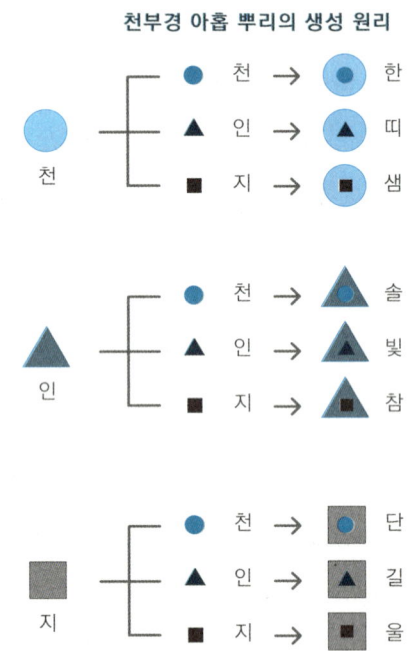

천부경 아홉 뿌리의 생성 원리

위 천부경 아홉 뿌리의 생성 원리에 대해 설명하면, 하늘과 땅과 사람이 음과 양으로 서로 마주하면 3×3=9의 변수가 완성된다. 이 9개의 변수를 아홉 뿌리라 한다. 이 아홉 뿌리가 천지운행의 기본 변수가 된다. 먼저 한·띠·샘은 하늘을 바탕으로 하늘과 사람 그리고 땅이 순환되는 모습이다. 하늘 안에 하늘이 있으니 한이 되고, 하늘 안에 사람이 있으니 띠가 되며, 하늘 안에 땅이 있으니 샘이 된다. 솔·빛·참은 사람을 바탕으로 하늘과 사람 그리고 땅이 순환되는 모습이다. 사람 안에 하늘이 있으니 솔이 되고, 사람 안에 사람이 있으니 빛이 되며, 사람 안에 땅이 있으니 참이 된다. 단·길·울은 땅을 바탕으로 하늘과 사람 그리고 땅이 순환되는 모습이다. 땅 안에 하늘이 있으니 단이 되고, 땅 안에 사람이 있으니 길이 되며, 땅 안에 땅이 있으니 울이 된다.

01 · 한

하늘과 하늘이 만나니 경계가 없는 일체이다. 크게 형통하여 경계를 나누지 않으니 만물만상의 존재가 태어나 근본자리로 돌아간다.

02 · 띠

하늘과 사람이 만나니 치우침 없는 중심이다. 중심을 굳게 지키고 흐트러짐 없이 나아가라.

03 · 샘

하늘과 땅이 만나니 마르지 않는 샘이다. 끊임없는 창조의 미덕을 지녀야 한다. 마르지 않는 샘물처럼 진보하라.

04 · 솔

사람과 하늘이 만나니 변함없는 푸른 솔이다. 변함없이 꾸준한 성품이니 굽히지 않는 기상이 늘 푸르다.

05 · 빛

사람과 사람이 만나니 서로 빛이 된다. 어둠을 물리치는 희망의 성품이니 고통을 딛고 일어서는 힘이다. 사물의 밝은 이치이다.

| 06 · 참 | 사람과 땅이 만나니 거짓 없는 참이다. 오른 것을 옳다 말하고 그른 것은 그르다 말하는 참성품이니 그릇됨 없이 유순하다. |

| 07 · 단 | 땅과 하늘이 만나니 생명이 들고나는 단전이다. 생명은 한 호흡 사이에 있으니 한 호흡이 열리면 인생이 열리고 한 호흡이 닫히면 죽음에 이른다. |

| 08 · 길 | 땅과 사람이 만나니 끝없이 뻗어난 길이다. 머물지 않고 흐르고 흐르는 미덕이니, 막히면 돌아가고 깊으면 기다려 넘치니 길이 끝없이 뻗어나 온 세상에 이른다. |

| 09 · 울 | 땅과 땅이 만나니 너와 내가 다른 경계의 울타리다. 차별상 그대로가 평등이니 모두는 나름의 멋으로 더불어 살아간다. 나누어 자유를 누리고 하나되어 충만한 생명이 된다. |

다시 이 기본 변수는 시공 속에서 서로 만나니 9×9=81로 81괘상을 만든다. 81괘상이 바로 천부경이다. 주역은 음양팔괘의 변수가 건곤감리진태간손으로 정의되어 64괘상이 된다면 천부경은 하늘, 땅, 사람의 삼재가 음과 양으로 서로 만나 변수가 전개되니 한띠샘솔빛참단길울로 아홉 뿌리가 만들어지고 이것이 윗마당과 아랫마당으로 만나 81괘상을 만든다. 64괘는 2진법의 발상이고 81괘는 3진법의 표상이다.

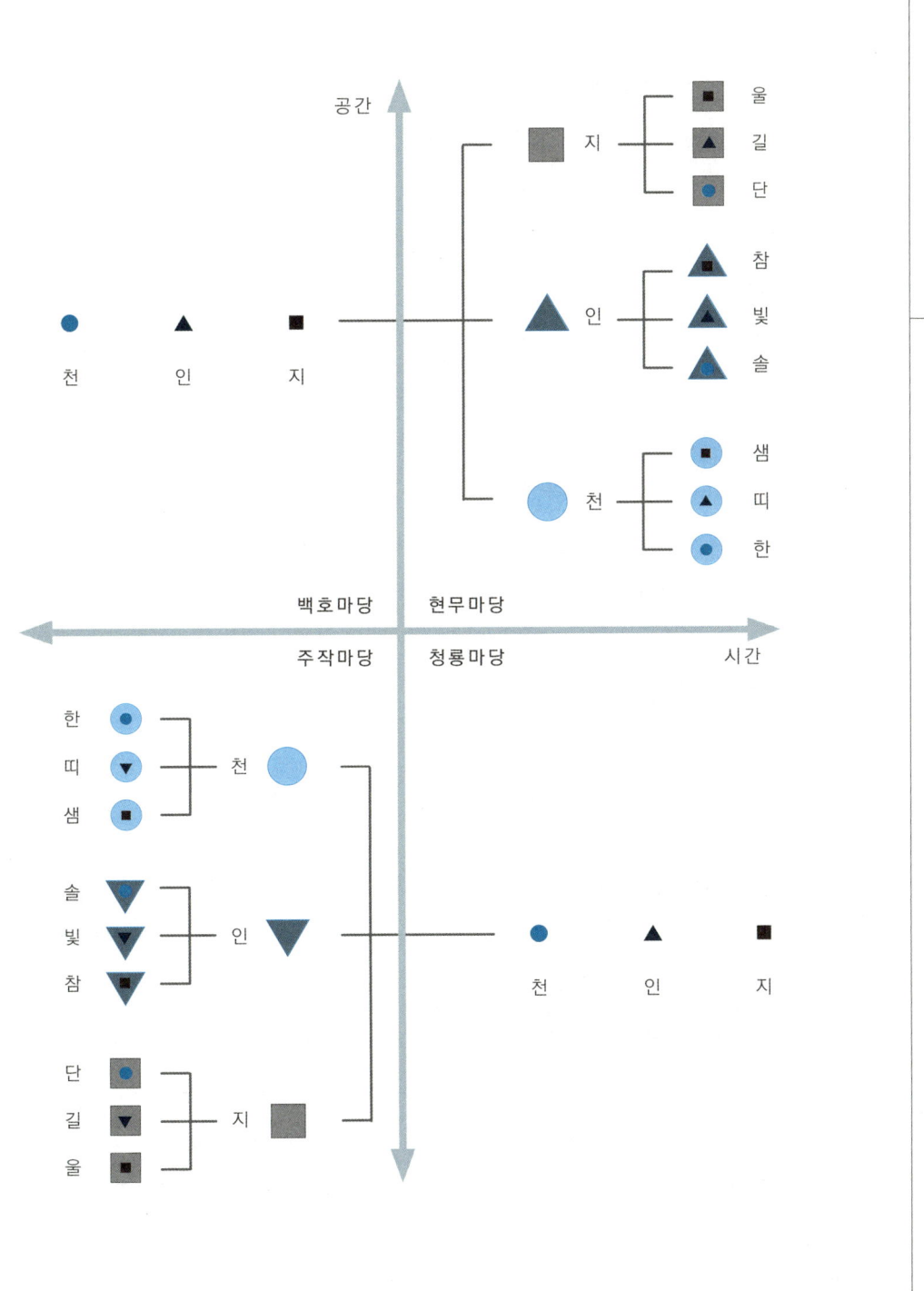

하늘의 시크릿 코드

천부경은 2진법의 철학 체계가 아닌 3진법의 철학 체계를 바탕으로 이름을 짓는 새로운 방법을 제시한다는 점에서 커다란 의미가 있다. 과거에 주역의 역사가 음양의 대립으로 발전을 이루었다면, 앞으로 다가올 시대는 음과 양의 대립을 넘어 하늘, 땅, 사람의 조화를 중심으로 소통하고 공존하는 시대가 될 것이다.

한류는 이제 세계의 문화 코드가 되었다. 오래 전부터 한민족이 인류의 등불이 될 것임을 많은 선지자들이 예견하였다. 그 이유는 우리 사상의 근원이 대립을 기반으로 하는 주역 사상이 아니라 화합과 조화를 중심으로 전개되는 천부인 사상이기 때문이다. 그 근원으로 한글을 창제하니 세계에서 가장 과학적이고 훌륭한 문자 체계가 만들어졌다.

이제 천부인 삼재를 이름에 적용하면 이름에 천부사상이 담기게 된다. 이름에 하늘, 땅, 사람의 천부인 사상이 숨쉬면 이 세상 또한 그렇게 열린다. 우리 아이들의 아름다운 이름이 하나하나 모이면 아름다운 세상이 된다.

6) 천부경점 치는 법

이름짓기의 첫 단계, 즉 이름의 첫 번째 시크릿 코드를 얻기 위해서는 천부경점을 쳐야 한다. 경건한 시간과 장소를 정하고, 다음 내용을 주의하면서 신중하게 점을 친다.

❶ 천부경점을 치기 앞서 기도를 올린다

천부경점은 오직 부모의 기도로 결정되므로, 부모는 점을 치기 앞서 아이의 소망을 듣고자 하는 간절한 소망을 담아 기도를 올려야 한다. 이때 자신의 종교나 믿음에 따라 기도를 하고 괘를 선택하면 된다. 전통적인 유교 집안이면 조상들께, 기독교인이면 하나님께, 불교도면 부처님께 기도하고, 특정한 종교가 없으면 '하늘이시여 땅이시여 선조들이시여 좋은 이름을 주소서'라고 3번 외치고 81괘상 중에서 하나를 고른다.

원래는 81괘상을 하나하나 죽간에 새겨서 그 중에서 하나를 뽑아야 하지만, 요즘에는 죽간을 구하기도 어렵고 여러 가지 현실적인 제약이 있다. 베이비네임스 홈페이지 www.babynames.co.kr에서 쉽고 간편하게 천부경점을 칠 수 있다(왼쪽 신생아 작명 신청을 클릭하면 된다. 회원 가입을 하지 않아도 이용할 수 있다).

❷ 천부경점은 자(子)시, 오(午)시, 인(寅)시에만 칠 수 있다

천부경점(경점)을 치는 시간은 자시, 오시, 인시로 정해져 있다. 자시는 밤 12시 무렵, 오시는 낮 12시 무렵, 인시는 새벽 4시 무렵이다. 이 시간대는 하늘과 땅의 기운이 하나로 통하는 시간이므로 경점이 가장 잘 맞는다.

경점은 온 정성을 모아 1번 치고, 만약 그 점괘를 다시 치고 싶으면 시간대를 달리하여 친다. 예를 들어 새벽 4시에 경점을 쳤는데 아이의 소망과 결이 맞지 않는다 생각되면 다음 경점은 낮 12시에 치고, 또 다음 경점은 밤 12시에 치는 방식으로 시간대를 각각 달리하여 점을 친다.

그리고 3번 이상은 경점을 쳐도 소용이 없다. 부모는 아이의 운명과 연결된 깊은 본능과 예지를 가지고 있다. 기도와 기도 속에서 운명을 열어보겠다는 믿음이 있으면 운명을 이끌 이름과 만나게 된다.

천부경 81괘 전도

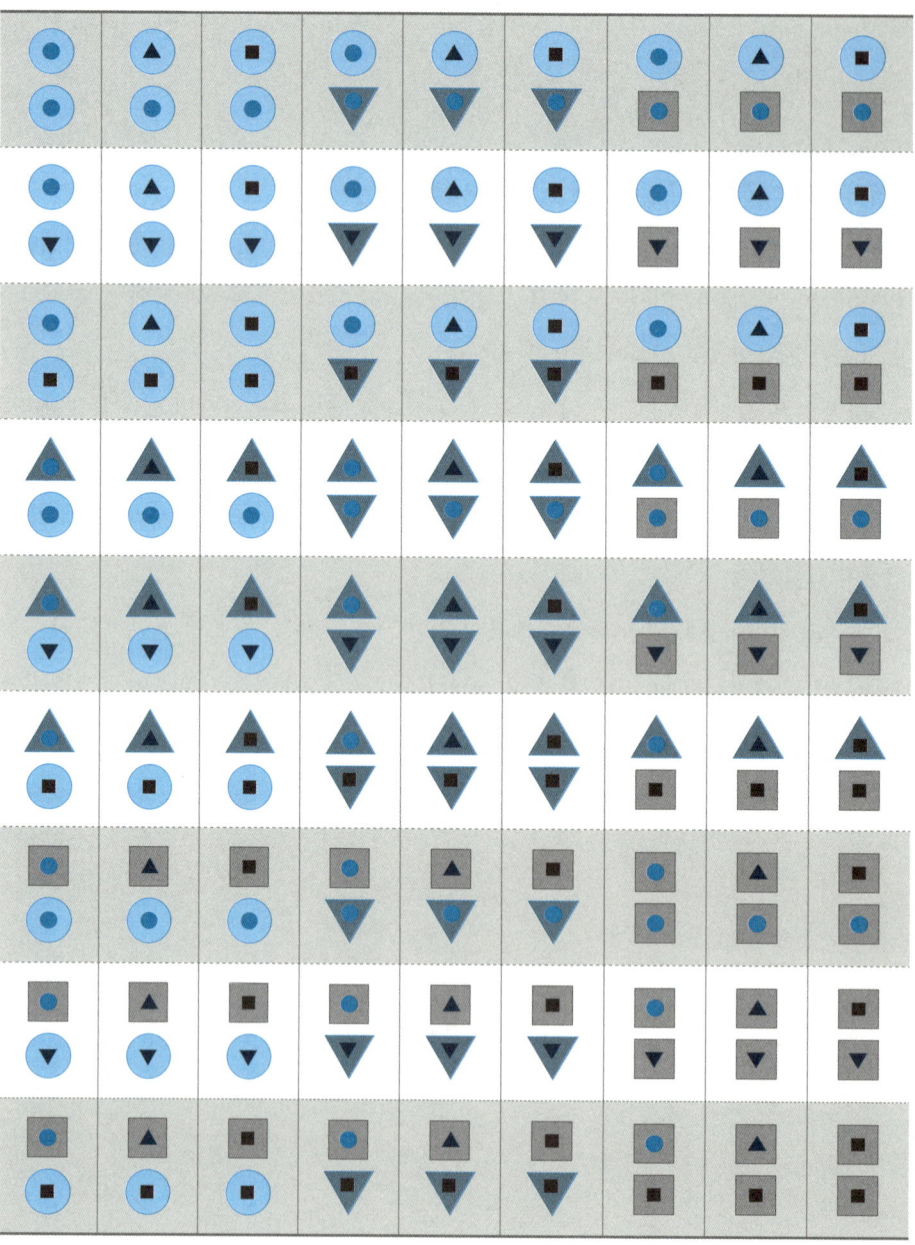

7) 81천부경 해설

천부경 81장은 각각 다음과 같은 의미를 가지고 있다. 참고로 천부경의 각 장이 이름의 첫번째 시크릿 코드가 된다.

01 · 하나

제왕의 운명이다. 하늘의 해는 하나이고 달 또한 하나이다. 만법과 만물은 하나로 귀결된다. 본질은 변하지 않는다. 인생에서 그 위대한 가치 하나를 이룰 소명이 있다. 본질적이고 진실된 삶을 살아갈 것이니 성품이 곧고 바르다. 홀로 갈지라도 바르게 깨어 있어야 한다. 오직 바르고 정직한 길을 걸어갈 것이니 만인이 그 길을 따른다. 하나를 바로 열면 모든 운명이 길을 연다.

02 · 거울

세상을 비추는 큰 스승의 운명이다. 거울은 세상 만물을 있는 그대로 비춘다. 마음이 맑고 청명하며 진리를 보는 깊은 혜안이 있다. 깊이 관조하여 세상을 통찰하는 아름다운 지혜를 가졌으니 많은 사람을 가르치고 이끈다. 자연의 이법을 비추어 자연과학의 법칙을 만들고 자신의 내면을 비추어 사람의 심성을 밝힐 것이니 과학과 심리의 큰 지평을 열 것이다.

03 · 빛

세상을 밝히는 의인의 운명이다. 세상에 빛이 되는 사람이 있다. 세상의 기준이 되는 사람이 있다. 빛의 운명을 타고난 아이는 세상의 빛이 되고 중심이 되고 기준이 된다. 당당하게 의롭게 설 것이니 늘 스스로가 그 기준을 잡고 서야 한다. 빛은 밖에서 오지 않는다. 내적 신념과 의지에 의해 세상을 열어갈 것이다. 밝은 성품과 고르게 나누는 성심을 지녔으니 만인의 길이 된다.

04 · 물처럼

물은 지혜와 부의 상징이다. 또한 물은 낮은 곳에 처하나 가장 넓고 큰 바다를 이룬다. 널리 베풀고 나누는 마음 속에서 당당한 운명의 주인이 될 것이다. 지혜와 부유함을 모두 얻을 것이다. 또한 물은 끊임없이 영속한 시간을 흘러간다. 성공은 하루아침에 이루어지지 않는다. 대기만성이니 늘 꾸준한 성품으로 한결같이 나아가야 운명이 열린다. 먼저 헌신하고 먼저 낮아지는 겸손이 있으면 크게 성공한다.

05 · 새벽

항상 깨어나 새벽을 여는 사람이 될 것이다. 새벽은 새로운 문명의 시작이다. 밝은 태양으로 기운차며 새로운 창작의 힘으로 세상을 일깨운다. 창의적이고 진취적이니 시작하는 사람은 복되고 푸르다. 늘 새로운 것에 호기심이 많다. 새로운 것을 찾아 도전하고 발전하는 삶을 영위하니 한 곳에 머무르지 않는다. 해뜨는 동쪽의 푸른 기운이니 건강하고 힘찬 몸을 가졌다.

06 · 혼불

오늘에 머물지 않고 더 큰 뜻을 품고 달려가야 할 소명이 있다. 늘 깨어나 내일을 준비하고 변혁하는 결단이 필요한 인생이다. 전세계에 널리널리 민족의 혼을 알리고 펼칠 것이니 참으로 의미 있고 진실한 운명이다. 가난한 곳에 빛이 되고 잠든 곳에 깨달음을 줄 소명이 있으니 늘 부지런히 자신의 영역을 넓혀갈 것이다.

07 · 영원

순간적이지 않은 영원한 것을 구하는 사람이 될 것이다. 없어지거나 흩어지지 않고 사람의 마음 속에 기억되고 인류가 역사에서 기리는 운명을 살 것이다. 소명이 부여한 소중한 뜻을 간절히 가꾸어야 한다. 인생은 순간적인 것이 아닌 근본적인 것을 찾아 영원한 생명을 얻는 것임을 알아야 한다. 한결같고 꾸준한 성품을 지녔으니 자신의 뿌리를 사랑하고 근본을 지키는 삶을 살 것이다.

08 · 간구

깊은 기도로 소망을 다지고 끝없는 간구로 영광을 이룰 운명이다. 날마다의 소망 속에서 기적을 이뤄낼 것이니 당당한 모습이 아름답고 훌륭하다. 기도의 능력을 타고났으니 구하는 대로 얻을 것이다. 현재에 머무르지 않고 진실과 목표를 향해 날마다 새롭게 태어나야 한다. 한번 결심한 것은 마침내 이루는 성품이니 큰 뜻을 품어 큰 세상과 만나야 운명이 편안하다.

09 · 대답

자신이 한 말을 이룰 사람이다. 세상이 가진 모든 질문에 대답할 수 있는 힘을 가진 사람이다. 그 대답에 당당하고 책임 있는 삶을 꾸려갈 것이니 모두의 모범이 된다. 입은 황소의 발걸음보다 무겁고 결단은 호랑이의 눈빛보다 빨라야 한다. 생각이 자유롭고 경계를 두지 않아 소통하며 발전한다. 언제 어디서든 자신의 답을 알고 있으니 길이 분명하다. 신념은 강하고 행동에는 결단력이 있다.

10 · 무정

하늘처럼 공평무사한 사람이 될 것이다. 자신의 선입견이 아니라 진리와 정의를 중심에 두고 늘 한결같은 삶을 살 것이다. 공인으로 일할 때는 항상 공평무사함을 기준으로 삼아야 한다. 마음이 없는 곳에서 마음을 내야 바른 판단이 된다. 스스로의 자리와 스스로의 때를 아는 현명한 사람으로 살아야 한다. 운명이 준비한 위대한 도전 앞에 승승장구할 것이니 이는 모두 공평무사한 마음에서 시작된다.

11 · 다시

오뚜기 같은 운명이다. 다시 일어나 다시 용서하고 다시 일어나 다시 도전하는 삶을 살 것이다. 아름답고 진취적이고 소망이 가득한 삶이다. 자신의 영역에서 역사가 기억할 큰 성과를 이룰 것이다. 판단이나 지식보다 큰 사랑과 용기로 많은 사람에게 큰 빛이 될 좋은 운명이다. 인생은 다시 도전하는 사람에게 영광의 월계관을 전한다. 더 높은 곳을 향하여 늘 용맹정진하는 모습을 보여줄 것이다.

12 · 법

현실과 이상 사이에서 바른 척도를 만들 운명이다. 법을 일으켜 방향을 잡고 옳고 그름에 대한 선을 그을 것이다. 사리분별이 명확한 성격이다. 시작과 끝을 반드시 밝혀야 일을 마무리짓는다. 모든 일에 남겨진 원한이 없도록 아끼고 사랑하는 마음이 있어야 한다. 널리 많은 사람들에게 진리를 설하고 바른 법도를 열 것이다. 어둠을 열어 세상을 밝힐 소중한 소명을 청정하게 간직해야 한다.

13 · 부메랑

자신이 뿌린 대로 거둘 운명이다. 큰 것을 심으면 큰 것을 거둘 것이고, 작은 것을 심으면 작은 것을 거둘 것이다. 그래서 선하고 아름답고 진정한 것을 뿌려야 하며, 말하고 행동해야 한다. 적선지가필유여경 積善之家必有餘慶이니 선을 쌓은 집안에는 반드시 남은 경사가 있다고 하였다. 늘 건강하고 행복한 것을 사람들에게 전하고 그 결실은 후손에게 남겨두라.

14 · 기도

기도를 통해 인생을 통찰하고, 기도를 통해 인생의 역경을 헤쳐 나갈 운명이다. 기도의 은사를 받았으니 원하는 모든 소망을 이뤄낼 수 있다. 깊은 예지력과 진실한 기도로 많은 사람의 아픔을 감싸는 일을 하게 된다. 역경을 이겨내는 긍정적인 성품과 오늘에 감사하는 따뜻한 마음이 모두 있다. 오늘에 머물지 않고 스스로 실천하면 큰 꿈을 실현할 것이다.

15 · 역사

역사의식을 갖고 인생을 살아갈 것이니 참된 역사의 주인이다. 혼자만의 삶을 살지 않고 큰 강이 되고 역사가 되는 일을 할 것이다. 옛 것을 익히고 후손에게 그 정신과 유물을 전할 것이니 많은 사람과 함께 큰 강을 이룬다. 성품은 보수적이고 안정적이니 강직하면서도 온후하다. 오늘의 삶에 최선을 다하고 개인의 삶이 아니라 역사의 주인이 되는 삶을 늘 생각하라.

16 · 그렇게

진실하고 정직한 성품이다. 타인의 시선에 상관하지 않고 자신의 일을 묵묵히 해 나간다. 한결같은 마음과 한결같은 행동으로 무던하게 그 자리를 지키는 사람이다. 뚝심 있게 처음 선택한 것을 밀고 나가니 결국 이르고자 한 땅에 다다른다. 한번 약속한 것은 반드시 지키니 믿음의 땅을 만들 것이다. 농부의 손은 두껍고 거칠지만 진실하다.

17 · 평등

햇살은 생명을 가리지 않고 비춘다. 소외되는 사람이 없도록 세상을 평등하게 할 운명이다. 법 앞에 억울한 사람이 없도록 작은 것과 큰 것 모두를 평등하고 소중하게 만드는 힘을 가진 운명이다. 지위를 가리지 않고 남녀노소를 나누지 않아 세상이 평등하고 공존하는 세상을 만들 것이니 성품도 정직하고 공평무사하다. 늘 평등한 세상을 생각하라.

18 · 열매

인생에서 큰 열매를 얻는다. 미래를 보는 눈을 가졌으니 결과로 자신을 드러낼 것이다. 현실에 안주하거나 겉으로 드러나지 않으면서 문제의 본질과 열매를 꿈꾸는 사람이 될 것이다. 시작은 미약하지만 끝은 성대하다. 말을 뒤로 하고 행동하며 실천하는 모습이 자신의 성품이다. 농부처럼 부지런하고 가을처럼 풍족한 성품이라 많은 사람이 따른다. 큰 열매일수록 나누는 데서 복이 온다.

19 · 예언

예언의 힘을 가진 운명이다. 미래를 내다보는 예지력을 가졌으니 큰 무리를 이끈다. 안정된 속에서도 위태로움을 보고 어둠 속에서도 빛을 보는 신비한 눈을 가졌다. 역사의 운명을 예견하는 예지력을 타고났으니 미래의 주인이 된다. 마음이 투명하고 눈빛이 깊으며 말이 없는 묵묵한 성품이다. 그러나 단 한마디 말로 세상을 이끈다.

1 · 이름짓기의 시크릿 코드

20 · 늘

같은 시간, 같은 자리에서 같은 일을 하는 사람이다. 한결같은 마음과 검소한 생활 태도로 살아갈 것이니 청렴의 상징이 된다. 스스로의 자리와 스스로의 때를 아는 현명함이 있다. 물러설 줄 아는 지혜를 가졌으니 운명이 안정되고 단단하다. 돌다리도 두드려보고 건너는 성품이니 실수가 없고 세심하다. 충직한 신하가 된다.

21 · 고향

근원을 찾고 지키는 일을 한다. 순간의 것이 아니라 영원을 구할 것이니 보이는 것 너머의 진실을 찾는 사람이다. 자신의 뿌리를 사랑하고 근본을 지키는 삶을 영위한다. 자신의 영토 안에서 윗사람을 공경하니 늘 공손하고, 자손이 널리 퍼지니 훌륭한 자식이 많다. 외유내강이니 밖으로는 순박하고 유순하나 안으로는 고집이 세고 뜻을 끝까지 관철한다.

22 · 앎

깊은 탐구심으로 세상을 주유한다. 질문이 많은 만큼 지혜도 깊다. 오늘에 머물지 않고 스스로 실천하며 큰 꿈을 실현한다. 자신이 묻는 모든 질문은 스스로에게서 답을 찾을 수 있다는 것을 알아야 한다. 교학상장 敎學相長이니 아는 것은 나눌수록 깊어진다. 모든 사람에게 지혜와 덕을 나누어주면 큰 영광을 이룰 것이다. 성품은 사려가 깊고 신중하며 융통성이 있다. 멀리 나갈수록 복이 된다.

23 · 용서

사람을 용서하는 마음은 다시금 희망을 갖는 마음이며 미래를 꿈꾸는 마음이다. 넓고 깊은 마음으로 많은 사람을 가슴에 담는 아름다운 사람이 될 것이다. 바른 기준 위에 늘 용서하는 마음을 가져야 한다. 용서를 통해 하나의 큰 울타리를 만드는 지혜가 있다.

24 · 뿌리

자신의 뿌리를 사랑하고 근본을 지키는 삶을 살 것이다. 바르고 아름답다. 인류의 모든 신념은 선조로부터 시작되었고 후대에게 전해진다. 선조들의 정신을 계승할 운명이다. 그 정수를 가져갈 소명을 바로세워야 한다. 성품은 보수적이고 눈빛은 단단하다. 바꾸는 것을 싫어하고 오래된 것을 신뢰한다. 인생의 시련과 도전 속에서 더욱 빛이 나는 인생이니 선조들이 늘 보호한다.

25 · 다물

이 땅을 지키고 가꾸며 민족의 영토를 다시 찾을 운명이다. 이 땅은 돌 한 조각 풀 한 포기 모두가 선조의 손길이며 선조의 심장이니 땅이 없으면 민족도 없으며 땅이 없으면 역사도 없다. 땅을 지키고 사랑하며 가꾸고 회복하라는 삶의 소명이니 큰 지경의 주인이 될 것이다. 땅에 두 발을 딛고 서면 모든 선조가 보필할 것이니 당당하고 품위가 있다. 성정이 진취적이고 단정하다.

26 · 소망

소망이 깊은 운명이다. 소망이 이루어지는 날까지 기다리는 인내의 미덕이 있어야 한다. 영혼이 맑고 밝아 눈이 아름다운 사람이다. 꿈은 꿈꾸는 자의 것이니 모든 영광은 이룰 수 있다는 믿음에서 시작한다. 원칙대로 실천하며 하루하루 살아간다면 역사가 기억할 큰 열매를 얻을 것이다. 성품이 모든 일에 긍정적이며, 대인관계가 좋고 리더십이 뛰어나다.

27 · 마무리

앞을 보는 삶이 아니라 뒤를 살피는 사람이다. 처음과 끝이 같은 단정한 사람이다. 뒷모습이 아름다우니 남겨진 것들을 아끼고 사랑한다. 앞에 나서기보다 뒤에서 살피는 것을 좋아한다. 양지를 지향하나 늘 음지에서 일한다. 떠난 자리에 향기가 묻어나는 사람이니 모든 사람이 그리워하고 사모한다. 내성적이지만 속내가 깊고 온화하다. 한번 마음을 주면 끝까지 충절과 절개를 지킨다.

28 · 혁신

쉬지 않고 자신의 영역을 넓힐 것이다. 기득권에 머물지 않고 남들처럼 오늘에 만족하지 않을 것이다. 늘 새로운 열매를 맺기 위해 매진할 것이니 진취적이고 적극적이며 단단하다. 옳지 못한 것을 못 본 체 넘기지 못한다. 창조력이 뛰어나 새로운 체계를 만든다. 진취적인 기상이 있어 많은 사람의 리더가 된다. 늘 도전할 영역이 있어야 발전한다.

29 · 분노

정의롭지 못한 것에 분노할 줄 아는 정의로운 사람이다. 새로운 개혁을 이루고 새로운 세상을 만들어갈 소명이 있다. 약자를 위해 나설 줄 알며, 소외된 사람들을 돌보는 아름다운 삶을 영위할 것이다. 늘 역사와 정의 앞에 깨어 있는 사람이 될 것이니 새로운 세상을 연다. 강직한 성품에 도전적이고 정의로운 눈을 가졌다. 잘못된 세상을 바로잡는 일을 하게 된다.

30 · 힘

부국강병에 힘쓸 운명이다. 부유함과 건강함을 모두 갖추었으니 가정을 튼튼히 하고 나라를 풍요롭게 할 것이다. 헛된 것과 사치를 지우고 진실로 탄탄한 부를 축적할 운명이다. 성실하고 조화롭게 큰 가업을 이룬다. 성품이 부지런하고 사치를 모른다. 검소하고 소박하나 널리 베풀 줄 아는 운명이므로 많은 사람이 그 안에서 생업을 잇는다. 큰 기업의 주인이 된다.

31 · 삶

자신의 진실을 이루어낼 운명이다. 삶의 여정이 따뜻하고 진실하다. 그 길에 흩어지지 않고 지치지 않으며 오직 한길로 집중할 수 있는 힘이 필요하다. 건강하고 부지런한 삶의 여정을 통해 큰 열매를 얻게 된다. 성품이 여유롭고 친구가 많으며 늘 주위 사람들과 일을 도모한다. 자신이 원하는 삶을 이룰 것이니 이는 모두 굳은 결심에서 시작한다.

32 · 정

정이 많다. 받는 것보다 나누는 것을 좋아한다. 높은 곳이나 먼 곳에서가 아니라 자신의 발 아래에서 삶의 가치를 실현시켜 나가는 겸손하고 따뜻한 사람이다. 사람 사는 일이 정을 쌓는 일임을 잊지 않고 나누고 베풀다보면 큰 생명의 주인이 된다. 성품이 따뜻하고 온화하며 배려심이 깊고 남을 먼저 챙긴다. 사회사업가로 정을 나누는 일에 늘 앞장설 것이다.

33 · 그대

자신과의 싸움에서 당당히 승리할 운명이다. 한계를 넘어 큰 영역을 이룰 것이니 세상에서 가장 우뚝한 리더가 된다. 에너지가 밖으로 나가면 세상을 가르치는 스승이고, 안으로 들어오면 자신의 내면을 밝히는 선각자의 삶이다. 대기만성이니 서두르지 말아야 한다. 성심이 깊고 말보다 행동으로 표현한다. 어떤 분야를 선택하든 결국 자신과의 싸움에서 승리한다. 그 분야에서 최고가 된다.

34 · 자유

자유로운 영혼이다. 그 무엇에도 걸림 없이 삶을 영위한다. 고정관념을 깨고 새로운 생각의 지평을 연다. 옳은 것을 옳다 하고 그른 것을 그르다 하는 양심이 있다. 오직 마음의 소리를 듣고 따르니 큰 자유를 얻게 된다. 예술의 깊은 혼이 살아 있으니 창작을 하는 운명이다. 늘 창의적이고 독창적이며 틀을 깨는 말과 행동을 한다. 많은 사람에게 영혼의 자유를 선사할 것이다.

35 · 효

깊은 효심을 타고났다. 사람의 복은 효심에 있으니 세상이 준비한 큰 복을 누린다. 재복과 후손이 많으니 이는 모두 위를 공경하고 아래를 사랑하는 마음이 낳은 결과다. 후덕한 마음과 깊은 효심으로 많은 사람의 모범이 되니 따르는 사람이 많다. 욕심이 없고 성품이 느긋하면서도 섬세한 마음을 가졌다. 가정이 충실하고 늘 말과 행동이 떳떳하다. 선조들이 돕는 운명이니 편안하고 안락하다.

36 · 스승

늘 새로운 것을 찾아 자신을 개발하고 발전시키는 운명이다. 바른 스승을 찾아 먼 길을 떠날 것이며, 그리하여 세상에 둘도 없는 영광을 이어받을 것이다. 많은 지혜와 경험으로 세상을 가르치는 큰 스승이 된다. 가는 길 위에 모든 지혜와 용기가 집중될 수 있도록 좋은 스승을 만나야 한다. 지혜의 전당에 이름이 오르니 학풍을 열고 후손이 그 이름을 기억한다.

37 · 사람

널리 사람을 이롭게 할 운명이다. 너무나 인간적인 삶을 살 것이니 축복받은 삶이다. 오직 사람을 위한, 사람에 의한, 사람의 삶을 살 것이다. 멋을 소중하게 생각하고 풍류를 즐길 줄 안다. 혼자보다는 둘을 좋아하고 둘보다는 여럿을 더 좋아하는 성품이다. 사람을 깊이 존중하는 만큼 널리 공익을 위하는 삶을 살게 된다.

38 · 주인

세상의 주인, 인생의 주인으로 살아간다. 주인이라는 단어를 평생 마음에 담고 모든 일을 선택하고 행동해야 한다. 어디에서 무엇을 하든 주인의 마음으로 일할 것이다. 그리하여 당당한 주인이 될 운명이다. 수처작주隨處作主이니 처하는 곳마다 먼저 헌신하고 먼저 낮아지는 겸손이 있으면 스스로 주인이 될 것이다. 성품이 긍정적이고 책임감이 있으며 리더십이 강하다.

39 · 한결

한결같이 그 자리를 지키는 사람이다. 많은 사람을 가슴으로 안을 운명이다. 꾸준한 성품과 한결같은 믿음으로 그 자리를 지키고 서니 떠나간 사람은 돌아오고 흘러간 대운은 다시 들어온다. 신뢰성 있는 음성과 행동으로 많은 사람을 이끌게 된다. 천천히 한 걸음씩 가지만 마침내 최고의 자리에 앉는 운명이다. 듬직하고 강건한 성격이 모든 일을 완성한다.

40 · 마음

세상의 진실을 찾아 떠날 것이요, 그 답을 자신의 마음에서 구할 것이다. 마음을 다스리는 진정한 삶의 주인공이 될 운명이다. 모든 일에서 중심에 설 것이니 일이란 사람과 때를 바르게 견주어 써야 한다. 성품이 성실하고 만사를 꾸준하게 가꾸고 도전하니 큰 영토를 얻게 된다. 운명은 마음먹은 대로 움직이는 것이니 그 마음을 늘 깨끗하게 해야 한다.

---

41 · 사랑

사랑받고 사랑하며 충만한 인생을 산다. 사랑은 온유하며 영원하니 운명이 영화롭다. 따뜻한 햇살이 운명을 비추니 많은 사람의 휴식처가 된다. 늘 나누는 마음으로 세상을 밝히는 사람이 된다. 성품이 정직하며 솔직하고 자기 일을 남에게 미루지 않는다. 바로바로 실천하는 행동력을 타고났으니 많은 일을 이루어낸다. 늘 먼저 헌신하고 먼저 낮아지는 겸손함이 있어 세상의 사랑을 받는다.

---

42 · 말

자기가 한 말에 책임을 지는 운명이다. 말을 통해 세상을 이끈다. 지위가 높을수록 말에는 책임과 권위가 따라야 한다. 자기 말의 의미를 깊이 새기고 면밀히 살피면 큰 영광을 이룰 것이다. 말을 통해 세상을 대변하는 일은 정직하고 공평해야 한다. 늘 자기가 하는 말의 진위를 깊이 살펴야 한다. 성품은 정직하고 중도를 지킨다. 설득력이 뛰어나고 말한 것을 행동으로 옮기는 실천력이 있다.

---

43 · 멋

풍류와 멋이 있는 인생이다. 어려움 속에서도 빛을 보고 좌절 속에서도 희망을 노래한다. 단점을 장점으로 만드는 지혜를 가지고 태어났다. 언제나 너와 나를 나누지 않고 모두를 하나로 모아 큰 기업을 만들고 학문을 만들고 가정을 가꾼다. 세상에 둘도 없는 멋진 사람이다. 예술적 재능을 타고났으니 창의적이고 형식에 얽매이지 않는다. 용모가 단정하고 아름다움을 추구한다.

---

44 · 얼굴

스스로에게 떳떳한 삶을 살 것이다. 명예를 소중히 하고 명예를 지키는 일에 소신을 다할 운명이다. 얼굴에 책임을 지는 사람이 될 것이니 장부의 삶을 산다. 성품은 책임감 있고 늘 긍정적인 미소를 잃지 않는다. 신념에 가득 찬 눈과 아름다운 얼굴을 가졌다. 얼이 단단하고 영혼이 맑은 운명이니 세상을 정화한다. 미소 하나로 세상을 평화롭게 하는 사람이다.

45 · 친구

의리를 중심으로 세상을 만들어갈 운명이다. 사람 사이의 관계에서 중심에 설 것이다. 나이가 많으나 적으나 신분이 높으나 낮으나 인종과 피부, 종교와 사상 그 모든 경계를 지우고 친구처럼 대할 것이니, 사람이 모이고 모여 넓은 땅의 주인이 될 것이다. 권위와 책임은 그것을 감당할 수 있는 사람에게 오므로 삶의 그릇을 키워야 한다. 성품이 명랑하고 친구를 좋아하며 소통의 능력이 있다.

46 · 한

삶의 이면을 보는 아름다운 눈을 가졌다. 가난하고 힘없는 사람들의 이야기를 들어주는 아름다운 인생을 산다. 권위와 권력은 힘없는 사람을 보호하는 데 쓰는 도구로 생각한다. 사람을 보면서 그가 겪어온 인생살이의 굴곡을 볼 줄 안다. 넓고 큰 마음을 가졌으니 모두의 아픔을 끌어안는 큰 리더가 된다. 성정이 깊고 온화하며 본질을 보는 혜안을 가졌다.

47 · 홀로서기

홀로 우뚝한 리더의 삶이다. 새로운 학문과 역사를 열 운명이다. 과거의 것은 바탕이 되지만 그것을 밟고 올라야 우뚝한 법이다. 아래로 흐르는 운명이 아니라 위로 오르는 선명한 운명이다. 가슴에 자부심을 가지고 세계로 나아가 제왕의 자리에 우뚝 선다. 우뚝한 것은 고독하나 맑고 청명하다. 스스로 만들어가는 운명이니 자수성가한다. 성품이 청렴하고 꾸준하여 사람들의 믿음이 된다.

48 · 뜻

선비처럼 뜻이 아름다운 사람이다. 지고지순한 뜻을 위해 인생을 뚜벅뚜벅 걸어갈 것이다. 길 없는 곳에 길을 열 운명이니 스스로의 소명을 가슴에 새겨야 한다. 사람의 모든 운명은 뜻을 세우는 일에서 시작한다. 어디서나 자신의 뿌리를 사랑하고 근본을 지키는 삶을 산다. 바르고 아름답다. 신념이 강해 대쪽 같은 성품으로 뒤돌아보지 않는다.

49 · 선

세상에 바른 선을 그을 운명이다. 살아가다 보면 넘지 말아야 할 선이 있다. 그 선을 그어 사람과 사람이 소통하고, 이해하고, 공유할 수 있게 만드는 일을 하게 된다. 선을 지키는 사람은 아름답다. 옳고 그름을 판단하는 선명한 기준이 있으니 바르고 명확한 성품이다. 선후를 따지고 선악을 짚어 바르고 정직한 세상을 만든다.

50 · 결혼

좋은 배우자를 만나 큰 후손을 낳는다. 혼자 걷는 길이 아니라 함께 손잡고 가는 길을 걷게 된다. 함께하는 동업자가 곁에 있으니 비가 내릴수록 땅은 굳는다. 가진 것을 나누는 마음과 상대를 배려하는 깊은 성정을 가졌다. 귀한 배우자를 만나니 훌륭한 후손을 갖게 된다. 가풍은 혼자 만드는 것이 아니다. 가족이 한결같은 마음으로 하나 될 때 가풍은 아름답게 이어진다.

51 · 부지런히

가산이 부유하나 스스로 검소한 삶을 산다. 가진 것을 자랑하지 않고 어떤 일에도 게으름을 피우지 않는다. 보수적이고 안정적이니 성품이 침착하고 만사에 솔선수범한다. 작게 시작해 크게 이루니 이 모두가 부지런한 성품이 가져온 결과이다. 머리가 총명하고 일이 꼼꼼하므로 늘 일의 중심에 선다. 많은 사람이 믿고 일을 맡기니 부유함과 덕망이 산처럼 쌓인다.

52 · 해원

감춰진 것은 드러날 것이며 어두운 것은 밝아질 것이다. 운명이 막힌 것을 열고 닫힌 것은 풀 것이니 귀한 자리에서 힘없는 사람의 이야기를 듣고 그 문제를 풀어주는 지혜로운 사람의 운명이다. 귀를 열어 듣고 마음은 낮춰 나누어야 한다. 이성은 칼날처럼 정확하고 감성은 봄처럼 따뜻하니 많은 사람이 찾아온다. 크고 바른 운명이다. 앞으로 보이는 성품은 강직하고 뒤로 보이는 성품은 자상하다.

53 · 답게

사람다운 사람의 삶이다. 자신의 위치를 알고 일의 순서를 알아 만사를 원만히 이룬다. 성격은 밝고 당당하며 주위에 돕는 사람이 많다. 늘 사람과 일의 중심에서 주인공이 된다. 나이에 맞게 자신의 지위에 맞게 행동하고 말하니 인생에 누가 없다. 승승장구하는 인생이니 변화가 무쌍하고 소통의 중심에 선다.

54 · 어른

대장부의 인생이다. 작은 것, 어린 것, 낮은 것이 아니라 크고 아름답고 당당하며 성숙한 인생을 영위할 것이다. 책임감이 강하고 넓은 세상을 꿈꾼다. 시원시원한 성격에 현실적이고 역사의식이 깊다. 일취월장의 운명이니 세상을 주유하며 자신의 학문과 재능을 펼쳐 나간다. 진취적인 기상과 긍정적인 자세가 빛나고 많은 사람의 리더가 되는 운명이다.

55 · 소명

세상을 향한 큰 소명을 가진 아름다운 운명이다. 하늘이 내린 소명이니 그 소명을 이루는 일은 쉽지 않다. 인내의 강을 건너야 하고 많은 사람의 서로 다른 의견을 가슴으로 안아야 한다. 한편 지혜롭고 한편 인내심이 깊다. 실패를 두려워하지 않고 다시 도전하고 다시 도전하여 마침내 원하는 것을 이룬다. 인내는 모든 성공의 어머니이니 인내를 통해 세상에 우뚝 선다.

56 · 진면목

지혜가 높고 영혼이 충만한 사람이다. 그러나 스스로를 높이지 않는 겸손함으로 더 큰 영토를 이룰 것이다. 시간이 지날수록 그 진면목이 드러나는 아름다운 운명이다. 절차탁마의 운명이니 나이가 들수록 권위가 높아진다. 성품이 묵묵하고 자랑하지 않으니 사람들의 눈에 띄지 않는다. 내성적이고 침착하며 입이 무겁다. 시간이 지나면 많은 사람들이 그 진면목에 놀란다.

57 · 무소유

쌓아올리는 삶이 아니라 비우는 삶이다. 담박하고 소박하니 본질적인 삶을 영위한다. 검소하고 깨끗하니 구름처럼 가볍고 햇살처럼 투명하다. 내면을 관조하는 큰 힘을 가졌다. 청렴하고 올곧은 성품으로 자신의 마음을 거울처럼 들여다본다. 욕심이 없고 나누는 것을 좋아하니 많은 사람의 표상이 된다. 성직의 길이 있으니 늘 영혼을 밝혀 세상을 일깨운다.

58 · 지금

지금의 주인이 될 운명이다. 내일을 꿈꾸지 않고 과거를 탓하지 않으며 오직 지금 여기에서 위대한 역사를 쓸 운명이다. 어느 곳에서든 당당하고 빛이 난다. 위트가 있고 기지가 뛰어나다. 집착이 없으니 본질을 보고 문제를 파악한다. 행동이 전광석화처럼 빠르고 일을 미루는 법이 없다. 사리 분별이 뛰어나고 눈 앞에 보이는 것을 믿는다. 현실적이고 직선적이다.

59 · 진실

진실의 창을 가진 사람이다. 진실을 찾는 일이라면 세상 끝까지 간다. 세상의 부패와 맞서고 감춰진 진실을 세상에 드러나게 하는 일을 한다. 청렴하고 투명하고 명석하다. 사방팔방 닿지 않는 곳이 없으니 가는 곳마다 그릇된 것은 바로잡히고 막힌 것들은 소통한다. 바람이 만물을 흘러 숨쉬듯 세상이 서로 만나고 소통하는 큰 장을 만든다. 성품이 통쾌하고 명랑하다.

60 · 순서

세상에 순서를 정하는 사람이다. 경험이 많고 지혜로운 사람은 순서를 정한다. 그 순서는 합당하고 보편타당해야 한다. 인생을 살면서 일의 순서, 사람의 순서를 바르게 해야 한다. 앞에 올 것은 앞에 세게 하고 뒤에 올 것은 뒤에 두어야 무리가 없다. 위아래의 순서를 바로세워 위계를 잡을 것이니 세상이 단단해지고 공사가 조율된다. 성품이 공정하고 바르며 정의롭다. 예의를 중시한다.

61 · 씨앗

예술과 문화의 큰 씨앗이 된다. 씨앗은 모든 생명의 모태이다. 작으나 가장 큰 생명이며 보이지 않으나 모든 일의 시작이다. 세상에 새로운 문화와 제도를 만들고 창조하는 사람이 된다. 창조의 기운을 타고났으니 싹을 틔우고 열매를 맺게 된다. 성품이 단단하고 창의적이며 마음을 쉽게 열지 않는다. 결정하는 것은 어렵지만 한번 결정하면 마침내 큰 열매를 이루는 운명이다.

62 · 관조

부와 명예를 모두 얻게 된다. 관조하는 지혜를 가지고 있으니 때를 기다린다. 본질을 보고 일의 흐름을 파악한다. 서두르지 않고 차근차근 준비하니 마침내 완성을 이룬다. 큰 흐름을 보는 눈이 있으니 때를 알아 부에 부를 축적한다. 또한 기다릴 때와 행동할 때를 안다. 명예를 얻는 이유는 자신이 설 자리를 아는 데서 온다. 성품이 치밀하고 정직하며 조용하나, 한번 움직이면 나비처럼 날아서 벌처럼 쏜다.

63 · 자연

소박하지만 강건하며 순수하지만 드높은 삶을 산다. 자연의 하나처럼 순리대로 모든 영광과 더없는 복을 누린다. 역경 앞에 신념을 잃지 않는 단단함이 있다. 영혼이 맑고 밝다. 억지로 무엇을 만들지 않는다. 순리를 지켜가며 기다리는 미덕을 갖추고 있다. 몸도 마음도 건강하니 장수하고 대인관계가 좋다. 소통의 큰 힘을 가졌으니 세상 만물과 소통하며 한 세상을 멋지게 산다.

64 · 중심

세상의 중심에 설 운명이다. 중심은 비워야 얻는 자리니 욕심을 비워야 한다. 늘 공평무사한 마음으로 공사를 구분해야 한다. 작은 것에서 시작하여 큰 영광을 이룬다. 치우치지 않는 선택과 집중이 필요하다. 부딪치는 이해관계를 조율하는 힘을 가졌다. 선이 분명하고 신중하며 의중이 잘 드러나지 않는다. 관계의 중심에서 세상을 조율하니 조화로운 세상을 만든다. 중도를 지키면 적이 없다.

65 · 거리

세상의 알맞은 거리를 아는 사람이다. 공적인 일을 할 때 그 성공은 그 거리와 선을 아는 데 있다. 지혜롭고 아름다우며 조화로운 운명이다. 주고받는 일에서 큰 성공을 거두니 무역과 통상을 통해 자신의 영역을 넓혀간다. 자신의 영역이 분명히 있어야 하니 그 영토를 잘 가꾼다. 주위에 식구가 많고 조력자가 많다. 성품은 화통하고 개방적이며 타인에 대한 관심과 배려가 많다.

66 · 차례

일의 중심에서 일과 사람의 순서와 자리를 정할 운명이다. 전 인생을 통해 일이 많다. 그때마다 일의 경중을 따져 순서를 정하는 자리에 선다. 모든 지혜는 중도에서 나온다. 인사는 만사이니 사람을 바른 곳에 바르게 써야 누가 없다. 높지 않고 낮지 않게 능력과 감정을 다스려 완성을 이루어야 한다. 성품이 성실하고 꾸준하니 만인의 중심에 선다. 예의와 도덕을 중시한다.

67 · 본능

영감이 살아 있는 영혼이니 생명의 본질을 본다. 판단이나 지식보다 큰 본능과 영감으로 인생을 영위할 것이니 아름다운 사람이다. 세상을 이끌 큰 문화와 예술을 창조한다. 본능적 판단으로 부를 축적하고 이성보다는 감성에, 감성보다는 본능에 의존하니 영혼의 목소리가 길을 이끈다. 성품이 섬세하고 감정이 풍부하며 상식을 깨는 생각을 한다.

68 · 숨

생명을 살리는 일을 한다. 단단한 심성과 건강한 숨결로 생명의 기운을 널리 나눈다. 섬세하게 생명을 관찰하고 가꾸는 일을 업으로 삼으니 은혜가 넘친다. 손재주가 뛰어나고 심신이 건강하다. 아픈 사람을 치유하고 영혼을 감싸니 성령의 나무가 보호한다. 성품이 자애롭고 따뜻하니 자신보다 늘 남을 먼저 챙기고 아낀다.

69 · 자리

타인의 장점을 알고 자신의 한계를 아는 현명한 사람이다. 깊은 지혜로 모든 생명이 있어야 할 바른 자리를 찾아줄 운명이다. 땅에서 찾아야 할 지복이 있으니 땅이 행운을 이끈다. 자신의 자리를 둘러 늘 청빈한 삶을 살아가니 만인의 모범이 된다. 높고 귀한 자리에 앉아 세상을 돌보니 스스로 낮아지는 겸손함이 있다. 성품이 보수적이고 안정적이며 옛 것을 익혀 그 전통을 이어간다.

70 · 바로

일을 미루지 않는 사람, 만사의 중심이 되는 사람이다. 뿌리를 다스리고 중심을 주관하는 운명이니 근본이 탄탄하다. 항상 중도를 찾아 합당하게 일을 완성한다. 성격이 분명하고 호방하며 뒤끝이 없다. 원칙을 준수하고 고집이 있다. 실천력이 뛰어나니 꿈꾸는 세상을 현실로 만들어낸다. 감각이 뛰어나며 직선적인 성품이다. 말한 바를 마침내 이룬다.

71 · 몸

늘 건강하고 튼튼한 삶을 영위한다. 유복한 집안에서 태어나 지경에 지경을 넓혀 간다. 그 누구보다 감각적인 느낌을 가지고 전문적인 일을 하게 된다. 땅이 준비한 큰 기쁨이 있으니 후덕하고 넉넉한 영토를 이룬다. 성품이 유순하며 가산이 넉넉하고 내실이 단단한 삶을 산다. 몸은 영혼의 지성소이니 몸이 튼튼하고 건강하면 운명도 건강하다. 건강한 몸과 마음으로 후손이 번창한다.

72 · 제사

조상의 은덕으로 태어난 생명이다. 조상의 큰 덕을 입어 가업을 잇고 기업을 세운다. 가풍을 진작하니 늘 윗사람을 공경하고 아랫사람을 돌본다. 우애 있고 효심이 가득하다. 경청하는 귀를 가졌으니 많은 사람의 리더가 된다. 부유하고 건실한 운명이라 큰 행운이 따른다. 세상의 모든 복은 조상을 섬기는 진실한 마음에서 오니 늘 제단을 경건하게 하라.

73 · 처음

세상에 시초가 되는 일을 한다. 창조적 본능으로 학풍과 문예의 시조가 된다. 처음의 마음으로 그 끝의 영광을 이루게 된다. 오늘에 머물지 않고 늘 자신을 개발하고 도전하여 큰 세상과 만난다. 초지일관하여 처음의 뜻을 끝까지 관철해야 한다. 한번 정한 일은 반드시 해내니 초심을 잃지 않는 충직한 사람이다. 성품이 정직하고 꾸준하며 한결같다. 많은 사람들로부터 믿음을 얻는다.

74 · 최선

최고가 되기보다 최선을 위해 노력하는 사람이다. 최선을 다해 살면 후회가 없다. 꿈은 꿈꾸는 자의 것이니 소망하는 모든 것은 이룰 수 있다는 믿음에서 시작한다. 원칙과 실천 속에서 하루하루 살아간다면 역사가 기억할 큰 열매를 얻는다. 승부근성이 있으니 지고는 못 산다. 밤을 새워 도전하고 다시 도전하여 마침내 최고가 된다. 부지런하고 긍정적 성품으로 세상의 리더가 된다.

75 · 때

바른 때를 아는 지혜를 타고났다. 사람의 성공과 실패, 부와 가난은 오직 때에 달려 있다. 그 때를 보는 지혜를 가졌으니 바라는 모든 것을 알맞은 시간에 얻을 운명이다. 부유함과 명예를 모두 얻으니 물러설 때와 사양할 때를 알기 때문에 누가 없이 높은 자리에 앉는다. 박수칠 때 떠나는 멋을 가졌으니 청풍농월을 노래하며 세상의 모든 복덕을 누린다.

76 · 다음

오늘보다 나은 내일을 찾아가는 모습이 참으로 아름다운 사람이다. 청출어람청어람 靑出於藍靑於藍이다. 푸르고 푸르다. 늘 새로운 것을 찾아 진보하고 발전하는 운명이다. 다음 세상을 위해 오늘을 희생하니 의인의 삶이고, 후손들이 그 뜻을 기린다. 앞을 내다보는 예지력과 깊은 관조의 힘을 지녔다. 성품은 조용하고 내성적이며 신중하다. 다시 시작하고 다시 일어나는 용기를 지녔으니 큰 성공을 이룬다.

77 · 부활

부활의 힘이 운명을 이끈다. 오늘에 머물지 않고 어제의 기득권을 버리고 새로운 땅을 찾아가는 진취적인 삶을 산다. 생명에 생명을 더하니 축제의 날을 맞이한다. 숨겨진 영광을 드러내는 삶이다. 신의 음성을 듣고 따르니 성령의 축복이 있다. 성현들의 큰 지혜가 운명을 이끄니 새로운 사상의 아버지가 된다. 성품이 인자하고 후덕하며 진리를 찾는 깊은 눈을 가졌다. 영원한 생명의 신비를 푼다.

78 · 일

모든 일을 온전히 이루는 완성의 운명이다. 모든 일은 그 일을 감당할 수 있는 사람에게 온다. 큰 일이 닥치면 큰 사람을 위한 준비이고, 작은 일들은 경험과 지혜를 만든다. 공적인 일은 공적인 눈으로 처리하고, 사적인 일은 인정의 범위에서 베풀고 안아야 한다. 지혜롭고 아름다우며 조화로운 운명이다. 공평무사한 기준을 세우고 따뜻한 마음을 가졌으니 만사의 주인이 된다.

79 · 울타리

세상에 없었던 큰 울타리를 만들 운명이다. 땅에서 일어난 자 땅에서 영광을 이룰 것이니 지경에 지경을 넓혀 큰 영토를 이룬다. 자신의 영역이 분명하고 타인의 경계를 바르게 하니 모두가 평화롭다. 자신의 영토를 아름답게 가꾸고 가정과 나라에 헌신한다. 충성과 절개가 있는 삶을 영위한다. 부유하고 건강한 삶을 살고 큰 영토의 주인이 된다.

80 · 시나브로

일상을 기적으로 만드는 운명이다. 쉬지 않고 부지런히 일구어 큰 산을 이룬다. 시나브로 이루니 원만하고 무던하여 만인의 사랑을 받는다. 농부의 성품을 지녔으니 부지런히 씨를 뿌리고 성실하게 가꾸어 결실을 기다린다. 꾸준하게 자신의 일을 수행하니 믿음과 의리의 모범이 된다. 천천히 주위와 더불어 화합하니 인생이 평온하고 평판이 자자하며 자손이 풍성하다.

81 · 땅

선조들의 복을 타고난 운명이다. 큰 가업을 물려받고 큰 기업을 일구어낸다. 땅을 기반으로 넓고 넓은 지경을 만들 것이니 대지가 주는 열매를 아름답게 가져갈 것이다. 세상은 그것을 아끼고 사랑하는 사람이 주인이 된다. 이 땅을 사랑하고 아끼니 선조들이 그 마음을 먼저 안다. 어머니의 성품이니 온화하고 넉넉하며 모든 생명을 길러낸다. 나누고 베풀어 사랑을 실천하니 마침내 세상의 주인이 된다.

7) 천부경점과 작명 원리

이름의 시크릿 코드 1에 어울리는 이름을 짓기 위해 천부경점으로 81개 괘 중에서 하나를 선택한 다음에는 어떻게 하는가? 천부경에 담긴 소망은 살리고 음양오행의 기운을 보완하여 이름을 지으면 된다.

하늘이 내린 이름을 찾는 법(p.84 참고)을 보면 천부경 각각의 괘에 어울리는 이름을 쉽게 찾을 수 있도록 81천부경 분류표를 실어놓았다. 이 표는 남자이름, 여자이름, 중성적 이름, 한글이름, 영어 여자이름, 영어 남자이름 등으로 구분하여 모두 1,000개의 이름을 숫자로 정리한 것으로, 2부의 이름 목록에서 해당 숫자의 이름을 찾으면 이름짓기 과정이 끝난다. 즉, 실전에서 시크릿 코드 1에 맞는 이름을 지을 때는 기도를 드리고 천부경점을 친 다음, 81천부경 분류표의 숫자를 확인한 후 이름 목록에서 그 숫자에 해당하는 이름을 찾으면 된다.

실전에서는 이처럼 간단하게 끝나지만, 천부경점으로 선택된 괘상으로 이름을 짓는 원리와 과정을 이해하면 자신이 기도로 찾은 아이 이름에 좀더 확신을 가질 수 있으리라 생각한다.

예를 들어 천부경점을 쳐 39장 '한결'이 나왔다고 가정해보자. 앞에서 설명한 81천부경 해설에 따르면 이 아이는 다음과 같은 운명을 타고났다(p.60 참고). "한결같이 그 자리를 지키는 사람이다. 많은 사람을 가슴으로 안을 운명이다. 꾸준한 성품과 한결같은 믿음으로 그 자리를 지키고 서니 떠나간 사람은 돌아오고 흘러간 대운은 다시 들어온다. 신뢰성 있는 음성과 행동으로 많은 사람을 이끌게 된다. 천천히 한 걸음씩 가지만 마침내 최고의 자리에 앉는 운명이다. 듬직하고 강건한 성격이 모든 일을 완성한다."

여기서 드러나는 삶의 소명에 맞게 이름의 방향을 찾으면 된다. '한결'은 한결같은 사람을 뜻한다. 삶을 살아가면서 선입견과 취향으로 판단하지 말고 깊은 지혜를 바탕으로 판단하는 한결같은 사람, 신뢰할 수 있는 사람이 되라는 뜻이다. 한결같은 사람, 변함없는 사람, 공평무사한 사람이 되기 위해서는 어떤 덕목이 필요한가? 바로 그 덕목을 나타내는 글자를 선택하고 그 뜻을 살려 이름에 아이의 소망을 실어주면 된다. 이는 사주를 보고 결정하거나 천부경점 39장의 윗마당과 아랫마당을 따로 떼어내 다음과 같이 한 글자씩 지으면 된다.

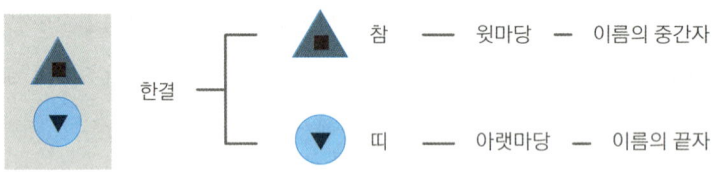

이름의 중간자는 천부의 상괘를 바탕으로 짓고, 이름의 끝자는 천부의 하괘를 바탕으로 짓는다. 상괘는 천간의 뜻이고, 하괘는 지지의 뜻이다. 따라서 시간을 나타내는 사주에서 이름을 가져올 때 이름의 중간자는 천간의 오행에서 따 오고, 끝자는 지지의 오행에서 따오면 된다.

39장의 윗마당은 '참'이고 아랫마당은 '띠'이다. 윗마당의 참은 그 덕목이 진실함을 뜻하니 거짓과 진실을 밝혀내는 눈을 가진 사람으로 커야 그 운명의 소명을 다할 것이며, 다음 아랫마당의 끝자는 띠이니 공평무사함을 뜻한다. 띠란 중심이다. 그 생각과 판단 그리고 행동과 말이 치우치지 않아 중심을 잡고 있다는 뜻이다. 그리하여 중심을 뜻하는 한자의 뜻을 이름의 끝자에 쓰면 곧 바른 이름이 된다.

바른 이름이란 이렇듯 뜻을 밝혀 지은 이름을 말한다. 세상이 바른 이름을 얻으면 세상은 바른 세상이 된다. 아름다운 소명이 모여 아름다운 세상이 되듯 아름다운 이름이 모이면 아름다운 세상이 된다. 천부경 아홉 뿌리의 괘상이 가진 각각의 특성에 일치하는 한글과 한자의 뜻을 몇 가지만 분류해 정리하면 다음과 같다.

01 · 한
소명

가리온, 검들, 나나, 나래, 마루, 바리, 슬나, 한배, 한본, 한슬, 해와, 거울 경鏡, 하늘 민旻, 클 석碩, 옳을 시是, 어금니 아牙, 으뜸 원元, 다스릴 윤尹, 맏 윤允, 쉬울 이易, 우두머리 재宰, 나라 한韓, 검을 현玄, 굳셀 환桓, 새벽 효曉

02 · 띠
중심

가온, 나로, 단이, 바로, 바롬, 보름, 솔비, 이새, 하얀, 힘찬, 뫼 산山, 차례 서序, 소리 성聲, 세상 세世, 큰 거문고 슬瑟, 믿을 신信, 준할 준準, 가운데 중中, 법칙 율律, 법 헌憲

03 · 샘
창조

금별, 도담, 새뉘, 새람, 아라, 예슬, 푸른, 하늬, 한샘, 심을 가稼, 무성할 니柅, 많을 다多, 동녘 동東, 물어볼 문問, 상서러울 서瑞, 벼루 연硏, 벗 우友, 젖 유乳, 윤택할 윤潤, 만들 조造, 창조할 창倉, 배울 학學, 새벽 효曉

04 · 솔
품성

나모, 나슬, 다손, 다운, 마음, 사론, 소리, 슬옹, 오손, 진이, 겸할 겸兼, 차 다茶, 도울 비毘, 훌륭할 빈斌, 섬길 사仕, 착할 선善, 살필 성省, 닦을 수修, 베풀 시施, 멀 원遠, 은혜 은恩, 향기 은誾, 바를 정正, 뜻 지志, 효도 효孝, 두터울 후厚

05 · 빛
이치

늘빛, 다비치, 다올, 단래, 말글, 빛라, 사랑, 큰해, 한별, 환이, 인륜 륜倫, 오를 승昇, 사랑 애愛, 다섯 오五, 햇빛 윤昀, 슬기 지智, 빛날 찬燦, 별 태台, 지혜 혜慧, 아름다울 휘徽, 빛날 희熙

06 · 참
진실

두리, 비단, 민음, 솔민, 아랑, 예미, 유리, 참꿈, 참노, 한결, 맑을 담淡, 볼 람覽, 흴 소素, 신하 신臣, 깊을 연淵, 인장 인印, 높을 준俊, 참 진眞, 여름 하昰, 솥귀 현鉉

07 · 단
생명

가멸, 기룸, 꽃새, 나온, 노을, 누리, 단비, 신나, 보미, 찬이, 세울 건建, 밭갈 경耕, 터 기基, 비단 라羅, 산이름 민岷, 손자 손孫, 언덕 아阿, 길 영永, 심을 예藝, 쌓을 온蘊, 넉넉할 유裕, 부드러울 유柔, 바다 해海, 집 헌軒, 보호할 호護

08 · 길
도리

가람, 길라, 길로, 늘하얀, 보라, 세든, 예미, 은하, 이른, 가르칠 교敎, 이야기 담談, 길 도道, 고울 려麗, 다스릴 리理, 세상 세世, 예도 예禮, 깨우칠 유喩, 차례 제第, 클 태太, 나타날 현現, 가르칠 훈訓

09 · 울
경계

가득, 다오, 돌메, 돌찬, 보나, 새울, 우람, 태울, 한울, 아름다울 가佳, 보배 보寶, 변방 새塞, 아름다울 성城, 편안할 안安, 그럴 연然, 영예로울 영榮, 집 우宇, 녹봉 채采, 형통할 형炯

이제 위 글자들을 활용하여 이름을 지으면 된다. 이름의 중간자는 참에서 가져오고, 이름의 끝자는 띠에서 가져오는데, 이름이 가져야 할 소망 즉 '한결같은 사람'에 집중하여 부르기 좋고 듣기 좋은 이름을 편하게 대입해보면 된다.

하준昊準은 공명정대한 태양처럼 바른 기준이 되라, 하율昊律은 태양처럼 바르게 떠올라 세상을 조율하라, 소헌素憲은 진실한 마음과 바른 눈으로 세상을 보라, 한결은 한결같은 사람이 되라, 현중鉉中은 깊은 지혜를 바탕으로 늘 중도를 지켜라, 연준淵準은 깊은 마음 씀씀이와 바른 기준으로 세상을 풍요롭게 하라, 연슬淵瑟은 넉넉한 재운과 슬기로운 지혜로 세상을 조율하라, 한글이름인 가온은 진실한 마음으로 세상의 중심에 서라는 의미다. 이렇게 아홉 뿌리 각각에 분류된 글자들을 대입하고 뜻을 새겨 이름을 지으면 된다.

천부경은 천지인 삼재를 바탕으로 만든 우리 민족 고유의 철학 체계이다. 그 천부경을 바탕으로 우리 글자인 한글이 만들어졌다. 따라서 천부경을 바탕으로 이름을 지으면 천지자연의 이치에 부합하는 것은 물론이고 우리 민족의 정체성을 바르게 실을 수 있다. 호랑이는 죽어서 가죽을 남기고 사람은 죽어서 이름을 남긴다고 하지 않았는가? 이름은 한 사람이 세상을 떠난 후에도 역사에 남아 그의 정신을 기리고 뜻을 받들게 된다. 이름은 한 생명의 시크릿 코드이다. 그 코드 안에 천지인 삼재의 원리가 녹아들었을 때 그 이름은 하늘의 기운을 불러들이고 땅의 생명력과 함께 숨쉬며 사람들과 소통하고 발전할 수 있다.

2. 이름의 시크릿 코드 2

이름의 두 번째 시크릿 코드는 10천간이다. 작명구결에서는 이름의 두 번째 성품이면서 운명의 중심선을 뜻하는 '띠'에 해당한다. 사람은 누구나 타고난 천성이 있는데, 이 천성을 보는 도구가 바로 10천간이다. 천간은 하늘의 공간을 나누는 방법이다. 하늘의 기운에도 천지운행의 결과로 춘하추동이 생긴다. 사람이 태어날 때 천지자연의 기운이 봄, 여름, 가을, 겨울 중 어느 때인지를 이 10천간으로 볼 수 있다.

10천간을 보려면 우선 사주팔자를 열어 보아야 한다. 사람은 사주팔자대로 산다. 사주는 넉 사四자에 기둥 주柱자를 쓰니 운명을 받쳐 든 네 기둥[四柱]이란 뜻이다. 태어난 해가 하나의 기둥이고, 월·일·시 또한 하나의 기둥을 만드니 이들을 각각 연주年柱·월주月柱·일주日柱·시주時柱라고 한다. 이 네 기둥은 사람의 운명을 각각 초년, 중년, 장년, 말년으로 나누어 받들고 있다. 기둥마다 60갑자 중에서 두 글자씩 들어가니 모두 여덟 글자[八字]가 된다. 결국 사주팔자란 인생을 받들고 있는 여덟 글자란 뜻이다. 이 여덟 글자가 세면 팔자가 세다고 하고 인생도 팔자대로 파란만장하다. 반면 이 여덟 글자가 결이 곱고 안정되면 인생도 평안하고 복이 많다.

사주팔자는 만세력에서 찾으면 된다. 만세력에서 직접 찾기 번거롭다면 인터넷에서 만세력이나 사주팔자를 검색하여 태어난 연월일시를 입력하면 쉽게 구할 수 있다. 만세력을 이용할 때는 한 해가 시작되는 기준이 새해 1월 1일이 아닌 입춘으로 본다는 것을 주의한다. 즉, 음력 1월 1일이 지나서 태어났다고 해도 입춘이 아직 들어오지 않았다면 전해의 띠로 보는 것이 맞다.

예를 들어 2009년 4월 15일 15시 27분(양력)에 태어난 사람은 기축己丑년, 무진戊辰월, 경인庚寅일, 계미癸未시에 태어난 것이다. 여기서 연은 연주로 초년(1~20세), 월은 월주로 청년·장년(21~40세), 일은 일주로 장년(41~60세), 시는 시주로 말년(61세~80세)에 해당한다. 이를 사주팔자로 나타내면 다음과 같다.

시	일	월	연
癸	庚	戊	己
未	寅	辰	丑

위 사주의 천간에서는 기己·무戊·경庚·계癸가 운명을 이루는 네 글자가 되고, 지지에서는 소[丑]·용[辰]·호랑이[寅]·양[未]이 운명을 이끄는 네 글자가 된다. 천간의 네 글자는 이름에서 중간자와 연결되고, 지지의 네 글자는 이름의 끝자와 연결된다. 그리고 연주와 월주로 다시 인생의 전반부를 보고, 일주와 시주로 인생의 후반부를 본다. 인생의 전반부가 이름에서는 중간자가 되고 인생의 후반부가 이름의 끝자가 된다. 씨줄과 날줄이 만나 비단이 되듯 운명의 비단길을 사주로 열어 볼 수 있다. 그래서 이 여덟 자의 운행과 조화 그리고 오행을 보고 이름을 짓는다.

그렇다면 사주팔자에서 가장 중요한 글자는 어느 글자일까? 바로 태어난 날의 천간인 일간日干이 사주팔자의 중심글자이며 사주의 중심이다. 사주의 중심이라는 의미는 곧 그 사람의 천성이라는 뜻이다. 일간은 태어난 날의 천간이므로 일간을 본다는 것은 태어난 날의 하늘의 기운을 보는 것이다. 이처럼 태어난 날 하늘에 어떤 기운이 열려 있는지에 따라 운명이 크게 바뀐다. 이 기운이 천성이고, 운명의 중심선이다.

이러한 이치에 따라 사주에서는 일간을 나 자신으로 보고 음양오행, 육친, 운성 등을 따지게 된다. 다음 표는 이름의 시크릿 코드 2를 천간을 바탕으로 분류한 것으로, 갑甲은 양의 기운을 가진 나무이니 양목陽木이 되고, 을乙은 음의 기운을 가진 나무이니 음목陰木이 된다. 또한 병丙은 양화陽火, 정丁은 음화陰火이다. 나머지 천간도 순서대로 오행과 음양을 배치하면 각 천간이 가지고 있는 오행과 음양을 한눈에 알 수 있다.

앞의 예에서 살펴본 사주팔자는 일간이 경庚이다. 따라서 가장 중심에 놓고 봐야 할 글자는 경庚이다. 즉, 이 사람이 가진 운명의 시크릿 코드 2는 7·경庚이다. 경庚 일간 사주에 태어난 사람은 청렴한 기상이 있어 정치인이나 군인이 많다.

천간의 코드 배정

코드	1	2	3	4	5	6	7	8	9	10
천간	갑(甲)	을(乙)	병(丙)	정(丁)	무(戊)	기(己)	경(庚)	신(辛)	임(壬)	계(癸)
음양	양	음	양	음	양	음	양	음	양	음
오행	나무[木]		불[火]		흙[土]		쇠[金]		물[水]	
방위	동		남		중앙		서		북	

천간의 종류와 성격

01 · 갑

갑甲은 형상을 보면 밭 한가운데[田] 내린 뿌리의 모습이다. 최초의 생장을 의미하며 껍질을 뚫고 나오는 모습이다. 시작과 개척 그리고 상승의 기세가 있어 발전을 의미하고 우두머리를 상징한다. 갑목甲木은 천간의 처음이니 봄을 뜻한다. 강직하고 단호하며 자존심이 강하다. 매사에 적극적이고 긍정적이며 뛰어난 창조력을 보여준다. 매사에 추진력과 리더십을 발휘하는 장점이 있는 반면, 타인의 구속이나 간섭을 싫어하는 독단적인 면이 있다. 이상을 관철하려는 힘이 강하고 불의를 참지 못한다. 창의력이 뛰어나니 예술가나 교육자로서 정신세계를 계몽하는 일을 하면 크게 성공한다.

02 · 을

을乙은 뿌리내린 초목이 싹터 세상을 향해 성장하는 생명력을 뜻한다. 어머니의 덕성과 인내력을 가졌으니 순수하며 한결같다. 을목乙木은 음이고 갑목甲木은 양이니, 목적과 소명에서 을목은 변화술을 보인다. 임기응변이 뛰어나 소통하고 교류한다. 을목은 오장육부 중에서 간에 해당하니 에너지를 만들고 독소를 정화한다. 을목은 병화丙火가 있어야 화려하게 꽃을 피울 수 있으니 따뜻한 햇살이 없으면 삶의 의지를 상실한다. 심리적인 면에 민감하게 반응하고 변덕이 잦을 수 있다. 그러나 새로운 환경에 적응력이 뛰어나며 끈질긴 생명력을 가지고 있다. 갑목이 남편이면 을목은 아내다.

03 · 병

병丙은 학이 큰 날개를 펼쳐 만물을 감싸안는 모습이다. 양기가 충만하여 만물이 꽃을 피운다. 태양의 정기이니 세상에 광명의 빛을 내뿜는다. 세상의 구석구석을 찾아 평등하게 빛을 비추니 공평무사하고, 품성이 명랑하고 유쾌하니 만물이 생장하고 그 즐거움을 얻는다. 병화丙火는 사신四神 중 주작이 보호하니 언변이 뛰어나다. 양陽의 제왕이라 매사에 용기와 결단력이 있으며 저돌적인 성격이다. 응집된 기운이 한번에 폭발하니 포부가 원대하고 천상천하유아독존天上天下唯我獨尊하는 자신만만함이 있다. 용모가 시원스럽고 심성이 호방하며 실속보다 명분과 밖으로 드러나는 모습을 중요하게 생각한다. 갑목甲木과 을목乙木이 만나면 병화의 자식을 낳고, 천지인天地人 삼재三才를 처음 이루게 된다. 천지자연의 힘을 따르면 큰 지도자가 될 수 있다.

04 · 정

정丁을 파자로 풀면 땅에서 움튼 한 줄기 생명이 하늘 높이 치솟아 하늘[一]까지 다다른다는 뜻이다. 아이가 성장하여 늠름한 청년이 된 모습이다. 정화丁火는 하늘에서는 별이요 땅에서는 등불이니 길을 안내하는 안내자가 된다. 철학과 법률에 능통하다. 기도와 희생으로 많은 생명을 돌보는 모습이 있다. 오륜 중에서 예禮를 상징하니 예의바르고 겸손하며 깊은 예지력을 가지고 있다. 의협심이 강해 불의를 참지 못하고 약자를 돌보며 고차원적인 정신세계를 탐구한다. 살신성인의 정신으로 사회에 봉사하니 선비 중에 선비. 자신의 감정을 숨기지 않고 내뱉는 성격으로 타인에게 원망을 사기도 하지만, 본성이 따뜻하여 상대에게 다시금 위로를 전한다. 정화는 땅의 완전수 4를 나타내니 사방(동서남북)을 통제하고 사계절(춘하추동)을 운용하며 사신(청룡 · 백호 · 현무 · 주작)이 보호한다.

05 · 무

무戊는 무성할 무茂자로 만물이 더욱 아름답고 무성하게 자란다는 뜻이다. 무토戊土는 대지를 품에 안은 높고 큰 산이다. 귀격이니 문명을 열고 천하를 아름답게 한다. 중정中正을 이루어 정직하고 단단하다. 신용과 신의를 중요하게 생각하고 언행이 진중하고 두텁다. 마음 속에 태산이 자리하니 흔들림이 없다. 중심이 단단하여 아집이 강할 수 있고 교만하다고 오해받을 수 있다. 무토는 중화와 중용에 가치를 두니 편애가 없으며 공평하고 소통한다. 반면 속내가 잘 드러나지 않는다. 높은 산에서 아래를 내려다보듯 사물을 관찰하는 능력과 사람을 파악하는 능력이 뛰어나며 상대의 마음을 설득하는 힘이 있다. 무역과 중계 그리고 상담에 특별한 능력을 발휘한다. 성격이 온후하고 근면성실하여 신망이 두터우며 심신이 모두 건강하다. 재물과 권위 모두를 가졌으니 모든 것과 화합한 결과이다.

06 · 기

기己는 무성하게 자란 만물이 자신의 몸을 일으킨다는 의미로 일어날 기起에서 따왔다. 완전하고 성숙하고 성립했음을 의미한다. 외부로 향하던 기운이 이제 안으로 들어온다. 뼈와 살을 살찌우니 내적으로 강건하고 충실해진다. 그래서 기己는 수용과 섭취를 뜻한다. 무토戊土가 태양의 정기를 흡수한다면 기토己土는 잉태를 준비하는 임산부의 모습이다. 기토는 후천後天 6수로 새로운 출발이니 선천先天의 모든 법을 통합하고 개혁한다. 음양의 합일은 생명 탄생에 그 본질과 목적이 있으므로 우주의 질서와 법칙이 모두 이 안에 있다. 기토는 구름이니 만물을 생육할 비를 품고 있다. 변화의 전조이며 세대교체의˙시작이다. 기토는 수지화풍水地火風 모두의 도움이 있어야 비로소 그 뜻을 펼칠 수 있으니 주위의 도움을 받게 된다. 자신을 비워 무진장의 곳간을 다 채우는 지혜가 있다. 복에 복을 더하고 지경에 지경을 넓힌다. 소유욕이 크고 책임감이 강하다.

07 · 경

경庚은 고칠 갱更에서 따왔다. 만물의 기운이 팽창에서 수축으로 바뀌는 것으로 정기가 견고해지고 열매가 여문다는 뜻이다. 천지운행의 질서를 결산하고 정리한다. 환원을 뜻하니 살상이나 억압 그리고 정화를 뜻한다. 군인, 경찰, 무관을 뜻하니 허리에 칼을 차고 있다. 충성과 의협심의 대명사다. 명예욕이 크며 공사를 분명히 가리는 편이라 통솔력이 뛰어나다. 시비를 좋아해 구설을 자초하기도 한다. 성정이 냉정하고 언행이 분명한 반면 지조가 있다. 경금庚金은 겨울밤의 월광月光이니 차갑고 청렴하다. 미래를 지향하기보다는 과거를 돌이켜 과오를 짚어본다. 정신적인 색채가 강하고 신비로운 분위기가 있으며 날카로운 통찰력과 비판력을 소유하고 있다.

분석력과 직감력 모두를 가졌으니 예지력이 뛰어나며 때로는 독야청정獨夜淸淨할 수 있다. 혁명적인 삶이다.

---

08 · 신

신辛은 새로울 신新을 뜻한다. 결실을 맺은 열매가 완전히 새로워진다는 뜻이니 만물의 새로운 탄생을 뜻한다. 옥돌을 갈아 보석을 만드니 화려하고 포장된 것을 좋아한다. 또한 신금辛金의 성품은 정확하고 치밀하고 단호하다. 용모는 단정하고 언행이 논리적이며 어느 곳에서든 능력을 인정받는다. 기획능력과 계산능력이 뛰어나므로 숫자에 밝다. 매사에 분별이 깔끔하여 내 것과 남의 것을 구분한다. 성질은 섬세하고 깔끔하여 약해 보이지만, 속으로는 단단하고 야무지다. 주역에서 팔괘를 이루었으니 회복과 재생, 부활과 완성을 뜻하며, 현실에 두 발을 딛고 서 있다. 보이는 것 그리고 만져지는 것을 세상의 진실로 받아들인다.

---

09 · 임

임壬은 임신한다는 뜻의 아이 밸 임妊에서 따왔다. 땅이 다시 생명을 잉태한다는 뜻이니 양기가 만물의 씨앗이나 땅 속에서 비로소 작용한다는 의미이다. 임수壬水는 겨울을 상징하고 수기水氣를 상징하며 흑색을 나타낸다. 수기는 만물의 시원이므로 생명을 이루는 근본요소이다. 잠시도 멈추지 않고 생명력에 생명력을 더하니 파도처럼 쉬지 않는다. 흐르고 흘러 강을 이루고 바다를 이루고 다시 비가 되어 생명을 성장시킨다. 만물의 모체이므로 성정이 따뜻하고 풍요로우며 적응과 변화가 빠르다. 수처작주隨處作主하니 어디서든 그 곳의 진정한 주인이 된다. 역마성과 도화성을 동시에 가지고 있다. 사고가 자유롭고 활동력이 왕성하므로 한 곳에 머무르지 않는다. 본능에 치우치면 비천할 수 있고 감정에 치우치면 극단적일 수 있다. 수생목水生木이니 목표의식을 만나야 비로소 큰 바다에 다다를 수 있다. 기회주의적인 성격을 버리고 한결같이 오랜 시간 그 장소를 지키면 큰 부를 이룰 수 있다. 같은 물도 젖소가 마시면 우유가 되고 독사가 마시면 독이 된다. 박학다식을 삭이면 지혜가 될 것이고 감정을 다스리면 만인이 내 편이 된다.

---

10 · 계

계癸는 헤아리고 분별한다는 뜻에서 헤아릴 규揆에서 따왔다. 임수壬水로 잉태된 생명이 남녀음양으로 분리된다는 뜻이다. 계수癸水는 마지막 종결점이며 아울러 갑목甲木으로 환원되는 시작점이기도 하다. 동지에서 하나의 큰 양기가 시작하는 양기의 첫 출발점인 것이다. 계수는 음중음陰中陰이니 극음極陰이다. 천간의 마지막으로 삼라만상을 두루 여행한 격이니 노인의 지혜와 소녀의 감수성을 모두 갖추고 있다. 계수에 태어난 사람은 사고가 개방적이고 무엇이든 그 원인을 추리하는 학자적 면모를 갖추고 있다. 앞뒤를 조용히 관조하는 종교적 성향이 강하다. 고요한 가운데 쉼없이 노력하므로 세상이 놀랄 사상 체계를 창조한다. 숫자 10은 우주의 완성된 수로 법과 질서를 지배한다. 운명과 완성, 정점과 성취, 전환과 기회가 공존하는 공간이다. 10은 1과 0을 합하여 만들어지니 시작과 끝이다. 세상을 분별하여 궁극의 근원을 들여다보는 힘을 가졌으니 운명의 힘이라 부른다.

3. 이름의 시크릿 코드 3

이름의 세 번째 시크릿 코드는 10수호성이다. 수호성은 아이의 운명을 따라가며 그 운명이 고난과 역경으로부터 보호받을 수 있도록 호위하는 하늘의 수호행성을 뜻한다. 수호성은 아이가 전 인생을 통해 교류하는 힘이므로 아이는 수호성의 성품을 따르게 된다. 그래서 그 성품이 천성이 된다. 천성은 거스르는 것이 아니라 그 장점을 잘 살려 밝히는 것이다. 작명구결에서 이름의 세 번째 성품은 '샘'이다. 그래서 이름의 시크릿 코드 3은 샘의 성품이 있어야 한다. 샘물처럼 끊임없이 영감을 주는 별이니 마음을 열어 잘 듣고 수호성이 안내하는 길을 따라야 한다.

10수호성을 찾는 방법은 10천간과 똑같이 숫자를 배치하면 된다. 즉 천간이 1·갑甲이라면 수호성은 1·태양이 되고, 5·무戊라면 수호성은 5·화성이 된다.

수호성의 코드 배정

코드		1	2	3	4	5	6	7	8	9	10
동양	10천간	갑(甲)	을(乙)	병(丙)	정(丁)	무(戊)	기(己)	경(庚)	신(辛)	임(壬)	계(癸)
서양	10수호성	태양	달	수성	금성	화성	목성	토성	천왕성	해왕성	명왕성

앞에서 설명한 것처럼 천간과 수호성은 자연스럽게 1:1로 대응한다. 천간이 하늘을 인식하는 동양의 사유구조라면 수호성은 하늘을 인식하는 서양의 사유구조이다. 천간과 수호성은 서로 다른 사유체계가 만들었지만, 그 순서와 특성이 일치한다. 이는 동서양의 철학이 근본적인 시공의 철학을 공유한다는 것을 의미한다. 인류는 전 우주를 시간과 공간으로 나누었다. 하늘은 공간을 지배한다고 생각했으며, 땅은 시간을 지배한다고 보았다. 동서양의 지성들은 모두 하늘의 천기를 10개의 공간으로 나누고, 땅은 12방향의 시간으로 나누었다. 그래서 하늘의 숫자는 10이 되고, 땅의 숫자는 12가 되었다. 10천간과 10수호성의 성품을 하나하나 대입하면 놀랍도록 일치함을 알 수 있다. 우주를 인식하는 동서양의 기본적인 철학이 같았기 때문이다. 생명이 탄생해서 소멸할 때까지 일어나는 탄생, 성장, 발전, 소통, 쇠퇴, 소멸의 과정을 나타내고 있는 것이 10천간과 10수호성이다.

다만 이것이 동양에서는 인간의 관계를 중심으로 한 사주명리학으로 발전했고, 서양에서는 과학적이고 분석적인 관찰을 통해 천문점성학으로 발전했다. 한 생명이 태어나면 운명적으로 시간과 공간의 한계 속에서 인생을 살게 된다. 그래서 이 시공을 이해하는 것은 곧 그 사람의 운명을 이해하는 것과 같다. 인간은 작은 소우주로 자연과 소통하고 있다. 우주의 숨결 속에서 그 탄생과 소멸을 이어가고 있다. 이름짓기에서 작명구결법은 이 시공간의 결을 잘 이해하고 다듬어 소명을 밝히는 의미가 있다.

	동양		서양
10천간	갑을병정무기경신임계 (甲乙丙丁戊己庚辛壬癸)	10수호성	태양, 달, 수성, 금성, 화성, 목성, 토성, 천왕성, 해왕성, 명왕성
12지지	자축인묘진사오미신유술해 (子丑寅卯辰巳午未申酉戌亥)	12별자리	양자리, 황소자리, 쌍둥이자리, 게자리, 사자자리, 처녀자리, 천칭자리, 전갈자리, 사수자리, 염소자리, 물병자리, 물고기자리

수호성의 종류와 성격

01 · 태양
Sun

태양은 모든 자연계의 중심이다. 태양을 상징하는 기호는 영혼과 완성을 상징하는 원 한가운데 작은 점이 있는 형상으로, 세상의 중심은 자기 자신이라는 뜻이 있다. 모든 생명이 타고난 목적은 태양이 만물을 비추듯 자신의 힘과 소명을 세상을 향해 내비치는 것이다. 태양은 인체의 심장에 해당한다. 세포에 피를 전달해 생명의 근원이 된다. 집안에서는 아버지를 뜻하고 권위, 자신감, 법칙, 자아를 뜻한다.

02 · 달
Moon

태양이 중심이면 달은 변화를 뜻한다. 태양은 에너지를 방출하고, 달은 물건을 담는 그릇처럼 만물을 받아들여 하늘의 주발이라 부른다. 태양이 이성이면 달은 감성이다. 달은 본능과 감각에 연결되어 있고 잉태를 기다리는 원형질과 같다. 기회와 가능성을 뜻한다.

03 · 수성
Mercury

태양이 원초적인 단일성이면, 달은 2개의 뿔로 이중성을 나타내고, 수성은 그 에너지들이 사방으로 퍼지는 모습을 형상화한다. 영적인 빛과 물질적인 본성이 함께 나타난다. 수성은 생각하는 사람이다. 의식과 무의식을 오가며, 하늘과 소통하고 땅을 개척한다.

04 · 금성
Venus

금성의 기호는 영혼이 가려지지 않은 채 물질에 기반을 두고 자신을 표현한다. 금성은 세상의 모든 것들을 우아하고 아름답게 포장한다. 비너스는 사랑의 여신이다. 낭만적이고 긍정적이며 아름다움을 추구한다. 겉모습을 중요하게 여기며 예술적으로 풍부한 감성을 가지고 있다.

05 · 화성
Mars

화성은 무사이다. 바깥으로 분출하는 힘을 뜻한다. 위를 향한 화살은 욕구를 실현하고 자신의 목표를 실현하려는 의지를 반영한다. 마르스는 하늘의 전사를 뜻한다. 기개가 있고 진취적이다. 금성에서 영혼은 현실을 뛰어넘어 근원으로 돌아가지만, 화성에서 영혼은 물질에 지배당한다. 현실적이고 구체적이다.

06 · 목성
Jupiter

목성은 종교와 철학, 도덕의식의 확장을 뜻한다. 목성은 달과 금성의 기능이 합쳐진 것이다. 목성은 성장과 확장을 의미하고, 대중 사회를 인도하는 집단적 사상이나 윤리를 뜻한다. 인간의 의식이 가족과 사회로 확장되는 모습이다. 예부터 목성은 매우 길한 별로 풍요와 안정을 선물한다. 낙천적이고 쾌활하여 신념이 강하다.

07 · 토성
Saturn

토성은 인내와 노력으로 자신의 사명을 완수한다. 토성은 공간적 울타리이며 시간적 제한이다. 골격이고 형식을 주관한다. 토성의 성품은 모든 생명을 단단하게 만들며, 생명과 죽음 그리고 성장과 파멸을 관장한다. 시간과 공간에 있는 모든 것들을 주관하니 율법이 된다. 냉철하고 비판적이며 모든 것을 수용한다.

08 · 천왕성
Uranus

천왕성은 창조적 혁명가다. 천왕성의 자전축은 위를 향하지 않고 옆으로 누워 있다. 천왕성은 전혀 다른 생각과 삶으로 새로운 삶의 경지를 개척한다. 엉뚱하고 인습에 묶이지 않는다. 폭발적인 에너지가 있으며 삶의 이중성을 함께 가지고 있다. 시공간의 장벽을 뛰어넘는다. 직감적인 영감으로 혁명을 일으킨다.

09 · 해왕성
Neptune

해왕성은 바다의 제왕이다. 십자가 위에 놓인 성배이니 신비하고 성스럽다. 금성의 기운이 성령으로 진화한 것이니 의식세계를 주관한다. 모든 생명의 신비를 간직하고 그 근원이 되므로 초월적인 삶을 살아간다. 이상주의적 성향과 예술적 영감으로 늘 존재의 핵심을 명상한다.

10 · 명왕성
Pluto

명왕성은 잠재력과 부활을 뜻한다. 죽음 속에는 씨앗이 있고 어둠 속에는 새벽빛이 있다. 화성의 에너지가 발전된 것이나 외부로 향하지 않고 자신을 향한다. 응집되고 결집된 하나가 폭발하면 그 폭발력은 상상하기 힘들 정도로 크다. 수용의 블랙홀이면서 확장의 화이트홀을 함께 가지고 있다.

4. 하늘이 내린 이름을 찾는 법

한 사람의 운명을 들여다보는 이름의 시크릿 코드는 모두 9개로 크게 하늘의 시크릿 코드, 사람의 시크릿 코드, 땅의 시크릿 코드로 구분되며, 이들은 다시 각각 3개의 코드로 나누어진다. 따라서 이름도 하늘의 이름 3개, 사람의 이름이 3개 그리고 땅의 이름 3개가 나온다. 이 중에서 가장 먼저 하늘이 내린 이름을 찾기 위해 필요한 것은 시크릿 코드 1, 시크릿 코드 2, 시크릿 코드 3이다.

시크릿 코드 1은 81천부경이고, 시크릿 코드 2는 10천간이다. 그리고 시크릿 코드 3은 10수호성이다. 이 세 코드는 모두 아이의 소명과 관련되어 있다. 모든 생명은 태어날 때 자신만의 고유한 소명을 가지고 태어난다. 그 소명을 잘 밝히고 있는 이름이 좋은 이름이고 뜻있는 이름이다. 미국의 교육심리학자 매슬로(Abraham H. Maslow, 1908~1970)는 인간의 욕구 중에서 최상의 욕구는 자아실현이라고 하였다. 이름에 반드시 담아야 할 의미는 각 생명이 가진 고유한 소명, 즉 자아실현이다.

예를 들어, 부모가 천부경점에서 33장 '그대'를 뽑았다면 시크릿 코드 1은 33이 되고, 아이의 일간이 경庚이면 시크릿 코드 2는 7이 되며, 시크릿 코드 2와 3은 항상 같은 숫자이기 때문에 시크릿 코드 3 역시 7이 된다. 이것을 순서대로 쓰면 33-7-7이 된다. 내용으로 본다면 '그대-경庚-토성'이 하늘이 예측하는 아이의 소명이다.

또 다른 예로, 만약 부모가 천부경점 3장 '빛'을 뽑았다면 시크릿 코드 1은 3이 되고, 아이의 일간이 무戊면 시크릿 코드2는 5가 되며, 시크릿 코드 3은 시크릿 코드 2와 같은 5를 수호성으로 받는다. 따라서 하늘이 내린 이름의 코드는 3-5-5이며, 그 의미는 '빛-무戊-화성'이 된다.

이렇게 찾아진 시크릿 코드를 천천히 읽어가면 소중한 우리 아이가 어떤 소명을 가지고 태어났는지, 어떤 성격과 어떤 에너지를 지니고 있는지 볼 수 있다. 부모는 아이의 소명을 이해하고 공감하며 인생을 통해 늘 후원자가 되어야 한다. 그래서 늘 아이의 소명을 들여다보고 들어주는 일에 귀를 열고 마음을 열어야 한다. 부모가 깊고 간절한 마음 그리고 무엇보다 열린 마음으로 기도하고 천부경점을 칠 때 아이의 운명과 가장 깊게 연결된 이름을 구할 수 있다. 이렇게 해서 나온 천부경 괘의 숫자를 81천부경 분류표에서 찾으면 그 소명에 합당한 이름 5개(성별에 따른 한자이름 3개+중성적 이름 1개+한글이름 1개)를 찾을 수 있다. 이 5개 이름 중에서 10천간과 10수호성에 나타난 아이의 성품과 잘 어울리는 이름 3개를 뽑으면 그 3개 이름이 하늘이 내린 아이의 이름이다.

하늘에는 무수한 별이 떠 있다. 그 별의 운행을 관찰하며 인류는 춘하추동의 계절을 인식하고 계산하여 생산활동을 영위하였다. 동양은 10천간을 만들었고, 서양은 10수호성을 만들었다. 천간과 수호성으로 대변되는 하늘의 기운은 개인의 소명에 큰 영향을 끼친다. 천기의 기운이 밝은 봄날 태양이면 성격은 진취적이고 적극적이며 도전적인 삶을 영위할 것이고, 반대로 겨울밤 초승달이면 직관적이고 예술적이며 종교적 인생을 영위하게 된다. 천지자연에 계절과 인간의 품성은 서로 연결되어 운명의 성패를 주고받으며 발전한다.

참고로 81천부경 분류표에는 영어이름이 있다. 하지만 이름을 선택할 때 영어이름을 포함시키지 않는 이유는 부모가 아기의 이름과 영어이름을 짓는 시기가 다르기 때문이다. 지금 막 아이를 낳은 부모가 이름을 지을 때 영어이름을 고려하는 경우는 매우 드물다. 영어이름은 대개 아이가 자라서 영어유치원이나 학원에 들어갈 때 아니면 성인이 된 후 직장에서 사용하기 위해 짓는 경우가 많다. 즉, 지금 당장 필요한 이름이 아니므로 나중에 따로 영어이름만 천부경점을 치거나 사주를 보면서 찾게 된다. 특별히 출생시 영어이름이 필요한 경우를 제외하면 지금은 오직 아이의 이름에 집중하여 성별에 따른 이름, 중성적 이름, 한글이름까지만 보고 결정하는 것이 맞다. 또한 영어이름까지 포함되면 집중력이 떨어지고 정확도도 떨어질 수 있다.

81천부경 분류표

천부경	천부인	남자이름	여자이름	중성적 이름	한글 이름	영어 여자이름	영어 남자이름
1장	하나	090 168 199	309 332 582	630	720	854	939
2장	거울	023 043 242	384 408 494	662	761	826	928
3장	빛	071 080 297	330 363 545	652	785	859	924
4장	물처럼	055 245 257	315 366 504	695	716	817	968
5장	새벽	190 178 117	331 464 509	673	744	828	929
6장	혼불	070 176 204	367 542 591	612	769	836	935
7장	영원	221 289 132	399 500 588	656	710	820	904

천부경	천부인	남자이름	여자이름	중성적 이름	한글 이름	영어 여자이름	영어 남자이름
8장	▲ ■ 간구	036 063 127	528 541 555	689	787	812	990
9장	■ ■ 대답	095 187 226	405 449 484	640	770	856	959
10장	● ▼ 무정	054 154 260	430 460 517	671	728	801	902
11장	▲ ▼ 다시	057 172 252	383 428 570	638	751	837	953
12장	■ ▼ 법	058 177 186	360 475 506	608	712	844	957
13장	● ▼ 부메랑	031 102 220	531 559 564	670	777	807	940
14장	▲ ▼ 기도	011 051 157	357 400 436	661	759	822	963

천부경	천부인	남자이름	여자이름	중성적 이름	한글 이름	영어 여자이름	영어 남자이름
15장	■ ▼ 역사	064 223 258	396 535 550	665	792	846	956
16장	● ▼ 그렇게	069 249 251	518 536 551	676	718	827	919
17장	▲ ▼ 평등	270 277 171	326 337 440	619	721	863	942
18장	■ ▼ 열매	056 138 238	317 352 474	629	727	874	992
19장	● ■ 예언	033 093 262	386 524 562	614	790	823	925
20장	▲ ■ 늘	286 288 087	303 365 491	675	760	809	915
21장	■ ■ 고향	111 272 109	392 414 446	684	725	813	936

천부경	천부인	남자이름	여자이름	중성적 이름	한글 이름	영어 여자이름	영어 남자이름
22장	● ▼ 앎	145 194 250	388 425 478	653	723	869	949
23장	▲ ▼ 용서	049 196 237	320 371 416	668	789	873	923
24장	■ ▼ 뿌리	125 229 233	345 434 544	636	781	855	947
25장	● ■ 다물	039 077 165	364 483 516	631	745	833	952
26장	▲ ■ 소망	244 261 273	358 482 534	618	749	892	961
27장	■ ■ 마무리	015 163 191	378 461 525	685	740	866	910
28장	▲ ● 혁신	041 118 149	340 377 403	667	707	849	905

천부경	천부인	남자이름	여자이름	중성적 이름	한글 이름	영어 여자이름	영어 남자이름
29장	분노	189 219 107	441 476 585	682	772	815	977
30장	힘	110 276 287	364 499 543	620	762	811	944
31장	삶	225 290 211	398 413 557	647	771	847	986
32장	정	003 112 146	369 519 539	628	702	840	984
33장	그대	022 089 166	485 511 523	644	722	825	976
34장	자유	047 099 206	423 444 530	616	763	871	920
35장	효	014 085 137	379 417 493	637	726	810	966

천부경	천부인	남자이름	여자이름	중성적 이름	한글 이름	영어 여자이름	영어 남자이름
36장	스승	062 083 161	418 488 552	690	756	832	926
37장	사람	130 205 269	316 394 538	672	750	862	927
38장	주인	002 104 126	305 372 380	615	743	876	918
39장	한결	072 131 136	412 421 486	646	715	858	958
40장	마음	004 100 222	307 469 594	609	791	821	916
41장	사랑	061 071 241	329 358 389	639	737	816	954
42장	말	042 271 239	353 391 554	613	764	872	964

천부경	천부인	남자이름	여자이름	중성적 이름	한글 이름	영어 여자이름	영어 남자이름
43장	멋	124 135 236	347 353 501	606	742	861	902
44장	얼굴	048 179 200	473 480 512	692	729	830	973
45장	친구	106 116 150	344 427 560	649	719	885	937
46장	한	078 217 227	447 508 527	680	741	824	965
47장	홀로서기	050 280 231	322 515 558	617	705	887	932
48장	뜻	037 066 235	361 384 465	624	800	802	912
49장	선	020 263 283	455 487 595	696	798	808	913

천부경	천부인	남자이름	여자이름	중성적 이름	한글 이름	영어 여자이름	영어 남자이름
50장	▲▼ 결혼	108 155 184	407 429 572	698	746	890	930
51장	▲▼ 부지런히	092 188 259	334 339 595	632	799	888	988
52장	▲■ 해원	019 228 053	302 318 454	669	754	814	969
53장	▲■ 답게	088 140 218	338 362 463	622	732	803	948
54장	▲■ 어른	224 264 282	342 351 600	603	706	879	941
55장	■● 소명	096 133 278	327 375 470	635	730	831	933
56장	▲● 진면목	086 144 268	335 404 553	601	773	880	934

천부경	천부인	남자이름	여자이름	중성적 이름	한글 이름	영어 여자이름	영어 남자이름
57장	무소유	016 046 213	301 431 507	625	733	894	917
58장	지금	105 201 214	373 503 497	626	757	882	967
59장	진실	009 182 159	313 577 452	642	775	834	931
60장	순서	013 081 094	467 498 520	700	735	839	971
61장	씨앗	034 097 192	387 453 471	641	748	899	960
62장	관조	084 147 300	314 435 479	663	704	900	989
63장	자연	012 028 045	450 505 549	604	739	897	946

천부경	천부인	남자이름	여자이름	중성적 이름	한글 이름	영어 여자이름	영어 남자이름
64장	■ ▼ 중심	120 128 198	415 442 513	643	703	895	978
65장	▲ ● 거리	005 170 181	341 526 546	659	768	819	906
66장	■ ● 차례	203 240 256	311 402 456	639	714	804	945
67장	● ▼ 본능	073 158 279	410 459 514	621	701	864	903
68장	▲ ▼ 숨	185 246 265	323 419 448	674	709	829	997
69장	■ ▼ 자리	008 075 129	472 548 304	650	793	805	914
70장	● ▼ 바로	079 247 266	356 393 312	660	731	857	922

천부경	천부인	남자이름	여자이름	중성적 이름	한글 이름	영어 여자이름	영어 남자이름
71장	▲ ▼ 몸	139 169 230	328 477 411	627	747	841	983
72장	■ ▼ 제사	195 234 281	355 437 537	679	796	867	908
73장	● ■ 처음	007 207 209	325 368 374	611	708	850	980
74장	▲ ■ 최선	018 052 296	426 451 492	666	784	870	907
75장	■ ■ 때	123 143 267	462 502 547	655	717	838	951
76장	● ▼ 다음	021 180 248	336 349 382	634	724	852	975
77장	▲ ▼ 부활	142 274 298	333 401 522	610	738	878	921

천부경	천부인	남자이름	여자이름	중성적 이름	한글 이름	영어 여자이름	영어 남자이름
78장	■ ▼ 일	253 275 299	321 556 569	664	734	848	943
79장	● ■ 울타리	001 068 162	390 445 468	686	758	818	955
80장	▲ ■ 시나브로	134 216 292	354 510 567	633	778	898	950
81장	■ ■ 땅	010 153 243	350 381 489	651	713	806	1000

이름에 대한 Q&A ③

작명소마다 발음오행이 달라요

Q 아이 이름이 최민국(崔岷國)인데 작명소에서 발음오행을 따라 금(金)-수(水)-목(木)의 순서로 지었습니다. 그런데 어느 곳에서는 민(岷)자가 수(水)가 아니라 토(土)라고 합니다. 어떤 말이 맞는지요?

A 발음오행에서 한글 자음을 분류하는 방법은 두 가지가 있습니다. 하나는 훈민정음 해례본에서 정인지가 분류한 방법이고, 하나는 최세진이 『사성통해(四聲通解)』에서 36자모도(字母圖)로 정리한 방법입니다.

자음	소리	훈민정음 해례본	사성통해 36자모도
ㅁ, ㅂ, ㅍ	입술소리	토(土)	수(水)
ㅇ ㅎ	목구멍소리	수(水)	토(土)

훈민정음 해례본은 1446년에 나왔고, 사성통해는 1517년에 나왔습니다. 시기상 앞서 나온 훈민정음 해례본에서는 ㅁ, ㅂ, ㅍ을 입술소리(순음)로 정리하고 토(土)에 해당한다고 말하고, ㅇ과 ㅎ은 목구멍소리(후음)로 수(水)에 해당한다고 말합니다. 그러나 사성통해 36자모도를 보면 ㅁ, ㅂ, ㅍ은 입술소리로 수(水)에 해당하고, ㅇ과 ㅎ은 목구멍소리로 토(土)에 해당한다고 분류되어 있습니다.

이 두 가지 학설이 후대로 내려오면서 훈민정음법을 따르는 작명가가 있는가 하면, 최세진의 분류를 따르는 작명가도 있습니다. 정리하면, 훈민정음의 분류는 역사적으로 정사이고 사성통해의 분류는 야사로 보면 합당하지 않을까 생각합니다.

정사와 야사를 기준으로 볼 때 일반적으로 정사에 입각해 역사를 인식하고 야사를 참조하듯, 훈민정음 해례본의 오행 분류를 작명에 적용하고 사성통해는 참조하는 것이 맞습니다. 철학이란 근거가 분명해야 하는데 아이에게 그 철학적 근거를 설명할 때도 훈민정음 해례본 서문을 기준으로 설명하는 것이 더 합당하고 논리적입니다. 그래서 민(岷)자는 오행상 수(水)가 아니라 토(土)로 보는 것이 맞습니다.

04

사람의 시크릿 코드

1. 이름의 시크릿 코드 4

이름의 네 번째 시크릿 코드는 사상四象이다. 사상은 넉 사四자에 코끼리 상象자를 쓰는데 4가지 큰 형상이라는 뜻이다. 조선 후기 의학자인 이제마(1837~1899) 선생은 수천년 동안 전해내려온 동양의학을 사상의학으로 재구성하였다. 사상의학은 사상을 인간과 접목하여 그 체질과 성품을 통해 질병을 치유하고 몸을 보하는 의술로 태양인, 태음인, 소음인, 소양인의 4가지 체질로 잘 알려져 있다.

사상의 본질은 음과 양이다. 음과 양이 분리되기 이전의 하나로 뒤섞인 상태가 태극太極이고, 태극이 분리되면 일양일음一陽一陰이 된다. 양이 양으로 더욱 발전하면 태양太陽이 되고, 양이 음으로 분화하면 소음少陰이 된다. 반면 음이 음으로 발전하면 태음太陰이 되고, 음이 양으로 분화를 이루면 소양少陽이 된다.

자신의 체질을 알면 양생과 치유가 비로소 가능해진다. 그러나 지금 막 태어난 아이는 그 체질을 판단하기가 쉽지 않다. 아이의 성격과 체질상 특징이 나타날 만큼 자라면 그때 전문가와 상담하여 아이의 사상을 알아보는 것이 좋다.

이 책에서는 이름의 시크릿 코드 4를 찾기 위해 편의상 혈액형과 사상을 관련지어 설명한다. 사상과 혈액형이 딱 맞아 떨어지지는 않는다. 그리고 혈액형이 성격과 꼭 결부

되는 것도 아니다. 하지만 어느 정도 공통분모가 있고, 지혜롭게 사용한다면 현실적으로 긍정적으로 작용한다. 체질을 통해 건강한 성품과 건강한 몸을 가꾸기 위해 아이의 사상을 잘 알아두면 좋다.

태극			
양		음	
태양인	소음인	태음인	소양인
AB형	B형	O형	A형
지(智)	인(仁)	의(義)	예(禮)
지혜로움, 집중력	자비심, 친화력	의협심, 인내력	예의범절, 조화력
비장	간	신장	폐

사상의 종류와 성격

01 · 태양인 AB형
천성은 앞으로 나아가려는 진취적 기상이 강하고 단순하며 강한 집중력이 있다. 자신이 좋아하는 일은 밤을 새워 완성한다. 통찰력과 집중력이 강해 무서운 것이 없다. 먼저 행동하고 나중에 수습한다. 어떤 일이 일어나도 민첩하게 최선의 방법을 모색한다. 아이큐가 높고 기억력이 좋다. 양면의 극단성을 모두 가지고 있어 변용이 자유롭지만 독단적일 수도 있다. 세상의 역사적, 종교적, 도덕적 흐름에 밝기 때문에 공공차원의 가치 확립에 앞장선다.
　태양인은 비장이 발달하지만 간을 보호하지 못해 피로를 자주 느끼고 심혈관질환에 걸릴 수 있다. 태양인에게는 메밀, 버섯, 포도, 사과, 청포묵 등의 음식이 좋다.

02 · 소양인 A형
천성은 친절하고 성실하며 예의바르지만, 고집이 세고 자존심이 강하다. 규칙적인 생활로 큰 병과는 무관하다. 친절함과 성실함으로 사회적 성공을 이루지만 그로 인한 스트레스도 많다. 속정이 따뜻하고 사회봉사에 헌신적이다. 다른 사람에게 피해를 주는 것을 싫어한다. 내적 성향이 강해 관조적이고 예지력이 있다. 말과 글에 능하고 소통을 좋아한다.

 소양인은 폐가 발달하나, 신장으로 흐르는 뜨거운 독소로 인해 복통과 설사, 당뇨, 뇌출혈 등이 발생할 수 있다. 소양인에게는 녹두, 팥, 돼지고기, 상추, 배추, 시금치, 새우, 해삼, 멍게, 파래, 다시마, 샐러리, 치커리, 딸기, 참외, 파인애플, 바나나, 유자, 아몬드 등의 음식이 좋다.

03 · 소음인 B형

천성은 활발하고 낙천적이며 분석이 뛰어나 하나하나 짚어보고 비교하고 분석한다. 늘 밝고 명랑하며 독창적이고 아이디어가 풍부하다. 의지가 강해 행동으로 옮기는데 주저함이 없고 마음먹은 일은 끝까지 해낸다. 유쾌한 성품으로 주위에 사람이 많지만 경솔할 수 있다. 자신만의 스타일을 완성한다.

 소음인은 간이 발달하지만 위에 작용하는 차가운 독소로 인해 소화기능이 떨어질 수 있고, 마음이 답답하여 미칠 것 같은 울화병이 나타날 수 있다. 소음인에게는 옥수수, 현미 찹쌀, 닭고기, 당근, 미나리, 마늘, 후추, 미역, 복숭아, 귤, 레몬 등의 음식이 좋다.

04 · 태음인 O형

천성은 안정된 것을 좋아하지만 열정적인 면이 있어 새로운 세상을 개척한다. 인정이 많아 남을 잘 챙겨주고 손해를 보더라도 의리를 지킨다. 명예욕이 많아 늘 남보다 높은 곳에 서려 하고 보이지 않는 힘을 사용하길 좋아한다. 음지에서 일하고 양지를 지향한다. 보수적 성향이 강하고 속내가 잘 드러나지 않는다.

 태음인은 신장이 발달하나, 폐에 관련된 독소로 인해 호흡기가 약하고 피부병에 걸릴 수 있다. 태음인에게는 율무, 콩, 쇠고기, 호박, 치즈, 낙지, 문어, 수박, 배, 밤, 잣, 호도, 은행, 우유, 커피 등의 음식이 좋다.

사상으로 이름의 시크릿 코드 4를 찾을 때 태양인은 1, 소양인은 2, 소음인은 3, 태음인은 4이다.

2. 이름의 시크릿 코드 5

이름의 다섯 번째 시크릿 코드는 오행五行이다. 오행은 우주를 구성하는 5가지 기본 원소를 뜻한다. 행行이란 돌고 돈다는 뜻이니 이 5가지 성품은 서로를 살려주기도 하고 서로를 밀어내기도 하면서 자연계를 돌고 돈다.

　동양철학에서는 오행을 사회의 제도와 문물 그리고 문화를 만드는 기본 척도로 사용하였다. 5가지 원소가 모두 모여야 조화로우며 생명이 탄생된다고 보았다. 예를 들어, 뱃속 아기의 형체는 맨 처음 정액 즉 수액[水]으로 엉겨서, 화火로 기혈이 생기고, 목木으로 모발이 생기며, 금金으로 골격을 이루고, 마지막 토土로 피부가 생겨 완전한 형체를 이루게 된다고 보았다. 이렇게 모든 생명은 목화토금수木火土金水의 5가지 원소가 만나고 흩어져야 온전한 생명을 이루게 된다는 것이 동양철학의 관점이다.

　이름의 시크릿 코드 5인 오행을 통해 아이가 타고난 오행의 순행과 조화의 이치를 따져 생명의 본질을 들여다볼 수 있다. 한 생명이 태어나면 이 5가지 요소를 통해 성격이 형성되고 품성이 만들어지므로 관상도 오행의 이치로 나누어 보고, 사주도 오행의 이치로 변환하여 성격과 재능을 예측하게 된다. 아이의 오행을 판단하는 기준은 사주팔자이다. 사주팔자를 오행으로 바꾸어 여덟 글자 중 가장 많은 오행이 중심 오행이 된다.

　앞에서 예로 든 2009년 4월 15일 15시 27분(양력)에 태어난 아이의 사주팔자를 오행으로 변환하면 다음과 같다.

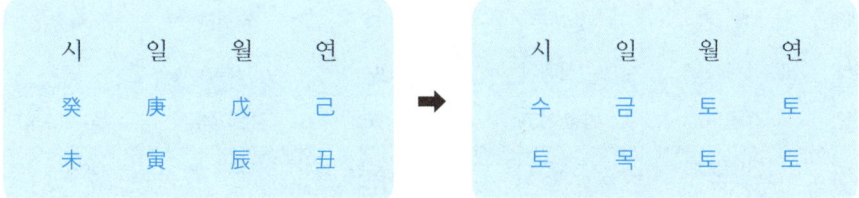

오행으로 변환한 결과를 보면 토土가 5개, 금金이 1개, 목木이 1개, 수水가 1개이며 화火는 없다. 토土의 기운이 왕성하므로 이 아이의 성격과 성품을 흙[土]로 보면 된다.

예로 든 사주처럼 어느 한 오행이 두드러지게 많은 경우에는 그 사주의 중심 오행을 쉽게 알 수 있지만, 오행의 수가 비슷하거나 골고루 분포하는 경우에는 월주의 지지를 중심 오행으로 보면 된다. 위 사주는 월주의 지지 역시 토土이므로 토土의 세력이 강한 토국土局의 아이로 보면 된다.

1) 오행의 상징성

각각의 오행은 성격은 물론 계절, 시간, 방향, 맛, 숫자 등 다양한 상징성을 가지고 있다. 우리 민족은 오래 전부터 그러한 상징성을 실생활에 접목해왔다. 예를 들어 우리 민족 고유의 색인 청색, 적색, 황색, 백색, 흑색을 오방색이라고 하는데, 사찰이나 궁궐에서 볼 수 있는 아름다운 단청무늬가 바로 이 오방색을 기본으로 한다.

다음은 10천간과 12지지를 오행으로 분류하고, 오행이 가지고 있는 다양한 상징성을 한눈에 볼 수 있게 표로 정리한 것이다.

오행의 상징 배정

오행 종류	목(木)	화(火)	토(土)	금(金)	수(水)
물질	나무	불	흙	쇠	물
오륜	인(仁)	예(禮)	신(信)	의(義)	지(智)
대문	흥인문	숭례문	보신각	돈의문	숙청문
방향	동쪽	남쪽	중앙	서쪽	북쪽
천간	갑을(甲乙)	병정(丙丁)	무기(戊己)	경신(庚辛)	임계(壬癸)
지지	인묘(寅卯)	사오(巳午)	진술축미(辰戌丑未)	신유(申酉)	해자(亥子)

오행 종류	목(木)	화(火)	토(土)	금(金)	수(水)
계절	봄	여름	한여름	가을	겨울
색상	청색	적색	황색	백색	흑색
오장	간	심장	비장	폐	신장
오미	신맛	쓴맛	단맛	매운맛	짠맛
한글	ㄱ, ㅋ	ㄴ, ㄷ, ㅌ, ㄹ	ㅁ, ㅂ, ㅍ	ㅅ, ㅈ, ㅊ	ㅇ, ㅎ
소리	어금닛소리[牙]	혓소리[舌]	입술소리[脣]	잇소리[齒]	목소리[喉]
숫자	3, 8	2, 7	5, 10	4, 9	1, 6

2) 오행의 상생과 상극

자연의 이치에 절대적인 것은 없다. 세상 모든 만물은 시간과 공간에 따라 상대적 입장에 서게 된다. 서로 도움을 주고받는 관계가 되기도 하고, 때로는 서로 빼앗고 없애는 관계가 되기도 한다. 이를 우주 만물의 구성요소인 오행에 빗대 설명할 수 있다. 즉, 오행 목화토금수木火土金水는 어느 하나만 홀로 존재하지 않고 5가지 요소가 함께 존재하면서 서로 영향을 주고받는데, 서로 도와주는 관계는 상생相生이라고 하고 반대로 서로 자극하고 밀어내는 관계는 상극相剋이라고 한다.

흔히 볼 수 있는 예로, 한 가정을 들어 오행의 상생과 상극을 설명할 수 있다. 먼저 시어머니는 금金이다. 기존의 법칙이며 결실의 창고이기 때문이다. 금金은 원칙을 고수하고 신중한 성격이다. 반면 새로 들어온 기운인 며느리는 생명의 목木 기운이다. 무엇이든 새로 하려고 나선다. 시어머니 입장에서는 익숙한 방법을 두고 새로운 것을 시도하는 며느리가 마땅치 않다. 그래서 며느리에게 잔소리를 늘어놓게 된다. 이것을 금金이 목木을 극한다고 한다. 마치 쇠도끼가 나무를 내리치는 격이다.

이럴 때 현명한 사람은 집안에 불을 지른다. 그러면 따뜻한 불 기운이 돌아 금金은 녹이고 목木은 태워 하나가 되게 한다. 옛날에 적국의 장수가 용맹한 화국火局의 관상이면 이쪽에서는 지혜로운 수국水局의 관상을 보내 적군을 제압하게 하였다. 물이 불을 끄는 이치처럼 수水가 화火를 극하기 때문이다.

　이름짓기도 이런 이치와 같다. 모자란 기운은 상생의 관계로 보완하고, 넘치는 기운은 상극의 관계로 흩어놓아야 한다. 한쪽 기운이 많으면 그 분야에서 큰 집중력을 발휘할 수 있지만, 과도한 영향력으로 인한 부정적인 결과를 감수하는 것도 자신의 몫이다. 이런 치우침을 보완하여 소통하고, 교류하고, 조화롭게 살자는 뜻에서 생각하면 오행의 본질이 잘 보인다.

오행의 상생과 상극

오행의 상생		오행의 상극	
수생목 (水生木)	나무는 물이 있어야 자란다	수극화 (水剋火)	물을 뿌려서 불을 끈다
목생화 (木生火)	불은 나무가 있어야 활활 타오른다	화극금 (火剋金)	불로 쇠를 녹인다
화생토 (火生土)	불은 대지를 데워 만물을 익게 한다	금극목 (金剋木)	도끼로 나무를 쓰러뜨린다
토생금 (土生金)	흙 속에는 모든 광물이 들어 있다	목극토 (木剋土)	풀과 나무가 땅을 뚫고 자란다
금생수 (金生水)	쇠는 음기를 만드니 물의 기운을 생성한다	토극수 (土剋水)	방죽을 쌓아 홍수를 막는다
상생의 순서 목(木) → 화(火) → 토(土) → 금(金) → 수(水)		상극의 순서 수(水) → 화(火) → 금(金) → 목(木) → 토(土)	

오행으로 이름의 시크릿코드 5를 찾을 때 수水는 1, 화火는 2, 목木은 3, 금金은 4, 토土는 5이다.

오행의 종류와 성격

01 · 수

수水는 만물의 근원이다. 물[水]은 담박하고 자유로우며 항상 낮은 곳으로 흐른다. 그래서 물은 지혜를 상징한다. 물은 자신을 고집하지 않고 형태를 바꾸며 쉬지 않고 흘러 생명을 순환시킨다. 물은 죽음과 재생 그리고 융통성과 수용성을 뜻한다. 가을날 금金의 기운으로 맺어진 결실은 겨울날 물의 기운을 받아 씨앗으로 응집된다. 깊고 푸른 바다는 그래서 생명의 근원이 된다. 수水는 여성에게는 자궁을, 남성에게는 정력을 의미한다. 수水의 성격을 가지면 차분하고 인내심이 강하며, 애착이 깊고 신비주의적 성향을 갖는다. 독립심이 강하고 현실보다 큰 이상을 꿈꾸며 부지런하다. 지도자상에 수국水局이 많다.

02 · 화

화火는 여름날 활활 타오르는 불기둥이니 대지를 데우고 세상을 밝힌다. 열정과 화려한 번성을 뜻한다. 불은 자신을 태워 세상을 밝히는 힘이 있으니 자신의 겸손함으로 상대를 치켜세운다. 불은 심장에 해당하니 화를 다스리지 못하면 심장이 상한다. 성질이 급하고 행동이 산만한 반면, 모든 것과 친하고 융통성을 발휘한다. 반복적인 일보다는 화려하고 예술적인 일이 잘 맞고, 판단이 전광석화처럼 빠르고 합리적인 것을 중요하게 생각해 옳고 그름을 잘 따진다. 또한 남들이 미처 생각하지 못한 창조적인 발상을 한다. 비례물시非禮勿視라 예가 아니면 보지도 않는다. 화火는 예절을 관장하기 때문에 예의 없는 사람은 다시는 보려고 하지 않는다.

03 · 목

목木은 동녘의 푸른 빛이니 솟구치고 뻗어 나간다. 진취적이고 강건하며 성장과 재생을 의미한다. 봄날 새싹이 움터 땅을 뚫고 나오니 목木의 기운은 생명력을 상징한다. 숙취에 매운맛보다 신맛이 해독에 빠른 것은 목木의 기능을 하는 간이 신맛을 다스리기 때문이다. 목木은 승부근성으로 목표의식을 뜻한다. 곧게 뻗는 성질이므로 순수하고 계획성이 있으며 사고력이 깊다. 돈보다 명예를 중요시하고, 학문을 연구하거나 남에게 가르치는 일을 한다. 언제나 리더십을 발휘하지만 다혈질적인 면이 나타날 수 있다.

04 · 금

금金은 황금 들녘을 붉게 물들인 노을을 뜻하며, 결실과 결단을 상징한다. 금金의 속성은 칼과 같다. 칼은 이어진 것을 자르고, 상대를 해하며, 냉정하고 날카롭다. 금金 기운이 많은 사람은 단단하고 깐깐하다. 금金은 의리를 관장하므로 금金이 많으면 의리에 살고 의리에 죽는다. 반대로 금金이 모자라면 우유부단하고 끝맺음이 없다. 목화木火에서 성장한 기운은 토土의 중재를 거쳐 금金으로 귀결된다. 결실을 뜻하며, 본능적인 감각이 뛰어나고 자신만의 심오한 세계를 즐긴다. 현실세계에 별 관심이 없어 예술가가 많다.

05 · 토

토土는 사방의 중심이니 중재자이다. 풍요와 안정 그리고 모성을 상징한다. 나무는 무한하게 뻗어 나가고 불은 모든 것을 태운다. 나무와 불을 통해 지금까지 밖으로 향했던 기운들은 흙을 만나 안으로 수용된다. 흙은 모든 생명을 본질로 환원한다. 토土의 성질을 가진 사람은 관조하고, 수용하며, 소통하고, 부드럽다. 책임감이 강하고 매너가 좋아 많은 사람의 중심에 선다. 생각이 너무 많아 일을 그르칠 수 있다. 돌다리도 두드리고 건너는 성격이라 시간이 많이 걸린다. 그러나 한번 일을 시작하면 끝까지 해낸다. 후덕하고 넉넉하지만 때로는 비겁할 수도 있다. 중간자 역할이라 무역이나 외교에 특별한 재능이 있으며, 포커페이스라 속내가 잘 드러나지 않는다. 보신각을 서울의 중앙에 두었으니 믿음은 토土의 상징이다.

3. 이름의 시크릿 코드 6

이름의 여섯 번째 시크릿 코드는 육친六親이다. 육친은 쉽게 말해 친척과 친구를 의미한다. 친親은 가깝다는 뜻이다. 사람들은 누구나 관계 속에서 살아간다. 나를 중심으로 부모와의 관계, 자식과의 관계, 사회적 관계, 그리고 배우자와의 관계 모두가 오고 가는 소통을 통해 이루어진다. 관계 속에서 나를 도와주는 상생의 관계도 생기고 나의 발목을 잡는 상극의 관계도 생기게 된다. 살아가면서 내가 잘할 수 있는 영역이 생기고, 내가 언제나 부족한 영역도 알게 된다. 이러한 관계의 성향과 특성을 나타낸 것이 육친이다.

육친은 비견, 겁재, 식신, 상관, 편재, 정재, 편관, 정관, 편인, 정인 모두 10가지로 구분된다. 비견과 겁재를 묶어서 비겁이라 하고, 식신과 상관을 묶어서 식상, 편재와 정재를 묶어서 재성, 편관과 정관을 묶어서 관성, 편인과 정인을 묶어서 인성이라 한다.

육친을 판단하는 기준은 사주팔자에서 나를 상징하는 일간이다. 즉, 일간과 다른 글자의 음양오행을 따져 육친을 판단한다. 우선 자신(일간)과 오행음양이 같으면 비견이고, 오행이 같지만 음양이 다르면 겁재이다. 자신을 생하는 오행과 음양이 같으면 편인이고, 자신에게 기운을 주지만 음양이 다르면 정인이다. 자신이 살려주는 오행과 음양이 같으면 식신이고, 자신이 살려주나 음양이 다르면 상관이다. 자신을 극하는 오행은 편관이고, 자신을 극하면서 음양이 다르면 정관이다. 마지막으로 자신이 극하는 오행을 편재라 하고, 자신이 극하면서 음양이 다르면 정재이다.

성별에 따라 육친의 인간관계가 달라지는데, 우선 남자의 경우 자신을 극하는 것은 자식, 자신을 생하는 것은 장모, 자신이 극하는 것은 아버지다. 여자의 경우 자신을 극하는 것은 남편, 자신이 생하는 것은 자식, 자신이 극하는 것은 시부모에 해당한다.

모든 관계의 중심은 자기 자신이므로 일주의 천간으로는 자기 자신을 보고, 연주로는 부모형제, 월주로는 사회적 직업, 일주로는 배우자, 마지막 시주로는 자손을 본다. 또한 각 육친의 품성은 성격과 직업과 연결된다. 다른 육친에 비해 특정 육친이 많으면 과다라고 하며, 그 사람의 운명에 이 육친이 더 강하게 작용하게 된다.

사주팔자의 육친을 분석하면 인간관계의 상생상극을 들여다볼 수 있어서 매우 유용하다. 하지만 사주명리학을 공부하지 않은 사람들이 사주팔자를 직접 뽑아 육친관계를 분석하기란 결코 쉽지 않다. 따라서 이 책에서는 육친을 성격 및 직업과 연결하여 이름 짓기에 활용하는 단계까지만 설명한다. 여기서 사주팔자에 있는 각각의 육친을 세어 수가 가장 많은 육친을 그 사람의 운명을 이끄는 시크릿 코드로 본다. 육친을 보면 관운이 많은지, 재운이 많은지 아니면 학운이 탄탄한지를 알 수 있다. 이 육친의 위치와 수로 아이의 성격과 직업 그리고 이름을 찾을 수 있다.

앞에서 예로 든 2009년 4월 15일 15시 27분(양력)에 태어난 아이는 사주팔자가 기축己丑년, 무진戊辰월, 경인庚寅일, 계미癸未시이다. 천간에서는 기己 · 무戊 · 경庚 · 계癸가 운명을 이루는 네 글자이고, 지지에서는 소[丑] · 용[辰] · 호랑이[寅] · 양[未]이 운명을 이끄는 네 글자이다. 앞서 시크릿 코드 2, 즉 10천간에서 설명했듯이 이 아이의 운명에서 가장 중심에 놓고 봐야 할 글자는 일간인 경庚이다. 육친으로 변환할 때는 주성主星으로 나타낸다. 경庚을 기준으로 육친을 분석하면 정인 3개, 편인 2개, 편재 1개, 상관 1개이므로, 이 아이의 운명에 가장 큰 영향을 주는 육친은 정인이 된다. 그래서 이름의 시크릿 코드 6은 정인이 된다. 만약 사주팔자에 여러 육친이 골고루 분포되어 있다면 월주에 해당하는 육친을 중심으로 운명의 결을 보면 된다.

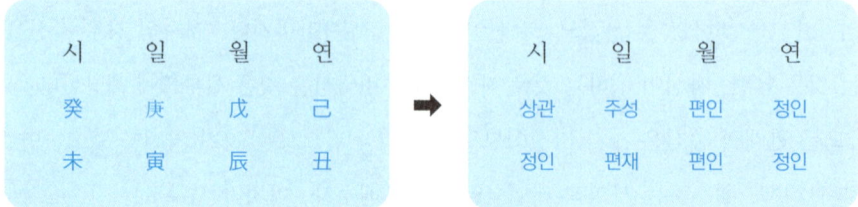

한 사람을 둘러싼 관계는 늘 가까운 사람들과 연결되어 있다. 위 사주에서 운명을 이끄는 별인 주성을 중심에 두고 먼저 연주인 기축己丑을 보면 경庚 일간에 기己는 정인이며, 축丑 역시 정인이다. 초년이 모두 정인인 것은 나를 돕는 사람이 곁에 있다는 의미로 부모에게서 도움을 받고, 또한 정인은 학자의 기운이므로 공부에 두각을 나타낸다는 의미다. 월주인 무진戊辰은 둘 다 편인이므로 예술가적 기질을 살려 직업을 삼게 될 것이고, 일주인 경인庚寅에서 경庚 일간은 나 자신이므로 제외하고 일지인 인寅을 보는데 편재이므로 배우자는 나를 돕는 사람이다. 시주인 계미癸未는 자식인데 상관과 정인이므로 부모에게 받은 대로 자식에게 많은 것을 베풀게 된다. 이렇게 육친의 관계를 펼쳐 연주, 월주, 일주, 시주를 각각 대입하면 자신에게 들어오는 행운과 관계들을 점검할 수 있다.

다음 표는 일간을 기준으로 사주 내 다른 글자와의 육친관계를 정리한 것이다.

일간별 육친 조견표

일간 육친	갑(甲)	을(乙)	병(丙)	정(丁)	무(戊)	기(己)	경(庚)	신(辛)	임(壬)	계(癸)
비견	갑인 (甲寅)	을묘 (乙卯)	병사 (丙巳)	정오 (丁午)	무진술 (戊辰戌)	기축미 (己丑未)	경신 (庚申)	신유 (辛酉)	임해 (壬亥)	계자 (癸子)
겁재	을묘 (乙卯)	갑인 (甲寅)	정오 (丁午)	병사 (丙巳)	기축미 (己丑未)	무진술 (戊辰戌)	신유 (辛酉)	경신 (庚申)	계자 (癸子)	임해 (壬亥)
식신	병사 (丙巳)	정오 (丁午)	무진술 (戊辰戌)	기축미 (己丑未)	경신 (庚申)	신유 (辛酉)	임해 (壬亥)	계자 (癸子)	갑인 (甲寅)	을묘 (乙卯)
상관	정오 (丁午)	병사 (丙巳)	기축미 (己丑未)	무진술 (戊辰戌)	신유 (辛酉)	경신 (庚申)	계자 (癸子)	임해 (壬亥)	을묘 (乙卯)	갑인 (甲寅)
편재	무진술 (戊辰戌)	기축미 (己丑未)	경신 (庚申)	신유 (辛酉)	임해 (壬亥)	계자 (癸子)	갑인 (甲寅)	을묘 (乙卯)	병사 (丙巳)	정오 (丁午)
정재	기축미 (己丑未)	무진술 (戊辰戌)	신유 (辛酉)	경신 (庚申)	계자 (癸子)	임해 (壬亥)	을묘 (乙卯)	갑인 (甲寅)	정오 (丁午)	병사 (丙巳)
편관	경신 (庚申)	신유 (辛酉)	임해 (壬亥)	계자 (癸子)	갑인 (甲寅)	을묘 (乙卯)	병사 (丙巳)	정오 (丁午)	무진술 (戊辰戌)	기축미 (己丑未)
정관	신유 (辛酉)	경신 (庚申)	계자 (癸子)	임해 (壬亥)	을묘 (乙卯)	갑인 (甲寅)	정오 (丁午)	병사 (丙巳)	기축미 (己丑未)	무진술 (戊辰戌)
편인	임해 (壬亥)	계자 (癸子)	갑인 (甲寅)	을묘 (乙卯)	병사 (丙巳)	정오 (丁午)	무진술 (戊辰戌)	기축미 (己丑未)	경신 (庚申)	신유 (辛酉)
정인	계자 (癸子)	임해 (壬亥)	을묘 (乙卯)	갑인 (甲寅)	정오 (丁午)	병사 (丙巳)	기축미 (己丑未)	무진술 (戊辰戌)	신유 (辛酉)	경신 (庚申)

육친으로 이름의 시크릿 코드 6을 찾을 때 정재는 1, 상관은 2, 편인은 3, 정관은 4, 정인은 5, 식신은 6, 비견은 7, 겁재는 8, 편재는 9, 편관은 10이다.

육친의 종류와 성격

01 · 정재

正財

정재 사주는 객관적으로 판단하는 안정적이고 보수적인 성격을 가지고 있다. 명랑하고 의협심이 있으며 공론을 좋아한다. 언제나 책임감이 강해 행정능력을 발휘하는 책임자 자리에 앉는다. 현실적이어서 무모한 모험을 하지 않으며, 자신의 생각을 주위 상황과 조화시켜 원만한 대인관계를 유지한다. 예술을 즐기는 자유로운 면도 있지만 감성보다는 이성을 바탕으로 합리적인 선택을 한다. 명예를 중시하고 통찰력이 뛰어나며, 자신의 인생을 단계별로 구축해 나가는 힘이 있다. 신념이 강하고 낯을 가려 쉽게 친해지지 못하지만 한번 믿음을 주면 끝까지 믿는다. 그리고 인간성이 나쁘다고 생각하는 사람과는 절대 친해지지 못한다.

직업으로 고위공무원, 철학자, 성직자, 심리학자, 순수과학자, 회계사, 세무사 등이 좋다. 명예심이 지나칠 수 있으므로 큰 것을 얻기 위해 작은 자존심은 버릴 줄 아는 지혜가 필요하다.

02 · 상관

상관 사주는 성격이 활동적이고 적극적이다. 보수적이기 때문에 늘 선후좌우를 바로잡아야 한다. 형식과 예절을 중시하고 문장력이 뛰어나다. 뜻이 높아 그 뜻을 이루기 위해 부단히 노력하는 모습이 돋보인다. 기획력이 뛰어나고 늘 시비를 바로잡아야 하는 성품이라 스스로 피곤해하기도 한다. 그러나 그러한 꼼꼼하고 바른 성품으로 높은 자리에 앉는다.

직업으로 언론인, 기자, 검사, 판사, 검찰 관계자, 경찰, 회계사, 통계전문가 등이 좋다.

03 · 편인

편인 사주는 여러 가지 재주가 있어서 많은 사람에게 기쁨을 준다. 성격은 온화하고 따뜻하며 유머감각이 뛰어나고 위트가 있다. 보호본능이 강하여 널리 사람을 안는 힘이 있다. 창의력이 풍부하고 아이디어가 독창적이어서 복잡한 문제들을 해결하는 능력이 있다.

직업으로는 예술가, 연예인, 영화배우, 가수, 의사, 한의사, 건축가, 발명가, 프로듀서, 문화관련 기획자 등 새롭게 창작하는 일이 잘 맞는다.

04 · 정관

正官

정관이 우세한 사주는 성정이 섬세하고 책임감이 강하다. 명예를 소중하게 생각하고 진리와 정의, 그리고 인간적인 것에 관심이 많다. 한마디로 의리가 있다. 한번 말한 것을 꼭 지키려는 고집이 있으나, 또한 타인에게 이해심이 많고 관대하며 개방적이다. 사려 깊고 온화한 성격으로 사람과 관계를 주관하는 일을 하면 성공이 빠르다.

주위에 친구가 많은 운명이므로 늘 관계 속에서 성공의 문이 열리니 직업으로 공무원, 공공기관 사회사업가, 심리학자, 상담가, 성직자, CEO, 외교관, 통역관, 무역상 등이 좋다.

05 · 정인

正印

정인 사주는 성품이 따뜻하고 덕망이 있으며 자비롭고, 생각의 폭이 넓다. 품위 있고 인격이 고상한 선비 스타일이다. 늘 인정받으려고 노력하며 칭찬받기 위해 더욱 매진한다. 타인의 마음을 쉽게 간파하는 상담가적 기질을 가지고 있으며, 배움에 대한 끊임없는 열정으로 학문을 탐구하고 내적 신념이 강하다. 인내심이 강해 세밀하고 반복적인 일을 끝까지 해낸다.

직관력과 사람을 중심의 가치에 두기 때문에 학자, 총장, 교수, 판사, 검사, 의사, 연구원, 시인, 광고전문가, 상담사, 저널리스트 등이 직업으로 잘 어울린다.

06 · 식신

식신 사주는 언어적 재능을 타고났다. 언어능력과 말에서 누구보다 뛰어난 능력을 발휘한다. 다만 행동보다 말이 앞서는 경우가 있으니 매사 신중해질 필요가 있다. 또한 거느리는 식구가 많다. 의식주가 늘 풍족하므로 부족함 없이 세상의 부유함을 누린다. 그 부유함에 많은 사람이 모여 생업을 이룬다. 성격은 보편적이고 보수적이고 공평무사하다. 신중하고 분석적인 성품이라 인생에 실패가 없다. 표현력과 사교술이 뛰어나고 직감이 뛰어나다.

직업으로 변호사, 아나운서, MC, 토크쇼 진행자, NGO 관련직, 예능인, 종교인, 요리사, 요식업 등이 좋다.

07 · 비견

比肩

비견 사주는 늘 주도적이고 진취적이며 다른 사람에게 지배받기 싫어하며, 주위 사람들에게 지속적인 주목을 받는다. 주체성이 강하고 독립적이며 한 곳에 매이기 싫어하는 자유로운 성품이다. 승부 근성이 있어 새로운 분야에 도전하는 것을 좋아한다. 다만 앞으로 나가는 힘이 강한 만큼 뒤를 돌아보는 지혜가 있어야 원만해진다.

직업으로 예술가, 연예인, 디자이너, 스포츠맨, 탐험가, 발명가, PD 등 늘 새로운 것을 창작하는 일을 하면 빨리 성공한다.

08 · 겁재

劫財

겁재 사주는 늘 주위에 사람이 많다. 관계를 통해 성장하고 성공한다. 부드럽고 원만한 성품이라 사람의 중심에 선다. 의지가 강하고, 자존심과 명예욕이 있어 늘 솔선하여 일을 진행한다. 체계적이고 사실적인 것을 좋아해 리더로서 언제나 책임을 다한다. 자존심이 강하다 보니 스스로에 대한 보호본능이 강하게 나타난다. 집안에서는 가정적이라 가정의 행복을 늘 지키려 노력하고, 사회에서는 사회적 유대를 중요시해 늘 조직의 수장 역할을 도맡아 한다.

직업으로 협상가, 컨설턴트, 무역상, 외교관, 행정코디네이터, 교사 등이 좋다.

09 · 편재

偏財

편재 사주는 순발력이 뛰어나고 재치가 있으며, 모험심이 강해 새로운 분야를 개척한다. 융통성과 지조를 함께 가지고 있는 자유로운 성품이다. 밖으로는 융통성이 있어 사람들의 마음을 읽고, 안으로는 지켜갈 뜻을 늘 지향한다. 소통을 위한 큰 마음과 자신의 생각을 전하는 설득력을 모두 갖추고 있다. 또한 늘 새로운 것을 탐구하고 연구하는 탐구심이 크다. 분석적이고 수학적 사고가 발달한다. 행동은 자유로운 것 같지만 굳건히 약속을 지키는 의리가 있는 성품이다.

직업으로 외교관, 분쟁조정가, 변리사, 개인사업자, 무역가, 마케팅 관련업, 세일즈, 서비스업 등이 좋다.

10 · 편관

偏官

편관 사주는 대인관계가 좋고 명예욕이 높다. 자신을 믿어주고 책임과 권한이 주어지는 곳에서 큰 능력을 발휘한다. 늘 도전할 대상을 찾아 나아가고 신념이 강해 한 번 결정한 일을 물러서지 않고 완성한다. 이성적이며 일에 대한 수행능력이 뛰어나고 원칙에 충실하다.

일과 조직 내에서 뛰어난 능력을 발휘하므로 회사원, 행정공무원, 군인, 경찰, 법관, 조사관, 감찰관, 국가기강사정관, 정치인 등이 직업으로 좋다.

4. 사람이 소망한 이름을 찾는 법

이제까지 이름의 시크릿 코드 4·5·6을 설명하였다. 예를 들어 아이가 A형이면 시크릿 코드는 2·소양이다. 그리고 사주를 오행으로 변환한 결과 토土가 많다면 토국土局의 성격을 가진 아이로 보면 되고, 시크릿 코드는 5가 된다. 마지막으로 아이의 육친을 세어 정인이 가장 많으면 정인 사주가 된다. 따라서 여섯 번째 시크릿 코드는 5·정인이 된다. 이것을 코드 순서대로 쓰면 2-5-5, 또는 소양-토土-정인이 된다. 따라서 이 아이는 2-5-5가 사람이 소망한 시크릿 코드가 된다.

이 시크릿 코드를 바탕으로 사람이 소망한 이름을 정할 때는 9가지 성품과 9가지 직업군으로 나누어 정하게 된다. 그 기준을 9품 9직이라고 한다. 먼저 9가지 성품은 다음과 같다. 하늘과 하늘이 만나면 밝은 소명이 되고, 하늘과 사람이 만나면 공평무사한 중심을 이루고, 하늘과 땅이 만나면 창조의 샘물이 된다. 이렇게 한·띠·샘이 하늘의 성품이다. 또다시 사람과 하늘이 만나면 존중하는 마음이 생기고, 사람과 사람이 만나면 밝은 이치가 드러나고, 사람과 땅이 만나면 진실해진다. 이것을 솔·빛·참이라 하고 사람이 가족을 이루고 사회를 만들어가는 중요한 윤리도덕이다. 마지막으로 땅이 하늘과 만나면 생명을 잉태하고, 땅이 사람을 만나면 길을 열고, 땅이 땅과 만나면 경계가 생긴다. 이를 단·길·울이라 하고 땅의 성품을 사람이 배우게 된다. 이렇듯 인간이 가져야 할 9가지 성품에 따라 9가지 종류의 직업이 정해진다.

사람이 소망한 이름을 찾는 방법은 이름의 시크릿 코드인 6인 육친부터 시작한다. 육친은 모두 10가지가 있다. 하지만 9품9직의 분류 코드는 한·띠·샘·솔·빛·참·단·길·울로 모두 9가지가 있다. 이러한 불일치를 해결하기 위해 육친에서 비견과 겁재를 하나의 성품으로 본다. 다시 말해, 겁재를 비견에 포함시키는 것이다. 그러면 육친은 모두 9개 코드로 분류된다. 한은 정재에 대입하고, 띠는 상관, 샘은 편인, 솔은 정관, 빛은 정인, 참은 식신, 단은 비견·겁재, 길은 편재, 울은 편관에 대입하면 된다.

육친과 연계된 성품과 직업을 찾은 다음, 오행으로 구분된 이름들을 모두 뽑으면 성별에 따른 한자이름 6개, 중성적 이름 2개, 한글이름 2개가 결정된다(이때에도 영어이름은 뽑지 않고 나중에 필요할 때 따로 뽑는다). 모두 10개의 이름 중에서 솔·빛·참의 성품에 견주어 의미가 같고 아이의 혈액형과 사상에 입각해 가장 가까운 이름 3개를 최종 선택하면 된다.

이름의 시크릿 코드 4·5·6은 작명구결에서 솔·빛·참과 연관되어 있다. 솔은 꾸준한 성품이고, 빛은 세상과 소통하는 마음이며, 참은 자신의 진실함을 이루려는 노력이다. 9품9직 분류표를 보고 3개의 이름을 선택할 때 각각 솔·빛·참의 성품을 기준으로 삼으면 다시 한번 이름과 운명의 관계를 점검하는 기회가 된다.

품성이 바르면 운명도 바르게 된다. 또한 직업은 품성을 발현하는 바탕이 된다. 품성이 발현되어 지속되면 직업이 되고 직업은 품성을 깊고 향기롭게 한다. 좋은 직업을 정하여 매진하고 봉사하면 좋은 운명으로 거듭날 수 있다.

사람이 소망한 이름은 사회적 관계나 직업과 연관되어 있다. 더불어 사는 것이 인생이고 우리는 인생을 조화롭게 살아야 한다. 아이에게 소망하는 성품과 직업을 생각하며 이름을 구하면 더욱 구체적으로 아이의 운명에 가깝게 다가설 수 있다.

9품9직 분류표

코드	1	2	3	4	5	6	7	8	9
사람의 성품	한	띠	샘	솔	빛	참	단	길	울
육친	정재	상관	편인	정관	정인	식신	비견·겁재	편재	편관

1 · 🔵 · 한 · 소명

성품 : 진리를 찾는 깊은 탐구심과 역사의식을 가지고 사회를 이끌 리더를 바라는 이름

직업 : 종교인, 철학자, 발명가, 정치인, 국회의원, 사회사업가, NGO 활동가, 환경운동가

오행	남자이름	여자이름	중성적 이름	한글이름	영어 여자이름	영어 남자이름
1 수	032 058 141 242 252 257	386 395 460 517 540 580	614 671	705 712	801 823	915 953
2 화	080 090 111 132 177 186	363 383 414 430 506 562	652 691	751 770	859 868	924 938
3 목	043 054 093 208 226 288	330 392 428 446 524 570	608 638	720 728	809 837	901 962
4 금	017 023 168 199 262 272	304 332 360 439 494 531	631 662	761 785	813 883	925 957
5 토	057 087 154 171 260 297	309 348 365 408 491 565	678 684	725 760	844 900	928 981

2 · 🔺 · 띠 · 중심

성품 : 정직한 눈과 공정한 마음으로 세상의 바른 창이 되고 정의를 바로세우는 이름

직업 : 판사, 검사, 기자, 다큐멘터리PD, 검찰관계자, 세무공무원, 감찰관, 국정원

오행	남자이름	여자이름	중성적 이름	한글이름	영어 여자이름	영어 남자이름
1 수	102 145 157 174 204 250	351 371 490 523 550 576	673 695	711 786	807 884	970 992
2 화	055 064 125 223 237 295	357 366 406 434 443 481	636 653	759 766	855 869	947 968
3 목	040 044 176 229 245 258	320 359 396 400 504 596	612 630	723 781	817 836	939 963
4 금	024 031 049 109 167 194	345 388 416 425 478 542	661 670	731 791	822 898	940 956
5 토	011 051 070 117 190 215	331 464 496 545 559 564	668 688	716 769	846 873	923 982

3 · ■ · 샘 · 창조

성품 : 창조적 본능으로 새로운 문화를 만들고 예술적 재능으로 대중을 기쁘게 할 이름

직업 : 예술가, 요리사, 연예인, 방송작가, 기획프로듀서, 광고인, 소설가, 여행작가

오행	남자이름	여자이름	중성적 이름	한글이름	영어 여자이름	영어 남자이름
1 수	069 074 138 221 261 273	306 370 378 438 474 583	618 689	701 727	812 820	919 942
2 화	030 063 077 121 202 212	337 352 424 463 482 534	629 697	744 749	885 894	972 979
3 목	015 036 039 277 289 290	310 317 326 516 528 551	640 656	718 740	863 876	935 952
4 금	065 095 115 127 165 191	364 405 484 500 555 586	676 699	782 787	827 856	910 961
5 토	160 187 238 244 251 270	399 440 525 544 563 590	635 685	755 777	833 845	904 959

4 · ▲ · 솔 · 존중

성품 : 사람을 존중하며 널리 베푸는 마음과 부지런한 손길로 세상을 이롭게 할 이름

직업 : 공무원, 사회사업, 봉사, 서비스업, 요식업, 비행조종사, 스튜어디스, 운전기사

오행	남자이름	여자이름	중성적 이름	한글이름	영어 여자이름	영어 남자이름
1 수	041 110 173 149 205 227	361 372 465 508 538 585	654 682	753 783	811 858	958 998
2 화	060 098 136 193 207 280	305 384 421 433 447 579	624 694	707 774	835 877	944 977
3 목	022 072 126 175 211 232	316 380 476 499 527 569	620 667	715 741	824 862	905 927
4 금	050 066 104 118 164 235	322 346 394 458 558 560	646 680	762 780	802 896	965 986
5 토	025 035 130 189 269 291	340 412 486 543 569 593	602 615	743 790	849 851	918 932

5 · ▲ · 빛 · 이치

성품 : 세상의 이치를 밝혀 소통하게 하고 큰 깨달음의 빛을 세상에 전할 지혜로운 이름

직업 : 학자, 교수, 교사, 강사, 아나운서, MC, 교육프로그램개발자, 중계인, 협상가

오행	남자이름	여자이름	중성적 이름	한글이름	영어 여자이름	영어 남자이름
1 수	004 042 100 148 225 259	307 389 429 483 521 554	644 693	722 756	816 872	911 930
2 화	061 089 092 108 222 271	329 339 391 455 532 557	605 696	737 779	847 887	916 976
3 목	003 071 188 217 239 263	353 377 398 403 469 539	609 672	739 794	825 808	954 988
4 금	020 076 146 166 197 283	358 487 495 511 581 591	613 698	746 764	840 860	964 999
5 토	027 091 112 155 184 241	334 369 413 485 519 595	628 687	789 799	821 874	913 984

6 · ■ · 참 · 진실

성품 : 몸과 마음의 참된 진실을 드러내 세상을 건강하고 삶을 정직하게 할 이름

직업 : 의사, 한의사, 의료업, 금융업, 회계사, 세무사, 은행원, 증권업, 의료봉사자

오행	남자이름	여자이름	중성적 이름	한글이름	영어 여자이름	영어 남자이름
1 수	062 083 124 179 224 284	342 444 493 501 561 589	681 692	754 795	882 889	969 973
2 화	048 059 135 156 206 293	338 379 423 473 507 566	637 690	763 767	803 879	926 948
3 목	085 099 119 150 218 236	318 351 409 461 484 541	606 658	719 772	814 861	902 990
4 금	019 053 140 200 255 276	362 454 480 552 584 512	622 649	706 732	810 842	920 941
5 토	014 088 106 116 161 264	331 347 417 427 530 578	616 669	726 742	830 871	937 991

7 · 🔵 · 단 · 생명

성품 : 건강한 생명력을 바탕으로 세상을 풍요롭게 하고 나라를 부강하게 할 이름

직업 : 전문경영인, 기업가, 운동선수, 회사원, 보험업, 수공업, 화예업, 농·어업인

오행	남자이름	여자이름	중성적 이름	한글이름	영어 여자이름	영어 남자이름
1 수	016 103 123 203 256 267	311 462 526 553 571 574	639 700	730 773	870 890	934 985
2 화	086 096 128 144 170 296	335 368 415 456 402 502	611 643	708 800	875 895	933 980
3 목	007 046 052 133 181 209	341 355 375 426 442 451	607 655	733 768	831 880	917 951
4 금	028 198 213 278 286 287	327 420 431 470 513 582	666 677	703 717	819 850	978 993
5 토	018 029 120 151 240 268	302 325 492 533 547 594	601 625	714 752	804 838	906 945

8 · ▲ · 길 · 도리

성품 : 예의바르고 성실하여 세상의 도리를 알고 소통능력으로 문물을 열 이름

직업 : 영업, 컨설턴트, 무역인, 상담사, 외교관, 통상관련업, 수출관련업

오행	남자이름	여자이름	중성적 이름	한글이름	영어 여자이름	영어 남자이름
1 수	021 113 210 246 256 282	373 432 536 586 572 598	642 657	701 757	848 852	921 971
2 화	094 105 143 185 233 248	312 321 376 410 467 556	626 664	709 792	805 891	967 987
3 목	009 067 082 122 201 253	323 382 401 419 520 577	621 634	735 738	864 878	931 996
4 금	073 081 152 182 275 279	349 452 472 498 514 600	610 648	724 734	829 839	914 975
5 토	013 026 075 129 180 299	313 333 448 499 503 548	650 674	775 798	881 897	901 943

9 · ■ · 울 · 경계

성품 : 일의 올바른 순서를 찾고 세상의 경계를 두어 영역을 정하고 국토를 수호할 이름

직업 : 군인, 경찰, 법조인, 경호원, 탐험가, 부동산업, 건축설계, 산림지킴이, 목수

오행	남자이름	여자이름	중성적 이름	한글이름	영어 여자이름	영어 남자이름
1 수	045 068 195 216 266 274	314 393 477 489 573 592	663 686	758 797	818 893	950 974
2 화	012 065 153 169 281 300	308 411 437 450 549 597	633 641	748 796	857 867	946 997
3 목	010 084 114 142 230 243	354 381 435 453 457 537	660 679	739 778	888 899	922 960
4 금	001 079 134 192 234 243	350 374 387 390 510 567	651 683	704 793	806 841	908 989
5 토	034 097 147 159 247 254	328 356 468 471 505 599	604 627	713 784	843 892	955 1000

이름에 대한 Q&A ④

불용문자는 이름에 쓰면 안 되나요?

Q 둘째아이 이름이 사랑 애(愛)자에 비단 라(羅)자를 써 애라(愛羅)입니다. 그런데 애(愛)자가 불용문자라 이름에 쓰면 안 된다는 말을 들었습니다. 개명을 해야 할까요?

A 불용문자는 말 그대로 이름을 지을 때 쓰면 안 되는 글자입니다. 불용문자는 『예기(禮記)』와 『춘추(春秋)』에서 비롯되었습니다. 옛 선조들은 자식의 이름을 지을 때 나라 이름, 관직 이름, 일월성신의 이름, 강이나 산의 이름, 부모의 이름, 질병의 이름, 가축의 이름 등은 피했는데, 이것이 불용문자의 시초입니다. 여기에 시간이 지나면서 일부 글자가 제외되거나 더해져 지금은 약 300자 내외의 불용문자가 있습니다.

그런데 이 중에는 왕이 사용한 이름자라는 이유로 불용문자가 된 경우도 있고, 훌륭한 위인의 이름자라 함부로 쓸 수 없다는 이유로 불용문자가 된 경우도 있습니다. 또한 첫아이의 이름에 합당한 이름자라 둘째아이에게는 쓸 수 없다는 이유, 남자에게 쓰는 글자라 여자에게는 쓰지 않는다는 이유도 있습니다. 문제의 사랑 애(愛)자를 비롯하여 동녘 동(東), 용 용(龍), 곰 웅(熊), 갑옷 갑(甲), 바다 해(海) 등은 글자의 의미가 크고 귀하기에 불용문자로 분류되었습니다. 이처럼 불용문자가 된 이유가 다양하고 원칙이 없으므로 불용문자로 분류된 글자를 무조건 피해야 한다고 보기는 어렵습니다. 지금은 불용문자보다는 글자의 의미가 좋지 않은 불길문자를 피하는 추세입니다.

다음은 출생신고를 할 때 한자의 부수가 비슷해 잘못 신고하기 쉽거나, 한자의 뜻을 잘 모르고 사용하고 있는 불길문자입니다. 이름을 지을 때 다음 100글자는 피해서 이름을 짓는 것이 좋습니다.

거짓 가 (假)	멍에 가 (駕)	간할 간 (諫)	간사할 간 (奸)	괴로울 고 (苦)	슬퍼할 개 (慨)	칼 검 (劍)	개 견 (犬)	놀랄 경 (驚)	다툴 경 (競)
마를 고 (枯)	외로울 고 (孤)	곤할 곤 (困)	창 과 (戈)	괴이할 괴 (怪)	두려울 구 (懼)	우리 권 (圈)	구멍 규 (竅)	금할 금 (禁)	속일 기 (欺)
성낼 노 (怒)	종 노 (奴)	끊을 단 (斷)	도망할 도 (逃)	칼 도 (刀)	떨어질 락 (落)	눈물 루 (淚)	망할 망 (亡)	업신여길 모 (侮)	어수선할 방 (厖)
범할 범 (犯)	가난할 빈 (貧)	배반할 배 (背)	깜짝할 별 (瞥)	병 병 (病)	종 복 (僕)	썩을 부 (腐)	무너질 붕 (崩)	쪽정이 비 (粃)	어지러울 빈 (繽)
상할 상 (傷)	쥐 서 (鼠)	사라질 소 (消)	송사할 송 (訟)	가둘 수 (囚)	근심 수 (愁)	따라 죽을 순 (殉)	엄습할 습 (襲)	주검 시 (屍)	잃을 실 (失)
굶을 아 (餓)	아귀 안 (鮟)	슬플 애 (哀)	약할 약 (弱)	더러울 오 (汚)	원망할 원 (怨)	원숭이 원 (猿)	근심 우 (憂)	거짓 위 (偽)	괴로울 은 (憖)
칼날 인 (刃)	음란할 음 (淫)	아이 밸 임 (姙)	찌를 자 (刺)	마음대로 자 (恣)	장사 지낼 장 (葬)	재앙 재 (災)	도적 적 (賊)	싸울 전 (戰)	엎드릴 전 (顛)
함정 정 (穽)	조문할 조 (弔)	비웃을 조 (嘲)	종기 종 (腫)	벨 주 (誅)	꾸물거릴 준 (蠢)	증세 증 (症)	거미 지 (蜘)	먼지 진 (塵)	징계할 징 (懲)
부끄러울 참 (慙)	슬플 참 (慘)	천할 천 (賤)	더러울 추 (醜)	침노할 침 (侵)	떨어질 타 (墮)	물 흐릴 탁 (濁)	탄식할 탄 (歎)	빼앗을 탈 (奪)	던질 투 (投)
싸울 투 (鬪)	깨질 파 (破)	폐할 폐 (廢)	피곤할 피 (疲)	탄식 한 (恨)	피 혈 (血)	형벌 형 (形)	재앙 화 (禍)	걱정 환 (患)	희롱할 희 (戲)

05

땅의 시크릿 코드

1. 이름의 시크릿 코드 7

이름의 일곱 번째 시크릿 코드는 띠다. 띠는 우리나라와 중국 등 동양문화권에서 태어난 해의 지지를 동물 이름으로 상징하여 이르는 말로 12지신이라고도 한다. 자신의 띠를 모르는 사람이 드물 정도로 우리나라 사람들에게 매우 친숙하다.

　　예부터 동양에서는 12지지 띠동물의 성격을 사주 주인공의 성격과 연결짓거나, 그 성격으로 사주 주인공의 길흉을 점쳤다. 띠동물과 관련된 속설 역시 흔히 볼 수 있는데, 예를 들어 말띠 여자는 드세고, 소띠 남자는 일복이 많으며, 돼지띠는 식복이 많다고 한다. 이러한 속설에 근거해 황금돼지띠나 백호랑이띠 등이 매우 길하다고 알려져서 그 해에 출산율이 높아지는 등 사회적인 반향을 일으키는 경우도 있다.

　　한편 12지지 띠동물의 성격은 시대에 따라 새롭게 재해석되어왔다. 특히 여성의 사회진출이 늘어나면서 예전에는 암탉이 울면 집안이 망한다고 했지만 요즘에는 부지런한 암탉은 집안을 일으킨다고 인식이 많이 바뀌었고, 팔자가 드세다는 말띠 여자 또한 자기 주장이 확실한 여장부 타입으로 새롭게 조명되고 있다.

　　이렇게 시대에 따라 12지지 띠동물의 성격은 변화를 보이고 있지만, 그 근본정신은 변하지 않고 전해오고 있다. 즉, 인간은 수많은 관계 속에 있고 이 관계들을 잘 엮어가야

만 인간답게 제대로 살아갈 수 있다는 것이다. 우리 조상들은 혼자서는 결코 삶이 온전할 수 없다는 것을 깨달았다. 땅의 정령들이 보호하고 하늘의 도움이 있어야만 우리 삶이 영속할 수 있음을 깨닫고 하늘과 땅에 풍요와 안전을 기원하였다.

입에서 입으로 전해져온 민간신화 중에 함경도 지방의 창세가創世歌가 있다. 이에 따르면 천지가 개벽하고 미륵이 세상에 나왔으나 세상에 물과 불이 없어 미륵은 쥐에게 물과 불을 부탁하였고, 쥐에게서 물과 불을 얻은 후 세상은 참된 생명력을 가지게 되었고 평온하게 다스려졌다고 한다. 미륵은 하늘의 성령이고, 쥐는 땅의 정령이다. 하늘과 땅이 만나야 비로소 세상에 생명이 열린다는 의미가 담긴 이야기다. 여기서 하늘의 신이 10천간이라면, 그 땅을 수호하는 것은 12지지 띠동물로 표현된 12지신이다. 이 동물들은 각 방향의 수호신으로서 모든 영토를 관장하며, 하늘과 땅을 연결하는 영매 역할을 수행한다.

사주명리학에서는 12지지 띠동물이 가진 성격과 능력을 사주팔자에 적용하여 사주 주인공의 운명을 예측한다. 예를 들어, 쥐띠가 자子시에 태어나면 한밤중에 활동이 왕성할 때이므로 부와 장수를 이루고, 말띠가 축丑시에 태어나면 축오丑午 원진이므로 앞이 보이지 않아 답답하며, 소띠가 봄날 아침 사巳시에 태어나면 삼합이 들어 평생 일이 많고 공부를 많이 하게 된다는 것이다.

동양인의 의식을 깊이 들여다보면 인간관계에 대한 깊은 생각과 이 인간관계를 조화롭게 하려는 끊임없는 노력들을 발견할 수 있다. 12지지 띠동물에서 우리 아이가 살아갈 인간관계의 단면들을 볼 수 있다. 이름은 수많은 관계들을 이어주는 코드이다. 이름은 누구에게나, 그리고 언제나 이 관계의 의미를 내포하고 있다.

12지지 띠동물의 음양오행 배정

띠동물	음양오행	시간	십이지시	특성
쥐	수(양)	한밤중 23:30~01:30	자(子)시	음이 양으로 가는 시간. 쥐가 가장 활발하게 움직인다
소	토(음)	새벽 01:30~03:30	축(丑)시	소가 잠에서 깨 길을 나서는 시간. 소가 되새김질을 한다
호랑이	목(양)	새벽 03:30~05:30	인(寅)시	태양은 아직 뜨지 않고 달은 아직 지지 않은 시간. 호랑이가 활발하게 움직이는 시간
토끼	목(음)	아침 05:30~07:30	묘(卯)시	태양은 아직 뜨지 않고 달은 아직 지지 않은 시간
용	토(양)	오전 07:30~09:30	진(辰)시	용이 세상에 비를 내리는 시간
뱀	화(음)	오전 09:30~11:30	사(巳)시	뱀이 사람이 다니는 길에 나오지 않는 시간. 사람을 해치지 않는다
말	화(양)	한낮 11:30~13:30	오(午)시	태양이 하늘 정중앙에 위치하는 시간. 말이 천지를 뛰어다닌다
양	토(음)	오후 13:30~15:30	미(未)시	양이 오줌을 누고 가장 부지런히 돌아다니는 시간
원숭이	금(양)	오후 15:30~17:30	신(申)시	원숭이가 소리를 지르기에 가장 좋은 시간. 소리가 길고 크다
닭	금(음)	저녁 17:30~19:30	유(酉)시	해가 서산에 기울고 닭이 잠을 청하는 시간
개	토(양)	밤 19:30~21:30	술(戌)시	개들이 깨어나 집을 지키는 시간. 경각심이 높아지고 청력과 시력이 발달한다
돼지	수(음)	밤 21:30~23:30	해(亥)시	돼지가 가장 깊게 잠드는 시간. 코 고는 소리가 맑고 크다

12지지 띠동물의 시크릿 코드는 위 표에서와 같이 정하면 된다. 즉, 쥐는 1, 소는 2, 호랑이는 3, 토끼는 4, 용은 5, 뱀은 6, 말은 7, 양은 8, 원숭이는 9, 닭은 10, 개는 11, 돼지는 12이다.

12지지 띠동물의 종류와 성격

01 · 쥐

쥐는 12지지의 첫 번째 동물로 방향은 북쪽이고, 달로는 음력 11월이다. 쥐는 가장 왕성한 번식력을 가진 동물로 알려져 있으며, 생존본능이 강해 다산과 풍요를 상징한다. 또한 쥐는 가지 못하는 곳이 없다. 활동력이 왕성하고 행동이 민첩하여 임기응변에 능하다. 쥐는 가족간의 위계질서를 중시한다. 첫째의 특성이 있어 위아래를 모두 살피는 눈이 있다. 남의 비위를 잘 맞추는 기질이 있어 사업에 능통하다. 쥐는 역마살이 있어 많이 돌아다녀야 병이 없다. 많이 돌아다니다 보니 아는 것도 많다. 세상일을 전하는 정보통이 된다. 본 것이 많고 본능이 뛰어나므로 쥐는 무엇보다 예지력이 강하다. 침몰하는 배에는 타지 않고 가장 부지런한 소 등 위에서 승부를 건다.

02 · 소

소는 음력 12월이고, 음의 기운을 가진 흙에 해당한다. 성질이 유순하고 참을성이 많아 우직하다. 소띠는 평생 일복이 많다. 가는 곳마다 일을 맡기니 책임감이 강하고 관리에 능하다. 허황된 꿈을 싫어하고 무례한 사람을 멀리한다. 옛말에 '소는 말이 없어도 12가지 덕이 있다'고 한다. 사려 깊게 묵묵히 일하지만 공과를 드러내려 하지 않는다. 조선시대 청백리로 이름 높은 맹사성은 소의 성품을 배우고자 소를 타고 다녔다. 또한 소는 큰 깨달음을 의미한다. 불가에서는 소를 찾는 과정을 그린 심우도를 통해 깨달음을 찾아가는 과정을 표현하였다. 소걸음처럼 우직하게 한길로 가야 득도할 수 있다는 것이다.

03 · 호랑이

호랑이는 음력 1월을 지키는 신이며 양의 기운을 가진 나무로 진취적이고 강건하다. 또한 호랑이는 동물의 제왕으로서 통솔력이 뛰어나고 권위가 있다. 호랑이띠는 출세가 빠르고 권력에 관심이 많다. 의협심이 많아서 남을 도와주는 일에 앞장서지만 실속은 없다. 홀로 산길을 걷는 동물이라 성직자나 수도승에 호랑이띠가 많다. 용맹하고 신령이 있어 병과 재액을 물리치며, 신령함의 상징으로 산신도에 늘 호랑이가 등장한다. 신령함은 예술과도 통해 예술에 대한 깊은 심미안이 있다. 영매의 역할과 부정을 쫓는 일을 한다. 호랑이는 호연한 기상과 자비로운 마음이 함께 있으니 한국인의 정서는 호랑이로 대변된다.

04 · 토끼

토끼는 동쪽을 지키는 방위신이자 음력 2월을 상징한다. 토끼는 섬세하고 강인하다. 영리하고 논리적이며 치밀하다. 분석력이 뛰어나 연구직이나 통계직에 토끼띠가 많다. 효자, 효부가 많으며 합리적이고 철학적이라 사회문제를 날카롭게 비판하고 문제를 해결하려고 노력한다. 토끼가 부부간 금슬을 상징하듯 집에서는 일부종사하고 나라에는 군신유의한다. 토끼는 장수를 상징하기 때문에 음력 정월 첫 토끼날에 명주실을 청색으로 물들여 옷고름에 매다는 풍속이 있다. 또한 토끼가 관장하는 음력 2월은 본격적으로 봄이 시작되는 시기니 생장과 번영 그리고 풍요를 의미한다. 토끼는 늘 달과 연결되어 섬세한 심성과 명랑함을 가지고 있으나, 겁이 많아 제 방귀 소리에도 놀라는 게 토끼다.

05 · 용

용은 음력 3월을 지키는 방위신으로 동해를 지키는 용왕이다. 12지신의 모든 능력을 모았으니 최고의 권위를 지닌 최상의 동물로 왕과 동일시된다. 그래서 예부터 임금의 얼굴은 용안이라 하고 임금의 자리는 용상이라 한다. 또한 용은 호국의 정령이다. 신라 문무왕은 바다의 용이 되어 나라를 지키겠다는 유언을 남겼으며, 선덕여왕은 황룡사를 지어 국운을 펼치려고 하였다. 용띠는 현실적인 성격이라기보다 이상이나 새로운 세계를 꿈꾸고 바다 건너 세상을 동경한다. 또한 발상이 기발하다. 용은 여의주를 얻어야 승천하니 반드시 자기를 도와주는 조력자를 만나야 성공할 수 있다. 한국인에게 용꿈과 돼지꿈은 최고의 길몽이다. 용은 권위와 명예를 뜻하고 돼지는 부와 영화를 뜻하기 때문이다. 그래서 용과 돼지는 원진이다. 12지신의 장점을 모아놓은 용이 돼지의 코를 닮아서 그 빼어남에 오점이 됐다고 생각하기 때문이다. 용은 물을 관장하므로 기우제는 모두 용자가 들어가는 곳에서 지내고, 불을 피하는 곳에는 꼭 용을 그려넣었다.

06 · 뱀

뱀은 남남동의 방위신이자 음력 4월의 시간신이다. 지혜의 상징이고 조상을 뜻한다. 정리정돈을 좋아하고 단정하다. 뱀은 허물을 벗고 다시 태어나므로 환생을 의미한다. 언제나 비상을 꿈꾸고 지적 호기심이 남다르다. 고구려 사신도에서 뱀은 거북과 한 몸으로 북쪽을 관장하는 현무가 된다. 치유의 힘을 가지고 있어 생명력과 회복을 의미한다. 뱀은 예부터 집안의 재산을 지켜주는 가신이다. 뱀은 다리가 없다. 그래서 우리 조상들은 뱀날에는 멀리 나서지 않았다.

07 · 말

말은 일곱 번째 동물로 정남을 지키고, 달로는 음력 5월이다. 땅에서는 사람을 나르고 하늘에서는 영혼을 나른다. 천마도에서 말은 주인을 태우고 하늘을 나른다. 말은 평상시에는 크게 쓰이지 않지만 나라에 위기가 닥치고 전쟁이 나면 활약상이 극대화된다. 말은 위기 상황에서 빛을 발한다. 말띠 여자는 팔자가 좋다. 집안일보다는 사회적 명예와 성공을 위해 약진한다. 사주에 말이 들면 국가적 일에 관심이 많다. 군인, 경찰, 공무원 중에 말띠가 많다. 대의명분이 중요하고 스포츠에 관심이 많다. 한 곳에 가만 있지 못하니 멀리 나서면 재복이고 행복이지만, 갇히면 불운하다. 말은 영웅호걸을 만나야 비로소 지축을 흔들 수 있다.

08 · 양

양은 음력 6월로 물이 풍족한 땅이다. 정직하고 온순하며 성품이 아름답다. 양은 성격이 순박하고 부드러워서 이 해에 며느리가 딸을 낳아도 구박하지 않는다고 한다. 양은 무리를 지어 군집생활을 하면서도 동료 사이에 우위 다툼이 없다. 또한 반드시 가던 길로 되돌아오는 고지식한 습성도 있다. 성격이 부드러워 좀처럼 싸우지 않지만 한번 화가 나면 참지 못하는 다혈질이다. 상형문자인 양羊은 맛있음[味], 아름다움[美], 상서로움[祥], 착함[善] 등을 뜻한다. 양은 무릎을 꿇고 젖을 먹는 은혜를 아는 동물로 여겨진다. 학구적이고 사색적이므로 양띠 중에 학자나 교육자가 많다.

09 · 원숭이

원숭이는 음력 7월로 휴머니즘을 상징한다. 원숭이띠는 표현이 적극적이고 임기응변에 능하며 호불호가 정확하다. 유머 감각이 뛰어나고 순발력이 좋아 많은 사람들 속에서 주목받기를 좋아한다. 변화를 즐기고 호기심이 많은 만큼 쉽게 권태를 느낀다. 천도복숭아를 모조리 따 먹은 원숭이는 장수와 자손의 번창을 상징한다. 또한 자식 사랑이 남다르다. 원숭이탈을 쓴 놀이꾼은 세상을 풍자하고 현실을 해학으로 승화시킨다. 원숭이띠 중에는 예술가가 많다. 창조력과 표현력이 뛰어나 미술, 영화, 방송, 연극 등에서 두각을 보인다. 기분파이므로 감정을 다스려야 실수가 없다. 왕궁과 큰 사찰에는 지붕에 원숭이를 놓아 잡귀를 쫓았다.

10 · 닭

닭은 서쪽과 음력 8월을 지키는 신이다. 닭 우는 소리는 세상을 깨우는 긴 울음소리니 종교인이나 선각자가 많다. 직관력과 현실감각이 조화를 이루고 있어 고위공무원이나 종교인 그리고 의사가 많다. 날개가 있어도 날지 못하는 특성 때문에 유토피아적 세계를 꿈꾼다. 섬세하고 잔정이 많으며 직선적이다. 새벽을 알리는 품성이니 사람을 통솔하고 새로운 학설을 만들려고 노력한다. 예부터 부귀공명과 입신출세를 위해 집안에 닭 그림을 걸었다. 맨드라미와 모란을 함께 그리는데, 맨드라미는 닭 벼슬과 생김새가 비슷하므로 관 위에 관 하나를 더하는 것으로 최고의 입신출세를 뜻하고, 모란은 부귀를 뜻한다.

11 · 개

개는 음력 9월을 관장하고 충성심을 상징한다. 개는 성질이 온순하고 영리하여 사람을 잘 따르며, 후각과 청각이 예민하고 경계심이 강하다. 특히 주인에게는 충성을 다하고, 낯선 사람에게는 적대심과 경계심을 갖는다. 삽살개는 귀신이나 액운을 쫓는 개로 불려졌고, 남원 오수의 개는 불구덩이에 몸을 던져 주인을 구하였다. 그만큼 주인에게 충직하고 헌신적이다. 개는 옳고 그름을 논하기 좋아하고 말투가 직선적이다. 사람을 좋아해 모임이 많다. 개가 든 사주에는 장남, 장녀가 많다. 그래서 책임감과 의무감이 특징이다. 유순함 속에 날카로움이 있으니 자기 통제가 필요하다. 언변이 뛰어나고 목소리가 좋으니 아나운서, 성우, 대변인이 많다. 개띠 중에 정치인이 많은 것은 논쟁을 좋아하기 때문이다.

12 · 돼지

돼지는 방향으로 북서북이며 음력 10월을 지키는 신이다. 복의 근원으로 집안의 재신財神을 상징한다. 돼지는 자수성가한다. 삶의 희로애락을 알고, 그것을 밑천으로 사람에게 복과 덕을 나누어 준다. 자신이 스스로 이룬 재산이라 흩어지지 않는다. 돼지띠는 태생과 상관 없이 가장 노릇을 하게 된다. 꾸밈 없는 순수함과 정직함이 있으며, 욕심이 없고 자기 만족을 찾는 성향이다. 다혈질적인 면이 있는데 이는 순수함에서 비롯된 것이다. 원초적인 생활에서 터득한 논리가 있어 과학자, 발명가, 기자, 프로듀서 등 창작과 발명을 하는 사람이 많다. 먹을 복을 타고나서 음식장사를 하는 사람도 많다. 한편 전라도 지방에는 업돼지 이야기가 전해온다. 어느 날 주인의 눈에만 보이는 돼지가 집 안으로 들어왔고, 주인은 10년 만에 천석꾼이 되고 벼슬도 높아졌다. 그러던 어느 날 돼지가 새끼들을 데리고 집을 나가버렸다. 주인은 곧 망할 거라 탄식했는데, 돼지는 사냥꾼을 유인해 와 하룻밤을 묵게 했다. 마침 그날 밤 집에 떼강도가 들었는데 사냥꾼들이 그들을 물리쳐 주인과 재물을 보호하였다. 업돼지와 같은 보호신이 있으면 어떻게든 난관을 극복할 수 있다는 내용이다.

2. 이름의 시크릿 코드 8

이름의 여덟 번째 시크릿 코드는 12별자리다. 인간은 밤하늘의 별을 보면서 신들의 이야기를 들으려 했고, 계절을 예측했으며, 운명과의 연관성을 연구했다. 고대 이집트나 마야, 인도, 중국을 비롯한 모든 고대 문명에서 나름대로의 천문학을 발전시켰다. 고대인들은 천체 관측을 통해 지상의 인간사를 예측하는 몇 가지 시스템들을 만들기 시작하였다. 그것이 천문점성학이다. 별들에 대한 본능적인 직관과 신앙이 하나의 학문으로 발전해 천문점성학을 만든 것이다.

천문점성학은 한 인간이 태어나는 순간 그 생명은 전 우주와 연결되어 있다고 본다. 그래서 하늘의 기운을 읽으면 그 사람의 운명과 성품을 읽을 수 있다고 본 것이다. 하늘의 기운을 읽는 방법이 12별자리와 10수호성이다. 하늘의 12별자리는 한 생명이 태어난 순간 태양이 지나고 있는 길을 뜻한다. 태양이 지나는 길을 황도ecliptic라고 한다. 즉 황제가 지나는 길이다. 아이의 별자리는 아이의 행운과 성격 그리고 삶의 여정을 설명해준다.

고대인들은 남자는 10개의 구멍이 있고 여자는 12개의 구멍이 있다고 생각했다. 그래서 남자의 숫자는 10으로 표현했고, 여자의 숫자는 12로 표현했다. 이것은 동서의 사상이 모두 같아 동양에서 천간은 10개로 나누고, 지지를 12개로 나눈다. 천간은 하늘이라 남자가 되고, 지지는 땅이라 여자가 된다. 서양은 천궁도상에서 움직이는 행성을 남자의 성격으로 보고, 자리를 지키고 있는 별자리를 여자의 성품으로 본다.

천문점성학은 10개의 행성이 12별자리의 어디에 위치하고 있느냐에 따라 운명의 특성이 달라진다고 본다. 하늘에서는 10개 수호성(태양·달·수성·금성·화성·목성·토성·천왕성·해왕성·명왕성)들이 운명을 보호하고, 그 하늘길은 12별자리로 영역이 나누어진다. 이 행성이 지나는 천궁도를 하나하나 살피면 그 사람이 타고난 운명의 길을 이해할 수 있다. 12별자리는 그 시작을 춘분에서 시작한다. 매년 3월 21일 무렵이 되면 태양은 어김없이 춘분점에 오게 되는데 이때 태양은 양자리에 오게 된다. 그래서 양자리가 별자리의 첫 번째에 놓이게 된다.

12별자리 배정

12별자리(Sign)	날짜(양력)	인간적 원형	탄생석	성격
양자리(Aries)	3월 21일~4월 20일	전사, 개척자	선홍빛 루비	과감하고 충동적이다
황소자리(Taurus)	4월 21일~5월 21일	농부, 예술가	연둣빛 에머럴드	순응하며 안정적이다
쌍둥이자리(Gemini)	5월 22일~6월 21일	교사, 기자, 전달자	오렌지색 오팔	융통성이 있지만 산만하다
게자리(Cancer)	6월 22일~7월 23일	어머니, 임산부, 영양사	은색 월장석	감상적이고 보호본능이 있다
사자자리(Leo)	7월 24일~8월 23일	왕, 모험가	금색 토파즈	개성이 강하고 권위적이다
처녀자리(Virgo)	8월 24일~9월 23일	장인, 실무자, 분석가	베이지색 마노	분석적이고 정밀하다
천칭자리(Libra)	9월 24일~10월 23일	외교관, 중재자, 동반자	초록색 비취	공평하고 외교적 기질이 있다
전갈자리(Scorpio)	10월 24일~11월 22일	탐정, 외과의사	암적색 석류석	부활을 상징하고 공격적 성향이 있다
사수자리(Sagittarius)	11월 23일~12월 21일	법률가, 종교가, 철학자	파랑 사파이어	계획적이고 지혜롭다
염소자리(Capricorn)	12월 22일~1월 20일	아버지, 정치가, 공무원	검정 금강석	위계질서와 보수성이 있다
물병자리(Aquarius)	1월 21일~2월 19일	과학자, 발명가, 천재	자줏빛 자수정	자유와 공평한 분배를 상징한다
물고기자리(Pisces)	2월 20일~3월 20일	은둔자, 수도승, 몽상가	제비꽃색 남옥	이해심이 깊고 몽상가적 기질이 있다

12별자리의 시크릿 코드는 앞의 표에서와 같이 정하면 된다. 즉, 양자리는 1, 황소자리는 2, 쌍둥이자리는 3, 게자리는 4, 사자자리는 5, 처녀자리는 6, 천칭자리는 7, 전갈자리는 8, 사수자리는 9, 염소자리는 10, 물병자리는 11, 물고기자리는 12이다.

12별자리의 종류와 성격

01 · **양자리**
Aries

황도 12별자리 중 첫 번째 별자리이다. 양자리를 상징하는 기호는 땅을 뚫고 나오는 새싹이니 생명력이 넘치고, 잠재력을 과감하게 펼치려는 모습이다. 미지의 세계를 탐험하려는 용기로 가득 차 있다. 인체의 머리에 해당하므로 저돌적이고 진취적이다. 자기 주장이 앞서니 여러 사람과 부딪히게 된다. 본능적이고 어린아이 같은 천진무구함이 있다. 독립심이 강해 새로운 세상을 개척한다.

02 · **황소자리**
Taurus

황소자리는 양자리의 생명 에너지에 마구를 채운 수레와 같다. 양자리의 에너지는 황소자리의 물질적인 저항을 만나 실용적인 힘으로 변한다. 황소자리는 금전과 재산, 그리고 보이는 가치를 상징한다. 견고하고 지속적이다. 또한 황소자리는 번식과 풍요를 상징한다. 고집이 세지만 온순함도 있다. 기질은 느리게 발동하지만 한번 시동이 걸리면 하늘을 들어올린다. 세계 금융시장의 중심가 월가Wall Street에서 황소는 주식시장을 활성화하는 상징적 동물이다.

03 · **쌍둥이자리**
Gemini

황소자리에 나타났던 원은 이제 쌍둥이자리에서 회로가 된다. 상대적으로 교류하고 소통하며 영역을 넓혀 나간다. 쌍둥이자리에 태어난 사람은 표현능력이 세련되고, 정보와 관련하여 지적인 능력이 있다. 쌍둥이자리는 비교, 분석하고 분류를 시작한다. 사람의 형태를 갖는 첫 번째 별자리로 하늘과 땅을 연결하는 기능을 한다. 소통에 천부적인 능력을 발휘한다.

04 · 게자리
Cancer

게자리는 영역을 보호하고 문을 봉쇄한다. 게자리 기호는 마주보는 2개의 작은 원이 보다 큰 하나의 원을 만들어낸다. 융화와 통합을 뜻한다. 안쪽으로 파고드는 기호의 곡선은 자궁을 그리워하며 회귀하는 본능을 상징한다. 내밀한 감정을 보호하고 모성적 본능으로 상처를 치유한다. 또한 게는 껍질에 싸여 있다. 늘 방어적 태세를 취하고 집게로 가족을 보호한다.

---

05 · 사자자리
Leo

사자자리 기호는 하나의 곡선으로 이루어지는데, 이 곡선을 펴면 1이 된다. 유일한 존재이니 대범하고 호탕하며 개성이 강하다. 사자자리의 기질은 태양이 세상에 빛과 열을 아낌 없이 발산하는 것과 비슷하다. 세상을 향해 관대함을 과시하고 권위와 명분을 좋아한다. 자존심이 강해 성질을 굽힐 줄 모르며 사람들에게 추앙받기를 원한다. 인체의 심장에 해당하며 중심을 차지한다.

---

06 · 처녀자리
Virgo

처녀자리는 내성적이고 사리 분별을 중요하게 생각한다. 냉철한 면과 결벽증이 있어 늘 완벽함을 추구한다. 자연의 순수함을 사랑하고 신비한 비밀을 유지하려 노력한다. 처녀자리의 기호는 문서를 정리한 것처럼 분리되어 있다. 분석적이고 체계적이며 근면하다. 자신을 내세우지 않으며 중용과 겸양의 미덕이 있다. 반복되는 현실적인 일들을 능수능란하게 처리한다.

---

07 · 천칭자리
Libra

천칭자리는 일몰의 성좌다. 지평선 밑으로 가라앉는 태양을 형상화한 모습으로, 하늘과 땅의 상대적인 균형을 뜻한다. 천칭자리는 상반되는 두 주장을 판단하는 공평한 저울이다. 평화와 함께 전쟁을 말하고, 동업자를 뜻하지만 반면 경쟁자를 뜻하기도 한다. 천칭자리는 또한 사회적인 예절과 바른 품행을 뜻한다. 천칭자리는 앞에서의 여섯 성좌를 통합한다. 이제 개인적인 성향이나 성격이 아닌 우리가 만들어가는 사회적 관계에 대한 이야기를 시작한다.

---

08 · 전갈자리
Scorpio

전갈자리의 기호는 폐쇄된 것이 없으므로 강력하고 도전적이다. 처녀자리가 수용적이고 깊은 내면이라면, 전갈자리는 관통이며 외형이다. 전갈자리는 죽음이나 사후와 관련되며, 영성으로 하늘과 교류한다. 전갈자리의 계절은 가을이다. 가을 서릿발처럼 청렴하고 공사 구분이 명확하다. 또한 가을은 수확의 계절이며, 생명이 씨앗으로 잠복하는 시기다. 전갈자리는 재운과 관련되는데, 황소자리와 다르게 공유 재산이므로 공공기금을 관리하고 큰 사업을 경영한다.

09 · 사수자리
Sagittarius

사수자리는 새로운 삶의 차원을 전개한다. 겨울이 오고 세상에 어둠이 쌓이니 철학과 종교를 추구한다. 지적 성향이 아니면 여행을 즐긴다. 목표의식이 뚜렷하여 도전을 즐긴다. 사람들을 가르치려는 성향이 강하고 정신적인 면에 집중한다. 활처럼 팽팽히 긴장되어 있다가 화살처럼 날아가 목표에 꽂히는 기질이다. 침묵을 지킬 때와 천둥처럼 휘몰아칠 때를 안다.

10 · 염소자리
Capricorn

염소자리는 사수자리가 설파한 것을 실험한다. 물질화할 수 없는 추상적 개념을 싫어한다. 야심적인 기질이 있지만, 돌다리도 두드려보고 현실적으로 보이는 것만 믿는다. 염소자리는 자신이 선택한 분야에서 정점에 도달할 때까지 끊임없이 노력하는 인내의 상징이다. 권위적인 측면과 순종적인 측면이 모두 있다. 계절적으로는 1월로 새로운 시작점에 서 있다. 구시대를 마감하고 새로운 역사를 연다.

11 · 물병자리
Aquarius

물병자리 기호는 세상에 물을 붓고 있는 모습이다. 세상에 골고루 빛과 파동이 전파된다. 사수자리가 위를 향하고 있다면 물병자리는 아래로 흐르는 물과 같다. 깊은 관조와 성찰 그리고 통합과 화합을 뜻하며, 인류가 공유할 수 있는 사상과 기술을 낳는다. 물병자리는 자신의 위치를 찾지 못하면 허공에 뜬 것처럼 방황할 수 있다. 주위에 사랑과 믿음 그리고 소망을 전달하는 사람이니 끊임없는 창조력과 생명력으로 자신의 에너지를 전한다.

12 · 물고기자리
Pisces

물고기자리 기호는 서로 꼬리를 묶고 반대 방향으로 헤엄치는 물고기를 형상화한 것으로, 모순과 보완이 함께 있다. 물고기는 그리스도의 상징이다. 서로 반대되는 것이 맞물려 있지만 하나의 끈으로 묶여 있다. 죽음과 부활이 함께 있음을 나타낸다. 세상의 혼돈을 받아들이고 그 혼돈을 신비로 승화시켜야 하는 모순과 사명이 있다. 섬세한 감정과 넓은 이해심을 갖는다. 존재의 양면을 이해하고 위로한다. 예술적 재능이 뛰어나 새로운 것을 창작한다.

3. 이름의 시크릿 코드 9

이름의 마지막 시크릿 코드는 12운성이다. 12운성은 말 그대로 12개의 돌고 도는 별로, 일간이 지지로부터 어느 정도의 힘을 받고 있는지를 12운성을 보고 판단한다. 소도 비빌 언덕이 있어야 한다고 한다. 천간이 뜻을 이루려면 지지와 관계가 좋아야 한다. 천간과 지지와의 관계를 살펴보는 것이 바로 12운성이다.

12운성은 한 생명이 태어나 소멸할 때까지의 과정으로 표현할 수 있다. 한 생명이 태어나면 그 생명은 장성하여 영화를 누리다가 점점 기운이 쇠하여 몸은 늙고 병이 들어 정해진 날이 오면 죽음을 맞이한다. 이렇듯 생로병사의 과정은 돌고 돈다. 생명의 기운은 자식에게로 또 그 자식에게로 전해진다. 윤회는 영원하다. 12운성은 이렇게 돌고 도는 운명이 우주의 계절과 어떤 곡선으로 만나고 있는지를 보여준다. 파도가 잔잔하고 바람이 순풍이면 닻을 올리고 먼 길을 떠날 수 있지만, 역풍이 불거나 파도가 높으면 닻을 내리고 정박해 때를 기다리는 것이 지혜롭다. 12운성은 인생의 봄, 여름, 가을, 겨울로 이해하면 보다 쉽다. 모든 만물은 봄에 싹이 돋아나고 자라서 여름이면 왕성함과 무성한 숲을 만들어내고 가을이면 낙엽이 지고 열매를 맺는 이치로 겨울이면 앙상한 가지만 남게 되어 그 뿌리와 씨앗으로 생명이 응집되는 이치가 12운성이다.

봄에는 꽃이 피고 만물이 싱그럽듯 운성의 기운이 봄의 시작하는 기운이면 그 사람의 운대는 편하게 풀린다. 적극적으로 나아가고 도전할 필요가 있다. 반면 12운성이 겨울이면 역경과 고난의 시간이라고 볼 수 있다. 아무리 해도 좋은 결과로 연결되지 않는다. 그래서 기다리는 미덕이 필요하다. 한겨울을 지내야 나무는 나이테가 생기고 더욱 단단해진다. 사람도 마찬가지 이치다. 대기만성大器晩成이 있는가 하면 초년에 출세와 부를 축적하는 운명이 있기도 하다. 12운성에는 장생, 목욕, 관대, 건록, 제왕, 쇠, 병, 사, 묘, 절, 태, 양의 12가지가 있다. 대개 12운성을 판단할 때는 일간을 기준으로 판단한다.

12운성표

12운성 \ 일간	갑(甲)	을(乙)	병(丙)	정(丁)	무(戊)	기(己)	경(庚)	신(辛)	임(壬)	계(癸)
장생	해(亥)	오(午)	인(寅)	유(酉)	인(寅)	유(酉)	사(巳)	자(子)	신(申)	묘(卯)
목욕	자(子)	사(巳)	묘(卯)	신(申)	묘(卯)	신(申)	오(午)	해(亥)	유(酉)	인(寅)
관대	축(丑)	진(辰)	진(辰)	미(未)	진(辰)	미(未)	미(未)	술(戌)	술(戌)	축(丑)
건록	인(寅)	묘(卯)	사(巳)	오(午)	사(巳)	오(午)	신(申)	유(酉)	해(亥)	자(子)
제왕	묘(卯)	인(寅)	오(午)	사(巳)	오(午)	사(巳)	유(酉)	신(申)	자(子)	해(亥)
쇠	진(辰)	축(丑)	미(未)	진(辰)	미(未)	진(辰)	술(戌)	미(未)	축(丑)	술(戌)
병	사(巳)	자(子)	신(申)	묘(卯)	신(申)	묘(卯)	해(亥)	오(午)	인(寅)	유(酉)
사	오(午)	해(亥)	유(酉)	인(寅)	유(酉)	인(寅)	자(子)	사(巳)	묘(卯)	신(申)
묘	미(未)	술(戌)	술(戌)	축(丑)	술(戌)	축(丑)	축(丑)	진(辰)	진(辰)	미(未)
절	신(申)	유(酉)	해(亥)	자(子)	해(亥)	자(子)	인(寅)	묘(卯)	사(巳)	오(午)
태	유(酉)	신(申)	자(子)	해(亥)	자(子)	해(亥)	묘(卯)	인(寅)	오(午)	사(巳)
양	술(戌)	미(未)	축(丑)	술(戌)	축(丑)	술(戌)	진(辰)	축(丑)	미(未)	진(辰)

12운성의 시크릿 코드는 위 표에서와 같이 정하면 된다. 즉, 장생은 1, 목욕은 2, 관대는 3, 건록은 4, 제왕은 5, 쇠는 6, 병은 7, 사는 8, 묘는 9, 절은 10, 태는 11, 양은 12이다.

12운성의 종류와 성격

01 · 장생
長生

사람의 출생을 뜻한다. 온화하고 총명하며 무슨 일이나 빨리 습득한다. 진취적이니 겸손을 알아 인망을 얻는다.

02 · 목욕 沐浴	태어나 목욕을 하는 것을 뜻한다. 과거의 것을 씻어내니 새로운 것이 들어온다. 직업도 바뀌고 인연도 바뀐다.
03 · 관대 冠帶	성인이 되어 의복을 갖추고 세상에 나아가는 것을 뜻한다. 혈기가 왕성하고 명예가 따르며 이루고자 하는 뜻을 이룬다. 말년에 관대를 차면 자식 덕이 크다.
04 · 건록 建祿	사회적 지위를 얻고 국록을 받는 것을 뜻한다. 자수성가하며, 정의감이 있고 독립적이며, 어디를 가나 일이 많다.
05 · 제왕 帝旺	사람이 장성하여 인생 최고의 황금기를 누리는 것을 뜻한다. 여럿 가운데 최고를 이룬다. 일과 사람의 중심에 서니 책임감이 무겁고 만사를 형통하게 이끈다.
06 · 쇠 衰	정점을 찍고 기운이 조금씩 쇠약해지는 것을 뜻한다. 관조하며 일의 추이를 지켜본다. 주도적으로 나서기보다는 옆에서 돕는 조력자 역할이 좋다.
07 · 병 病	노화되어 병드는 것을 뜻한다. 육체적으로나 정신적으로 허약하므로 무리한 일을 피하는 것이 좋다. 인간관계가 좋아지고 연민의 정이 생긴다.
08 · 사 死	죽음에 이르는 것을 말한다. 근심과 걱정이 생긴다. 결단력이 떨어지게 되므로 판단을 유보하는 것이 좋다. 끌어오던 일은 마무리된다.
09 · 묘 墓	죽어서 무덤 속으로 들어가는 것을 말한다. 수렴하고 저장하는 운세다. 때를 기다리고 내실을 쌓는데 집중해야 한다. 성격은 내성적이고 생활은 검소하다.

10 · 절 絶	관계가 모두 끊겨 완전히 사라진 것을 말한다. 하던 가업을 다른 사람에게 넘긴다. 깊은 내면을 관조하고 원리적인 것을 탐구한다.
11 · 태 胎	새로운 싹을 잉태하는 것을 뜻한다. 호기심과 연구심이 왕성하며, 순수하면서도 흡수력이 빠르다. 새로운 일을 시작하게 되고 식구가 많아진다.
12 · 양 養	태중에서 다시 발육을 시작하는 것을 뜻한다. 현재에 만족하고 감사하며 희망을 가지고 노력하는 모습이 있다. 모든 일이 발전적으로 진행된다.

앞에서와 같이 2009년 4월 15일 15시 27분(양력)에 태어난 아이의 사주팔자에서 12운성 찾아보자. 이 아이의 사주팔자는 연월일시 순서로 기축己丑, 무진戊辰, 경인庚寅, 계미癸未로 구성되어 있다. 천간에서는 기己 · 무戊 · 경庚 · 계癸가 운명을 이루는 네 글자이고, 지지에서는 소[丑] · 용[辰] · 호랑이[寅] · 양[未]이 운명을 이끄는 네 글자이다.

여기서 12운성은 일간을 기준으로 각 지지와의 관계를 12운성표에서 찾아 대입하면 된다. 먼저 일간인 경庚이 연주의 지지 축丑과 만나 묘가 되고, 월주의 지지 진辰과 만나 양이 되며, 일지 인寅과 만나 절이 되고, 마지막으로 시주의 지지 미未와 만나 관대가 된다.

시	일	월	연
癸	庚	戊	己
未	寅	辰	丑
관대	절	양	묘

그렇다면 12운성을 어떻게 풀이하는가? 사주 네 기둥이 나타내는 인생의 시기별로 적용하면 되는데, 아이의 초년은 묘로 보고, 중년은 양, 그리고 장년은 절, 마지막 말년은 관대로 본다.

아이의 운명을 보면 초년이 묘이니 수렴하고 저장하고 내실을 쌓는 모습이다. 성격은 내성적이고 원하는 것을 얻기 위해 강한 집중력을 보일 것이다. 다음 중년은 양이니 발육하는 모습이다. 초년에 선택한 분야에서 처음 싹을 틔우는 시기로 보면 된다. 다음 장년은 절이니 스스로 나서려 하지 않고 꾸준히 그 분야에서 심취하는 모습이 보인다. 그리고 말년에 관대를 찼으니 지금까지 쌓아온 모든 노력을 말년에 이루는 운명의 결을 예측할 수 있다. 한 곳으로 집중되고 응집된 힘이 말년이 되어 한꺼번에 꽃피는 형상이다. 대기만성大器晩成의 전형적인 사주다. 사는 동안 큰 인내심을 가지고 기다리며, 믿음을 가지고 오랫동안 공들이면 큰 명예와 성공을 이룬다.

이제 사주팔자의 12운성으로 아홉 번째 시크릿 코드를 찾아보자. 초년, 중년, 장년, 말년에 각각의 운성이 들어 있는데 이 중에서 운명에 가장 큰 영향력을 발휘하는 운성을 고르면 된다. 보편적으로 가장 기운이 좋고 왕성한 운성을 아이의 운성으로 보면 되고, 그 운성이 발현되는 시기가 아이가 널리 세상에 이름을 떨치는 시기로 생각하면 된다. 위의 사주 같은 경우라면 말년에 피는 꽃이므로 시주의 운성을 시크릿 코드 9로 보면 된다. 시주의 12운성이 관대이므로 시크릿 코드 9는 3·관대가 된다.

이렇게 해서 세 번째 땅의 시크릿 코드를 찾으면 전체적으로 9개의 신비로운 운명의 코드를 모두 찾게 된다. 이 여정을 통해 부모는 아이의 운명을 거울처럼 들여다보게 된다. 9개의 시크릿 코드는 아이를 이해하고 공감하려는 부모의 간절한 마음이다.

4. 땅이 받든 이름을 찾는 법

땅이 받든 이름은 띠와 별자리를 중심으로 찾는다. 동양은 12방향을 관장하는 12지신으로 공간을 이해했으며, 서양은 하늘의 별을 12공간으로 나누어 공간을 구분했다. 동양의 12지신과 서양의 12별자리는 서로가 서로를 보완하며 운명의 씨줄과 날줄이 된다. 씨줄과 날줄이 만나 비단결 같은 운명이 된다. 12지신과 12별자리를 함께 이해하면 더 깊은 운명의 진실과 만날 수 있다. 한편 작명구결에서 땅의 성품은 단·길·울인데, 한 사람의 사회적 명예나 경제적 영역과 관련되므로 운명의 열매로 볼 수 있다.

먼저 띠(음력 기준), 즉 이름의 시크릿 코드 7로 운명의 영역을 정한다. 다음으로 태어난 별자리(양력 기준), 즉 이름의 시크릿 코드 8로 이름을 좁혀간다. 12지신 12별자리 분류표에서 띠와 별자리가 만나는 곳의 이름이 땅이 받든 이름들이다. 마지막으로 12운성을 보고 최종적으로 3개의 이름을 결정한다.

예를 들어 아이가 양력 2013년 3월 25일에 태어났다면 계사癸巳년이므로 띠는 뱀띠해, 별자리는 양자리가 된다. 우선 뱀띠니 숫자 6을 찾고, 다음 양자리는 1이 된다. 6과 1이 만나는 곳의 4개 이름(성별에 따른 한자이름 2개 + 중성적 이름 1개 + 한글이름 1개) 중에서 성과 함께 불러보아 자연스럽고 정감이 가는 순서대로 좋은 이름을 골라내면 된다.

이때 작명구결에서 단·길·울의 각 성품을 다시 읽으면서 이름에 들어갈 요건이 무엇인지 점검하고 각각의 이름에 담긴 뜻을 되새기면서 땅이 받든 이름을 고르면 도움이 된다. 더불어 아이의 12운성을 참고한다.

12지신 12별자리 분류표를 보면 성별에 따른 영어이름이 있다. 하지만 지금 영어이름을 찾는 것보다는 아이가 필요한 시기에 영어이름을 찾는 것이 더 좋다. 아이가 영어유치원에 들어가거나 좀더 성장하여 영어이름이 필요해지면 그때 천부경점을 치거나 사주를 보면서 찾으면 된다.

12지신 12별자리 분류표

1 쥐띠		남자이름	여자이름	중성적 이름	한글이름	영어 여자이름	영어 남자이름
1	양자리	067 288	333 514	621	775	834	971
2	황소자리	082 285	313 459	674	709	802	921
3	쌍둥이자리	073 182	349 568	657	706	874	918
4	게자리	152 214	336 572	610	798	835	910
5	사자자리	180 201	321 503	642	711	864	903
6	처녀자리	009 253	312 596	668	757	822	914
7	천칭자리	013 246	373 522	671	751	815	975
8	전갈자리	158 210	452 520	700	735	805	996
9	사수자리	026 275	419 598	626	761	848	931
10	염소자리	122 233	401 498	623	738	878	901
11	물병자리	075 279	448 467	631	724	852	987
12	물고기자리	008 129	382 548	648	701	829	943

2 소띠		남자이름	여자이름	중성적 이름	한글이름	영어 여자이름	영어 남자이름
1	양자리	130 280	372 447	656	702	869	918
2	황소자리	136 198	433 569	667	783	877	977
3	쌍둥이자리	078 205	384 585	619	741	835	920
4	게자리	002 287	340 558	682	776	815	986
5	사자자리	050 173	305 476	617	799	849	932
6	처녀자리	098 149	322 508	694	707	802	927
7	천칭자리	035 175	324 538	602	753	862	944
8	전갈자리	072 289	346 458	680	792	824	905
9	사수자리	118 269	316 570	646	790	845	902
10	염소자리	126 235	441 486	620	743	858	965
11	물병자리	037 231	380 515	605	788	848	923
12	물고기자리	150 189	482 580	624	762	850	995

3 호랑이띠		남자이름	여자이름	중성적 이름	한글이름	영어 여자이름	영어 남자이름
1	양자리	043 290	348 475	614	712	826	901
2	황소자리	023 171	395 446	652	787	823	938
3	쌍둥이자리	057 252	304 403	662	705	837	957
4	게자리	033 111	383 531	678	751	809	925
5	사자자리	017 242	343 506	646	720	883	981
6	처녀자리	080 283	386 494	684	750	856	927
7	천칭자리	087 257	309 540	670	766	894	904
8	전갈자리	199 208	428 529	688	740	819	962
9	사수자리	168 294	332 562	638	725	854	928
10	염소자리	135 186	360 517	691	759	868	921
11	물병자리	141 177	365 439	640	770	801	936
12	물고기자리	054 093	408 491	608	785	844	915
4 토끼띠		남자이름	여자이름	중성적 이름	한글이름	영어 여자이름	영어 남자이름
1	양자리	099 200	362 461	603	754	842	973
2	황소자리	059 284	301 578	649	772	832	948
3	쌍둥이자리	083 218	423 454	690	706	872	991
4	게자리	048 264	417 493	622	726	803	939
5	사자자리	119 179	342 552	637	742	882	902
6	처녀자리	047 224	344 473	606	732	830	933
7	천칭자리	088 236	427 530	642	767	875	926
8	전갈자리	106 156	338 501	620	765	814	941
9	사수자리	014 137	444 512	616	723	879	990
10	염소자리	085 276	379 588	669	732	971	966
11	물병자리	124 293	409 480	639	718	813	905
12	물고기자리	053 291	351 584	692	704	889	937

5 용띠		남자이름	여자이름	중성적 이름	한글이름	영어 여자이름	영어 남자이름
1	양자리	036 090	416 563	685	728	813	924
2	황소자리	074 154	414 524	629	701	827	910
3	쌍둥이자리	107 262	317 483	603	740	857	957
4	게자리	132 176	367 482	694	777	866	959
5	사자자리	031 157	331 434	636	760	822	908
6	처녀자리	095 244	363 460	695	702	859	912
7	천칭자리	125 220	397 449	632	723	815	943
8	전갈자리	127 187	392 528	649	781	810	968
9	사수자리	032 226	430 478	670	788	826	939
10	염소자리	055 172	399 523	631	761	890	982
11	물병자리	069 160	330 589	627	727	804	931
12	물고기자리	058 102	371 564	675	791	816	953

6 뱀띠		남자이름	여자이름	중성적 이름	한글이름	영어 여자이름	영어 남자이름
1	양자리	091 219	429 485	609	746	840	930
2	황소자리	089 217	389 535	663	709	847	942
3	쌍둥이자리	020 188	358 511	605	722	872	953
4	게자리	027 259	334 539	676	789	886	916
5	사자자리	092 184	391 566	696	736	808	930
6	처녀자리	112 225	398 495	698	737	821	954
7	천칭자리	005 061	353 557	628	702	825	988
8	전갈자리	003 250	413 483	680	794	866	911
9	사수자리	022 071	455 581	687	779	884	949
10	염소자리	076 155	307 590	684	729	899	937
11	물병자리	101 263	339 521	672	710	860	935
12	물고기자리	100 108	422 591	644	771	874	1000

7 말띠		남자이름	여자이름	중성적 이름	한글이름	영어 여자이름	영어 남자이름
1	양자리	006 181	442 547	677	768	895	934
2	황소자리	007 016	375 462	601	714	804	951
3	쌍둥이자리	151 268	327 571	650	722	820	966
4	게자리	052 203	302 451	659	708	853	985
5	사자자리	123 271	415 492	611	800	865	993
6	처녀자리	096 278	335 533	643	733	831	984
7	천칭자리	148 256	303 574	617	752	863	913
8	전갈자리	028 213	402 502	639	727	825	945
9	사수자리	211 286	456 526	681	703	896	973
10	염소자리	128 207	311 593	655	730	850	917
11	물병자리	029 209	341 497	607	743	819	906
12	물고기자리	170 299	420 513	654	786	875	978

8 양띠		남자이름	여자이름	중성적 이름	한글이름	영어 여자이름	영어 남자이름
1	양자리	197 241	407 499	693	715	811	969
2	황소자리	164 227	318 561	602	797	865	961
3	쌍둥이자리	166 193	466 487	622	795	836	964
4	게자리	161 222	418 527	658	774	861	997
5	사자자리	146 232	465 469	647	749	816	999
6	처녀자리	116 206	421 541	664	719	810	912
7	천칭자리	131 260	426 560	621	747	851	976
8	전갈자리	140 295	329 507	613	763	833	958
9	사수자리	228 255	369 543	630	729	864	994
10	염소자리	019 239	347 488	674	756	887	913
11	물병자리	004 296	361 587	615	764	899	958
12	물고기자리	025 297	319 554	654	738	862	920

	9 원숭이띠	남자이름	여자이름	중성적 이름	한글이름	영어 여자이름	영어 남자이름
1	양자리	063 249	337 500	656	745	856	909
2	황소자리	015 270	385 583	619	721	812	904
3	쌍둥이자리	038 277	378 551	676	782	820	919
4	게자리	121 298	306 463	699	730	833	972
5	사자자리	115 202	440 534	689	792	845	984
6	처녀자리	163 065	405 525	648	749	861	942
7	천칭자리	165 238	326 484	615	755	847	989
8	전갈자리	056 261	352 516	640	725	876	972
9	사수자리	138 191	474 586	650	744	829	952
10	염소자리	030 251	310 544	697	705	885	918
11	물병자리	077 212	364 518	635	718	894	935
12	물고기자리	039 221	424 555	618	710	863	979

	10 닭띠	남자이름	여자이름	중성적 이름	한글이름	영어 여자이름	영어 남자이름
1	양자리	196 272	359 509	653	769	884	923
2	황소자리	167 134	400 542	688	721	846	979
3	쌍둥이자리	011 215	366 545	668	759	817	964
4	게자리	024 258	406 550	605	717	855	929
5	사자자리	044 194	388 436	630	720	836	940
6	처녀자리	117 229	425 504	611	766	876	963
7	천칭자리	109 190	357 496	673	731	807	992
8	전갈자리	040 237	315 481	661	724	882	970
9	사수자리	049 070	320 490	612	757	828	949
10	염소자리	051 223	345 464	695	716	890	956
11	물병자리	174 245	443 559	608	711	888	967
12	물고기자리	145 204	396 576	665	714	900	947

11 개띠	남자이름	여자이름	중성적 이름	한글이름	영어 여자이름	영어 남자이름
1	양자리	169 230	356 575	651	739	818	961
2	황소자리	097 243	314 468	663	797	867	955
3	쌍둥이자리	142 273	328 537	679	765	898	992
4	게자리	045 281	308 489	686	758	881	989
5	사자자리	012 068	350 505	660	769	888	960
6	처녀자리	139 216	387 453	641	719	879	991
7	천칭자리	001 079	393 510	683	735	873	978
8	전갈자리	114 234	445 457	627	704	848	989
9	사수자리	065 274	437 471	678	796	841	908
10	염소자리	159 195	381 479	604	784	806	946
11	물병자리	153 254	411 549	633	778	857	974
12	물고기자리	162 300	374 573	652	748	892	922

12 돼지띠	남자이름	여자이름	중성적 이름	한글이름	영어 여자이름	영어 남자이름
1	양자리	133 266	323 470	694	786	880	967
2	황소자리	062 247	376 536	664	773	839	907
3	쌍둥이자리	086 185	404 546	690	707	891	985
4	게자리	018 144	325 553	625	717	870	969
5	사자자리	021 248	450 600	666	713	892	983
6	처녀자리	034 267	410 592	682	760	838	977
7	천칭자리	143 265	390 477	657	750	885	960
8	전갈자리	081 183	431 577	634	793	897	974
9	사수자리	084 282	472 567	609	780	893	980
10	염소자리	105 192	355 556	666	747	838	997
11	물병자리	120 240	354 597	610	734	843	950
12	물고기자리	147 292	368 582	645	712	839	933

이름에 대한 Q&A ⑤

외국에서도 사주로 이름을 지을 수 있나요?

Q 뉴욕에서 태어났는데 이름은 사주에 맞게 짓고 싶습니다. 미국에서도 쓸 수 있고 한국에서도 쓸 수 있는 한자이름이면 좋겠습니다. 그런데 사주는 한국 시간으로 보나요? 아니면 뉴욕 시간으로 보나요?

A 한마디로 말해서 한국 시간으로 봅니다. 즉, 시차를 계산하여 한국 시간으로 바꾸어 사주간지를 열어봅니다. 그 이유는 전 우주적 시간으로 봤을 때 태어난 장소는 다르지만 시간은 같다고 보기 때문입니다. 우주 밖에서 지구를 보면 서로 다른 지구 반대편에서 태어난 아이는 비록 시차는 다르지만 그 우주의 숨결과 소통하는 순간의 빛은 같습니다. 그래서 두 운명의 결은 같다고 봅니다. 그래서 운명의 통계를 축적한 사주는 동양이라는 장소로 운명을 옮겨놓고 보는 것입니다.

예를 들어, 창덕궁 근정전 옆에 해시계가 있습니다. 손목시계를 보면 12시 30분인데 해시계를 들여다보면 바늘이 12시 정오를 가리키고 있습니다. 즉, 약 30분의 시차가 생깁니다. 왜 이런 차이가 생길까요? 그 이유는 표준시를 정하는 국제협약 때문에 우리나라의 표준시 대신 일본의 동경 135도를 표준시로 사용하기 때문입니다. 서울은 동경 127도입니다. 하지만 우리나라 표준시는 동경 135도를 기준으로 하므로 표준시와 약 8도 차이가 납니다. 1도당 4분의 시차가 발생하니 모두 32분의 시차가 생기게 됩니다. 울릉도는 경도 132도, 부산은 경도 130도, 광주는 경도 128도입니다. 도시마다 경도가 다르므로 사주를 뽑을 때는 태어난 도시의 경도를 보고 시차를 적용해줍니다. 따라서 한국에서 도시마다 시차를 적용하는 것처럼 외국에서 태어난 아이도 시차를 경도에 따라 적용시켜주는 것이 맞습니다.

다만, 공간적 차이는 문화적 차이를 만들고 문화가 다르면 운명도 달라집니다. 이름을 지을 때 유럽은 유럽의 문화를 고려하고, 미국은 미국의 문화를 고려하는 것이 중요합니다.

06

이름짓기 실전 사례

여기서는 이제까지 설명한 내용을 바탕으로 실제로 이름을 지어본다. 시작하기 앞서 이름 짓는 순서를 다시 한번 설명한다.

1. 아이의 생명표를 작성한다. 이 생명표에는 아이의 전체적인 정보들을 적는다. 아이가 태어난 장소와 시간, 혈액형, 태몽, 태명, 그리고 부모와 조부모, 외조부모, 형제자매의 이름까지 객관적인 정보들을 한눈에 볼 수 있도록 적는다.

2. 사주간지표를 작성한다. 베이비네임스 홈페이지 www.babynames.co.kr 게시판에 태어난 연월일시와 출생지 그리고 성별을 남겨두면 된다. 사주간지표는 이 책의 표지를 찍어 SNS나 블로그에 책 추천글을 올리면 무료로 받아 볼 수 있다.

3. 작명구결표를 작성한다. 9개의 시크릿 코드를 작명구결에 대입하여 아이 운명의 전체적인 그림을 완성하면 된다. 베이비 네임스 홈페이지 www.babynames.co.kr에서 사주팔자와 함께 이름짓기에 필요한 천부경점을 칠 수 있다.

4. 운명의 코드 9개를 모두 찾은 후에는 이름분류표에서 각각의 시크릿 코드와 연결되는 이름을 찾는다. 이때 선택할 수 있는 아이 이름은 모두 9개이며, 이 중에서 최종적으로 하나의 이름을 고른다.

5. 출생신고를 한다

이 순서대로 따라 하면 어렵지 않게 이름을 선택할 수 있을 것이다. 다만, 3에서 작명구결표를 만든 후 그에 합당한 하늘이 내린 이름 3개, 사람이 소망한 이름 3개, 땅이 받든 이름 3개를 찾을 때 다음 내용을 주의한다.

첫째, 작명구결표에서 하늘의 이름은 한·띠·샘의 3가지 시크릿 코드로 찾는다. 하지만 실제로 이름 찾기에 필요한 81천부경 분류표는 한·띠·샘의 모든 코드를 사용하지 않고 오직 81천부경점을 통해 얻은 한의 시크릿 코드만 사용하고, 10천간과 10수호성은 참고만 한다.

예를 들어, 천부경점을 치면 81천부경 분류표(p.86 참고)에서 성별에 따른 한자이름 3개, 중성적 이름 1개, 한글이름 1개 등 모두 5개의 이름을 찾을 수 있다(여기서는 영어이름은 제외한다). 이 5개 이름 중에서 작명구결의 한에 해당하는 이름과 띠에 해당하는 이름 그리고 샘에 해당하는 이름을 정하게 되는데, 그것은 부모가 임의로 결정하면 된다.

한은 소망이니 2부 이름 목록에서 이름을 설명한 내용을 보고 천부경점과 가장 가깝게 느껴지는 이름을 정하면 되고, 띠는 중심이니 이름 중에서 공평무사한 중심을 내포하고 있는 이름을 정하고, 다음으로 샘은 창조력이니 아이에게 창조적 기운을 많이 줄 수 있는 이름을 정하여 각각의 칸에 적어넣으면 된다.

더욱 정밀하게 하기 위해서는 한의 이름은 천부경점으로 나온 괘상의 의미와 가장 가까운 이름을 정하면 되고, 띠의 이름은 아이의 사주팔자 10천간을 보고 특성을 연결하고, 샘의 이름은 10수호성과 비교하며 아이의 수호성의 성품을 대변할 수 있는 이름을 결정하면 된다.

이름을 정할 때는 작명구결을 다시 읽으면서 한·띠·샘의 의미를 되짚어보면 큰 도움이 된다.

둘째, 사람이 소망한 이름을 정할 때도 솔·빛·참으로 분류되는 사상, 오행, 육친을 모두 활용하는 것은 아니다. 9품9직 분류표(p.116 참고)에서 육친을 먼저 찾은 다음 오행으로 이름을 찾으면 성별에 따른 한자이름 6개, 중성적 이름 2개, 한글이름 2개 등 모두 10개의 이름을 만날 수 있다(여기서도 영어이름은 제외한다).

이 10개의 이름 중에서 작명구결 중 솔·빛·참의 성품이 가장 잘 드러나는 이름을 각각 선택하면 된다. 솔의 이름은 사상의 시크릿 코드와 가깝게 느껴지는 이름으로 결정하고, 빛의 이름은 오행의 시크릿 코드와 가깝게 느껴지는 이름으로 결정하며, 참의 이름은 육친의 시크릿 코드와 가깝게 느껴지는 이름으로 정하면 된다.

결론적으로 말해, 9품9직 분류표에서 실제로 활용하는 것은 오행과 육친이고, 사상은 이름을 정할 때 참고만 한다.

셋째, 땅이 받든 이름을 찾을 때 필요한 시크릿 코드는 단·길·울의 3가지 시크릿 코드이다. 이 중에서 12지신 12별자리 분류표(p.142 참고)를 활용하기 위해 필요한 것은 단과 길의 시크릿 코드인 띠와 별자리이다. 울의 시크릿 코드는 분류된 이름들 중에서 더욱 합당한 이름을 선택할 때 참고하면 된다.

먼저 아이의 띠를 기준으로 태어난 별자리를 찾으면 12지신 12별자리 분류표에서 성별에 따른 한자 이름 2개, 중성적 이름 1개, 한글이름 1개 등 모두 4개의 이름을 만날 수 있다(여기서도 영어이름은 제외한다).

이 중에서 3개의 이름을 찾는데, 먼저 아이의 띠의 성품을 천천히 읽으면서 가장 합당한 이름을 단의 이름으로 정하고, 다음으로는 별자리의 특성을 보면서 길의 이름을 정하며, 마지막으로 12운성을 보면서 울의 이름을 정하면 된다.

최종적으로 작명구결을 읽으면서 단·길·울의 성품이 각각의 이름에 담겼는지 다시 한 번 확인하면 된다.

| 실전사례 01 | **여자아이 이름** |

이름의 주인공은 2009년 4월 15일 15시 27분에 태어난 여자아이다. 태몽은 특이하게도 언니가 꿨는데, 꽃밭에 나비 한 마리가 날아다니는 꿈과 수많은 보석을 엄마가 몸에 두르는 두 가지 꿈을 꾸었다고 했다. 아이에게 소망하는 바를 물으니 언니들과 우애 있게 건강하게 자라길 바란다고 엄마가 대답하였다. 이름과 관련하여 부모는 언니들 이름을 모두 한글로 지었으니 셋째딸도 한글이름으로 짓길 원했고, '나'를 돌림자로 원했다. 또한 국제화 시대이니만큼 부르기 편하면서도 외국에서도 사용할 수 있는 이름을 선호하였다.

❶ **먼저 아이의 생명표를 작성한다**

태명	해나비 (햇살 아래 나비처럼 평화롭게 자라라)	
태몽	오색영롱한 보석꿈, 나비가 훨훨 날아다니는 꿈	
생년월일시	2009년 4월 15일 15시 27분(양력)	
출생도시	대한민국 서울 삼성동	
혈액형 · 별자리	A형 · 양자리	
부모 성명 (생년월일)	박○○	1971년 5월 13일(음)
	안○○	1974년 9월 15일(양)
형제자매	3년 중 셋째 (언니 이름 나리, 나온)	
조부모 성명	박○○, 강○○	
외조부모 성명	안○○, 최○○	

❷ 사주간지표를 작성한다

사주	팔자	오행	육친	오행과 육친 수
연주 (1~20세)	기 己 축 丑	토(土) 토(土)	정인 정인	목(木) 1개 화(火) 0개 토(土) 5개 금(金) 1개 수(水) 1개
월주 (21~40세)	무 戊 진 辰	토(土) 토(土)	편인 편인	
일주 (41~60세)	경 庚 인 寅	금(金) 목(木)	주성 편재	정인 3개 편인 2개 편재 1개 상관 1개
시주 (61~80세)	계 癸 미 未	수(水) 토(土)	상관 정인	

❸ 작명구결표를 작성한다

아이의 아버지가 셋째딸의 운명을 생각하며 천부경점을 치니 26장 '소망'이 나왔다. 이를 통해 아이가 인생을 살면서 자신의 소망과 기원이 강력하고 여러 사람에게 소망을 부여하는 삶을 산다고 예견할 수 있었다.

사주팔자를 보니 일주의 천간이 경庚이며, 인생 초반부가 토土의 기운으로 이루어진 토국土局이고, 육친이 천간과 지지에 모두 인장印章을 가지고 있어 인생을 한길로 걸어갈 것임을 알 수 있었다. 또한 사주팔자 오행 중 흙[土]의 기운이 많고, 수호성 또한 토성으로 사고가 깊고 신중한 성품을 타고났다.

혈액형은 A형이라 소양인으로 보고 관조적이고 예지력이 있음을 예상하였다. 육친 중에서 정인이 운명을 이끌고 있어 학자 중에서도 대학자의 사주이다. 많은 사람의 스승으로 풍요로운 대지에 서 있는 모습이 사주의 전체적인 모습이었다. 2009년 소띠에 별자리는 양자리이므로 성품이 우직하고 착하며 외유내강이니, 밖으로는 유순하지만 안에는 금강석 같은 의지가 있다. 12운성에서는 시주에 있는 관대가 가장 크게 발현하니 대기만성의 사주다. 말년에 꽃이 피니 널리 큰 명예를 얻고 자식덕이 있다.

다음은 작명구결표의 각 항목에 해당 시크릿 코드의 성격을 한눈에 볼 수 있게 정리해놓은 것이다.

1 한	● 81천부경	▲ ■ 26장 소망	소망이 깊은 운명이다. 소망이 이루어지는 날까지 기다리는 인내의 미덕이 있어야 한다. 영혼이 맑고 밝아 눈이 아름다운 사람이다. 꿈은 꿈꾸는 자의 것이니 모든 영광은 이룰 수 있다는 믿음에서 시작한다. 원칙과 실천 속에서 하루하루 살아간다면 역사가 기억할 큰 열매를 얻을 것이다. 모든 일에 성품이 긍정적이며, 대인관계가 좋고 리더십이 뛰어나다.
2 띠	▲ 10천간	庚 경	경은 고칠 갱更에서 따왔다. 만물의 기운이 팽창에서 수축으로 바뀌는 것으로 정기가 견고해지고 열매가 여문다는 뜻이다. 천지운행의 질서를 결산하고 정리한다. 환원을 뜻하니 살상이나 억압 그리고 정화를 뜻한다. 군인, 경찰, 무관을 뜻하니 허리에 칼을 차고 있다. 충성과 의협심의 대명사다. 명예욕이 크며 공사를 분명히 가리는 편이라 통솔력이 뛰어나다. 시비를 좋아해 구설을 자초하기도 한다. 성정이 냉정하고 언행이 분명한 반면 지조가 있다. 경금(庚金)은 겨울밤의 월광(月光)이니 차갑고 청렴하다. 미래를 지향하기보다는 과거를 돌이켜 과오를 짚어본다. 정신적인 색채가 강하고 신비로운 분위기가 있으며 날카로운 통찰력과 비판력을 소유하고 있다. 분석력과 직감력 모두를 가졌으니 예지력이 뛰어나며 때로는 독야청정(獨夜淸淨)할 수 있다. 혁명적인 삶이다.
3 샘	■ 10수호성	♄ 토성	토성은 인내와 노력으로 자신의 사명을 완수한다. 토성은 공간적 울타리이며 시간적 제한이다. 골격이고 형식을 주관한다. 토성의 성품은 모든 생명을 단단하게 만들며 생명과 죽음 그리고 성장과 파멸을 관장한다. 시간과 공간에 있는 모든 것들을 주관하니 율법이 된다. 냉철하고 비판적이며 모든 것을 수용한다.

4 솔	▲ 사상(혈액형)	소양인(A형)	천성은 친절하고 성실하며 예의바르지만, 고집이 세고 자존심이 강하다. 규칙적인 생활로 큰 병과는 무관하다. 친절함과 성실함으로 사회적 성공을 이루지만 그로 인한 스트레스도 많다. 속정이 따뜻하고 사회봉사에 헌신적이다. 다른 사람에게 피해를 주는 것을 싫어한다. 내적 성향이 강해 관조적이고 예지력이 있다. 말과 글에 능하고 소통을 좋아한다. 소양인은 폐가 발달하나, 신장으로 흐르는 뜨거운 독소로 복통과 설사, 당뇨, 뇌출혈 등이 발생할 수 있다. 소양인에게는 녹두, 팥, 돼지고기, 상추, 배추, 시금치, 새우, 해삼, 멍게, 파래, 다시마, 샐러리, 치커리, 딸기, 참외, 파인애플, 바나나, 유자, 아몬드 등의 음식이 좋다.
5 빛	▲ 오행	土 토	토(土)는 사방의 중심이니 중재자이다. 풍요와 안정 그리고 모성을 상징한다. 나무는 무한하게 뻗어 나가고 불은 모든 것을 태운다. 나무와 불을 통해 지금까지 밖으로 향했던 기운들은 흙을 만나 안으로 수용된다. 흙은 모든 생명을 본질로 환원한다. 토(土)의 성질을 가진 사람은 관조하고, 수용하며, 소통하고, 부드럽다. 책임감이 강하고 매너가 좋아 많은 사람의 중심에 선다. 생각이 너무 많아 일을 그르칠 수 있다. 돌다리도 두드리고 건너는 성격이라 시간이 많이 걸린다. 그러나 한번 일을 시작하면 끝까지 해낸다. 후덕하고 넉넉하지만 때로는 비겁할 수도 있다. 중간자 역할이라 무역이나 외교에 특별한 재능이 있으며, 포커페이스라 속내가 잘 드러나지 않는다. 보신각을 서울의 중앙에 두었으니 믿음은 토(土)의 상징이다
6 참	▲ 육친	正印 정인	정인 사주는 성품이 따뜻하고 덕망이 있으며 자비롭고, 생각의 폭이 넓다. 품위 있고 인격이 고상한 선비 스타일이다. 늘 인정받으려고 노력하며 칭찬받기 위해 더욱 매진한다. 타인의 마음을 쉽게 간파하는 상담가적 기질을 가지고 있으며, 배움에 대한 끊임없는 열정으로 학문을 탐구하고 내적 신념이 강하다. 인내심이 강해 세밀하고 반복적인 일을 끝까지 해낸다. 직관력과 사람을 중심의 가치에 두기 때문에 학자, 총장, 교수, 판사, 검사, 의사, 연구원, 시인, 광고전문가, 상담사, 저널리스트 등이 직업으로 잘 어울린다

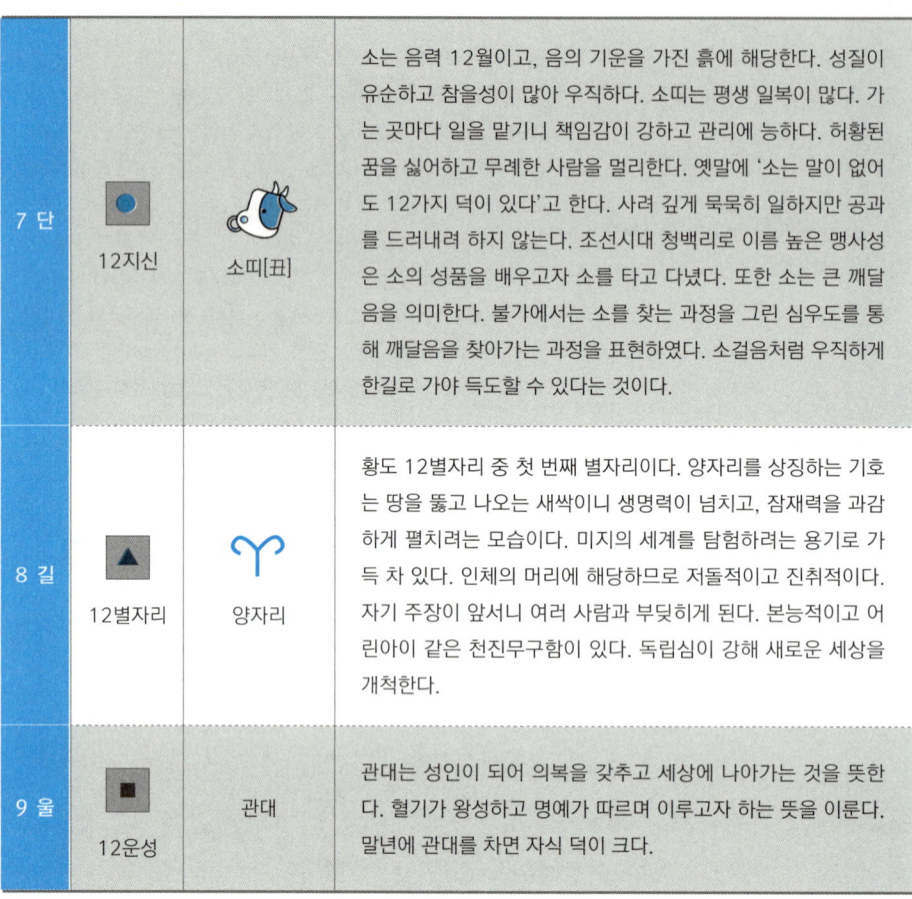

7 단	12지신	소띠[丑]	소는 음력 12월이고, 음의 기운을 가진 흙에 해당한다. 성질이 유순하고 참을성이 많아 우직하다. 소띠는 평생 일복이 많다. 가는 곳마다 일을 맡기니 책임감이 강하고 관리에 능하다. 허황된 꿈을 싫어하고 무례한 사람을 멀리한다. 옛말에 '소는 말이 없어도 12가지 덕이 있다'고 한다. 사려 깊게 묵묵히 일하지만 공과를 드러내려 하지 않는다. 조선시대 청백리로 이름 높은 맹사성은 소의 성품을 배우고자 소를 타고 다녔다. 또한 소는 큰 깨달음을 의미한다. 불가에서는 소를 찾는 과정을 그린 심우도를 통해 깨달음을 찾아가는 과정을 표현하였다. 소걸음처럼 우직하게 한길로 가야 득도할 수 있다는 것이다.
8 길	12별자리	양자리	황도 12별자리 중 첫 번째 별자리이다. 양자리를 상징하는 기호는 땅을 뚫고 나오는 새싹이니 생명력이 넘치고, 잠재력을 과감하게 펼치려는 모습이다. 미지의 세계를 탐험하려는 용기로 가득 차 있다. 인체의 머리에 해당하므로 저돌적이고 진취적이다. 자기 주장이 앞서니 여러 사람과 부딪히게 된다. 본능적이고 어린아이 같은 천진무구함이 있다. 독립심이 강해 새로운 세상을 개척한다.
9 울	12운성	관대	관대는 성인이 되어 의복을 갖추고 세상에 나아가는 것을 뜻한다. 혈기가 왕성하고 명예가 따르며 이루고자 하는 뜻을 이룬다. 말년에 관대를 차면 자식 덕이 크다.

작명구결표를 바탕으로 이름의 시크릿 코드 9를 정리하면 다음과 같다.

작명구결	한	띠	샘	솔	빛	참	단	길	울
시크릿 코드 9	26	7	7	2	5	5	2	1	3
	소망	경(庚)	토성	소양인	토(土)	정인	소띠	양자리	관대

❹ 이름분류표에서 각각의 시크릿 코드에 연결되는 이름을 찾는다

이름의 시크릿 코드를 모두 찾은 후에는 그 코드에 맞는 이름을 찾는다. 하늘이 내린 이름 3개, 사람이 소망한 이름 3개, 땅이 받든 이름 3개로 모두 9개 이름 중에서 최종적으로 하나를 고르면 된다.

참고로, 이 아이는 언니들의 사주가 단단하고 강하여 자칫 치이거나 의기소침해질 수 있는 요소가 있었다. 그래서 자신의 개성이 최대한 드러날 수 있게 언니들이 돌림자로 가지고 있는 '나'를 이름자에서 제외하였다.

◆ **하늘이 내린 이름**

하늘이 내린 이름은 천부경점을 쳐서 나온 26장 '소망'으로 찾는다. 81천부경 분류표(p.86 참고)에서 26장 소망에 해당하는 이름을 찾으면 여자이름은 358, 482, 534 등 3개, 중성적 이름은 618 1개 그리고 한글이름은 749 1개이다. 이들 이름을 2부 이름 목록에서 찾아 순서대로 적으면 서연(358), 은하(482), 지우(534), 모마(618), 샛별(749)이다. 이 5개 이름 중에서 한·띠·샘의 성품과 아이의 10천간인 경庚과 10수호성인 토성의 성품에 합당한 이름을 정하면 하늘이 내린 3개의 이름이 결정된다. 한의 이름에 서연, 띠의 이름에 지우, 샘의 이름에 샛별이 각각 결정된다.

◆ **사람이 소망한 이름**

사람이 소망한 이름은 사주의 육친이 기준이다. 사주에서 강한 육친이 정인이므로 먼저 9품9직 분류표(p.116 참고)에서 정인을 찾으면 5·빛에 해당한다. 이어서 사주의 대표 오행을 보면 5·토土이다. 9품9직 분류표에서 5(빛)·5(토)에 해당하는 이름을 찾으면 여자이름 6개, 중성적 이름 2개, 한글이름 2개 등 모두 10개의 이름이 나온다. 2부 이름 목록에서 차례로 찾으면 리안(334), 선희(369), 아선(413), 이마라(485), 주경(519), 효재

(595), 세오(628), 태루(687), 하루(789), 해달(799)이다. 이 중에서 아이의 사상인 소양인(혈액형 A형)과 부합하고 작명구결의 솔·빛·참의 성품에 합당한 이름을 하나하나 찾으니 솔의 이름에 선희, 빛의 이름에 리안, 참의 이름에 효재가 결정된다.

◆ **땅이 받든 이름**

땅이 받든 이름은 띠를 먼저 찾고, 다음으로 별자리를 대입하면 합당한 이름을 얻을 수 있다. 우선 아이가 소띠이므로 12지신 12별자리 분류표(p.142 참고)에서 소띠를 찾고, 그 중에서 양자리의 이름들을 찾으면 된다. 여자이름 2개, 중성적 이름 1개, 한글이름 1개 총 4개의 이름이 나오는데 2부 이름 목록에서 찾으면 설헌(372), 예지(447), 이원(656), 가온(702)이다. 이 네 이름 중에서 단·길·울의 성품과 아이의 12운성인 관대와 연결되는 이름 3개를 선택하면 단의 이름에 설헌, 길의 이름에 가온, 울의 이름에 이원이 선택된다.

◆ **최종 선택**

이렇게 해서 나온 9개 이름을 아이의 부모가 여러 번 불러본 다음 뜻이 좋고 부르기 편한 이름 3개를 최종적으로 골라낸다. 박서연, 박효재, 박가온이란 이름이 먼저 결정되었고, 가족과 친지들과 상의하여 1주일 정도 불러보아 최종적으로 한 가지 이름을 선택하여 박가온으로 결정하였다.

영어이름도 이와 같은 과정을 따라 엘리자베스Elizabeth로 정했다. 우리 선조들은 평생을 살면서 아호, 필명, 세례명, 법명 등 많은 이름들을 사용해 운명을 보완하고 나이와 직업에 맞게 소명을 밝혔다. 영어이름도 국제화 시대에 부를 수 있는 좋은 호라고 생각하면 좋겠다. 음양오행을 보완하고 소망을 밝혀주는 또 하나의 이름이니 나의 운명을 열어주는 좋은 친구다.

하늘이 내린 이름	한	서연(358)	서연(358)	가온 (702)
	띠	지우(534)		
	샘	샛별(749)		
사람이 소망한 이름	솔	선희(369)	리안(334)	
	빛	리안(334)		
	참	효재(595)		
땅이 받든 이름	단	설헌(372)	가온(702)	
	길	가온(702)		
	울	이원(656)		

> 실전사례 02 | 남자아이 이름

이름의 주인공은 2013년 12월 27일 20시 45분(양력)에 태어난 남자아이다. 광산 김씨 37대손으로 이름 끝자에 돌림자로 물가 수洙를 쓴다고 했다. 하지만 아이 부모는 돌림자가 들어가는 이름은 족보에만 올리고, 돌림자를 쓰지 않고 사주에 맞는 이름을 따로 짓기를 원했다. 태몽은 백호랑이였고, 혈액형은 A형이다. 아이가 건강하게 자라서 자신이 하고 싶은 일을 하는 것이 부모의 바람이었다. 참고로 광산 김씨는 조선시대에 총 265명의 문과 급제자와 정승, 대제학, 청백리를 배출한 뼈대 있는 집안으로, 대제학 김만기, 김만중 형제가 대표적인 인물이다.

❶ 먼저 아이의 생명표를 작성한다

태명	쑥쑥이	
태몽	새끼 백호랑이 꿈	
생년월일시	2013년 12월 27일 20시 45분(양력)	
출생도시	전라남도 광주시 광산구	
혈액형·별자리	A형·염소자리	
부모 성명 (생년월일)	김○○	1980년 9월 17일(음)
	이○○	1984년 7월 15일(양)
형제자매	첫째아이	
조부모 성명	김○○, 나○○	
외조부모 성명	이○○, 황○○	

❷ 사주간지표를 작성한다

사주	팔자	오행	육친	오행과 육친 수
연주 (1~20세)	계 癸 사 巳	수(水) 화(火)	편관 겁재	목(木) 2개 화(火) 2개 토(土) 1개 금(金) 1개 수(水) 2개
월주 (21~40세)	갑 甲 자 子	목(木) 수(水)	정인 편관	
일주 (41~60세)	정 丁 묘 卯	화(火) 목(木)	주성 편인	편관 (2개) 정인 (1개) 편인 (1개) 상관 (1개)
시주 (61~80세)	경 庚 술 戌	금(金) 토(土)	정재 상관	

❸ 작명구결표를 작성한다

아이의 아버지가 기도한 후 천부경점을 친 결과 60장 '순서'가 나왔다. 이로 미루어 일의 순서를 바로잡는 공직의 일을 하지 않을까 생각된다. 사주팔자를 보니 일간이 정丁이므로 띠의 시크릿 코드는 4이고, 수호성은 시크릿 코드가 정丁과 일치하는 금성이다. 이렇게 한·띠·샘의 시크릿 코드는 60-4-4가 나왔다.

혈액형은 A형으로 소양인이니 솔의 시크릿 코드는 2이고, 사주팔자의 오행 중 목木이 2개, 화火가 2개, 수水가 2개로 같으니 이 3개 중에서 하나를 고른다. 집안의 가풍과 태몽을 보니 공명정대하게 세상을 밝히는 예의바른 성격이므로 아이의 오행을 화火로 정했다. 아이의 육친으로는 편관이 가장 많은데 월지의 육친도 편관이므로 참의 시크릿 코드는 편관이 된다. 그래서 솔·빛·참의 시크릿 코드는 2-2-10으로 결정된다.

띠는 음력 2013년 11월 25일생이므로 뱀띠이고, 별자리는 양력 12월 27일생이므로 염소자리가 된다. 12운성은 제왕-절-병-양의 순서인데 월주에 편관이 있어 절을 그 운성으로 선택한다. 그래서 아이의 단·길·울의 시크릿 코드는 6-10-10이 된다.

1 한	◉ 81천부경	◼︎▼ 60장 순서	세상에 순서를 정하는 사람이다. 경험이 많고 지혜로운 사람은 순서를 정한다. 그 순서는 합당하고 보편타당해야 한다. 인생을 살면서 일의 순서, 사람의 순서를 바르게 해야 한다. 앞에 올 것은 앞에 서게 하고 뒤에 올 것은 뒤에 두어야 무리가 없다. 위아래의 순서를 바로세워 위계를 잡을 것이니 세상이 단단해지고 공사가 조율된다. 성품이 공정하고 바르며 정의롭다. 예의를 중시한다.
2 띠	▲ 10천간	丁 정	정(丁)을 파자로 풀면 땅에서 움튼 한 줄기 생명이 하늘 높이 치솟아 하늘[一]까지 다다른다는 뜻이다. 아이가 성장하여 늠름한 청년이 된 모습이다. 정화(丁火)는 하늘에서는 별이요 땅에서는 등불이니 길을 안내하는 안내자가 된다. 철학과 법률에 능통하다. 기도와 희생으로 많은 생명을 돌보는 모습이 있다. 오륜 중에서 예(禮)를 상징하니 예의바르고 겸손하며 깊은 예지력을 가지고 있다. 의협심이 강해 불의를 참지 못하고 약자를 돌보며 고차원적인 정신세계를 탐구한다. 살신성인의 정신으로 사회에 봉사하니 선비 중에 선비다. 자신의 감정을 숨기지 않고 내뱉는 성격으로 타인에게 원망을 사기도 하지만, 본성이 따듯하여 상대에게 다시금 위로를 전한다. 정화는 땅의 완전수 4를 나타내니 사방(동서남북)을 통제하고 사계절(춘하추동)을 운용하며 사신(청룡·백호·현무·주작)이 보호한다.
3 샘	◼︎ 10수호성	♀ 금성	금성의 기호는 영혼이 가려지지 않은 채 물질에 기반을 두고 자신을 표현한다. 금성은 세상의 모든 것들을 우아하고 아름답게 포장한다. 비너스는 사랑의 여신이다. 낭만적이고 긍정적이며 아름다움을 추구한다. 겉모습을 중요하게 여기며 예술적으로 풍부한 감성을 가지고 있다.

4 솔	사상(혈액형)	소양인(A형)	천성은 친절하고 성실하며 예의바르지만 반면 고집이 세고 자존심이 강하다. 규칙적인 생활로 큰 병과는 무관하다. 친절함과 성실함으로 사회적 성공을 이루나 그로 인한 스트레스도 많다. 속정이 따뜻하고 사회적 봉사에 헌신적이다. 다른 사람에게 피해주는 것을 싫어한다. 내적 성향이 많아 관조적이고 예지력을 갖는다. 말과 글에 능하고 소통을 좋아한다. 소양인은 폐가 발달하나 신장으로 흐르는 뜨거운 독소로 복통과 설사, 당뇨, 뇌출혈 등이 발생할 수 있다. 소양인에게는 녹두, 팥, 돼지고기, 상추, 배추, 시금치, 새우, 해삼, 멍게, 파래, 다시마, 샐러리, 치커리, 딸기, 참외, 파인애플, 바나나, 유자, 아몬드 등의 음식이 좋다.
5 빛	오행	火 화	화(火)는 여름날 활활 타오르는 불기둥이니 대지를 데우고 세상을 밝힌다. 열정과 화려한 번성을 뜻한다. 불은 자신을 태워 세상을 밝히는 힘이 있으니 자신의 겸손함으로 상대를 치켜세운다. 불은 심장에 해당하니 화를 다스리지 못하면 심장이 상한다. 성질이 급하고 행동이 산만한 반면, 모든 것과 친하고 융통성을 발휘한다. 반복적인 일보다는 화려하고 예술적인 일이 잘 맞고, 판단이 전광석화처럼 빠르고 합리적인 것을 중요하게 생각해 옳고 그름을 잘 따진다. 또한 남들이 미처 생각하지 못한 창조적인 발상을 한다. 비례물시(非禮勿視)라 예가 아니면 보지도 않는다. 화(火)는 예절을 관장하기 때문에 예의 없는 사람은 다시는 보려고 하지 않는다.
6 참	육친	偏官 편관	편관 사주는 대인관계가 좋고 명예욕이 높다. 자신을 믿어주고 책임과 권한이 주어지는 곳에서 큰 능력을 발휘한다. 늘 도전할 대상을 찾아 나아가고 신념이 강해 한번 결정한 일을 물러서지 않고 완성한다. 이성적이며 일에 대한 수행능력이 뛰어나고 원칙에 충실하다. 일과 조직 내에서 뛰어난 능력을 발휘하므로 회사원, 행정공무원, 군인, 경찰, 법관, 조사관, 감찰관, 국가기강 사정관, 정치인 등이 직업으로 좋다.

7 단	12지신	뱀띠	뱀은 남남동의 방위신이자 음력 4월의 시간신이다. 지혜의 상징이고 조상을 뜻한다. 정리정돈을 좋아하고 단정하다. 뱀은 허물을 벗고 다시 태어나므로 환생을 의미한다. 언제나 비상을 꿈꾸고 지적 호기심이 남다르다. 고구려 사신도에서 뱀은 거북과 한 몸으로 북쪽을 관장하는 현무가 된다. 치유의 힘을 가지고 있어 생명력과 회복을 의미한다. 뱀은 예부터 집안의 재산을 지켜주는 가신이다. 뱀은 다리가 없다. 그래서 우리 조상들은 뱀날에는 멀리 나서지 않았다.
8 길	12별자리	염소자리	염소자리는 사수자리가 설파한 것을 실험한다. 물질화할 수 없는 추상적 개념을 싫어한다. 야심적인 기질이 있지만 돌다리도 두드려보고 현실적으로 보이는 것만 믿는다. 염소자리는 자신이 선택한 분야에서 정점에 도달할 때까지 끊임없이 노력하는 인내의 상징이다. 권위적인 측면과 순종적인 측면이 모두 있다. 계절적으로는 1월로 새로운 시작점에 서 있다. 구시대를 마감하고 새로운 역사를 연다.
9 울	12운성	절	깊은 내면을 관조하고 원리적인 것을 탐구한다.

작명구결표를 바탕으로 이름의 시크릿 코드 9개를 정리하면 다음과 같다.

작명구결	한	띠	샘	솔	빛	참	단	길	울
시크릿 코드 9	60	4	4	2	2	10	6	10	10
	순서	정(丁)	금성	소양인	화(火)	편관	뱀띠	염소자리	절

❹ **이름분류표에서 각각의 시크릿 코드에 연결되는 이름을 찾는다**

운명의 코드 9개를 모두 찾은 후에는 그 코드에 맞는 이름을 찾는다. 하늘이 내린 이름 3개, 사람이 소망한 이름 3개, 땅이 받든 이름 3개로 총 9개 이름 중에서 최종적으로 하나를 고르면 된다.

◆ **하늘이 내린 이름**

하늘이 내린 이름은 시크릿 코드 1인 천부경점을 쳐서 나온 60장 '순서'로 찾는다. 81천부경 분류표(p.86 참고)에서 60장 순서에 해당하는 이름을 찾으면 남자이름 3개, 중성적 이름 1개 그리고 한글이름 1개이다. 모두 5개의 이름을 2부 이름목록에서 찾아 차례대로 나열하면 겸(013), 서진(081), 성용(094), 희재(700), 비단길로(735)이다.

이 5개 이름 중에서 작명구결에서 한·띠·샘의 성품과 일치하고, 아이의 시크릿 코드 한·띠·샘의 특성과 일치하는 이름을 선택한다. 작명구결에서 한은 소망을 뜻한다. 그리고 아이의 시크릿 코드인 60장 순서를 읽어보면 서진(081)이 한의 이름으로 합당함을 알 수 있다. 그래서 한의 이름은 서진으로 정한다. 다음 작명구결에서 띠는 중심을 뜻하고 아기의 천간은 정丁이니 겸(031)이라는 이름이 가장 가깝다. 마지막으로 10수호성 중 금성의 기운과 일치하고 샘은 창조력을 뜻하므로 비단길로(735)라는 이름이 가장 합당하게 보인다. 이렇게 한의 이름은 서진(081), 띠의 이름은 겸(031), 샘의 이름은 비단길로(735)로 결정된다.

◆ **사람이 소망한 이름**

사람이 소망한 이름은 사주의 육친이 기준이다. 아이의 육친이 편관이니 9품9직 분류표(p.116 참고)에서 편관을 찾으면 9·울에 해당한다. 이어서 사주의 대표 오행을 보면 2·화火이다. 9품9직 분류표에서 9(울)·2(화)에 해당하는 이름은 남자이름 6개, 중성적 이름 2개, 한글이름 2개 등 모두 10개가 있다. 이들 이름을 2부 이름 목록에서 찾아 차례대로 나열하면 건하(012), 병헌(065), 윤걸(153), 이반(169), 현창(281), 희준(300), 아도(633), 원(641), 새주(748), 한얼(796)이다.

　이 10개 이름들 중에서 작명구결에서 솔·빛·참의 성품에 합당한 이름을 하나하나 찾는다. 먼저 솔의 이름은 사상과 작명구결의 솔의 성품을 기준으로 결정한다. 작명구결에서 솔은 꾸준한 성품을 뜻하고, 아이의 사상은 A형으로 소양인이니 희준이 적합하다. 다음으로 빛의 이름은 오행과 작명구결에서 빛의 성품을 기준으로 한다. 오행은 화火이고 밝은 이치이니 병헌이라는 이름이 빛의 이름으로 합당하다. 마지막으로 참의 이름은 편관과 작명구결에서 진실한 미덕을 상징하는 참이니 건하라는 이름이 가장 잘 어울린다. 이렇게 솔의 이름은 희준, 빛의 이름은 병헌, 참의 이름은 건하가 된다.

◆ **땅이 받든 이름**

땅이 받든 이름은 띠를 먼저 찾고, 다음으로 별자리를 대입하면 합당한 이름을 얻을 수 있다. 우선 아이가 뱀띠이므로 12지신 12별자리 분류표(p.142 참고)에서 뱀띠를 찾고, 그 중에서 염소자리의 이름들을 찾으면 된다. 뱀띠-염소자리, 즉 6-10으로 분류된 이름은 남자이름 2개, 중성적 이름 1개, 한글이름 1개 등 모두 4개의 이름이 있다. 이를 2부 이름 목록에서 찾아 순서대로 나열하면 상율(076), 윤범(155), 채경(684), 믿음(729)이다.

　이 네 이름 중에서 아이의 시크릿 코드에 맞고 작명구결에서 단·길·울의 성품과 일치하는 이름을 순서대로 정한다. 작명구결의 단은 강인한 생명력이고 아기의 성향은 뱀띠이므로 단의 이름으로 윤범이 가장 합당하다. 다음으로 작명구결에서 길은 뻗어나는 성품인데 여기에 염소자리의 특성을 더하면 믿음이 가장 합당한 이름이 된다. 그리고 마지막 울의 이름은 12운성이 절이고 작명구결의 성품은 자신의 바른 영역이므로 상율이라는 이름이 가장 합당하다.

◆ **최종 선택**

이렇게 해서 나온 9개 이름을 아이의 부모가 여러 번 불러본 다음, 뜻이 좋고 부르기 편한 이름 3개를 최종적으로 골라내고, 가족과 친지들과 상의하여 최종적으로 상율이라는 이름으로 정하였다. 출생신고는 상율로 하고, 호적 이름은 돌림자인 물가 수洙자를 항렬에 맞게 넣어 경수耕洙라고 지었다.

하늘이 내린 이름	한	서진(081)	서진(081)	상율 (076)
	띠	겸(031)		
	샘	비단길로(735)		
사람이 소망한 이름	솔	희준(300)	건하(012)	
	빛	병헌(065)		
	참	건하(012)		
땅이 받든 이름	단	윤범(155)	상율(076)	
	길	믿음(729)		
	울	상율(076)		

> **실전사례 03**　**외국에서 태어난 여자아이 이름**

전세계에서 활동하고 있는 재외동포는 약 700만 명이 넘는다. 세계 어느 곳에 살든 고국을 향한 마음은 늘 뜨겁고 한결같다. 한국인 부모들은 외국에서 아이를 낳으면 꼭 한국 이름을 지어주고 싶어한다. 한국인의 정체성을 잊지 말라는 뜻이기도 하다. 이번 사례는 미국에서 아이를 낳고 이름을 정한 경우로, 아이의 아빠는 교포 2세이고, 엄마는 유학생으로 뉴욕에 갔다가 결혼해 정착하였다. 이들 부부는 귀한 딸이 의사가 됐으면 하는 바람을 가지고 있었다.

참고로 미국에서 태어날 경우 퇴원 전에 출생신고를 마쳐야 하므로 이름을 짓는 데 시간적 여유가 없다. 출생 후 하루 이틀 사이에 이름을 짓고 출생신고를 마쳐야 한다. 무엇보다 외국에서 태어난 아이들은 일단 시차를 적용해 사주팔자를 찾아야 한다. 뉴욕 맨하튼의 경도는 −74도다. 서울의 경도는 +127도로, 서울을 기준으로 201도의 시차를 적용하여 사주간지를 뽑으면 된다. 시차는 경도 1도에 4분 차이가 난다. 201도는 13시간 30분의 시차를 사주에 적용한다. 즉, 뉴욕 맨하튼에서 태어난 시간에 13시간 30분을 더하면 된다. 이렇게 해서 나온 사주팔자로 생명표와 작명구결표를 만들면 된다.

이 아이는 미국 시간으로 2014년 1월 3일 새벽 1시 09분에 태어났다. 여기에 시차를 적용하면 한국시간으로 2014년 1월 3일 14시 39분이다. 따라서 아이가 태어난 시간은 2014년 1월 3일 미未시생이 된다.

❶ 먼저 아이의 생명표를 작성한다

태명	선데이모닝(Sunday Morning, 일요일 아침에 임신 사실을 알아서)
태몽	빌 게이츠와 악수하는 꿈
생년월일시	2014년 1월 3일 01시 09분 (뉴욕 시간) 2014년 1월 3일 14시 39분 (경도차 201도를 적용한 시간)
출생도시	미국 뉴욕주 맨하튼
혈액형·별자리	AB형·염소자리
부모 성명 (생년월일)	○○○ 한　　　1982년 11월 11일(양) 김○○　　　　1982년 5월 15일(양)
형제자매	오빠 : 루이스 태겸 한(2011년 4월 5일 06시 07분 출생, 뉴욕)
조부모 성명	한○○, 위○○
외조부모 성명	김○○, 정○○

❷ 사주간지표를 작성한다

사주	팔자	오행	육친	오행과 육친 수
연주 (1~20세)	계 癸 사 巳	수(水) 화(火)	정인 식신	목(木) 2개 화(火) 1개 토(土) 2개 금(金) 1개 수(水) 2개
월주 (21~40세)	갑 甲 자 子	목(木) 수(水)	비견 정인	
일주 (41~60세)	갑 甲 술 戌	목(木) 토(土)	주성 편재	정인 (2개) 정관 (1개) 정재 (1개) 식신 (1개)
시주 (61~80세)	신 辛 미 未	금(金) 토(土)	정관 정재	

❸ 작명구결표를 작성한다

아이 엄마가 기도하고 선택한 천부경은 35장 '효'이다. 따라서 효심이 깊고, 갑목甲木 일주 사주이니 늘 진취적이고 솔선수범하는 성향이다. 표에서 볼 수 있듯(p.173 참고) 이름의 시크릿 코드에 1이 4번이나 있으니 리더십이 강하고 정직하다. 무엇보다 정재, 정관, 정인이 모두 있는 삼정三正의 사주이다. 예부터 삼정의 사주는 왕실에서 왕가의 사람을 들일 때 기준으로 삼았을 만큼 심성이 바르고 마음의 그릇이 크다. 자연의 순리대로 재운과 학운 그리고 관운이 위치해 조화로운 삶을 살아간다고 예상할 수 있다. 천부경과 천간에 기준해서 한·띠·샘은 35-1-1, 솔·빛·참은 1-1-5, 단·길·울은 6-10-12가 된다. 사주에 오행을 두루 갖추고 있으나 월지가 수水라 물의 성품으로 오행을 정했고, 육친은 정인이 가장 많고 결이 단단하므로 정인으로 선택한다.

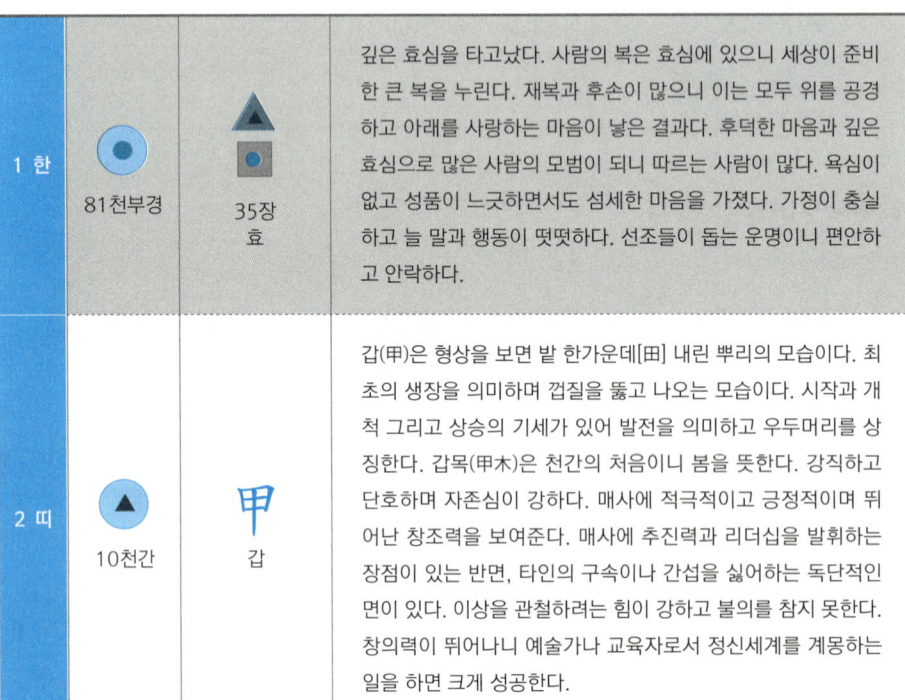

3 샘	10수호성 ■	태양 ◉	태양은 모든 자연계의 중심이다. 태양을 상징하는 기호는 영혼과 완성을 상징하는 원 한가운데 작은 점이 있는 형상으로, 세상의 중심은 자기 자신이라는 뜻이 있다. 모든 생명이 타고난 목적은 태양이 만물을 비추듯 자신의 힘과 소명을 세상을 향해 내비치는 것이다. 태양은 인체의 심장에 해당한다. 세포에 피를 전달해 생명의 근원이 된다. 집안에서는 아버지를 뜻하고 권위, 자신감, 법칙, 자아를 뜻한다.
4 솔	사상(혈액형) ▲	태양인 (AB형)	천성은 앞으로 나아가려는 진취적 기상이 강하고 단순하며 강한 집중력이 있다. 자신이 좋아하는 일은 밤을 새워 완성한다. 통찰력과 집중력이 강해 무서운 것이 없다. 먼저 행동하고 나중에 수습한다. 어떤 일이 일어나도 민첩하게 최선의 방법을 모색한다. 아이큐가 높고 기억력이 좋다. 양면의 극단성을 모두 가지고 있어 변용이 자유롭지만 독단적일 수도 있다. 세상의 역사적, 종교적, 도덕적 흐름에 밝기 때문에 공공차원의 가치 확립에 앞장선다. 태양인은 비장이 발달하지만 간을 보호하지 못해 피로를 자주 느끼고 심혈관질환에 걸릴 수 있다. 태양인에게는 메밀, 버섯, 포도, 사과, 청포묵 등의 음식이 좋다.
5 빛	오행 ▲	水 물 수(水)	수(水)는 만물의 근원이다. 물[水]은 담박하고 자유로우며 항상 낮은 곳으로 흐른다. 그래서 물은 지혜를 상징한다. 물은 자신을 고집하지 않고 형태를 바꾸며 쉬지 않고 흘러 생명을 순환시킨다. 물은 죽음과 재생 그리고 융통성과 수용성을 뜻한다. 가을날 금(金)의 기운으로 맺어진 결실은 겨울날 물의 기운을 받아 씨앗으로 응집된다. 깊고 푸른 바다는 그래서 생명의 근원이 된다. 수(水)는 여성에게는 자궁을, 남성에게는 정력을 의미한다. 수(水)의 성격을 가지면 차분하고 인내심이 강하며, 애착이 깊고 신비주의적 성향을 갖는다. 독립심이 강하고 현실보다 큰 이상을 꿈꾸며 부지런하다. 지도자상에 수국(水局)이 많다.

이름짓기 실전 사례

6 참	▲ 육친	正印 정인	정인 사주는 성품이 따뜻하고 덕망이 있으며 자비롭고, 생각의 폭이 넓다. 품위 있고 인격이 고상한 선비 스타일이다. 늘 인정받으려고 노력하며 칭찬받기 위해 더욱 매진한다. 타인의 마음을 쉽게 간파하는 상담가적 기질을 가지고 있으며, 배움에 대한 끊임없는 열정으로 학문을 탐구하고 내적 신념이 강하다. 인내심이 강해 세밀하고 반복적인 일을 끝까지 해낸다. 직관력과 사람을 중심의 가치에 두기 때문에 학자, 총장, 교수, 판사, 검사, 의사, 연구원, 시인, 광고전문가, 상담사, 저널리스트 등이 직업으로 잘 어울린다.
7 단	■ 12지신	🐍 뱀띠	뱀은 남남동의 방위신이자 음력 4월의 시간신이다. 지혜의 상징이고 조상을 뜻한다. 정리정돈을 좋아하고 단정하다. 뱀은 허물을 벗고 다시 태어나므로 환생을 의미한다. 언제나 비상을 꿈꾸고 지적 호기심이 남다르다. 고구려 사신도에서 뱀은 거북과 한 몸으로 북쪽을 관장하는 현무가 된다. 치유의 힘을 가지고 있어 생명력과 회복을 의미한다. 뱀은 예부터 집안의 재산을 지켜주는 가신이다. 뱀은 다리가 없다. 그래서 우리 조상들은 뱀날에는 멀리 나서지 않았다.
8 길	▲ 12별자리	♑ 염소자리	염소자리는 사수자리가 설파한 것을 실험한다. 물질화할 수 없는 추상적 개념을 싫어한다. 야심적인 기질이 있지만 돌다리도 두드려보고 현실적으로 보이는 것만 믿는다. 염소자리는 자신이 선택한 분야에서 정점이 도달할 때까지 끊임없이 노력하는 인내의 상징이다. 권위적인 측면과 순종적인 측면이 모두 있다. 계절적으로는 1월로 새로운 시작점에 서 있다. 구시대를 마감하고 새로운 역사를 연다.
9 울	■ 12운성	양	현재에 만족하고 감사하며 희망을 가지고 노력하는 모습이 있다. 모든 일이 발전적으로 진행된다.

작명구결표를 바탕으로 이름의 시크릿 코드 9개를 정리하면 다음과 같다.

작명구결	한	띠	샘	솔	빛	참	단	길	울
시크릿 코드 9	35	1	1	1	1	5	6	10	12
	효	갑(甲)	태양	태양인	수(水)	정인	뱀	염소자리	양

❹ 이름분류표에서 각각의 시크릿 코드에 연결되는 이름을 찾는다

운명의 코드 9개를 모두 찾은 후에는 그 코드에 맞는 이름을 찾는다. 하늘이 내린 이름 3개, 사람이 소망한 이름 3개, 땅이 받든 이름 3개로 총 9개 이름 중에서 최종적으로 하나를 고르면 된다.

◆ 하늘이 내린 이름

하늘이 내린 이름은 천부경점을 쳐서 나온 시크릿 코드 1인 35장 '효'로 찾는다. 81천부경 분류표(p.86 참고)에서 35장 효에 해당하는 이름은 여자이름 3개, 중성적 이름 1개 그리고 한글이름 1개다. 모두 5개의 이름을 2부 이름 목록에서 찾아 차례대로 나열하면 세린나(379), 아인(417), 일라이자(493), 연오(637), 마중(726)이다.

　이 5개 이름을 펼쳐놓고 작명구결에서 한·띠·샘의 성품과 일치하고, 다시 아이의 시크릿 코드 한·띠·샘의 특성과 일치하는 이름을 선택해 나간다. 작명구결에서 한은 소망을 뜻한다. 그리고 천부경점으로 나온 35장 효를 읽어보면 당당하면서도 온화한 성품을 잘 살리고 있는 이름은 일라이자이다. 따라서 한의 이름으로는 일라이자를 정한다. 다음 작명구결에서 띠는 중심을 뜻하고 아이의 천간은 갑甲이니 아인(417)이라는 이름이 진취적이고 공명한 느낌을 주므로 잘 어울린다. 그래서 띠의 이름은 아인으로 정한다. 마지막으로 10수호성 중 태양의 기운과 일치하고 작명구결에서 샘은 창조력을 뜻하므로

세린나(379)가 가장 운명에 가깝게 다가온다. 결국, 한의 이름은 일라이자(493)로 정하고, 띠의 이름은 아인(417)으로 정하며, 샘의 이름은 세린나(379)로 결정된다.

◆ 사람이 소망한 이름

사람이 소망한 이름은 아이의 육친이 기준이다. 아이의 육친이 정인이므로 먼저 9품9직 분류표(p.116 참고)에서 정인을 찾으면 5 · 빛에 해당한다. 이어서 사주의 대표 오행을 보면 수水이다. 9품9직 분류표에서 5(빛) · 1(수)에 해당하는 이름은 여자이름 6개, 중성적 이름 2개, 한글이름 2개 등 모두 10개가 있다. 이들 이름을 2부 이름목록에서 찾아 차례대로 나열하면 규리(307), 소피(389), 연우(429), 을주(483), 주온(521), 태은(554), 유솔(644), 현담(693), 도담(722), 슬옹(756)이다.

이 10개의 이름들 중에서 작명구결의 솔 · 빛 · 참의 성품에 합당한 이름을 하나하나 찾는다. 먼저 솔의 이름은 사상과 작명구결의 솔의 성품을 기준으로 결정한다. 작명구결에서 솔은 꾸준한 성품을 뜻하고, 아이의 사상은 AB형으로 태양인이니 적극적이고 강한 집중력을 발휘한다. 인내심과 집중력을 대변하는 이름은 유솔이다. 따라서 솔의 이름은 유솔로 정한다. 다음으로 오행이 수水이고 작명구결에서 빛은 밝은 이치인데, 지혜롭게 많은 사람을 가르치는 이름은 태은이다. 따라서 빛의 이름은 태은으로 정한다. 마지막 참의 이름은 정인과 작명구결에서 진실한 미덕을 상징하는 참이니 을주라는 이름이 가장 잘 어울린다. 이렇게 솔의 이름은 유솔, 빛의 이름은 태은, 참의 이름은 을주가 된다.

◆ 땅이 받든 이름

땅이 받든 이름은 띠를 먼저 찾고, 다음으로 별자리를 대입하면 합당한 이름을 얻을 수 있다. 우선 아이가 뱀띠이므로 12지신 12별자리 분류표(p.142 참고)에서 뱀띠를 찾고, 그 중에서 염소자리의 이름들을 찾으면 된다. 뱀띠-염소자리, 즉 6-10으로 분류된 이름은 여자이름 2개, 중성적 이름 1개, 한글이름 1개 등 모두 4개의 이름이 있다. 이를 2부 이름 목록에서 찾아 순서대로 나열하면 규리(307), 효경(590), 채경(684), 믿음(729)이다.

이 4개의 이름을 펼쳐놓고 아이의 시크릿 코드에 맞고 작명구결에서 단·길·울의 성품과 일치하는 이름을 순서대로 정한다. 작명구결의 단은 강인한 생명력이고 아기의 성향은 뱀띠이므로 여러 가지를 종합할 때 효경이 단의 이름으로 가장 합당하다. 따라서 단의 이름은 효경으로 정한다. 다음으로 작명구결에서 길은 뻗어나는 성품인데 여기에 염소자리의 특성을 더하면 규리가 가장 합당한 이름이 된다. 그리고 마지막 울의 이름은 12운성이 절이고 작명구결의 성품은 자신의 바른 영역이므로 채경이라는 이름이 가장 합당하다. 또한 오빠의 이름이 루이스 재겸 한이라 발음이 비슷한 채경으로 정한다. 즉, 울의 이름은 채경이 된다.

◆ 최종 선택

이렇게 해서 나온 9개 이름 중에서 부모는 가장 편하게 발음되는 일라이자, 유솔, 규리를 먼저 정하였다. 미국에서 살므로 일라이자 한, 유솔 한, 규리 한으로도 불러보며 가장 어감이 좋고 소명을 잘 살리는 유솔로 이름을 정했다.

영어이름은 각 분류표에서 선택된 Anna(810), Beatrix(816), Paige(872), Zenobia(899) 중에서 Zenobia로 정했다. 부모는 이름을 정한 당일에 Zenobia Yusol Han으로 출생신고를 마쳤다.

하늘이 내린 이름	한	일라이자(493)	일라이자(493)	유솔 (644)
	띠	아인(417)		
	샘	세린나(379)		
사람이 소망한 이름	솔	유솔(644)	유솔(644)	
	빛	태은(554)		
	참	을주(483)		
땅이 받든 이름	단	효경(590)	규리(307)	
	길	규리(307)		
	울	채경(684)		

이름에 대한 Q & A ⑥

외자 이름은 정말 외롭게 사나요?

Q 제 이름이 김철(金喆)입니다. 두 글자 이름보다 독특하고 기억하기에도 좋고 부르는 느낌도 산뜻해 제 아이의 이름도 외자로 하고 싶은데, 주위에서 외자 이름은 외롭다는 이야기를 들었습니다. 특별히 외자 이름을 사용하는 사주가 있는지, 외자 이름은 정말 외로운 삶을 사는지 궁금합니다.

A 우선 이름이 왜 세 글자인지 설명하겠습니다. 우리 민족은 예부터 3이란 숫자를 민족사상의 근원으로 보았습니다. 하늘, 땅, 사람 이 삼재의 이법이 우리 민족사상의 근본이고 근간입니다. 이름도 이 삼재의 이법이 적용됩니다. 이름에서 성은 자신이 바꿀 수 없습니다. 부모로부터 받은 성이니 천지인 중에 사람의 성품이 됩니다. 순서대로 중간자는 하늘이고, 끝자는 땅입니다. 그래서 세 글자 이름으로 천지인 삼재의 이법을 맞춘 것입니다.

우리가 선택할 수 있는 이름자는 중간자와 끝자입니다. 중간자는 하늘의 이치를 담고 있으니 사회적 지위나 업적을 담게 되고, 끝자는 땅의 이치니 말년의 운명과 가족관계 그리고 자식운과 연결되어 있습니다. 그래서 이름자를 선택할 때 중간자는 하늘의 기운을 보고 정하고, 끝자는 땅의 결을 보고 정하게 됩니다.

그러나 이름을 외자로 할 경우는 하늘과 땅이 하나로 만나야 합니다. 즉, 사주를 열었을 때 천간과 지지의 결이 하나로 만나거나 팔자의 오행이 거의 하나로 되어 있거나 천부경의 운명이 한길로 향하는 경우가 외자 이름을 받을 수 있습니다. 실제로 조선조 왕들의 이름은 세종 이도(李祹), 선조 이공(李公), 경종 이윤(李昀), 정조 이산(李祘) 등 외자 이름을 사용했습니다. 그 이유는 왕은 천지합일(天地合一)이라 하늘과 땅을 구분하지 않고 하나로 다스린다고 보았기 때문입니다. 종합적으로 보면 사주의 결이 크고 호방하여 여러 사람의 중심에 설 수 있을 때 외자 이름을 쓸 수 있습니다.

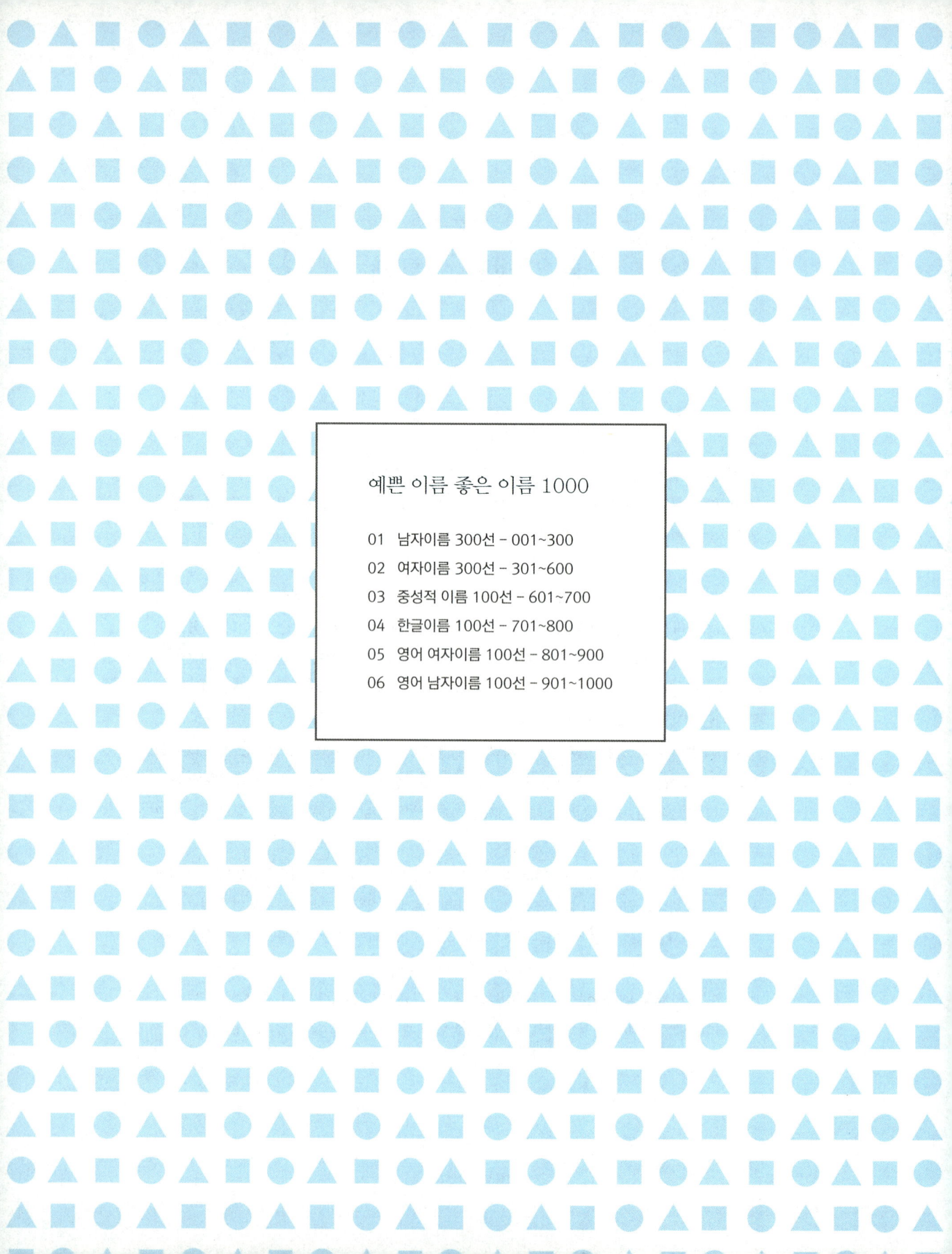

예쁜 이름 좋은 이름 1000

01 남자이름 300선 – 001~300
02 여자이름 300선 – 301~600
03 중성적 이름 100선 – 601~700
04 한글이름 100선 – 701~800
05 영어 여자이름 100선 – 801~900
06 영어 남자이름 100선 – 901~1000

02

이름 목록

BABY NAME LISTS

이름의 구성 순서와 표기 원칙

1   2부 이름 목록에 소개된 이름은 모두 1,000개로 남자이름(한자), 여자이름(한자), 중성적 이름, 한글이름, 영어 여자이름, 영어 남자이름 순서로 구성되어 있다.

    1은 양의 수이고 2는 음의 수이다. 1은 남자이고 2는 여자이다. 그래서 남자이름을 첫 번째에 두고, 다음 여자이름을 두 번째에 두었다. 중성은 남자와 여자가 만나 3이 된 모습이다. 다음 한글이름은 앞으로 우리가 나아가야 할 이름의 방향이기에 네 번째 자리에 두었다.

    다음 영어이름에서는 남자이름을 먼저 두지 않고 여자이름을 먼저 두었다. 동양사상은 남자가 먼저이고 여자가 나중이지만, 서양에서는 여자가 먼저이고 남자가 나중이다. 주역의 괘상으로 한국은 소남이지만 미국은 소녀다. 음과 양의 순서와 대비가 바뀐다. 숫자로 보면 800번대 이름은 음의 숫자라 여자이름에 합당하고, 900번대 이름은 양의 숫자라 남자이름에 합당하다.

    전체적인 모습은 양쪽 바깥에 남자가 있고 안에 여자를 둔 형태이다. 즉, 남자(이름)-여자(이름)-중성적(이름)·한글(이름)-(영어) 여자(이름)-(영어) 남자(이름)으로, 그 대비가 평화롭고 합당하다.

2   이 책의 한자이름은 이름의 의미와 느낌을 살리기 위해 두음법칙을 선택적으로 적용하였다. 국어는 한자어 표기시 한글 맞춤법의 두음법칙을 적용하는 것이 원칙이다. 하지만 이름은 고유성을 존중하는 측면에서 본인이 어떻게 쓰느냐를 우선한다. 즉, 호적 법규에 명시된 예외 규정에 따라 인명용 한자의 첫소리가 'ㄴ' 또는 'ㄹ'인 경우 그 한자가 이름자의 첫 음으로 사용된 경우든 나중 음으로 사용된 경우이든 상관 없이 출생 신고인에게 선택권을 주어, 스스로

의 희망에 따라 'ㄴ' 또는 'ㄹ' 음이나 'ㄴ' 또는 'ㅇ'으로 사용할 수 있다.

예를 들어, 화평할 민旼자에 법칙 률(율)律자를 쓰는 경우 '민률'로도 쓸 수 있고 '민율'로도 쓸 수 있으며, 이 중에서 쓰고 싶은 이름으로 표기하면 된다.

3 이름자에 많이 사용되는 글자 중에 여름 하昰자와 여름 하夏자가 있다. 昰는 고자古字이고, 夏는 본자本字인데 이 책에서는 두 글자를 구분하여 쓴다. 昰는 자원字源의 뜻이 옳고 그름을 밝히는 의로운 성품에 해당해 오행상 금金으로 보지만, 夏는 자원의 뜻이 여름날 부지런한 성품을 뜻하므로 오행상 화火로 본다. 이렇듯 고자와 본자가 이름에서 서로 다른 오행으로 쓰이니 아이의 성향에 맞춰 글자를 다르게 쓰는 것이다.

4 이 책의 한자이름과 한글이름은 로마자 표기시 이름자의 음절을 구분하기 위해 붙임표(-)를 넣었다. 즉, 예를 들어 '길동'이란 이름은 Gildong으로 적는 것이 원칙이지만, 로마자 표기법에서 허용된 Gil-dong으로 표기하였다. 우리나라 사람들의 이름은 대개 한 글자 한 글자마다 의미가 있어서 각 음절별로 구분하기 쉽게 적은 것이다.

단, 한자이름이지만 영어이름으로도 쓸 수 있는 경우에는 로마자 표기시 붙임표를 넣지 않았다.

5 최근 영어이름에 대한 관심이 부쩍 커지고 있다. 이 책에서는 성별에 따른 영어이름 200개를 소개하고 있다. 영어이름의 표기는 영미권의 발음을 기준으로 하고, 히브리어나 라틴어 등에서 유래한 이름은 원래의 발음을 먼저 따랐다.

그 중에서 한국에서도 사용할 수 있고 영미권 국가에서도 자연스럽게 사용할 수 있는 이름, 즉 한자이름으로도 쓸 수 있는 영어이름은 한자이름을 따라 표기하였다. 예를 들어 영어이름인 Abigail, Amanda, Hannah, Sion 등은 한자이름인 아비가일, 아만다, 한나, 시온으로 표기를 통일하였다.

남자이름 300선

001 가헌 · 佳憲 · Ga-heon

아름다운 사람아 바른 법으로 큰 영토를 일구라

아름다울 가佳자에 법 헌憲자를 써 가헌이라 한다. 한자의 자획을 풀어 나누는 것을 파자破字라고 하는데, 아름다울 가佳자를 파자로 풀면 큰 대지 위에 서 있는 사람이라는 뜻이다. 그 풍요로움 때문에 아름답다고 하며, 넓고 풍요로운 삶을 영위하라는 뜻에서 가佳자를 쓴다. 다음으로 헌憲은 바르고 정의로운 눈을 말한다. 풍요로운 삶을 바탕으로 그 영토에 바른 법을 펼치라는 뜻에서 가헌이라 한다. 자신에게 그리고 타인에게 늘 아름다운 모습으로 바른 법도를 보여주고 많은 사람과 함께 풍요로움을 누리라는 뜻이 담긴 이름이다.

002 강빈 · 剛斌 · Kang-bin

문무를 겸비하고 청렴한 뜻을 세워 세상을 이롭게 하라

굳셀 강剛자에 빛날 빈斌자를 써 강빈이라 한다. 예부터 굳셀 강剛은 그 심지가 굳고 정신이 밝아 임금의 강직한 심성을 말한다. 늘 청렴하고 뜻이 곧은 사람이 되라는 뜻에서 굳셀 강剛자를 쓴다. 다음으로 문무를 겸비하라는 뜻에서 빛날 빈斌자를 쓴다. 빛날 빈斌자를 파자로 풀면 무예와 학덕이 뛰어나 문무를 모두 겸비한 아름다운 모습이다. 스스로 재주와 인격을 갖추고 많은 사람을 부지런히 도우라는 의미가 담긴 이름이다.

003 강석 · 剛錫 · Kang-seok

세상을 향한 바른 뜻을 세워 굳세게 밀고 나가라

굳셀 강剛자에 주석 석錫자를 써 강석이라 한다. 예부터 굳셀 강剛은 그 심지가 굳고 정신이 밝아 임금의 강직한 심성을 말한다. 늘 청렴하고 뜻이 곧은 사람이 되라는 뜻에서 굳셀 강剛자를 쓴다. 다음으로 주석 석錫자는 바른 뜻을 세워 방향을 정한다는 뜻이 있다. 세상을 향한 바른 뜻을 세워 굳세게 밀고 나가라는 뜻에서 강석이라 한다. 스스로 재주와 인격을 갖추고 많은 사람을 부지런히 도우라는 뜻이 담긴 이름이다.

004 강인 · 講印 · Kang-in

바른 가르침을 널리 펼치고 말한 것을 이루는 사람이 되라

익힐 강講자에 인장 인印자를 써 강인이라 한다. 말을 통해 널리 진리를 베풀라는 뜻에서 익힐 강講자를 쓴다. 다음으로 인장 인印은 그 열매를 신의로 맺으라는 뜻이다. 예부터 인장은 말의 권위를 바꾸지 않음을 의미한다. 그래서 모든 문서에 인장을 찍어 그 말을 바꾸지 않고 끝까지 가지고 갈 것을 신의로써 다짐하였다. 청정한 가르침을 세상에 펼치고 그 가르침에 신의를 담아 지켜내라는 뜻이 담긴 이름이다.

005 강훈 · 康訓 · Kang-hun

세상을 보는 평정의 눈으로 큰 스승이 되라

편안할 강康자에 가르칠 훈訓자를 써 강훈이라 한다. 치우치지 않는 마음과 깊은 통찰력을 가진 사람은 세상을 바로 본다. 스스로 중심을 바로잡으면 편안하고 선명하다. 편안하고 선명하게 세상을 보라는 뜻에서 편안할 강康자를 쓰고, 다음으로 가르칠 훈訓자는 말이 물처럼 흘러 순리에 맞다는 뜻이다. 세상을 보는 평정의 눈으로 큰 스승이 되라는 뜻에서 강훈이라 한다.

006 건 · 建 · Geon

바른 법을 세워 건강하고 복된 영토를 일구라

세울 건建자를 써 건이라 한다. 예부터 법을 정하여 나라를 다스릴 때 건建이라 하였다. 사람을 다스리고 일을 행할 때 처음 하는 일이 바로 법을 만드는 것이다. 법을 정하여 바른 길을 열고 역사를 일구어 나가는 모습이 건建이다. 바른 법을 세워 늘 기쁨이 넘치라는 뜻에서 건이라 한다. 건강하고 행복한 나라에서 즐겁고 아름다운 인생을 살아가라는 뜻이 담긴 이름이다.

007 건민 · 建岷 · Geon-min

기업을 이루어 모든 사람이 풍족하게 살게 하라

세울 건建자에 산이름 민岷자를 써 건민이라 한다. 예부터 나라를 세워 법률을 정하고 일의 순서와 차례를 정할 때 세울 건建자를 사용하였다. 다음 민岷자는 파자로 풀면 뫼 산山에 백성 민民자로 산이 주는 풍족함을 누리며 살아가는 백성을 뜻한다. 따라서 건민에는 산과 같은 기업을 세워 그 안에서 많은 사람들이 풍요롭게 살게 하라는 뜻이 있다. 이 이름의 뜻을 이룰 수 있게 모든 사람들을 위해 늘 도전하고 개발하고 나누는 삶을 살아야 한다. 큰 그릇은 나중에 만들어짐을 잊지 말고 늘 노력하는 마음으로 발전해야한다.

008 건새 · 建塞 · Geon-sae

스스로 영역을 넓히고 순서를 바로세워 세상을 바르게 하라

세울 건建자에 변방 새塞자를 써 건새라 한다. 사람에게는 각자의 영역이 있다. 일과 일에는 순서가 있다. 모두가 자신의 영토 안에서 일을 찾고 행복을 쌓아 나간다. 학문에는 영역이 있고 관계에는 순서가 있다. 그 영역이 바르고 정당해야 만사가 형통하고, 그 일에 순서가 있어야 마침내 완성된다. 그 영역을 바로세우라는 뜻에서 건새라 한다. 건새는 강건한 힘과 지혜로 영역과 선을 분명히 하는 소명 속에서 만물과 만사의 순서를 조율할 것이다. 총명한 눈으로 경계를 바로세우고 순서를 바로 만들라는 의미가 담긴 이름이다.

009 건우 · 建友 · Geon-u

스스로 강건하고 널리 벗을 두어 행복한 인생을 영위하라

세울 건建자에 벗 우友자를 써 건우라 한다. 예부터 나라를 세워 법률을 정하고 일의 순서와 차례를 정할 때 세울 건建자를 사용하였다. 스스로 중심을 잡아 큰 기준이 되라는 뜻에서 건建자를 쓴다. 다음으로 늘 돕는 친구들이 많기를 바라는 뜻에서 벗 우友자를 쓴다. 물이 맑으면 물고기가 놀지 않는다. 청렴과 풍류를 함께할 수 있는 아름다운 사람으로 살라는 뜻에서 벗 우友자를 쓴다. 내적으로는 강건함을 기준으로 삼고 외적으로는 많은 친구와 더불어 행복한 인생을 살기를 바라는 뜻이 담긴 이름이다.

010 건율 · 建律 · Geon-yul

원칙을 바로세우고 조화로운 마음을 아울러 큰 세상을 만들라

세울 건建자에 법칙 율律자를 써 건율이라 한다. 예부터 나라를 세워 법률을 정하고 일의 순서와 차례를 정할 때 세울 건建자를 사용하였다. 다음으로, 거문고 소리는 느슨하면 탁하고 너무 당겨지면 갈라진다. 세상의 이법이 너무 조여지면 숨쉬기 힘들며 너무 느슨하면 성과가 없다. 사람 사이에서 소통과 대화를 주관하는 사람은 화평해야 편안하게 다가오고, 공평해야 무리가 떠나지 않는다. 아름다운 천상의 음률, 천상의 비례를 이루라는 뜻에서 법칙 율律자를 쓴다. 원칙은 바로세우고 여러 마음을 아울러 큰 세상을 만들라는 뜻에서 건율이라 한다.

011 건중 · 鍵中 · Geon-jung

일과 사람의 중심에서 바른 척도가 되라

열쇠 건鍵자에 가운데 중中자를 써 건중이라 한다. 열쇠를 쥐고 있는 사람은 공평무사해야 한다. 공평무사하다는 것은 편중되지 않은 것이며, 흔들리지 않는 것이며, 순리를 거스르지 않는 것이다. 모든 일의 경중과 순서를 따져 바른 중심을 잡으라는 뜻에서 건중이라 한다. 사람과 사람 사이에서, 일과 일 사이에서 강건한 뚝심으로 중심에 서라는 뜻이 담긴 이름이다.

012 건하 · 建昊 · Geon-ha

바른 원칙으로 세상을 바르게 하라

세울 건建자에 여름 하昊자를 써 건하라 한다. 예부터 나라를 세워 법률을 정하고 일의 순서와 차례를 정할 때 세울 건建자를 사용하였다. 다음으로 여름 하昊자는 파자로 풀면 날 일日자에 바를 정正자로 천지만물의 중심인 태양이 바른 위치, 즉 정위에 자리하고 있는 모습이니 권위가 있고 화평하다. 세상의 바른 기준, 하나의 원칙이 되어 세상을 올바르게 하라는 의미가 담긴 이름이다. 가슴에 바른 소망을 안고 세상을 만나고, 바른 것과 바르지 못한 것을 제자리로 돌리는 운명의 주인공이 되기를 소원하는 이름이다.

013 겸 · 兼 · Gyeom

모든 이견을 포용해 큰 사람이 되라

겸할 겸兼자를 써 겸이라 한다. 인생을 살면서 모든 생명을 사랑하고 가꾸는 마음을 잊지 말며, 서로 다른 의견과 생각들을 모두 포용해 하나의 뜻을 만들고 소통하라는 의미다. 깊은 예지력을 바탕으로 앞에 나서 일하니 우뚝 설 것이며, 하는 일마다 이치에 맞고 푸르고 맑아 태양처럼 빛난다는 의미가 담긴 이름이다. 소통과 대화의 중심에 서서 늘 겸손하게 뜻을 받들어 큰 세상을 만들라는 바람이 담겨 있다.

014 경수 · 耕洙 · Gyeong-su

땅을 일구는 농부의 마음으로 널리 베풀고 나누라

밭갈 경耕자에 물가 수洙자를 써 경수라 한다. 진실하고 본질적인 것을 탐구하고 닦으라는 뜻이다. 땅의 기운이 아름다운 사람이다. 넓고 후덕하며 기다리는 마음이 훌륭하다. 그와 같은 자연의 이치에 순응하며 일을 이루어내는 모습 그대로 경수라 하니 농부의 마음처럼 계절을 따라 부지런히 갈고 닦아 큰 열매를 이루는 이름이다. 땅의 주인으로 근본을 닦아 풍요로운 세상을 만들 것이니 이름을 자주 불러 운명을 이끌게 하면 좋다.

015 경식 · 耕植 · Gyeong-sik

농부의 마음처럼 세상을 풍요롭게 하라

밭갈 경耕자에 심을 식植자를 써 경식이라 한다. 밭을 가는 농부의 마음은 진실하고 강직하다. 뿌린 것을 거두려는 마음이요 시간을 거스르지 않는 마음이다. 늘 부지런히 갈고 닦아 큰 영토를 일구라는 뜻이 담긴 이름이다. 그러한 자연의 이치에 순응하며 일을 이루어내는 모습 그대로 경식이라 하니 농부의 마음처럼 계절을 따라 부지런히 갈고 닦아 큰 열매를 이루기 바란다.

016 경원 · 耕源 · Gyeong-won

근본을 가꾸고 닦아 땅의 주인이 되라

밭갈 경耕자에 근원 원源자를 써 경원이라 한다. 진실하고 본질적인 것을 탐구하고 닦으라는 뜻에서 경원이라 한다. 자신의 세상을 만들어가는 큰 뜻을 품되, 땅을 딛고 사람 사이에서 이루라는 뜻이다. 땅의 기운이 아름다운 사람이다. 넓고 후덕하며 기다리는 마음이 훌륭하다. 농부의 마음으로 근본을 갈고 닦아 땅의 주인이 되라는 뜻이 담긴 이름이다.

017 경일 · 鏡一 · Gyeong-il

하나의 참된 진실을 비추어 바른 세상을 만들라

거울 경鏡자에 한 일一자를 써 경일이라 한다. 거울은 만물을 그 안에 담는다. 거울은 모든 진실을 거짓 없이 비추며, 마음의 거울은 거짓을 말하지 못하게 한다. 내 마음의 진실을 거짓 없이 드러내고 타인의 진실과 잘못을 여과 없이 비춰주는 눈 맑은 사람이 되라는 뜻에서 경鏡자를 쓰고, 비추는 모든 것이 단 하나의 진실처럼 참되고 바르라는 뜻에서 한 일一자를 쓴다. 세상의 모든 진실을 있는 그대로 비추어 맑고 바르게 하라는 뜻이 담긴 이름이다.

018 경재 · 耕載 · Gyeong-jae

농부의 마음처럼 세상을 풍요롭게 하라

밭갈 경耕자에 실을 재載자를 써 경재라 한다. 농부의 마음은 진실하고 강직하다. 뿌린 것을 거두려는 마음이요 시간을 거스르지 않는 마음이다. 농부처럼 부지런히 갈고 닦아 큰 영토를 일구라는 뜻에서 경耕자를 쓴다. 다음으로 실을 재載자는 파자로 풀면 수레 거車자에 창 과戈자이니 수레 위에 재물과 곡식이 쌓여 있는 모습이다. 부지런한 발과 손으로 밭을 갈아 수레에 가득히 곡식을 실어 나르라는 뜻에서 경재라 한다. 농부의 마음처럼 계절을 따라 부지런히 갈고 닦아 큰 열매를 이루고 큰 가업을 이루어 세상을 풍요롭게 하라는 뜻이 담긴 이름이다.

---

019 경진 · 鏡眞 · Gyeong-jin

참된 진실을 비추어 바른 세상을 만들라

거울 경鏡자에 참 진眞자를 써 경진이라 한다. 거울은 만물을 그 안에 담는다. 거울은 모든 진실을 거짓 없이 비추며, 마음의 거울은 거짓을 말하지 못하게 한다. 내 마음의 진실을 거짓 없이 드러내고 타인의 진실과 잘못을 여과 없이 비춰주는 눈 맑은 사람이 되라는 뜻에서 거울 경鏡자를 쓰고, 다음으로 그 비추는 모든 것이 참되고 바르라는 뜻에서 참 진眞자를 쓴다. 세상의 모든 진실을 있는 그대로 비추어 맑고 바르게 하라는 뜻이 담긴 이름이다.

---

020 경훈 · 庚訓 · Gyeong-hun

만사의 중심에서 길을 열라

별 경庚자에 가르칠 훈訓자를 써 경훈이라 한다. 원칙이 있는 사람은 만사의 중심에 선다. 길을 아는 사람이 방향을 제시할 수 있다. 밤이 깊어 길이 보이지 않을 때 하늘의 별이 되고, 만사의 순서가 서로 부딪힐 때 순리대로 바른 가르침이 되라는 뜻에서 경훈이라 한다. 늘 바른 방향을 이끄는 사람이 되라는 뜻에서 경훈이라 하니 좋은 이름으로 운명의 당당한 주인공이 될 것이다.

021 관우 · 關禹 · Gwan-u

우왕의 지덕으로 세상과 교류하고 만물을 부유하게 하라

관계할 관關자에 임금 우禹자를 써 관우라 한다. 세상의 모든 부는 소통과 관계에서 이루어진다. 다시 말해, 인간의 정신과 물질은 서로간의 관계를 통해 발전하고 개발된다. 늘 관계를 돌보라는 뜻에서 관계할 관關를 먼저 쓰고, 다음으로 임금 우禹자를 쓴다. 하나라 우왕은 치수와 지덕의 상징이다. 우왕의 지덕을 배워 널리 세상을 다스리고 관계를 통해 나라를 부유하게 하라는 뜻이 담긴 이름이다.

---

022 교헌 · 敎憲 · Gyo-heon

깊은 지혜로 널리 사람을 가르쳐 바르게 하라

가르칠 교敎자에 법 헌憲자를 써 교헌이라 한다. 바른 법을 널리 가르치라는 뜻이니 만법의 스승이 될 것이다. 가르치는 마음은 옛 것을 본받아 새 것을 만드는 마음이니 그 뿌리는 늘 새롭게 다시 태어나 꽃을 피우고 열매를 맺는다. 어제와 오늘이 다시 만나는 것은 가르치는 사람들의 몫이니 그 몫을 잊지 말고 나아가면 큰 영광이 있을 것이다. 오늘보다 나은 내일을 위해 열심히 사는 한 사람 한 사람에게 바른 지표가 되라는 뜻이 담긴 이름이다.

---

023 권율 · 卷律 · Gwon-yul

깊은 지혜를 갖추어 소통의 중심에 서라

책 권卷자에 법 율律자를 써 권율이라 한다. 예부터 권卷자는 정성스럽게 책을 보고 있는 모습에서 정성스럽다는 뜻으로 쓰였다. 책은 사람을 만든다. 바른 인격과 세상을 유익하게 하는 모든 정보를 책에서 구하라는 뜻에서 책 권卷자를 쓰고, 다음으로 소통의 중심에 서라는 뜻에서 율律자를 쓴다. 깊은 지식과 정보 그리고 인격으로 아름다운 천상의 음률, 천상의 조화, 천상의 비례를 이루라는 뜻에서 권율이라 한다. 널리 지혜를 구해 사려 깊은 사람이 되고 소통의 중심에서 큰일을 하라는 의미가 담긴 이름이다.

024 권중 · 權中 · Gwon-jung

저울과 같은 눈으로 세상의 중심에 서라

권세 권權자에 가운데 중中자를 써 권중이라 한다. 권權자는 예부터 저울질하다, 경중을 따지다 의 뜻이 있다. 치우침 없이 사물과 사건의 본말을 따지는 힘을 권력이라 한다. 다음으로 중中자 는 곧고 바름을 뜻한다. 저울과 같이 바르고 곧게 세상을 보라는 뜻에서 힘의 중심, 즉 권중이라 한다. 힘은 중심을 잃으면 원한을 산다. 늘 중심에서 치우치지 않는 지혜와 판단으로 세상의 주 인이 되라는 뜻이 담긴 이름이다.

025 규헌 · 圭軒 · Gyu-heon

넉넉한 마음과 푸른 기상으로 세상을 복되게 하라

홀 규圭자에 집 헌軒자를 써 규헌이라 한다. 규圭자는 흙 토土자를 겹쳐 놓은 형태로 천자가 제 후에게 내리는 땅을 말한다. 끝없이 펼쳐진 풍요롭고 화평한 대지 위에 처마가 높은 집을 지으 니 다음에 집 헌軒자를 쓴다. 처마가 높으니 관청이요, 사람들이 찾아와 도움을 청하고 휴식을 얻는다. 집 헌軒자는 또한 대부 이상의 벼슬아치가 타던 수레를 뜻한다. 귀하고 높은 기상이 드 러나니 풍요로운 대지 위에 재물을 채우고 청렴한 기상이 정신을 채울 것이다. 널리 사람에게 길을 제시하고 세상을 평화롭게 하라는 뜻이 담긴 이름이다.

026 기새 · 基塞 · Gi-sae

큰 지혜로 새로운 영토를 만들라

터 기基자에 변방 새塞자를 써 기새라 한다. 스스로의 영역을 얻을 것이다. 자신의 땅을 넓히고 넓혀 큰 땅을 이룰 것이다. 그 영역이 크고 아름답고 풍요로우므로 기새라 한다. 오늘에 머물지 않고 내일을 꿈꾸는 사람은 아름답다. 어제를 버리고 새로운 영토를 찾아가는 사람은 늘 푸르고 푸르다. 기새는 어제에 머물지 말고 광활하고 아름다운 영토, 지금까지 사람들이 꿈꾸지 못했던 새로운 영토를 열라는 뜻이 담긴 이름이다.

027 기오 · 基五 · Gi-o

세상을 소통케 하는 반석 위에 오복을 쌓으라

터 기基자에 다섯 오五자를 써 기오라 한다. 단단한 반석을 다지고 그 위에 풍요로운 곡식을 쌓을 것이다. 또한 인정을 쌓고 재물을 쌓을 것이다. 터가 크고 넓으면 사람이 오가고 만사가 소통한다. 오五는 인의지예신仁義智禮信의 다섯 가지 미덕이니 아름답고 풍요롭다. 튼튼한 반석 위에 오복을 쌓으라는 뜻에서 기오라 한다. 치우치지 않는 사고와 행동으로 만사의 기준이 되고 세상의 중심이 되라는 뜻이 담긴 이름이다.

028 기웅 · 基雄 · Gi-ung

조상의 땅을 지키고 진취적 기상으로 세상을 호령하라

터 기基자에 수컷 웅雄자를 써 기웅이라 한다. 조상의 큰 은덕이 보필하는 운명이므로 자신의 자리를 잘 보존하고 지키라는 뜻에서 터 기基를 쓰고, 진취적 기상으로 늘 승리하는 인생을 살라는 뜻에서 다음으로 수컷 웅雄자를 쓴다. 예부터 수컷 웅雄자는 앞으로 나아가 승리하라는 뜻이 있다. 안으로는 조상의 땅을 지키고 밖으로는 진취적 기상으로 세상을 호령하라는 뜻이 담긴 이름이다.

029 기현 · 基現 · Gi-hyeon

바탕은 단단히 하고 꿈은 현실로 이루어 큰 세상을 만들라

터 기基자에 나타날 현現자를 써 기현이라 한다. 스스로의 영역을 얻을 것이다. 자신의 땅을 넓히고 넓혀 큰 땅을 이룰 것이다. 그 영역이 크고 단단하여 터 기基자를 쓰고, 다음으로 그 가업을 현실로 이루라는 뜻에서 나타날 현現자를 쓴다. 바탕은 단단히 하고 꿈은 현실로 이루어 큰 세상을 만들라는 뜻에서 기현이라 한다. 반석처럼 단단한 땅의 기운을 딛고 일어나 지혜롭고 풍요로운 삶을 영위하라는 뜻이 담긴 이름이다.

030 나혁 · 喇赫 · Na-hyeok

하는 일마다 큰 성과로 혁혁히 빛나라

나팔 나喇자에 빛날 혁赫자를 써 나혁이라 한다. 태평성대의 영광과 즐거움을 갖고 태어나 세상을 밝히는 큰 등불이 될 것이다. 나팔 나喇자는 큰 군사가 행군하는 신호이며 큰 축일에 그 즐거움을 널리 알린다. 다음으로 혁赫자는 하는 일마다 혁혁한 성과를 거두며 늘 열정을 가지고 만사를 이루라는 뜻이다. 하는 일마다 큰 열매로 혁혁히 빛나라는 뜻에서 나혁이라 하니 늘 노력하면 큰 영광을 거둘 것이다.

031 다헌 · 茶憲 · Da-heon

안으로 푸른 차의 향기를 품고 밖으로 바른 법을 세우라

차 다茶자에 법 헌憲자를 써 다헌이라 한다. 차가 성하니 그 향기가 만방에 퍼진다. 목木의 기운이 푸르고 푸르러 건강한 삶의 바탕이 된다. 다음으로 법 헌憲자는 파자로 풀면 마음 심心자에 눈 목目자 그리고 해할 해害자를 쓰니 마음과 눈으로 해로운 일을 가려낸다는 뜻이다. 선악을 가르고 선후를 따지는 일은 깊은 지혜와 반석같이 단단한 용기에서 시작한다. 푸르고 단단한 차의 향기를 안으로 품고 밖으로는 바르고 명확한 기준과 법을 세워 세상을 소통케 하라는 뜻에서 다헌이라 한다.

032 담이 · 淡易 · Dam-i

세상과 마주하여 치우침 없이 중도의 길을 가라

맑을 담淡자에 쉬울 이易자를 써 담이라 한다. 담淡은 욕심내되 집착하지 않음이요 고요하되 염착이 아니니, 집착과 염착을 넘어 늘 최선을 다하고 또다시 성공을 넘어 다시 도전하라는 뜻이다. 다음 쉬울 이易자는 해와 달이 순리를 찾아 순행하니 편하고 쉽다는 뜻이다. 세상과 마주하여 치우침 없이 중도의 길을 가라, 깊은 지혜와 맑은 행동으로 모든 것을 담아내 세상의 큰 스승이 되라는 뜻이 담긴 이름이다.

033 도빈 · 道儐 · Do-bin

세상에 길을 열어 널리 은혜를 베풀라

길 도道자에 베풀 빈儐자를 써 도빈이라 한다. "눈길을 걸어갈 때 어지럽게 걷지 말기를. 오늘 내가 걸어간 길이 훗날 다른 사람의 이정표가 되리니." 서산대사 휴정 스님(1520~1604)의 시다. 세상에 바른 길을 열라는 뜻에서 길 도道자를 쓰고, 다음으로 손님을 대접할 때 진심과 성심을 다해 베풀라는 뜻에서 베풀 빈儐자를 쓴다. 뜻을 바로세워 세상에 길을 열고 마음을 크게 열어 많은 사람에게 은혜를 베풀라는 의미가 담긴 이름이다.

034 도윤 · 圖潤 · Do-yun

도남의 웅지를 펼쳐 풍요로운 세상을 만들라

그림 도圖자에 윤택할 윤潤자를 써 도윤이라 한다. 도남圖南은 다른 지역으로 가서 큰 사업을 시작한다, 즉 대업을 꾀한다는 의미다. 예부터 그림 도圖자는 농토를 나누어 다스린다는 뜻으로 쓰였다. 나라와 영토가 잘 다스려지니 윤택하다. 그래서 다음 이름자로 윤택할 윤潤자를 쓴다. 윤潤자를 파자로 풀면 임금 왕王자에 문 문門 그리고 물 수水자로 왕이 문을 열고 나오니 강물이 풍요롭게 흐르는 모양이다. 대지에 곡식이 넉넉하고 만물이 풍요로운 모습이다. 세상을 풍요롭게 할 큰 뜻을 안고 도남하라는 의미가 담긴 이름이다.

035 동겸 · 同兼 · Dong-gyeom

모든 이견을 포용해 큰 사람이 되라

한 가지 동同자에 겸할 겸兼자를 써 동겸이라 한다. 먼저 살면서 모든 생명을 사랑하고 가꾸는 마음을 잊지 말고, 모든 사람의 말을 듣고 하나로 만들라는 뜻에서 한 가지 동同자를 쓴다. 다음으로 겸할 겸兼자는 서로 다른 의견과 생각들을 포용해 뜻을 하나로 만들고 소통하라는 의미다. 깊은 예지력을 바탕으로 앞에 나서 일하니 우뚝 설 것이며, 이루는 일마다 이치에 맞고 푸르고 맑아 태양처럼 빛날 것이니 동겸이라 한다.

036 동운 · 東云 · Dong-un

푸르고 푸르게 세상을 가득 채우라

동녘 동東자에 이를 운云자를 써 동운이라 한다. 동쪽의 푸른 기운을 바탕으로 세상 모든 곳에 다다르라는 뜻에서 동운이라 한다. 몸은 한 곳에 머무르지만, 말은 머물지 않고 세상을 덮는다. 말과 뜻이 세상 밖으로 나가 세상을 푸르게 만들라는 뜻에서 동운이라 한다.

037 동율 · 東律 · Dong-yul

동녘의 기상으로 세상을 바르게 조율하라

동녘 동東자에 법칙 율律자를 써 동율이라 한다. 사람과 사람 사이에서 소통과 대화를 주관하는 사람은 투명하고 공평해야 무리가 떠나가지 않는다. 서로 다른 의견과 서로 다른 주장이 하나로 화합하기 위해서는 투명하고 강건한 기준이 있어야 한다. 그 최상의 기준을 율律이라 부른다. 동녘의 푸른 기상으로 세상을 바르게 조율하는 아름다운 사람이 되라는 뜻에서 동율이라 한다. 기준을 바로세우고 변함없는 마음과 따뜻한 말로 사람을 널리 안으라는 의미가 담긴 이름이다.

038 동주 · 東舟 · Dong-ju

세상 사람을 모두 싣고 널리 대양으로 나아가라

동녘 동東자에 배 주舟자를 써 동주라 한다. 시작하는 사람의 마음처럼 늘 푸르고 강건하라는 의미에서 동녘 동東자를 쓴다. 다음으로 동녘의 상서로운 기운을 받아 많은 문물을 실어 나르는 배가 되라는 뜻에서 배 주舟자를 쓴다. 큰 사람은 널리 많은 사람을 품에 안아야 한다. 변함없는 마음과 늘 따뜻한 말로 사람을 안아야 한다. 그 사람을 모두 배에 싣고 너른 강을 건네주고 바다를 건네주어야 널리 칭송받는다. 큰 마음으로 한 곳에 머무르지 말고 널리널리 나아가라는 뜻이 담긴 이름이다.

039 동찬 · 東巑 · Dong-chan

넉넉하고 후덕한 산처럼 만인의 귀감이 되라

동녘 동東자에 산 우뚝할 찬巑자를 써 동찬이라 한다. 동쪽은 푸른 기운이고 목木의 기운이며 시작하는 기운이다. 푸르고 강건하다. 우선 푸른 기운을 가득 담으라는 뜻에서 동東자를 쓰고, 다음으로 산처럼 우뚝 솟아 만인의 귀감이 되라는 뜻에서 산 우뚝할 찬巑자를 쓴다. 누구에게도 뒤지지 않는 성품만큼 베풀고 나누는 데에도 늘 으뜸이 되라는 뜻이다. 큰 산도 작은 흙 한 줌에서 시작하는 이치를 마음에 새기고 베풀고 베풀어 자신의 큰 산을 만들면 풍요롭고 넉넉할 것이다.

040 동헌 · 東憲 · Dong-heon

안으로 푸른 기상을 품고 밖으로 바른 법을 세우라

동녘 동東자에 법 헌憲자를 써 동헌이라 한다. 변치 않는 신념으로 세상의 길을 열어주는 사람이 있다. 늘 일신우일신日新又日新하는 마음으로 새롭게 태어나라는 뜻에서 동녘 동東자를 쓴다. 다음 법 헌憲자를 파자로 풀면 마음 심心자에 눈 목目자 그리고 해할 해害자이니 마음과 눈으로 해로운 일을 가려낸다는 뜻이다. 선악을 가르고 선후를 따지는 일은 깊은 지혜와 반석같이 굳센 용기에서 시작한다. 푸르고 단단한 마음을 안으로 품고 밖으로는 바르고 명확한 기준과 법을 세워 세상을 소통케 하라는 뜻에서 동헌이라 한다.

041 동현 · 東鉉 · Dong-hyeon

큰 지혜로 강건한 영토를 만들라

동녘 동東자에 솥귀 현鉉자를 써 동현이라 한다. 동쪽은 푸른 기운이고 목木의 기운이며 시작하는 기운이다. 푸르고 강건하다. 푸른 기운을 가득 담으라는 뜻에서 먼저 동東자를 쓴다. 다음으로 솥귀 현鉉자는 깊은 지혜와 삼공의 지위를 말한다. 여러 사람과 함께 일을 도모하고 중심에 서서 무리를 이끌어 갈 사람은 깊은 지혜가 있어야 한다. 반석처럼 단단한 의지를 품고 지혜롭고 강건한 삶을 영위하라는 뜻이 담긴 이름이다.

042 동훈 · 東訓 · Dong-hun

신념을 펼쳐 세상의 큰 스승이 되라

동녘 동東자에 가르칠 훈訓자를 써 동훈이라 한다. 시작하는 사람의 마음은 늘 푸르고 강건하다. 동방의 상서로운 기운을 받아 신념이 푸른 사람이 되라는 뜻에서 동녘 동東자를 쓰고, 다음으로 그 신념을 많은 사람에게 가르치고 베풀라는 뜻에서 가르칠 훈訓자를 쓴다. 큰 마음으로 한 곳에 머무르지 말고 만족하지 않아 일신우일신日新又日新하라는 뜻이 담긴 이름이다.

043 두산 · 豆山 · Du-san

끝없는 탐구심으로 아름답고 성스러운 산이 되라

콩 두豆자에 뫼 산山자를 써 두산이라 한다. 콩 두豆자는 예부터 제사를 지낼 때 쓰이는 제기를 뜻한다. 깊은 탐구심을 가지고 성스럽고 경건한 성물을 창조하라는 뜻에서 두豆자를 쓰고, 다음 뫼 산山자는 이룬 성과가 산처럼 높고 풍요롭다는 뜻이다. 끝없는 탐구심을 갈고 닦아 여러 소망을 모아 바치는 성스러운 그릇이 될 것이니 깨끗하고 풍성하다. 자연처럼 푸르고 아름답게 풍요로운 산이 되라는 뜻이 담긴 이름이다.

044 명훈 · 明勳 · Myeong-hun

힘의 중심에서 밝고 맑은 세상을 만들라

밝을 명明자에 공 훈勳자를 써 명훈이라 한다. 명明자는 순서가 정연하여 세상의 이치가 밝게 드러남을 뜻한다. 늘 공명정대해 밝고 맑은 사람이 되라는 뜻에서 밝을 명明자를 쓰고, 다음 공 훈勳자는 밝은 심성으로 세상의 큰 공을 세우라는 뜻이다. 스스로 밝으면 세상에 중심에 설 수 있으며, 중심에 서야 힘을 움직일 수 있다. 늘 힘의 중심에서 밝고 맑은 세상을 만들고, 큰 마음으로 세상을 품에 안고 멀리 뻗어 나가라는 의미가 담긴 이름이다.

045 무휼 · 武恤 · Mu-hyul

장군의 큰 기상으로 세상을 호령하라

호반 무武자에 구휼할 휼恤자를 써 무휼이라 한다. 강건하고 당당하게 나라를 지키는 무장이 되라는 뜻에서 호반 무武자를 쓰고, 다음 휼恤자는 예부터 병사에게 군량미와 음식을 베풀어 사기를 진작시킨다는 뜻이다. 장군의 큰 기상으로 세상을 호령하라는 뜻에서 무휼이라 한다. 땅을 지키고 하늘을 지키고 바다를 지키는 힘은 호국의 영령이니 나라를 지키는 큰 사람이 되라는 의미를 담은 이름이다.

046 민규 · 岷圭 · Min-gyu

풍요로운 대지 위에 만백성을 길러내라

산이름 민岷자에 홀 규圭자를 써 민규라 한다. 민岷자는 파자로 풀면 뫼 산山자에 백성 민民자이니 산의 풍족함 속에서 살아가는 풍요로운 백성을 뜻한다. 다음으로 규圭자는 흙 토土자를 겹쳐 놓은 형태로 천자가 제후에게 내린 땅을 말한다. 대지가 끝없이 펼쳐진 평화롭고 풍요로운 대지 위에 만백성을 길러내라는 뜻에서 민규라 한다. 넉넉한 심성과 풍요로운 재운으로 널리 많은 사람을 보살피라는 뜻이 담긴 이름이다.

047 민성 · 閔誠 · Min-seong

낮은 모습으로 세상과 호흡하는 진실한 사람이 되라

성 민閔자에 정성 성誠자를 써 민성이라 한다. 민閔자를 파자로 풀면 가엾게 여길 민㦖자에 문門자이니 문중의 사람들을 걱정하고 보살핀다는 뜻이다. 불쌍히 여기는 마음이 나오는 넓고 깊은 마음의 문이 바로 민閔이다. 자신을 내세우려는 마음이 아니라 즐거운 마음으로 낮은 곳에서 사람들과 함께하는 연민의 모습이다. 멋있고 아름다우며 참된 모습이다. 다음 정성 성誠자는 모든 일에 정성과 진심을 다하라는 뜻이다. 세상과 호흡하는 진실한 사람이 되라는 뜻에서 민성이라 한다.

048 민우 · 閔祐 · Min-u

사람을 어여삐 여겨 마음으로 널리 복되게 하라

성 민閔자에 복 우祐자를 써 민우라 한다. 민閔자를 파자로 풀면 가엾게 여길 민愍자에 문 문門자이니 불쌍한 사람을 어여삐 여기는 마음이 나오는 문이란 뜻이다. 불쌍히 여기는 마음이 나오는 넓고 깊은 마음의 문이 바로 민閔이다. 자신이 높아지려는 마음이나 자신을 내세우려는 마음이 아니라, 낮은 곳에서 즐거운 마음으로 사람들과 함께하는 연민의 모습이다. 다음 복 우祐자는 도와준다는 뜻이다. 사람을 어여삐 여겨 늘 도와주라는 뜻에서 민우라 한다. 멋있고 아름다우며 참된 모습으로 세상과 더불어 큰 복을 누리라는 뜻이 담긴 이름이다.

---

049 민율 · 旼律 · Min-yul

세상을 조화롭게 만드는 천상의 법

화평할 민旼자에 법 율律자를 써 민율이라 한다. 세상의 이법이 너무 조여지면 숨쉬기 힘들고 너무 느슨하면 성과가 없다. 아무리 뛰어난 재주도 꿰어야 진주처럼 빛이 난다. 사람과 사람 사이에서 소통과 대화를 주관하는 사람은 화평해야 편안하게 다가갈 수 있으며, 공평해야 무리가 떠나지 않는다. 평온과 결단의 두 기운을 하나로 모아 아름다운 천상의 음률, 천상의 조화, 천상의 비례를 이루라는 의미에서 민율이라 한다. 치우치지 않는 사고와 넓은 마음으로 사람을 안고, 후덕하고 지혜로운 사람이 되라는 뜻이 담긴 이름이다.

---

050 민재 · 旻宰 · Min-jae

어진 하늘과 현명한 재상이 만물을 풍족하게 한다

하늘 민旻자에 재상 재宰자를 써 민재라 한다. 민천현재旻天賢宰라는 말이 있다. 어진 하늘과 현명한 재상이 억조창생을 풍족하고 바르게 이끈다는 뜻이다. 하늘의 큰 기운과 현명한 선조들의 넋과 힘을 얻어 세상을 풍족하게 하는 일에 소임을 다하라는 이름이 민재이다. 어진 하늘처럼 현명한 재상처럼 세상을 풍족하게 하라는 뜻이 담긴 이름이다. 관리란 청렴을 근본으로 서므로 청렴과 덕성을 함양하는 데 마음을 다해야 한다. 이름을 자주 불러 태어난 인생의 뜻을 되새기게 하면 좋다.

051 민준 · 旻準 · Min-jun

어진 마음과 바른 법으로 세상을 바르게 이끌라

하늘 민旻자에 준할 준準자를 써 민준이라 한다. 민천현재旻天賢宰라는 말이 있다. 어진 하늘과 현명한 재상이 억조창생을 풍족하고 바르게 이끈다는 뜻이다. 하늘의 큰 기운과 현명한 선조들의 넋과 힘을 얻어 세상을 풍족하게 하는 일에 소임을 다하라는 뜻에서 하늘 민旻자를 쓴다. 다음으로 준準자는 바른 기준을 세우는 사람, 만법의 표본이 되는 사람, 정밀하고 확실하여 믿을 수 있는 사람이 되라는 뜻이다. 어진 마음과 바른 법으로 세상을 바르게 이끌라는 뜻에서 민준이라 한다.

052 민호 · 岷浩 · Min-ho

대지를 적시는 풍요로움으로 세상을 넉넉하게 하라

산이름 민岷자에 넓을 호浩자를 써 민호라 한다. 민岷자는 파자로 풀면 뫼 산山에 백성 민民자로 산이 베풀어주는 풍족함 속에서 살아가는 백성들을 말한다. 그들의 마음이 넓고 호방하여 다음 이름자로 넓을 호浩자를 쓴다. 대지를 타고 흐르는 산과 강의 넉넉함과 풍요로움으로 세상 사람을 아끼고 보살피라는 뜻에서 민호라 한다.

053 백호 · 伯虎 · Baek-ho

호방한 마음과 진취적 기상으로 세상에 길을 열라

우두머리 백伯자에 범 호虎자를 써 백호라 한다. 세상을 이끄는 사람은 마음이 크고 정신이 호방해야 한다. 예부터 우두머리 백伯은 크고 호방한 사람을 뜻한다. 호연한 마음으로 늘 앞장서라는 뜻에서 백伯자를 쓰고, 다음 호虎자는 용맹과 정의를 뜻한다. 스스로 길을 선택했으면 하늘을 받쳐 든 용맹심으로 어떤 난관도 뚫고 나아가야 한다. 호방한 마음과 진취적 기상으로 세상에 뜻을 펼치라는 뜻에서 백호라 한다.

054 범 · 梵 · Beom

진실과 본질을 찾아 뜻있는 삶을 살라

불경 범梵자를 써 범이라 한다. 예부터 불경 범梵은 진실과 본질을 뜻한다. 핵심이고 중심이다. 껍데기를 버리고 오직 순수한 진실과 본질만을 찾아가라는 뜻에서 범梵자를 쓴다. 작은 일 하나에도 물러서지 말고 진실하라는 뜻이다. 불경 범梵자의 푸른 기상으로 목木의 기운을 보완하니 늘 씩씩한 기상으로 만인을 보살필 것이다.

055 범윤 · 梵倫 · Beom-yun

진실한 마음으로 많은 사람의 중심에 서라

불경 범梵자에 인륜 윤倫자를 써 범윤이라 한다. 예부터 불경 범梵은 진실과 본질을 뜻한다. 핵심이고 중심이다. 껍데기를 버리고 오직 순수한 진실과 본질만을 찾아가라는 뜻에서 범梵자를 쓰고, 다음 윤倫자를 파자로 풀면 사람이 둥글게 모여 있는 모습이다. 사람이 모여 함께할 때 서로 주고받는 원칙과 예절이 윤倫이다. 진실한 마음으로 많은 사람의 중심에서 큰일을 이루라는 뜻에서 범윤이라 한다.

056 범준 · 範峻 · Beom-jun

진실과 본질을 바탕으로 그 뜻을 사해에 펼치라

규범 범範자에 높을 준峻자를 써 범준이라 한다. 삶의 규범은 핵심이고 중심이다. 껍데기를 버리고 오직 순수한 진실과 본질만을 찾아가라는 뜻에서 규범 범範자를 쓰고, 다음 높을 준峻자는 오늘에 만족하지 말고 늘 도전하고 발전하여 가장 고귀한 사람이 되라는 뜻이다. 옛말에 '군자君子 양양호발육만물洋洋乎發育萬物 준극우천峻極于天'이라는 말이 있다. 군자는 세상만물을 튼튼하게 성장시켜 그 뜻이 하늘에까지 이른다는 말이다. 규범을 바탕으로 삶을 튼튼히 하고, 뜻을 하늘에 두고 도전하고 발전하여 큰 사람이 되라는 뜻에서 범준이라 한다.

057 범진 · 梵珍 · Beom-jin

진실과 본질을 찾아 보배로운 삶을 살라

불경 범梵자에 보배 진珍자를 써 범진이라 한다. 예부터 불경 범梵은 진실과 본질을 뜻한다. 핵심이고 중심이다. 껍데기를 버리고 오직 순수한 진실과 본질만을 찾아가라는 뜻에서 범梵자를 쓰고, 다음으로 보배로운 삶을 살라는 의미에서 보배 진珍자를 쓴다. 불경 범梵자의 푸른 기상으로 목木의 기운을 보완해주니 늘 씩씩한 기상으로 만인을 보살필 것이다. 작은 것 하나에도 물러서지 말고 진실하라는 뜻이 담긴 이름이다.

058 법환 · 法桓 · Beop-hwan

밖으로 순리대로 흐르고 안으로 굳건히 다져 큰일을 이루라

법 법法자에 굳셀 환桓자를 써 법환이라 한다. 법 자法를 파자로 풀면 물이 흘러가는 모습이다. 물이 흘러 흘러 대양으로 뻗어가는 모습이다. 순리대로 흘러 흘러 모든 일을 완성하라는 뜻에서 법 법法자를 쓰고, 다음 굳셀 환桓자는 자신의 뜻과 의지를 굳건히 다져 꿈을 이루라는 뜻이다. 밖으로 순리대로 흐르고 안으로 굳건히 다져 큰 뜻을 이루라, 외유내강하여 많은 사람을 안으라는 뜻이 담긴 이름이다.

059 병무 · 炳茂 · Byeong-mu

청렴과 덕성으로 세상을 밝게 비추고 풍족하게 하라

불꽃 병炳자에 무성할 무茂자를 써 병무라 한다. 정신이 올바르면 빛이 난다. 마음이 후덕하면 자손이 무성해진다. 올바른 신념을 세워야 한다. 치우치지 않는 마음과 깊은 통찰력으로 세상을 바로 보아야 한다. 스스로의 신념으로 세상의 빛이 되라는 뜻에서 불꽃 병炳자를 쓰고, 다음으로 넉넉한 마음으로 널리 덕을 쌓으라는 뜻에서 무성할 무茂자를 쓴다. 세상은 자신에게서 시작된다. 스스로가 올바르고 후덕하면 세상도 그렇게 된다. 나부터 시작해 가정, 사회 그리고 국가가 찬란하고 또한 넉넉하라는 뜻에서 병무라 한다.

060 병민 · 柄旻 · Byeong-min

세상의 중심에서 널리 사람을 사랑하라

자루 병柄자에 하늘 민旻자를 써 병민이라 한다. 예부터 병柄자는 권세와 권력을 말한다. 내적 힘이니 강건하고 튼튼한 기상이 푸르다. 다음 하늘 민旻자를 파자로 풀면 하늘에 해가 떠오르는 모양이니 천지간에 옳고 그름이 밝혀짐을 의미한다. 억조창생을 불쌍히 여겨 아끼고 사랑하는 마음을 나타낸다. 해는 중심이요 법이며 하나다. 늘 새롭게 태어나는 부활이며 생명이다. 하늘 아래 바른 법이 떠올라 모든 일들을 바르게 밝히니 모든 이들이 우러러보며 찾아온다는 의미를 가진 이름이다.

061 병오 · 柄五 · Byeong-o

세상의 중심에서 멀리멀리 뻗어 나가라

자루 병柄자에 다섯 오五자를 써 병오라 한다. 일취월장하는 운명이다. 혁신하고 창조하는 마음이 있으니 오늘에 머물지 않고, 기득권에 만족하지 않고 멀리 길을 여는 모습이 아름답다. 다음 다섯 오五는 중심을 말한다. 주인의 삶이라 중심에 서서 치우치지 않고 모든 것을 안으라는 뜻에서 다섯 오五자를 쓴다. 치우치지 않는 마음을 바탕으로 멀리멀리 뻗어 나가라는 뜻에서 병오라 한다.

062 병윤 · 丙潤 · Byeong-yun

안으로 신념을 밝히고 밖으로 풍요로운 땅을 이루라

남녘 병丙자에 윤택할 윤潤자를 써 병윤이라 한다. 예부터 남녘 병丙자는 스스로의 신념으로 세상의 빛이 된다는 뜻으로 쓰였다. 정신이 올바르면 빛이 난다. 세상을 향해 올바른 신념을 세우라는 뜻에서 병丙자를 쓴다. 다음 윤潤자를 파자로 풀면 임금 왕王자에 문 문門자 그리고 물 수水자로 왕이 문을 열고 나오니 강물이 풍요롭게 흐르는 모양이다. 대지에 곡식이 넉넉하고 만물이 풍요로운 모습이다. 안으로 신념을 밝혀 바른 사람이 되고, 밖으로 후덕한 심성으로 넓은 영토를 이루라는 뜻에서 병윤이라 한다.

063 병익 · 炳益 · Byeong-ik

날마다 더욱 깊어지고 넓어지고 밝아지라

불꽃 병炳자에 더할 익益자를 써 병익이라 한다. 해마다 더욱 깊어지고 더욱 넓어지고 더욱 밝아지라는 뜻에서 병익이라 한다. 더할 익益자를 파자로 풀면 그릇 위에 물이 넘치는 모습이다. 풍족하고 넉넉한 심성이 여러 사람에게 미치니 만나는 사람마다 반긴다. 매년 날이 갈수록 더 큰 세상을 만들라는 뜻이 담긴 이름이다.

---

064 병준 · 秉峻 · Byeong-jun

청렴과 덕성으로 힘의 중심이 되어 우뚝 서라

잡을 병秉자에 높을 준峻자를 써 병준이라 한다. 잡을 병秉자는 벼를 쥐고 있는 모습이다. 예부터 벼는 생명과 권력을 뜻하므로 병秉은 힘을 관리하는 힘, 힘을 쥐고 있는 모습으로 풀이한다. 다음 높을 준峻자는 파자로 풀면 뫼 산山에 맏 윤允자로 모든 것 위에 우뚝 선 모습이다. 풍요롭고 우뚝한 산은 푸르고 그 모습이 당당하다. 당당한 힘을 관리하는 모습 그대로를 병준이라 한다. 큰 사람은 청렴을 근본으로 서므로 청렴과 덕성을 함양하기 위해 마음을 다해야 한다. 운명의 주인공이 될 수 있게 이름을 자주 불러주는 것이 좋다.

---

065 병헌 · 炳憲 · Byeong-heon

바른 눈으로 세상을 밝히라

불꽃 병炳자에 법 헌憲자를 써 병헌이라 한다. 예부터 병炳은 밝고 선명한 판단을 뜻한다. 옳고 그름을 바르게 판단하여 세상을 밝게 비추라는 뜻이다. 다음 헌憲자는 파자로 풀면 마음 심心자에 눈 목目자 그리고 해할 해害자이니 마음과 눈으로 해로운 일을 가려낸다는 뜻이다. 밝은 눈으로 세상을 밝게 푸르게 하라, 세상의 중심에서 모든 일의 두서를 잡고 바르게 마무리하라는 뜻에서 병헌이라 한다.

066 병후 · 炳珝 · Byeong-hu

깊고 큰 지혜로 왕의 날개가 되라

빛날 병炳자에 옥이름 후珝자를 써 병후라 한다. 사람의 중심에 서 있는 사람은 지혜로워야 한다. 많은 사람이 서로 소통하며 화합할 수 있게 큰 지혜를 갖추고 공평무사해야 한다. 깊은 지혜의 빛을 병炳자로 받고, 다음 후珝자는 파자로 풀면 왕의 날개를 말한다. 새에게 날개가 있듯 왕에게도 돕는 지혜로운 신하가 있어야 한다. 드러내지 않고 안에서 지혜롭게 돕는 모습이 후珝의 향기다. 평생 동안 따를 관운 속에서 늘 지혜롭게 돕는 재상의 마음을 잊지 말아야 한다는 뜻에서 병후라 한다.

067 병휘 · 丙徽 · Byeong-hwi

신념을 세우고 평화를 펼쳐 빛나는 세상을 만들라

남녘 병丙자에 아름다울 휘徽자를 써 병휘라 한다. 예부터 남녘 병丙은 스스로의 신념으로 세상의 빛이 된다는 뜻으로 쓰인다. 정신이 올바르면 빛이 난다. 올바른 신념을 세워야 한다. 그러나 신념이 강하면 부러진다. 그 유연함을 휘徽자로 받는다. 예부터 휘徽자는 거문고 소리를 고르는 일을 뜻한다. 너무 느슨하지 않고 또 너무 조이지 않아 평온하고 아름다운 소리가 세상의 빛이 되니 병휘라 한다. 세상의 씨앗과 열매는 자신으로부터 시작해 자신에게서 결실을 맺는다. 뿌린 것을 거두는 현명함을 갖추라는 뜻이 담긴 이름이다.

068 산 · 祘 · San

산처럼 넉넉한 심성과 찰찰한 눈으로 세상을 보살피라

셈 산祘자를 써 산이라 한다. 셈 산祘자는 볼 시示자를 겹쳐 놓은 모양으로 왕이 세상을 세세히 살펴본다는 뜻이 있다. 눈이 밝고 맑으면 세상을 면밀하게 살필 수 있다. 세상 사람들의 마음을 면밀하게 살펴야 치유할 수 있고 인도할 수 있다. 세상을 이끄는 사람은 눈을 밝혀 있는 것을 바로 보는 것에서 시작한다. 산처럼 넉넉한 심성과 찰찰한 눈으로 세상을 보살피라는 뜻이 담긴 이름이다.

069 산호 · 祘浩 · San-ho

세상을 바로 살펴 풍요로운 영토를 만들라

셈 산祘자에 넓을 호浩자를 써 산호라 한다. 셈 산祘자는 볼 시示자를 겹쳐 놓은 모양으로 왕이 세상을 세세히 살펴본다는 뜻이다. 세상을 찰찰한 눈으로 바로 살펴 정의가 바로 서고 소외되는 사람이 없게 하라는 뜻에서 셈 산祘자를 쓴다. 다음 넓을 호浩자는 물이 성대하게 흐르는 모양이다. 넓은 대지에 물이 넉넉하니 풍요롭고 강건하다. 세상을 바로 살펴 풍요로운 세상을 만들라는 뜻에서 산호라 한다.

070 산휘 · 祘徽 · San-hwi

세세하게 살피고 거두어 조화로운 세상을 만들라

셈 산祘자에 아름다울 휘徽자를 써 산휘라 한다. 셈 산祘자는 볼 시示자를 겹쳐 놓은 모양으로 왕이 세상을 세세히 살펴본다는 뜻이다. 다음 휘徽자는 거문고 소리를 고르는 일을 뜻한다. 너무 느슨하지 않고 너무 조이지도 않아 평온하고 아름다운 소리로 세상을 조율하라는 뜻이다. 눈을 열어 세세히 살피고 거두어 조화로운 세상을 만들라는 뜻에서 산휘라 한다. 풍요로운 대지 위에 우뚝 선 지도자로서 늘 솔선하라는 뜻이 담긴 이름이다.

071 상구 · 相九 · Sang-gu

세상의 중심에서 큰 학풍을 열라

서로 상相자에 아홉 구九자를 써 상구라 한다. 서로 상相자는 파자로 풀면 나무 목木에 눈 목目이다. 나무를 기르는 눈이니 큰 스승의 미덕을 갖추고 있다. 욱일승천하는 모습이 강건하고 푸르러 서로 상相자를 쓴다. 다음 아홉 구九자는 유물唯物과 유심唯心을 완성하는 숫자이다. 또한 구오지분九五之分이라 하여 황제의 자리를 뜻한다. 치우치지 않는 세상의 중심에서 새로운 학풍을 만들라는 뜻에서 상구라 한다.

072 상민 · 相旻 · Sang-min

함께하는 사람들과 꿈꾸는 세상을 만들라

서로 상相자에 하늘 민旻자를 써 상민이라 한다. 서로 상相자를 파자로 풀면 나무[木]를 지켜보는 눈[目]이다. 나라의 재목을 알아보는 눈이니 정밀하고 심오하다. 다음 하늘 민旻자는 민천현재旻天賢宰를 줄인 말로, 어진 하늘과 현명한 재상이 억조창생을 풍족하고 바르게 이끈다는 뜻이다. 주위에 늘 돕는 사람이 많은 운명이다. 그 힘을 모아 큰 세상을 이루고, 함께하는 사람들과 꿈꾸는 세상을 일구라는 뜻에서 상민이라 한다. 청렴을 근본으로 서는 지도자로서 청렴과 덕성을 함양하고, 어진 하늘처럼 현명한 재상처럼 세상을 풍족하게 하라는 뜻이 담긴 이름이다.

073 상언 · 相彦 · Sang-eon

선비의 풍모로 세상을 주유하며 큰 인재를 길러내라

서로 상相자에 선비 언彦자를 써 상언이라 한다. 선비의 풍모로 널리 세상을 주유하며 사람을 길러내라는 뜻이다. 서로 상相자를 파자로 풀면 나무 목木자에 눈 목目자이니 나무를 보는 눈을 뜻한다. 재목을 바라보고 키우는 현자의 눈이다. 주위에 늘 돕는 사람이 많은 사주라 그 힘을 모으는 현명함이 있어야 한다. 지혜의 눈을 갖추고 세상을 주유하며 아름다운 삶을 영위하라, 하늘의 큰 기운과 선비의 지혜로 세상을 풍족하게 하는 일에 소임을 다하라는 뜻이 담긴 이름이다.

074 상원 · 相源 · Sang-won

세상을 정밀하고 깊게 살펴 새로운 세상을 창조하라

서로 상相자에 근원 원源자를 써 상원이라 한다. 서로 상相자를 파자로 풀면 나무[木]를 지켜보는 눈[目]이다. 나라의 재목을 알아보는 눈이니 정밀하고 심오하다. 다음 근원 원源자는 창조의 샘물이니 늘 마르지 않는 창조력을 뜻한다. 세상을 정밀하고 깊게 살펴 새 것을 창조하고 개발하라는 뜻에서 상원이라 한다. 리더는 새로운 길을 여는 사람으로서 늘 새로운 것을 찾아 길을 나선다. 살피고 다시 살피는 마음으로 큰 세상을 이루라는 뜻이 담긴 이름이다.

075 상윤 · 商倫 · Sang-yun

인륜의 법을 널리 펼쳐 세상을 즐겁게 하라

장사 상商자에 인륜 윤倫자를 써 상윤이라 한다. 상商자는 오행 중 가을과 서쪽에 해당하여 결실과 풍요로움을 뜻한다. 풍요로운 결실과 소통을 통해 세상을 풍요롭게 하라는 뜻에서 상商자를 먼저 쓴다. 다음 윤倫자를 파자로 풀면 사람이 둥글게 모여 있는 모습이다. 사람이 모여 함께할 때 서로 주고받는 원칙과 예절이 윤倫이다. 널리 사람 사이에 원칙을 세우고 서로 소통하여 풍요로운 영토를 일구라는 뜻이 담긴 이름이다.

076 상율 · 相律 · Sang-yul

바른 기준으로 세상의 큰 스승이 되라

서로 상相자에 법칙 율律자를 써 상율이라 한다. 서로 상相자를 파자로 풀면 나무[木]를 지켜보는 눈[目]이다. 재목을 바라보고 기르는 눈이니 세상의 큰 스승이다. 나라의 동량을 기르는 큰 스승이 되라는 뜻에서 서로 상相자를 쓰고, 다음으로 평온과 결단의 두 기운을 하나로 모아 아름다운 천상의 음률, 천상의 조화, 천상의 비례를 이루라는 뜻에서 법칙 율律자를 쓴다. 바른 기준으로 세상의 큰 스승이 되라는 뜻에서 상율이라 한다. 치우치지 않는 사고와 넓은 마음으로 사람을 안아라, 크고 뜻 깊은 일을 해내는 후덕하고 지혜로운 사람이 되라는 의미가 담긴 이름이다.

077 상혁 · 象革 · Sang-hyeok

새로운 세상을 열어 상아탑을 이루라

코끼리 상象자에 가죽 혁革자를 써 상혁이라 한다. 경건하고 정직하며 그 모습이 귀한 것을 상象이라 한다. 늘 상서로운 일이 함께하고 상아탑을 이루어 문예를 부흥하라는 뜻에서 코끼리 상象자를 쓴다. 다음 가죽 혁革자는 새롭게 만든다는 뜻이다. 과거의 것을 버리고 새로운 세상, 더 나은 세상을 만들라는 뜻에서 가죽 혁革자를 쓴다. 늘 인생에 상서로운 일이 가득하고 새롭고 건강하라는 뜻에서 상혁이라 한다.

078 상훈 · 相勳 · Sang-hun

날마다 발전해 세상의 큰 스승이 되라

서로 상相자에 공 훈勳자를 써 상훈이라 한다. 서로 상相자는 파자로 풀면 나무 목木자에 눈 목目자이다. 나무를 기르는 눈을 뜻하니 큰 스승의 미덕을 갖추고 있다. 욱일승천하는 모습이 강건하고 푸르러 서로 상相자를 쓰고, 다음 훈勳자는 관리로서 공훈을 세운다는 뜻이다. 늘 오늘에 머물지 말고 날마다 새롭게 발전해 세상의 큰 스승이 되라는 뜻에서 상훈이라 한다. 늘 겸손한 마음으로 배우고 익혀 큰 스승이 되라, 널리 많은 사람을 보살피는 아름다운 눈을 가지라는 뜻이 담긴 이름이다.

079 상흠 · 常欽 · Sang-heum

행동에는 당당함을 갖추고 마음에는 공경함을 갖추라

떳떳할 상常자에 공경할 흠欽자를 써 상흠이라 한다. 한결같은 마음으로 한 자리를 지키고 행동에 감춤이 없어 언제나 당당한 모습을 상常이라 한다. 공경할 흠欽자는 존경하고 흠모하여 늘 경청한다는 뜻이다. 행동에는 당당함을 갖추고 마음에는 공경함을 갖추어 늘 타인의 말을 경청하라는 뜻에서 상흠이라 한다. 올바른 품성과 건강한 심신으로 나라의 동량이 될 것이다.

080 서준 · 序峻 · Seo-jun

땅으로는 세상 만물을 조화롭게 하고 뜻은 하늘에 이르라

차례 서序자에 높을 준峻자를 써 서준이라 한다. 삶은 관계로 이루어진다. 그 관계의 순서를 바로세우면 만사가 형통해진다. 일과 사람의 관계 속에서 차례를 바로세우는 삶을 살라는 뜻에서 차례 서序자를 쓴다. 다음으로 옛말에 '군자君子 양양호발육만물洋洋乎發育萬物 준극우천峻極于天'이라는 말이 있다. 군자는 세상만물을 튼튼하게 성장시켜 그 뜻이 하늘에까지 이른다는 뜻이다. 세상은 조화롭게 이루고 뜻은 하늘에 닿으라는 뜻에서 서준이라 한다. 많은 사람에게 사랑받고 존경받으며 운명의 주인공이 되라는 뜻이 담긴 이름이다.

081 서진 · 瑞進 · Seo-jin

늘 상서로운 곳으로 한 발 한 발 나아가라

상서로울 서瑞자에 나아갈 진進자를 써 서진이라 한다. 사람의 성공과 실패는 선택에 달려 있다. 날마다 좋은 선택, 바른 선택, 상서로운 선택을 한다면 반드시 큰 복을 받게 될 것이다. 하루도 머물지 말고 상서롭고 경사로운 일을 위해 나아가라는 뜻에서 서진이라 한다. 오행 중 목木의 기운을 보완하기 위해 나아갈 진進자를 쓰니 상서로운 기운이 재운을 묶어주어 늘 넉넉하고 풍요로울 것이다. 여러 재주를 하나로 모아 큰일을 이루고 운명의 주인공이 되라는 뜻이 담긴 이름이다.

082 석규 · 碩奎 · Seok-gyu

호연한 기상으로 세상을 주유하며 큰 뜻을 펼치라

클 석碩자에 별 규奎자를 써 석규라 한다. 호방하고 활기찬 마음으로 세상을 넓고 크게 살라는 뜻에서 클 석碩자를 쓴다. 다음 별 규奎자는 파자로 풀면 큰 대大자에 흙 토土자를 겹쳐 놓은 모양이니 대인이 걸어온 큰 땅을 뜻한다. 넓고 넓은 대지 위에 선 큰 사람이니 천하를 주유하며 세상 사람을 돕는 모습이다. 국경을 뛰어넘어 경계 없이 살아가며 모든 이들이 함께 공유하는 새로운 지경을 만들라, 호연지기의 기상으로 세상을 주유하며 그 뜻을 펼치라는 뜻이 담긴 이름이다.

083 석문 · 碩問 · Seok-mun

큰 물음을 던져 큰 세상을 이루라

클 석碩자에 물을 문問자를 써 석문이라 한다. 뜻이 높고 심성이 넓어 큰 사람이라 클 석碩자를 우선 쓰고, 다음으로 인생의 모든 책임을 자신에게 물으라는 뜻에서 물을 문問자를 쓴다. 성공하는 사람, 사람을 이끄는 수장은 늘 모든 책임을 자신에게 물어야 한다. 또한 모든 영광을 자신을 돕는 조력자에게 돌려야 한다. 살면서 스스로에게 큰 물음을 던지고, 그로 인해 큰 세상을 이루라는 뜻에서 석문이라 한다. 세상이 던지지 않았던 큰 물음을 스스로에게 던져 크고 위대한 대답을 얻을 것이니 석문이라 한다.

084 석빈 · 錫斌 · Seok-bin

뜻을 바로세우고 문무를 겸비해 큰 사람이 되라

주석 석錫자에 훌륭할 빈斌자를 써 석빈이라 한다. 사람은 바른 선택 속에서 발전한다. 기울지 않고 치우치지 않은 선택을 하여 바른 세상을 열라는 뜻에서 석錫자를 쓴다. 주석 석錫자는 예부터 바른 뜻과 방향을 말한다. 다음으로 문무를 겸비하라는 뜻에서 훌륭할 빈斌자를 쓴다. 훌륭할 빈斌자를 파자로 풀면 무예와 학덕이 뛰어나 문무를 모두 겸비한 아름다운 모습이다. 스스로 많은 재주와 인격을 갖추고 사람 앞에 당당하고 힘의 중심에서 일하라는 뜻이 담긴 이름이다.

085 석진 · 碩眞 · Seok-jin

큰 진실을 이루어 세상을 바르게 하라

클 석碩자에 참 진眞자를 써 석진이라 한다. 밖으로 뜻이 높고 심성이 넓어 큰 사람이 되라는 뜻에서 클 석碩자를 쓰고, 안으로 진실하고 성실하라는 뜻에서 참 진眞자를 쓴다. 성공과 부는 오래도록 진실을 쌓아서 이루어지는 것이 진짜다. 9층 석탑도 돌 한 조각에서 시작한다. 진실을 쌓고 쌓아 크고 바른 세상을 이루고, 작은 진실을 바르게 지켜 큰 세상을 이루라는 뜻에서 석진이라 한다.

086 석현 · 碩賢 · Seok-hyeon

큰 마음 깊은 지혜로 세상을 밝히라

클 석碩자에 어질 현賢자를 써 석현이라 한다. 뜻이 높고 심성이 넓어 큰 사람이 되라는 뜻에서 클 석碩자를 쓰고, 다음으로 민천현재旻天賢宰에서 어질 현賢자를 받는다. 민천현재란 어진 하늘과 현명한 재상이 억조창생을 풍족하고 바르게 이끈다는 말이다. 어질고 현명한 선조들의 넋과 힘을 얻어 세상을 풍족하게 하는 일에 소임을 다하라는 뜻에서 석현이라 한다. 크고 넓은 마음과 깊고 바른 지혜로 세상을 밝게 밝히라는 뜻이 담긴 이름이다.

087 석훈 · 錫訓 · Seok-hun

세상에 바른 길을 가르치라

주석 석錫자에 가르칠 훈訓자를 써 석훈이라 한다. 사람은 바른 선택 속에서 발전한다. 기울지 않고 치우치지 않은 선택 속에서 바르고 바른 세상을 열라는 뜻에서 석훈이라 한다. 주석 석錫은 예부터 바른 뜻과 방향을 말한다. 늘 두서가 정확하고 정밀한 성품이라 정도를 걸어갈 것이다. 바른 길을 걷고 바른 길을 가르치라는 뜻에서 석훈이라 하니 큰 파도의 치우치지 않는 중심에 서서 늘 중도를 걸을 것이다.

088 선규 · 宣奎 · Seon-gyu

스스로 먼저 손 내밀어 경계를 허물고 널리 베풀라

베풀 선宣자에 별 규奎자를 써 선규라 한다. 늘 베풀어 사람을 넉넉하고 풍족하게 하는 데 앞장서라는 뜻으로 베풀 선宣자를 먼저 쓴다. 다음 별 규奎자는 파자로 풀면 큰 대大자에 흙 토土자를 겹쳐 쓰니 대인이 걸어온 넓은 땅을 뜻한다. 천하를 주유하며 사람을 돕는 일에 앞장서고 모두가 함께 공유하는 새로운 지경을 만들라는 뜻이 담긴 이름이다. 늘 주위 사람들에게 자신이 가진 능력과 재능을 나누어 주어야 하는 소명이 있다. 널리 베풀어 큰 세상을 만들라는 뜻에서 선규라 하니 그 뜻만큼 사람을 복되게 할 것이다.

089 선웅 · 善熊 · Seon-ung

바르고 착한 말과 행동으로 세상에 빛이 되라

착할 선善자에 곰 웅熊자를 써 선웅이라 한다. 스스로를 낮추는 사람은 아름답다. 스스로 미약하다 하는 사람은 늘 발전한다. 스스로 바르고 착해 세상의 주인이 되라는 뜻에서 착할 선善자를 쓴다. 다음 웅熊자는 예부터 빛을 발한다는 뜻으로 쓰였다. 세상의 빛이 되길 바라는 마음으로 웅熊자를 쓴다. 바르고 착한 지혜와 행동으로 세상의 빛이 되라는 뜻이 담긴 이름이다.

090 선학 · 善鶴 · Seon-hak

따뜻하게 베풀고 고귀한 뜻을 펼쳐 세상을 주유하라

착할 선善자에 두루미 학鶴자를 써 선학이라 한다. 마음이 착하고 행실이 착하고 그 뜻이 착해 착할 선善자를 쓰고, 다음 학鶴자는 품성이 깊고 고귀하여 학처럼 그 자태를 펼치라는 뜻이다. 만물은 착한 사람에게 돌아온다. 서로 소통하고 이해하는 넓은 마음이 착한 마음이다. 착한 마음과 고귀한 기품으로 세상과 만나 소통하고 날개를 펼쳐 뜻을 나누라는 의미에서 선학이라 한다. 마음은 부드러워 낮은 곳으로 흐르고 그 뜻은 고귀해 걸림이 없이 자유로워야 큰 사람이 될 수 있다. 마음이 따뜻하고 그 뜻은 청렴하여 선학이라 한다.

091 성규 · 惺奎 · Seong-gyu

뿌리를 바탕으로 새로운 학풍을 이루라

슬기로울 성惺자에 별 규奎자를 써 성규라 한다. 성惺자는 깨닫다, 슬기롭다는 뜻이다. 큰 지혜를 가진 운명이라 슬기로울 성惺자를 쓰고, 다음 별 규奎자를 쓴다. 규성奎星은 학문의 별이니 학문을 크게 펼칠 것이다. 뿌리가 깊고 맑은 사람, 늘 한결같은 사람, 세상의 중심에 서는 사람이 되라는 뜻에서 성규라 한다. 늘 새롭게 도전하여 새로운 학풍을 만들고 만인을 행복하게 하며, 한결같은 마음으로 넓고 풍요로운 영토를 열라는 뜻이 담긴 이름이다.

092 성노 · 星爐 · Seong-no

세상을 데우는 풀무가 되어 반짝이라

별 성星자에 풀무 노爐자를 써 성노라 한다. 사람은 누구나 자신의 빛이 있다. 나름의 소명이 있고 나름의 꿈이 있다. 하지만 타고난 재능을 살리는 사람은 많지 않다. 이유는 스승을 못 만났기 때문이다. 누구나 불씨를 갖고 있지만, 불씨를 불길로 지피는 사람은 많지 않다. 풀무는 그런 불씨를 살려내는 도구다. 사람마다 가진 장점을 살려내고 열정에 불을 지펴 그 사람이 별처럼 빛나게 하는 큰 스승이 되라, 씨앗은 있으나 그 씨앗의 가능성을 모르는 사람들에게 씨앗을 틔우고 나무로 키울 수 있게 돕는 큰 스승이 되라는 뜻에서 성노라 한다.

093 성범 · 惺梵 · Seong-beom

세상의 중심에서 강건한 세상을 이루라

슬기로울 성惺자에 불경 범梵자를 써 성범이라 한다. 성惺자는 깨닫다, 슬기롭다는 의미다. 큰 지혜를 가진 운명이라 슬기로울 성惺자를 쓴다. 다음 불경 범梵자는 예부터 진실과 본질을 뜻한다. 핵심이고 중심이다. 껍데기를 버리고 오직 순수한 진실과 본질만을 찾아가라는 뜻에서 범梵자를 쓴다. 작은 것 하나에도 물러서지 말고 진실하고 값진 사람이 되고, 큰 지혜와 노력으로 세상의 중심에서 강건한 세상을 이루라는 뜻이 담긴 이름이다.

094 성용 · 城用 · Seong-yong

풍요로운 영토에 쓰임이 있는 사람이 되라

성 성城자에 쓸 용用자를 써 성용이라 한다. 성城은 천자가 제후에게 내린 땅으로 권위와 권력을 말한다. 넓은 땅에 재물도 쌓고 권위도 쌓으라는 뜻에서 성 성城자를 쓴다. 다음 쓸 용用자는 만물의 이치에 닿아 모든 것에 사용된다는 뜻이다. 풍요로운 영토에 쓰임이 있는 사람이 되라는 뜻에서 성용이라 한다. 여러 사람과 함께 일을 도모하고 중심에서 무리를 이끌어 갈 사람이라 융통의 지혜가 있어야 한다. 단단한 의지의 반석 위에서 지혜롭고 풍요로운 삶을 영위하라는 뜻이 담긴 이름이다.

095 성우 · 城羽 · Seong-u

땅에서 시작하여 저 푸른 창공의 주인이 되라

성 성城자에 깃 우羽자를 써 성우라 한다. 성城은 천자가 제후에게 내린 땅으로 권위와 권력을 말한다. 넓은 땅에 재물도 쌓고 권위도 쌓으라는 뜻에서 성 성城자를 쓴다. 다음 깃 우羽자는 비상하는 날개를 말한다. 모든 일에는 단초가 있다. 시작과 마무리를 잘하는 사람은 누가 없다. 그 처음은 땅을 딛고 시작하여 그 끝은 드넓은 창공을 날라는 뜻에서 성우라 한다. 땅으로부터 비상하여 하늘로 처음 날갯짓하는 새처럼 세상을 주유하며 많은 사람에게 복과 덕을 베풀라는 뜻에서 성우라 한다.

096 성웅 · 惺雄 · Seong-ung

안으로는 지혜를 갖추고 밖으로 진취적 기상으로 나아가라

슬기로울 성惺자에 수컷 웅雄자를 써 성웅이라 한다. 성惺자는 깨닫다, 슬기롭다는 의미다. 큰 지혜를 가진 운명이라 슬기로울 성惺자를 쓰고, 다음 수컷 웅雄자는 예부터 앞으로 나아가 승리한다는 뜻이다. 진취적 기상으로 늘 승리하는 인생을 살라는 뜻에서 수컷 웅雄자를 쓴다. 안으로는 깊은 지혜를 갖추고 밖으로는 진취적 기상으로 세상을 호령하라는 뜻에서 성웅이라 한다.

097 성윤 · 城倫 · Seong-yun

사람 사이에 정을 나누고 원칙을 세워 튼튼한 영토를 일구라

성 성城자에 인륜 윤倫자를 써 성윤이라 한다. 땅의 기운을 타고나면 풍요롭고 넉넉하며, 성곽처럼 단단하고 안정된다. 땅의 안정과 풍요를 먼저 성城자로 받는다. 다음 윤倫자를 파자로 풀면 사람이 둥글게 모여 있는 모습이다. 사람이 모여 함께할 때 서로 주고받는 소통과 나눔이 윤倫이다. 성윤이라 함은 널리 사람 사이에 정을 나누고 원칙을 세워 튼튼한 영토를 일구라는 뜻이다.

098 성준 · 晟準 · Seong-jun

세상을 밝히는 기준이 되라

밝을 성晟자에 법 준準자를 써 성준이라 한다. 성晟자를 파자로 풀면 날 일日자에 이룰 성成자이다. 날마다 쉼 없이 이루며, 하루하루 이루는 그 모든 일들이 법도와 예절에 맞아 사람들에게 바른 방향을 제시하기를 바라는 뜻에서 성준이라 한다. 삶의 성공은 하루 아침에 이루어지지 않는다. 일신우일신日新又日新 날마다 새롭게 태어나 공든 탑처럼 이루길 바라며, 그 이룸 또한 바른 법도와 기준에 입각해 모든 사람에게 표상이 되라는 뜻이 담긴 이름이다.

099 성진 · 惺進 · Seong-jin

지혜를 찾아 한 발 한 발 나아가는 깨어 있는 사람이 되라

슬기로울 성惺자에 나아갈 진進자를 써 성진이라 한다. 성惺은 슬기롭다는 의미. 스스로 늘 깨어나 머무르지 않고 새로운 영역을 개척하는 모습, 새로운 세상을 향해 한 발 한 발 나아가는 모습을 기도하여 나아갈 진進자를 쓴다. 깨달음을 향해 나아가는 사람은 늙지 않는다. 날마다 청춘이니 그 진리는 영원하다. 지혜를 찾아 한 발 한 발 나아가는 깨어 있는 사람이 되라는 뜻에서 성진이라 한다.

100 성현 · 星賢 · Seong-hyeon

재주는 별처럼 빛나고 심성은 바다처럼 어질라

별 성星자에 어질 현賢자를 써 성현이라 한다. 별은 길을 찾는 기준이다. 별은 밝은 빛으로 모든 사람의 꿈을 간직한다. 세상의 밝은 별이 되라는 뜻에서 별 성星자를 쓴다. 다음 어질 현賢자는 현명하고 넉넉한 사람이 되라는 뜻이다. 재주가 별처럼 빛나니 많은 사람 중에서 두각을 나타낼 것이며, 마음이 깊고 어지니 많은 사람이 따를 것이다. 재주는 별처럼 빛나고 심성은 바다처럼 어진 사람이 되라는 뜻에서 성현이라 한다.

101 성훈 · 惺訓 · Seong-hun

늘 슬기롭게 깨어나 많은 사람의 스승이 되라

슬기로울 성惺자에 가르칠 훈訓자를 써 성훈이라 한다. 성惺자는 깨닫다, 슬기롭다는 의미다. 스스로 깨어나 한 곳에 머무르지 않고 새로운 영역을 개척하고 가꾸라는 의미다. 그러나 그것이 자신뿐 아니라 많은 사람에게 도움이 되고 전달이 되라는 뜻에서 가르칠 훈訓자를 쓴다. 늘 깨어나 소망하고 쉬지 않고 노력하여 큰 영토를 만들고 큰 지혜로 많은 사람을 깨우치라는 뜻에서 성훈이라 한다.

102 세연 · 世然 · Se-yeon

모든 일의 순리를 밝혀 세상을 소통케 하라

세상 세世자에 그럴 연然자를 써 세연이라 한다. 세상일은 모두가 자연스럽게 흘러간다. 연然자는 예부터 명백한 사실이 드러날 때를 말한다. 자연은 진실을 감추지 않는다. 있는 그대로 드러내 완성을 이룬다. 세상일에 옳고 그름, 그리고 시작과 끝을 아는 사람은 지혜롭고 풍요롭다. 세상 모든 일의 선후와 시종을 따져 바른 위치에 서게 하라는 뜻에서 세연이라 한다. 일의 중심에 선 이로서 늘 공평무사하고 순리에 따라 일을 완성하라는 의미가 담긴 이름이다.

---

103 세윤 · 世潤 · Se-yun

세상을 건강하고 풍요롭게 하라

세상 세世자에 윤택할 윤潤자를 써 세윤이라 한다. 운명의 길이 풍요롭고 건강하다. 하늘에 태양이 뜨니 세상은 밝고 기쁘다. 세상으로 뻗어 나가 윤택한 세상을 일구니 세윤이라 한다. 윤潤자를 파자로 풀면 임금 왕王자에 문 문門 그리고 물 수水자로 왕이 문을 열고 나오니 강물이 풍요롭게 흐르는 모양을 뜻한다. 대지에 곡식이 넉넉하고 만물이 풍요로운 모습이다. 세상을 넉넉하고 건강하게 풍요롭고 윤택하게 하라는 뜻에서 세윤이라 한다.

---

104 세종 · 世鍾 · Se-jong

세상을 울리는 큰 소리로 많은 사람에게 깨달음과 기쁨을 주라

세상 세世자에 쇠북 종鍾자를 써 세종이라 한다. 세상을 향해 펼친 날개가 크고 넓다. 운명의 길이 풍요롭고 건강하다. 하늘에 태양이 뜨니 세상은 밝고 기쁘다. 웅대한 뜻을 품고 세상으로 뻗어 나가 만백성의 가슴을 크게 울리라는 뜻에서 세종이라 한다. 세상을 울리는 큰 소리로 많은 사람에게 깨달음과 기쁨을 주라는 뜻이 담긴 이름이다.

105 세형 · 世亨 · Se-hyeong

세상을 두루두루 주유하며 크게 소통케 하라

세상 세世자에 형통할 형亨자를 써 세형이라 한다. 널리 사람을 복되게 할 소명이 있다. 그 소명만큼 늘 세상과 소통하고 나누어 두루두루 세상이 돌아가게 하라는 뜻에서 세형이라 한다. 멀리 나가면 나갈수록 큰 부와 명예를 쌓고, 세상의 경계를 넘고 세상의 울타리를 지워 오고 감에 걸림 없는 큰 삶을 살 것이다. 자신을 지우고 세상을 이루라는 뜻에서 세형이라 한다.

---

106 손빈 · 孫斌 · Son-bin

지혜와 용기를 갖추어 세세토록 복을 넓히라

손자 손孫자에 훌륭할 빈斌자를 써 손빈이라 한다. 손孫자를 파자로 풀면 자식이 자식에게 지혜와 학덕, 기술과 음덕을 물려주는 모습이다. 물려주고 물려주니 그 빛이 빛을 더하고 그 생각이 깊이를 더하고 그 부가 부를 만들어낸다. 훌륭할 빈斌자는 문무를 두루 갖추어 치우치지 않고 당당하고 평온한 모습이다. 대대로 학문과 음덕이 전달되고 좋은 일을 많아 하여 후손에게까지 복이 미치기를 바라는 뜻에서 손빈이라 한다.

---

107 손열 · 孫烈 · Son-yeol

열사의 심지와 겸손한 성품으로 세상을 향해 날아오르라

손자 손孫자에 매울 열烈자를 써 손열이라 한다. 예부터 손孫자는 겸손하다는 뜻으로 쓰였다. 겸손한 영웅, 겸손한 대장부는 스스로를 드러내지 않아도 사람이 그를 따르고 역사가 그를 받든다. 겸손하게 스스로를 낮추는 미덕으로 인해 영웅이 되니 아름답고 훌륭하다. 자신의 삶보다 타인을 위한 크고 넉넉한 삶을 살 것이니 대장부의 마음은 광활하다. 열사의 심지와 겸손한 성품으로 세상을 향해 날아오르라는 뜻에서 손열이라 한다.

108 손웅 · 孫熊 · Son-ung

겸손한 마음으로 세상의 빛이 되라

손자 손孫자에 곰 웅熊자를 써 손웅이라 한다. 예부터 손孫자는 겸손하다는 뜻으로 쓰였다. 겸손한 대장부는 스스로를 드러내지 않아도 사람이 그를 따르고 역사가 그를 받든다. 겸손하게 스스로를 낮추는 미덕으로 많은 사람의 중심에 서라는 뜻에서 손자 손孫자를 쓴다. 다음 웅熊자는 예부터 빛을 발한다는 뜻으로 쓰였다. 세상의 빛이 되길 바라는 마음으로 웅熊자를 쓴다. 겸손한 마음으로 스스로를 낮추어 세상을 이끄는 빛이 되라는 뜻이 담긴 이름이다.

109 송헌 · 松憲 · Song-heon

안으로 푸른 기상을 품고 밖으로 바른 법을 세우라

소나무 송松자에 법 헌憲자를 써 송헌이라 한다. 변치 않는 충성심과 기다림으로 세상의 길이 되는 사람이 있다. 소나무 같은 사람이다. 늘 푸른 소나무처럼 한결같으라는 뜻에서 송松자를 쓰고, 다음 법 헌憲자를 쓴다. 법 헌憲자를 파자로 풀면 마음 심心자에 눈 목目자 그리고 해할 해害자이니 마음과 눈으로 해로운 일을 가려낸다는 뜻이다. 선악을 가르고 선후를 따지는 일은 깊은 지혜와 반석처럼 단단한 용기에서 시작한다. 푸르고 단단한 소나무의 향기를 안으로 품고 밖으로는 바르고 명확한 기준과 법을 세워 세상을 소통케 하라는 뜻에서 송헌이라 한다.

110 수람 · 修覽 · Su-ram

바르고 명철한 눈으로 세상과 나를 돌아보라

닦을 수修자에 볼 람覽자를 써 수람이라 한다. 수기치인修己治人이란 자신을 닦아 남을 다스린다는 뜻이다. 스스로를 돌아볼 줄 아는 사람이 되라는 뜻에서 수修자를 쓰고, 다음 람覽자를 파자로 풀면 신하 신臣자에 볼 견見자이니 신하가 천하를 내려다보는 마음이다. 따뜻하고 명민하며 찰찰한 마음의 눈이다. 자신의 눈을 닦아 세상의 아픔과 고통을 보라는 뜻에서 수람이라 한다. 나누고 베푸는 미덕이 더 큰 풍요로움을 낳을 것이다. 세상 사람들과 소통하고 나누며 멋진 인생을 살라는 뜻이 담긴 이름이다.

111 수안 · 修晏 · Su-an

자신에게 강건하고 타인에게 넉넉한 사람이 되라

닦을 수修자에 늦을 안晏자를 써 수안이라 한다. 외유내강하는 사람은 많은 사람이 따른다. 자신에게 철저하되 타인에게는 용서와 여유가 있어야 사람이 모인다. 스스로 갈고 닦으라는 뜻에서 닦을 수修자를 먼저 쓴다. 다음으로 안晏자는 평안하고 화평한 모습을 말한다. 태양 아래 편안하게 앉아 있는 모습이다. 풍요롭고 화평한 모습이다. 자신에게 강건하고 타인에게 넉넉하라는 뜻에서 수안이라 한다.

112 수오 · 修五 · Su-o

인륜의 다섯 법을 일으켜 세상사의 중심이 되라

닦을 수修자에 다섯 오五자를 써 수오라 한다. 인생을 살면서 닦아야 할 다섯 가지를 이름하여 수오라 한다. 사람을 사랑하는 마음이니 인仁이요, 사람과 소통하는 기준이니 의義요, 사람을 다루는 힘이니 지智요, 사람과 사람 사이의 선후니 예禮요, 사람과 사람 사이의 믿음이니 신信이다. 이 다섯 가지를 갈고 닦아 가정의 가장으로서, 기업의 수장으로서 바르고 중심이 되라는 뜻에서 수오라 한다.

113 수용 · 洙用 · Su-yong

인생의 중심을 바로잡고 일과 재화를 바른 곳에 사용하라

물가 수洙자에 쓸 용用자를 써 수용이라 한다. 물가 수洙자를 파자로 풀면 물과 불이다. 물과 불이 소통하며 스스로 중심을 잡으니 삶의 바른 기준이 잡힌 모습이다. 스스로 바른 기준을 잡으라는 뜻에서 물가 수洙자를 쓴다. 다음으로 쓸 용用자는 재화와 재물을 베풀고 알맞은 곳을 찾아 쓰는 모습이다. 중심을 잡고 유용하게 만사를 응용하면 두루두루 풍요로운 세상을 만들 것이다. 인생의 중심을 바로잡고 일과 재화를 바른 곳에 사용하여 큰 부를 이루라는 뜻에서 수용이라 한다.

114 슬호 · 膝虎 · Seul-ho

겸손과 용기로 만사의 주인이 되라

무릎 슬膝 자에 범 호虎 자를 써 슬호라 한다. 무릎 위의 호랑이는 겸손과 용기를 뜻한다. 무릎을 꿇고 예를 취함은 스스로 낮아져 공손한 예를 다하는 것이며, 호랑이는 권위를 널리 드러낸다. 겸손하고 정의로운 사람은 결코 외롭지 않다. 스스로 편안하며 스스로 밝다. 그래서 늘 주위에 사람이 따른다. 사람 사이에 신의와 우정을 소중히 생각하며 작은 몸짓 하나하나에 겸손과 정성을 다하라는 뜻에서 슬호라 한다.

---

115 승규 · 昇奎 · Seung-gyu

세상에 바른 법을 펼치는 큰 사람이 되라

오를 승昇 자에 별 규奎 자를 써 승규라 한다. 오를 승昇 자를 파자로 풀면 하늘에 해가 떠오르는 모양이니 천지간에 옳고 그름이 밝혀지는 모양이다. 해는 중심이요 법이며 하나이다. 늘 새롭게 태어나는 부활이며 생명이다. 다음으로 별 규奎 자는 파자로 풀면 큰 대大 자에 흙 토土 자를 겹쳐 놓은 모양으로 대인이 걸어온 큰 땅을 뜻한다. 세상에 바른 법을 펼치는 큰 사람이 되라, 하늘 아래 바른 법을 펼치는 대인이 되라는 뜻에서 승규라 한다.

---

116 승기 · 昇基 · Seung-gi

법을 일으켜 천지를 건실하게 하라

오를 승昇 자에 터 기基 자를 써 승기라 한다. 오를 승昇 자를 파자로 풀면 하늘에 해가 떠오르는 모양이니 천지간에 옳고 그름이 밝혀지는 모양이다. 그 아래 땅이 풍요롭고 넓어 모든 사람들이 편히 쉴 수 있는 휴식처가 될 수 있도록 터 기基 자를 다음 자로 쓴다. 해가 떠올라 세상이 풍요롭게 다스려지는 모습이 승기다. 만법을 밝히는 등불이니 많은 사람이 길을 따를 것이다. 하늘 아래 바른 법으로 모든 일들을 바르게 밝히라는 뜻이 담긴 이름이다.

117 승민 · 昇旻 · Seung-min

세상의 중심에서 널리 사람을 사랑하라

오를 승昇자에 하늘 민旻자를 써 승민이라 한다. 오를 승昇자를 파자로 풀면 하늘에 해가 떠오르는 모양이니 천지간에 옳고 그름이 밝혀지는 모양이다. 하늘 민旻자 또한 억조창생을 불쌍히 여겨 아끼고 사랑하는 마음을 나타낸다. 해는 중심이요 법이며 하나이다. 늘 새롭게 태어나는 부활이며 생명이다. 하늘 아래 바른 법이 떠올라 모든 일들을 바르게 밝히니 모든 이들이 우러러 찾아온다는 뜻이 담긴 이름이다.

118 승범 · 昇範 · Seung-beom

법을 일으켜 천지를 바르게 하라

오를 승昇자에 법 범範자를 써 승범이라 한다. 오를 승昇자를 파자로 풀면 하늘에 해가 떠오르는 모양이니 천지간에 옳고 그름이 밝혀지는 모양이다. 법 범範자는 예부터 법도에 맞고 일의 시종을 알리고 본보기가 되는 모습을 말한다. 법이 떠올라 세상이 다스려지는 모습이 승범이다. 하늘 아래 바른 법이 떠올라 모든 일들을 바르게 밝히니 사람들이 본보기로 삼고 우러러본다는 뜻이 담긴 이름이다.

119 승원 · 昇元 · Seung-won

후덕한 마음과 부지런한 발로 널리 사람을 보살피라

오를 승昇자에 으뜸 원元자를 써 승원이라 한다. 오를 승昇자는 파자로 풀면 해가 떠오르는 모습이다. 높은 지위에 오르는 모습이며 관료로 나아가는 모습이다. 다음 으뜸 원元자는 어진 사람의 발에서 비롯된 글자이다. 높은 자리에 오르되 자리에 연연하지 말며 늘 발로 뛰는 모습으로 덕을 쌓으라는 뜻에서 원元자를 쓴다. 어진 재상이 널리 사람을 복되게 한다. 후덕한 마음과 부지런한 발로 사람에게 도움이 되라는 뜻에서 승원이라 한다.

120 승후 · 昇厚 · Seung-hu

세상의 중심에서 널리 사람을 사랑하라

오를 승昇자에 두터울 후厚자를 써 승후라 한다. 오를 승昇자를 파자로 풀면 하늘에 해가 떠오르는 모양이니 천지간에 옳고 그름이 밝혀지는 모양이다. 세상의 중심에서 바른 기준이 되라는 뜻에서 오를 승昇자를 쓰고, 그 마음이 따뜻하고 후덕하여 널리 사람을 감싸 안으라는 뜻에서 다음 이름자로 두터울 후厚자를 쓴다. 정의를 바로세우고 널리 덕을 베풀어 아름다운 세상을 만들라는 뜻에서 승후라 한다. 하늘 아래 바른 법이 떠올라 모든 일들을 바르게 할 것이니 모든 이들이 우러러보며 찾아올 것이다.

---

121 시언 · 翅彦 · Si-eon

넓은 세상 속으로 날아올라 널리 사람을 복되게 하라

날아오를 시翅자에 선비 언彦자를 써 시언이라 한다. 선비의 풍모로 널리 세상을 주유하라는 이름이다. 하늘의 큰 기운과 선비의 지혜로 세상을 풍족하게 하는 일에 소임을 다하라는 뜻에서 시언이라 한다. 주위에 늘 돕는 사람이 많은 운명이라 그 힘을 모으는 현명함이 있어야 한다. 큰 사람은 청렴을 근본으로 서는 것이니 청렴과 덕성을 함양하는 데 노력을 다해야 한다.

---

122 시용 · 翅用 · Si-yong

뜻은 높고 몸은 낮추어 널리 도움이 되는 삶을 살라

날아오를 시翅자에 쓸 용用자를 써 시용이라 한다. 여름날 농부처럼 부지런한 운명이니 일신우일신日新又日新하며 날마다 새롭게 태어나는 마음으로 모든 일들을 이룰 것이다. 그 성공이 높아 하늘을 주유하라는 뜻에서 먼저 날아오를 시翅자를 쓰고, 다음으로 겸손하고 깊어지라는 뜻에서 쓸 용用자를 쓴다. 뜻은 높되 몸은 낮아져 쓰일 곳이 많아야 훌륭한 사람이다. 밝은 마음, 깊은 생각으로 무릇 사람에게 큰 도움을 주라는 의미에서 시용이라 한다.

123 시우 · 施禹 · Si-u

우왕의 지덕으로 세상을 풍요롭게 하라

베풀 시施자에 임금 우禹자를 써 시우라 한다. 재주는 나눠야 기쁨이 되고 덕은 베풀어야 복이 된다. 갖추고 있는 아름다운 말과 용모를 베풀고 베풀어 널리 사람을 이롭게 하라는 뜻에서 베풀 시施자를 쓰고, 다음으로 임금 우禹자를 쓴다. 하나라 우왕은 치수와 지덕의 상징이다. 우왕의 지덕을 배워 널리 세상을 다스리라는 뜻에서 시우라 한다.

124 시원 · 施元 · Si-won

후덕한 마음과 부지런한 발로 사람에게 도움이 되라

베풀 시施자에 으뜸 원元자를 써 시원이라 한다. 베푸는 마음은 아름답다. 베푸는 마음은 즐겁다. 재주는 나눠야 기쁨이 되고 덕은 베풀어야 복이 된다. 갖추고 있는 아름다운 말과 지혜를 베풀라는 뜻에서 베풀 시施자를 쓴다. 다음 으뜸 원元자는 어진 사람의 발에서 비롯된 글자이다. 높은 자리에 오르되 자리에 연연하지 말며 늘 발로 뛰는 모습으로 그 덕을 쌓으라는 뜻에서 원元자를 쓴다. 후덕한 마음과 부지런한 발로 사람에게 도움이 되라는 뜻에서 시원이라 한다.

125 시율 · 翅律 · Si-yul

마음 속에 웅대한 뜻을 키우고 화합하여 큰 세상을 만나라

날아오를 시翅자에 법칙 율律자를 써 시율이라 한다. 세상을 향한 큰 뜻을 품고 높은 곳을 향하라는 뜻에서 시翅자를 쓴다. 다음으로 법칙 율律자는 예부터 서로 다른 의견과 서로 다른 주장이 하나로 화합하기 위해 세우는 투명하고 강건한 기준을 말한다. 서로 다른 의견이 하나가 되면 이루지 못하는 일이 없다. 마음 속에 큰 뜻을 키우고 많은 사람과 화합하여 더 넓은 세상을 만나라는 뜻에서 시율이라 한다.

126 시찬 · 時巑 · Si-chan

널리 은혜를 베풀어 산처럼 우뚝 서라

때 시時자에 산 우뚝할 찬巑자를 써 시찬이라 한다. 어진 마음으로 산처럼 우뚝 솟으라는 뜻에서 시찬이라 한다. 세상 무엇에도 뒤지지 않는 성품과 재능만큼 늘 베풀고 나누는 것에도 늘 으뜸이 되라는 뜻이다. 어디에서든 시시때때로 베풀어 자신의 큰 산을 만들면 풍요롭고 넉넉할 것이다. 큰 산도 작은 흙 한 줌에서 시작하는 이치를 마음에 새기고 이름에 담긴 뜻을 실현하여 운명의 주인공이 되기를 바란다.

127 시헌 · 時憲 · Si-heon

올바른 때에 오고 가라

때 시時자에 민첩할 헌憲자를 써 시헌이라 한다. 사람의 성패와 일의 완성은 때에 있다. 오고 가는 때를 알아 민첩하게 깨어 있으라는 뜻에서 시헌이라 한다. 사람은 가야 할 때 떠나야 하며, 머무를 때 서야 하며, 팔 때와 살 때를 알아 부를 축적해야 한다. 사람과의 관계도 이와 같아 물러설 때가 있으면 자기 주장을 내세워야 할 때도 있다. 부는 하늘이 내리지만 그 때는 사람이 선택하는 것이다. 시헌은 눈이 밝게 깨어 있어 때를 바로 보라는 뜻이 담긴 이름이다.

128 시환 · 施桓 · Si-hwan

사랑의 마음으로 베풀고 베풀어 강건한 땅을 일구라

베풀 시施자에 굳셀 환桓자를 써 시환이라 한다. 사랑은 내가 받는 만큼, 내가 좋아하는 것만을 좋아하는 것이 아니다. 사랑은 온유하며, 대가를 바라지 않으며, 오래 참는 것이며, 더 많이 사랑하는 것이다. 그 마음은 늘 베푸는 마음이며 그 마음은 늘 굳센 마음이다. 늘 베푸는 마음으로 굳세게 자신의 세상을 만들어가라는 뜻에서 시환이라 한다. 한 사람도 남겨지지 않게 모든 사람을 포용하고 사랑하는 그릇이 되라는 뜻이 담긴 이름이다.

129 신 · 信 · Sin

모든 일에 신의를 지켜 널리 사람의 중심에 서라

믿을 신信자를 써 신이라 한다. 믿음이란 사람과 사람을 묶어주는 바탕이다. 모든 일에 믿음을 주고 신의를 지키라는 뜻에서 믿을 신信자를 쓴다. 높지도 않게 낮지도 않게 평등한 눈높이로 사람을 대하라, 만물이 모여드는 바다처럼 넓고 풍요로운 중심에 서라, 세상의 중심에서 믿음을 널리 펼치는 신의가 있는 사람이 되라는 뜻에서 신이라 한다.

130 신노 · 信勞 · Sin-no

모든 일에 신의를 지켜 널리 모든 사람의 중심에 서라

믿을 신信자에 일할 노勞자를 써 신노라 한다. 모든 일에 믿음을 주고 신의를 지키라는 뜻에서 믿을 신信자를 쓴다. 또한 여러 재주를 타고나 구하면 얻을 것이니, 얻으면 풍족해지고 넉넉해져 넓은 영토를 이룰 것이다. 늘 자신의 재주를 열심히 갈고 닦으라는 뜻에서 일할 노勞자를 쓴다. 신의는 사람과 사람을 이어주는 가장 아름다운 약속이다. 늘 약속을 지켜 신의를 쌓고 열심을 다하면 뜻대로 이룰 것이다. 자신이 가진 재주를 널리 펼쳐 일과 사람의 중심에서 만사를 이루라는 뜻이 담긴 이름이다.

131 신후 · 臣珝 · Sin-hu

깊고 큰 지혜로 왕의 날개가 되라

신하 신臣자에 옥이름 후珝자를 써 신후라 한다. 사람의 중심에 서 있는 사람은 지혜로워야 한다. 많은 사람이 서로 소통하며 화합할 수 있게 큰 지혜를 갖추고 공평무사해야 한다. 왕과 국민의 소통을 바로잡는 바른 신하가 되라는 뜻에서 신하 신臣자를 쓴다. 다음 후珝자는 파자로 풀면 왕의 날개를 말한다. 새에게 날개가 있듯 왕에게도 돕는 지혜로운 신하가 있어야 한다. 안에서 드러내지 않고 지혜롭게 돕는 모습이 신후의 향기이다. 스스로 찾게 될 큰 자리가 있으니 늘 지혜롭게 돕는 재상의 마음을 잊지 말아야 한다.

132 언빈 · 彦彬 · Eon-bin

스스로를 갈고 닦아 청렴함을 이루고 세상을 주유하며 이름을 떨치라

선비 언彦자에 빛날 빈彬자를 써 언빈이라 한다. 선비는 청렴과 지조로 그 성품을 드러낸다. 안빈낙도安貧樂道의 풍류로 세상을 주유하라는 뜻에서 선비 언彦자를 쓴다. 다음 빛날 빈彬자는 무예와 학식을 겸비하여 널리 세상에 이름을 떨친다는 뜻이다. 스스로를 갈고 닦아 청렴함을 이루고 세상을 주유하며 이름을 떨치라는 뜻에서 언빈이라 한다.

---

133 연익 · 年益 · Yeon-ik

해마다 더욱 깊어지고 넓어지고 높아져라

해 연年자에 더할 익益자를 써 연익이라 한다. 해마다 더욱 깊어지고 더욱 넓어지고 더욱 높아지라는 뜻에서 연익이라 한다. 더할 익益자를 파자로 풀면 그릇 위에 물이 넘치는 모습이다. 풍족하고 넉넉한 심성이 여러 사람에게 미치니 만나는 사람마다 반길 것이다. 매년 날이 갈수록 더 큰 세상을 만들라는 뜻이 담긴 이름이다.

---

134 연준 · 淵峻 · Yeon-jun

높은 이상과 따뜻한 마음으로 세상을 보살피라

깊을 연淵자에 높을 준峻자를 써 연준이라 한다. 깊은 것은 물이고 높은 것이 산이다. 사람의 마음은 깊고 그 뜻은 높아야 한다. 깊을 연淵자는 사람을 생각하고 보살피는 마음이 연못처럼 깊고 넉넉해지라는 뜻이다. 다음 높을 준峻자는 꿈과 이상이 산처럼 높고 푸르러지라는 뜻이다. 푸른 이상과 따뜻한 마음으로 세상을 보살피라는 이름이다.

135 영준 · 榮峻 · Yeong-jun

세상 만물을 성장시켜 하늘에 이르라

영화 영榮자에 높을 준峻자를 써 영준이라 한다. 대지 위에 밝고 영화로운 일이 가득해 영화 영榮자를 우선 쓴다. 다음 높을 준峻자는 오늘에 만족하지 말고 늘 도전하고 발전하여 가장 고귀한 사람이 되라는 뜻이다. 옛말에 '군자君子 양양호발육만물洋洋乎發育萬物 준극우천峻極于天'이라는 말이 있다. 군자는 세상 만물을 튼튼하게 성장시켜 그 뜻이 하늘에까지 이른다는 말이다. 이 땅의 모든 영광이 하늘까지 닿을 수 있게 늘 노력하여 모든 생명을 성장시키고, 재주보다 더 큰 복과 덕으로 많은 사람들에게 사랑받고 존경받으라는 뜻이 담긴 이름이다.

136 영찬 · 榮贊 · Yeong-chan

선물을 들고 나아가는 사신의 마음처럼 당당하고 복되라

영화 영榮자에 도울 찬贊자를 써 영찬이라 한다. 남을 돕기 위해 부지런히 나아가는 모습이다. 땅을 일구기 위해 열심히 땀 흘리는 모습이다. 파자로 풀면 영榮자는 나무 위에 핀 꽃이니 그 명예가 널리 알려지는 모습이며, 도울 찬贊자는 재물을 들고 앞으로 나아가는 모습이다. 패는 재화로 부유함을 뜻한다. 수신제가치국평천하의 마음으로 안으로는 집안에서 밖으로는 세계까지 뻗어 나가 널리 세상을 평안케 하고, 오늘이 아닌 내일을 위해 현실이 아닌 이상을 위해 날마다 다시 태어나 영광을 드러내라는 뜻이 담긴 이름이다.

137 예준 · 禮準 · Ye-jun

바른 법을 세워 모든 사람의 지표가 되라

예도 예禮자에 준할 준準자를 써 예준이라 한다. 예절은 바른 법도이다. 모든 사람의 의식을 주관하며 중심에 서게 된다. 준準자 또한 모든 행동의 기준이 되고 사표가 된다. 정확하고 정밀하며 선명하다. 재주가 뛰어나 널리 사람들의 눈에 드니 보이는 모습 또한 한 치의 오차 없이 바르고 당당해야 한다. 예와 법의 지표로서 만인이 우러러보니 당당하고 훌륭한 모습이 예준이다. 재주보다 더 큰 복과 덕으로 많은 사람들에게 사랑과 존경을 받으라는 뜻이 담긴 이름이다.

138 용원 · 龍源 · Yong-won

근원의 힘으로 새로운 희망이 되라

용 용龍자에 근원 원源자를 써 용원이라 한다. 용은 동쪽의 신이라 늘 새롭게 일을 시작하고 새로운 법과 제도를 만드는 힘이 있다. 늘 새로운 지표와 제도를 만들어가는 운명이라 동쪽 신의 힘을 빌리는 뜻에서 용원이라 한다. 근원의 힘으로 새로운 영역을 개척하고 만인에게 희망이 되라는 뜻에서 용원이라 하니 널리 많은 사람들에게 힘과 소망 그리고 열정을 불어넣는 일을 할 것이다.

139 우영 · 宇瑛 · U-yeong

세상의 중심에서 세상을 따뜻하게 채우라

집 우宇자에 옥빛 영瑛자를 써 우영이라 한다. 천지간에 모든 시간과 모든 공간을 우주宇宙라 한다. 우宇는 공간이며 주宙는 시간이다. 세상에는 공간을 채우는 사람과 시간을 채우는 사람이 따로 있다. 우宇는 공간을 채우는 사람이다. 사람 사는 공간을 따뜻하게 채우라는 뜻에서 우宇자를 먼저 쓰고, 다음 자로 옥빛 영瑛자를 쓴다. 왕이 허리에 찬 패옥이 영瑛이니 흔들리지 않는 중심이다. 세상의 중심에서 사람의 중심에서 치우침 없이 아름다운 인생을 영위하라는 뜻이 담긴 이름이다.

140 우진 · 宇眞 · U-jin

용기와 지혜로 새 땅의 참주인이 되라

집 우宇자에 참 진眞자를 써 우진이라 한다. 천지간에 모든 시간과 모든 공간을 우주宇宙라 한다. 우宇는 공간이며 주宙는 시간이다. 세상에는 공간을 채우는 사람과 시간을 채우는 사람이 따로 있다. 우진은 공간을 참으로 채우는 사람이다. 참 진眞자는 사방팔방 어디에서 보아도 올바른 것을 말한다. 어느 한 곳도 부족함 없이 진실로 채워진 모습이 바로 우진이란 이름이 찾아가는 세상이다. 세상은 거짓과 진실이 끊임없이 대립한다. 드러나지 않은 어둠을 드러나게 하는 용기, 밝혀지지 않는 미혹을 오롯이 밝혀내는 지혜를 가지라는 뜻에서 우진이라 한다.

141 운철 · 澐喆 · Un-cheol

깊은 학문과 지혜로 새로운 문화를 선도하는 사람이 되라

큰 물결 일 운澐자에 밝을 철喆자를 써 운철이라 한다. 지난 시대가 가면 새로운 시대가 온다. 큰 물결은 문화를 만들고 사람들은 그 안에서 새로운 세상을 만든다. 새로운 세상을 여는 큰 물결이 되라는 뜻에서 큰 물결 일 운澐자를 먼저 쓴다. 다음 밝을 철喆자는 사리가 명철하고 도리에 깨어 있어 밝은 것이다. 자신의 깊은 학문과 지혜로 세상을 밝게 만드는 사람, 새로운 문화를 창조하고 선도하는 사람이 되라는 뜻에서 운철이라 한다.

142 웅비 · 雄毘 · Ung-bi

밖으로는 나아가 큰 탑을 이루고 안으로는 많은 사람을 도우라

수컷 웅雄자에 도울 비毘자를 써 웅비라 한다. 수컷 웅雄자는 예부터 앞으로 나아가 승리한다는 뜻이 있다. 진취적 기상으로 늘 승리하는 인생을 살라는 뜻에서 수컷 웅雄자를 먼저 쓴다. 세상을 돕는 마음은 아름답다. 넉넉하고 풍족한 사람만이 자신이 가진 부를 나눌 수 있다. 세상의 많은 사람을 도우라는 뜻에서 도울 비毘자를 쓴다. 밖으로는 세상으로 나아가 큰 탑을 이루고 안으로는 함께 더불어 사는 사람을 도우며 살라는 뜻에서 웅비라 한다.

143 원빈 · 元斌 · Won-bin

문무를 겸비하고 부지런한 발로 널리 사람을 복되게 하라

으뜸 원元자에 훌륭할 빈斌자를 써 원빈이라 한다. 으뜸 원元자는 어진 사람의 발에서 비롯된 글자이다. 어진 이가 낮은 곳에서 여러 사람을 돌보는 모습이 바로 원元이다. 높은 자리에 오르되 자리에 연연하지 말며 늘 발로 뛰는 모습으로 그 덕을 쌓으라는 뜻에서 원元자를 쓴다. 다음으로 문무를 겸비하라는 뜻에서 훌륭할 빈斌자를 쓴다. 훌륭할 빈斌자는 파자로 풀면 무예와 학덕이 뛰어나 문무를 모두 겸비한 아름다운 모습이다. 스스로 많은 재주와 인격을 갖추고 많은 사람을 부지런히 도우라는 뜻에서 원빈이라 한다.

144 원열 · 元烈 · Won-yeol

순수한 마음과 부지런한 발로 세상을 풍족하게 하라

으뜸 원元자에 매울 열烈자를 써 원열이라 한다. 으뜸 원元자는 어진 사람의 발에서 비롯된 글자이다. 어진 이가 낮은 곳에서 여러 사람을 돌보는 모습이 바로 원元이다. 높은 자리에 오르되 자리에 연연하지 말며 늘 발로 뛰는 모습으로 그 덕을 쌓으라는 뜻에서 원元자를 먼저 쓴다. 다음 매울 열烈자는 예부터 그 심지가 굳건하여 권력에 굴하지 않는 절개를 뜻한다. 순수한 마음과 부지런한 발로 세상을 풍족하게 하라는 뜻에서 원열이라 한다.

145 원율 · 元律 · Won-yul

세상을 조화롭게 만드는 최상의 법이 되라

으뜸 원元자에 법 율律자를 써 원율이라 한다. 세상에는 최상의 법이 있다. 바르고 근원이 되는 법이 서야 세상이 태평하다. 서로 다른 의견과 서로 다른 주장이 하나로 화합하기 위해서는 투명하고 강건한 기준이 있어야 한다. 그 최상의 기준을 율율이라 한다. 사람과 사람 사이에서 소통과 대화를 주관하는 사람은 투명하고 공평해야 무리가 떠나지 않는다. 깊은 지혜와 추진력을 하나로 모아 아름다운 천상의 음률, 천상의 조화, 천상의 비례를 이루라는 뜻에서 원율이라 한다. 치우치지 않는 사고와 넓은 마음으로 큰 일을 이루라는 뜻이 담긴 이름이다.

146 원찬 · 元巑 · Won-chan

널리 은혜를 베풀어 산처럼 우뚝 서라

으뜸 원元자에 산 우뚝할 찬巑자를 써 원찬이라 한다. 어진 마음으로 산처럼 우뚝 솟으라는 뜻에서 원찬이라 한다. 세상 무엇에도 뒤지지 않는 성품과 재능만큼 베풀고 나누는 것에도 늘 으뜸이 되라는 뜻이다. 베풀고 베풀어 자신의 큰 산을 만들면 풍요롭고 넉넉할 것이다. 큰 산도 작은 흙 한 줌에서 시작하는 이치를 마음에 새기고 좋은 이름으로 운명의 주인이 되기를 바란다.

147 유건 · 裕建 · Yu-geon

대지의 넉넉함으로 큰 기업을 일으키라

넉넉할 유裕자에 세울 건建자를 써 유건이라 한다. 타고난 품성이 넉넉하고 타고난 재운이 넉넉하며 타고난 재주가 넉넉하니 그 넉넉함을 유裕자로 쓴다. 다음 세울 건建자는 예부터 나라를 세워 법률을 정하고 일의 순서와 차례를 정할 때 사용한다. 건실한 기업을 세워 많은 사람들이 풍요롭게 살게 하라는 뜻에서 유건이라 한다. 넉넉한 심성만이 사람을 안을 수 있으며 일의 바른 법도를 세워 가업과 기업을 세울 수 있다. 큰 그릇은 나중에 만들어짐을 잊지 말고 늘 노력하는 마음으로 발전하라는 뜻이 담긴 이름이다.

148 유성 · 裕惺 · Yu-seong

넉넉한 마음과 깊은 지혜로 세상을 밝히라

넉넉할 유裕자에 슬기로울 성惺자를 써 유성이라 한다. 너그러운 마음, 용서하는 마음은 넉넉하다. 가진 사람의 마음, 기다리는 사람의 마음은 넉넉하다. 타고난 천성이 넉넉하여 유裕자를 먼저 쓰고, 다음 큰 지혜로 세상을 밝히라는 뜻에서 슬기로울 성惺자를 쓴다. 성惺자는 깨닫다, 슬기롭다라는 의미다. 스스로 늘 깨어나 머무르지 않고 새로운 영역을 개척하고 가꾸는 운명이므로 잠들지 않고 깨어나라는 의미다. 한 손에는 넉넉한 마음과 또 한 손에는 깊은 지혜로 세상을 밝히라는 뜻에서 유성이라 한다.

149 유신 · 柔臣 · Yu-sin

부드럽게 흐르고 흘러 풍요로운 세상을 만들라

부드러울 유柔자에 신하 신臣자를 써 유신이라 한다. 일취월장하는 푸른 기운을 바탕으로 건강하고 단단하게 인생을 누리며 세상에 닿지 않는 곳이 없이 흐르고 흘러 땅 끝까지 이르라는 뜻에서 유신이라 한다. 부드러운 사람은 세상을 포용한다. 부드러운 생명은 오랫동안 그 생명력을 유지한다. 늘 부드러운 생각과 마음으로 만인을 보살피는 충성스런 신하가 되라는 뜻에서 유신이라 한다. 부드럽게 흐르고 흘러 풍요로운 세상을 만들고 그 세상을 품에 안으라는 뜻이 담긴 이름이다.

150 유진 · 有鎭 · Eugene

큰 영토를 이루고 바르게 다스려 풍요로운 세상을 만들라

리더는 자신의 영역을 다스려 평화를 이룬다. 있을 유有자에 다스릴 진鎭자를 써 유진이라 한다. 유有자는 자신이 가진 영역을 뜻한다. 그 영역을 바르게 다스리라는 뜻에서 다스릴 진鎭자를 쓴다. 경계를 넓혀 자신의 큰 영토를 만들고 그 땅을 풍요롭게 바르게 다스리라는 뜻에서 유진이라 한다. 바른 기준과 청렴한 척도 속에서 큰 뜻을 이루고 무엇에도 걸림 없이 마음 속 포부를 크게 펼치라는 뜻이 담긴 이름이다.

151 유찬 · 裕瓚 · Yu-chan

넉넉한 마음과 깊은 지혜로 세상을 밝히라

넉넉할 유裕자에 옥잔 찬瓚자를 써 유찬이라 한다. 너그러운 마음, 용서하는 마음은 넉넉하다. 가진 사람의 마음, 기다리는 사람의 마음은 넉넉하다. 타고난 천성이 넉넉하여 유裕자를 먼저 쓴다. 다음 옥잔 찬瓚자를 파자로 풀면 왕을 보필하는 손길을 말한다. 왕의 권위를 돕는 후덕한 마음이니 출중하고 성대하다. 넉넉한 심성과 깊은 지혜로 왕의 권위를 보살피라는 뜻에서 유찬이라 한다. 스스로를 드러내지 않아 모든 것을 이루는 영광된 인생을 이루라는 뜻이 담긴 이름이다.

152 윤건 · 潤建 · Yun-geon

대지의 넉넉함으로 큰 기업을 일으키라

윤택할 윤潤자에 세울 건建자를 써 윤건이라 한다. 타고난 품성이 넉넉하고 타고난 재운이 넉넉하며 타고난 재주가 넉넉하니 그 넉넉함을 윤택할 윤潤자로 쓴다. 세울 건建자는 예부터 나라를 세워 법률을 정하고 일의 순서와 차례를 정할 때 사용한다. 건실한 기업을 세워 그 안에 많은 사람들이 풍요롭게 살게 하라는 뜻에서 윤건이라 한다 . 무엇보다 함께하는 모든 사람들과 그 풍요로움을 나누어야 한다. 큰 그릇은 나중에 만들어짐을 잊지 말고 늘 노력하는 마음으로 발전하라는 뜻이 담긴 이름이다.

153 윤걸 · 潤杰 · Yun-geol

풍요로운 대지 위에 우뚝 서 솔선하고 사랑하라

윤택할 윤潤자에 뛰어날 걸杰자를 써 윤걸이라 한다. 윤潤자를 파자로 풀면 임금 왕王자에 문 문門자 그리고 물 수水로 왕이 문을 열고 나오니 강물이 풍요롭게 흐르는 모양이다. 대지에 곡식이 넉넉하고 만물이 풍요로운 모습이다. 걸杰자는 재주가 뛰어난 준걸을 말한다. 넉넉한 마음과 뛰어난 재주이니 세상을 움직일 만한 힘이 있다. 풍요로운 대지 위에 우뚝 선 지도자로서 중도를 걷고 솔선하라는 뜻에서 윤걸이라 한다. 풍요로운 삶을 영위하고 널리 사람을 사랑하고 보살피라는 뜻이 담긴 이름이다.

154 윤모 · 允募 · Yun-mo

부지런히 옛 것을 모아 새 것을 열라

맏 윤允자에 모을 모募자를 써 윤모라 한다. 일취월장 절차탁마 日就月將 切磋琢磨의 운명이라 날마다 새롭게 도전하고 발전할 것이다. 지혜와 열정으로 사람을 모으고 그렇게 모은 힘을 날마다 갈고 닦아 넓고 풍족한 세상을 이루라는 뜻에서 윤모라 한다. 부지런히 옛 것을 되새겨 내일을 꿈꾸는 자는 현명하다. 과거의 것으로 미래를 여는 자는 선조들이 보살핀다. 부지런히 나아가 지혜를 모으고 사람을 모으고 행복을 모으라는 뜻이 담긴 이름이다.

155 윤범 · 倫梵 · Yun-beom

세상의 바른 법을 세워 솔선수범하라

인륜 윤倫자에 불경 범梵자를 써 윤범이라 한다. 윤倫자를 파자로 풀면 사람이 둥글게 모여 있는 모습이다. 사람이 모여 함께할 때 서로 주고받는 원칙과 예절이 윤倫이다. 범梵자는 우주 만유의 법 중 최상의 법을 말한다. 세상사 최상의 법을 만드는 사람으로서 스스로 진리 앞에 당당하고 세상사에 치밀하여 본보기가 되고 범례가 되는 아름다운 생각과 말과 행동을 하라는 뜻에서 윤범이라 한다. 깊은 지혜로 모든 일의 순서와 옳고 그름을 따져 바른 길을 열라는 뜻이 담긴 이름이다.

156 윤빈 · 潤斌 · Yun-bin

문무를 겸비하고 널리 사람을 복되게 하라

윤택할 윤潤자에 훌륭할 빈斌자를 써 윤빈이라 한다. 윤潤자를 파자로 풀면 임금 왕王자에 문 문門자 그리고 물 수水자이므로 왕이 문을 열고 나오니 강물이 풍요롭게 흐르는 모양이다. 평화롭고 넉넉한 삶을 윤潤자로 받는다. 다음 훌륭할 빈斌자를 파자로 풀면 무예와 학덕이 뛰어나 문무를 모두 겸비한 아름다운 모습이다. 스스로 많은 재주와 인격을 갖추고 많은 사람의 중심에 서라, 문무를 겸비해 많은 사람을 돕고 풍요로운 삶을 영위하라는 뜻에서 윤빈이라 한다.

157 윤산 · 潤祘 · Yun-san

세상을 바로 살펴 풍요로운 영토를 만들라

윤택할 윤潤자에 셈 산祘자를 써 윤산이라 한다. 윤潤자를 파자로 풀면 임금 왕王자에 문 문門자 그리고 물 수水자이므로 왕이 문을 열고 나오니 강물이 풍요롭게 흐르는 모양이다. 대지에 곡식이 넉넉하고 만물이 풍요로운 모습이다. 다음 셈 산祘자는 볼 시示자를 겹쳐 놓은 모양으로 왕이 세상을 세세히 살펴본다는 뜻이 있다. 세상을 바로 살펴 풍요로운 영토를 만들라는 뜻에서 윤산이라 한다. 풍요로운 대지 위에 우뚝 선 지도자로서 중도를 걷고 솔선하라는 뜻이 담긴 이름이다.

158 윤상 · 倫商 · Yun-sang

인륜의 법을 널리 펼쳐 세상을 즐겁게 하라

인륜 윤倫자에 장사 상商자를 써 윤상이라 한다. 윤倫자를 파자로 풀면 사람이 둥글게 모여 있는 모습이다. 사람이 모여 함께할 때 서로 주고받는 원칙과 예절이 윤이다. 다음 상商자는 오행 중 가을과 금金을 말한다. 결실이며 풍요로움이니 널리 사람 사이에 원칙을 세우고 서로 소통하여 풍요로운 영토를 일구라는 뜻이다. 인륜의 법을 널리 펼쳐 사람을 바르게 가르칠 소명 아래 청렴한 마음과 곧은 뚝심으로 사람들의 큰 기쁨이 되라는 뜻에서 윤상이라 한다.

159 윤성 · 尹誠 · Yun-seong

하루하루 정직하게 자신의 말을 행동으로 이루라

다스릴 윤尹자에 정성 성誠자를 써 윤성이라 한다. 윤尹은 손에 자를 들고 공사를 감독하는 사람을 뜻한다. 세상을 바르고 정직하게 바라보라는 뜻이다. 다음 정성 성誠자는 파자로 풀면 말씀 언言자에 이룰 성成자이다. 바른 눈으로 정직하게 살며 자신이 한 말을 실천하는 사람이 되라는 이름이다. 스스로 맡은 바 일에 충실하고, 그 일을 이루는 것에 큰 즐거움을 느끼고 하루하루 정직하게 자신의 말을 행동으로 이루라는 뜻에서 윤성이라 한다.

---

160 윤혁 · 潤革 · Yun-hyeok

후덕한 마음과 진취적 정신으로 새로운 세상을 열라

윤택할 윤潤자에 가죽 혁革자를 써 윤혁이라 한다. 윤潤자를 파자로 풀면 임금 왕王자에 문 문門자 그리고 물 수水자로 왕이 문을 열고 나오니 강물이 풍요롭게 흐르는 모양이다. 대지에 곡식이 넉넉하고 만물이 풍요로운 모습을 윤潤자로 받는다. 다음 가죽 혁革은 예부터 새로워진다는 뜻이다. 오늘에 머물지 말고 스스로 도전하고 발전하여 늘 새롭게 태어나 더욱 훌륭하고 빼어난 사람이 되라는 뜻에서 혁革자를 쓴다. 풍요로움과 넉넉함을 바탕으로 늘 새롭게 태어나 발전하고 발전하라, 후덕한 마음과 진취적 정신으로 새로운 세상을 열라는 뜻에서 윤혁이라 한다.

---

161 윤호 · 倫護 · Yun-ho

인륜의 법을 널리 펼쳐 세상에 힘없는 사람을 보호하라

인륜 윤倫자에 보호할 호護자를 써 윤호라 한다. 윤倫자를 파자로 풀면 사람이 둥글게 모여 있는 모습이다. 사람이 모여 함께할 때 서로 주고받는 원칙과 예절이 윤이다. 예절이 바른 사람이 되라는 뜻에서 윤倫자를 쓴다. 다음 보호할 호護자는 세상에 힘없고 약한 사람들을 보호하고 보살피라는 뜻이다. 세상이 의지하는 바른 기준이 되고 많은 사람을 보살피고 보호하라, 널리 사람 사이에 원칙을 세우고 서로 소통하여 풍요로운 영토를 일구라는 뜻에서 윤호라 한다.

162 은식 · 垠植 · Eun-sik

땅 끝까지 흐르고 넘쳐 풍요로운 세상을 만들라

지경 은垠 자에 심을 식植 자를 써 은식이라 한다. 일취월장하는 목木의 기운을 바탕으로 건강하고 단단하게 인생을 누리며, 세상에 닿지 않는 곳이 없이 흐르고 흘러 땅끝까지 이르라는 뜻에서 은식이라 한다. 지경 은垠 자는 땅끝 가장자리를 말한다. 그 땅끝까지 흐르고 넘쳐 풍요로운 땅을 만들고 당당하고 건강하게 베풀고 나누며, 무엇에도 걸리지 않고 세상을 품에 안으라는 뜻이 담긴 이름이다.

163 은열 · 垠熱 · Eun-yeol

부지런히 갈고 닦아 새로운 영토를 만들라

지경 은垠 자에 더울 열熱 자를 써 은열이라 한다. 오늘에 머물지 말고 새로운 지경을 넓히라는 뜻에서 지경 은垠 자를 쓴다. 다음 더울 열熱 자는 늘 부지런히 정진하라는 뜻이다. 늘 창조의 눈으로 세상과 만나라 그리고 대지의 주인이 되라, 새로운 학문과 학통을 세워 세상으로 부지런히 나아가라는 뜻에서 은열이라 한다.

164 은찬 · 殷瓚 · Eun-chan

앞으로 나아가 왕의 권위를 보필하라

은나라 은殷 자에 옥잔 찬瓚 자를 써 은찬이라 한다. 은나라의 잔이니 역사를 시작하는 첫 성물이다. 경건하고 아름다우며 청명하고 진실하다. 은나라 은殷 자는 파자로 풀면 무기를 들고 성대하게 춤을 추고 있는 모습이다. 옥잔은 예부터 제후를 봉할 때 쓰던 성물 중 으뜸이다. 또한 옥잔 찬瓚 자를 파자로 풀면 왕을 보필하는 손길을 말한다. 왕의 권위를 돕는 이로서 선봉에 서 있는 사람이니 출중하고 성대하다. 스스로를 드러내지 않아 모든 것을 이루는 영광된 인생을 이루라는 뜻이 담긴 이름이다.

165 은창 · 恩創 · Eun-chang

후덕한 마음과 창조의 힘으로 세상을 아름답게 가꾸라

은혜 은恩자에 창조 창創자를 써 은창이라 한다. 예부터 은恩자는 제왕의 후덕한 마음을 뜻한다. 옛 것을 받들어 은혜로운 일을 맞으라는 뜻에서 은혜 은恩자를 쓴다. 다음 창조 창創자는 무에서 유를, 미약에서 창대를 만들라는 뜻이다. 모든 위대함의 시작은 작고 근본적인 것에서 비롯한다. 후덕한 마음과 창조력으로 세상을 아름답게 가꾸라는 뜻에서 은창이라 한다.

166 은혁 · 殷革 · Eun-hyeok

날마다 발전하고 전진하여 큰 축일을 맞이하라

은나라 은殷자에 가죽 혁革자를 써 은혁이라 한다. 은나라 은殷자는 무기를 들고 성대하게 춤을 추고 있는 모습이다. 나라의 큰 경사와 축복을 뜻하는 날이니 성스럽고 성대하다. 널리 축복을 세상에 펼치라는 뜻에서 은나라 은殷자를 쓰고, 다음 가죽 혁革자는 과거의 것을 고쳐 새롭게 만든다는 뜻이다. 어제보다 더 나은 내일을 위해 늘 개혁하고 변화하라는 뜻이다. 날마다 발전하고 전진하여 큰 축일을 맞이하라는 뜻에서 은혁이라 한다.

167 의겸 · 義兼 · Ui-gyeom

모든 이견을 포용해 큰 사람이 되라

옳을 의義자에 겸할 겸兼자를 써 의겸이라 한다. 정의는 중심에 서는 일이다. 삶의 중심에서 옳고 그름을 바로 밝혀 의로운 사람이 되라는 뜻에서 옳을 의義자를 쓴다. 다음 겸할 겸兼은 서로 다른 의견과 생각들을 모두 포용해 하나의 뜻을 만들고 용서하고 소통하라는 뜻이다. 앞에 나서 일하니 의로울 것이며, 모든 이견을 포용해 하나의 길을 열 것이니 의겸이라 한다.

168 의형 · 義亨 · Ui-hyeong

신성하고 착한 마음으로 모든 일을 형통케 하라

옳을 의義자에 형통할 형亨자를 써 의형이라 한다. 의로움이란 사람이 지켜야 할 떳떳한 도리, 모든 일의 합당한 기준을 말한다. 의義자를 파자로 풀면 나의 마음을 양처럼 착하고 의롭게 한다는 뜻이다. 양은 예부터 신에게 바치는 성물로 의식을 통해 모든 일을 바르고 형통하게 한다는 의미가 있다. 신성한 마음으로 모든 일을 의롭게 하여 원만하고 아름답게 완성한다는 뜻에서 의형이라 한다.

169 이반 · 夷磐 · Ivan

꿈을 펼쳐 모든 영토를 화평하게 만들라

동이족 이夷자에 반석 반磐자를 써 이반이라 한다. 동이족 이夷자를 파자로 풀면 큰 대大자에 활 궁弓자이다. 큰 화살을 든 사람이니 궁사의 자신감과 정확성 그리고 넓은 곳으로 화살을 쏘아 올리는 포부가 있다. 반석 반磐자는 웅장함 그리고 광대함을 뜻한다. 광활한 땅을 모두 품에 안으라는 뜻이다. 마음에 큰 뜻을 품고 세계로 나가 이름을 빛내라는 뜻이 담긴 이름이다.

170 이산 · 移山 · I-san

부지런히 갈고 닦아 산을 이루라

옮길 이移자에 뫼 산山자를 써 이산이라 한다. 우공이산愚公移山이라는 사자성어가 있다. 우공이라는 사람이 우직하게 실천하여 산을 옮겼다는 말이다. 먼저 이移자를 쓰는 것은 잠시도 쉬지 말고 쌓고, 또한 나누라는 의미가 있다. 산은 만물을 생육한다. 만물의 휴식처이고 만물의 중심이다. 모든 사람의 중심에서 늘 꾸준하게 자신을 만들어가라, 멋진 인생 넉넉한 인생 그리고 건강한 인생을 살라, 갖추었다고 안일하게 생각하지 말고 앞선다고 자만하지 말고 우공처럼 이산하여 큰일을 이루라는 뜻이 담긴 이름이다.

171 이운 · 怡雲 · I-un

스스로 자족하고 즐거워 세상의 큰 스승이 되라

기쁠 이怡자에 구름 운雲자를 써 이운이라 한다. 옛말에 구름 위를 거닐 듯 스스로 자족하여 청렴한 삶을 이운怡雲이라 한다. 지가자이열只可自怡悅에서 나온 말로, 깊은 탐구심과 깨달음으로 스스로 밝고 기쁘다는 뜻이다. 세상의 큰 스승은 그 빛이 자신에게서 나온다. 스스로 자족하고 즐거워 널리널리 세상을 비추고 어두운 곳을 밝히는 참된 빛이 되라는 뜻에서 이운이라 한다.

172 이한 · 夷閑 · I-han

아름다운 품성과 큰 웅지로 세상을 밝게 비추라

동이족 이夷자에 한가할 한閑자를 써 이한이라 한다. 동이족 이夷자를 파자로 풀면 큰 대大자에 활 궁弓자이다. 큰 화살을 든 사람이니 궁사의 자신감과 정확성 그리고 넓은 곳으로 화살을 쏘아 올리는 포부가 있다. 한閑자는 예부터 아름답고 품위 있고 조용한 사람을 말한다. 늘 품위를 바탕으로 큰 포부를 이루라는 뜻에서 이한이라 한다. 마음에 큰 뜻을 품고 세계로 나가 아름다운 품성을 밝게 빛내라는 뜻이 담긴 이름이다.

173 이헌 · 耳軒 · I-heon

세상의 소리를 경청하는 바른 관리가 되라

귀 이耳자에 집 헌軒자를 써 이헌이라 한다. 귀를 열어 만민의 뜻을 경청하는 겸손한 스승이 되라는 뜻에서 귀 이耳자를 쓴다. 다음 집 헌軒자는 예부터 대부 이상의 벼슬아치가 타던 수레를 뜻한다. 귀하고 높다. 또한 헌軒은 처마가 높은 집이다. 처마가 높으니 관청이요, 사람들이 찾아와 도움을 청하고 휴식을 얻는다. 풍요로운 대지 위에 처마 높은 집을 지어 만인의 뜻을 경청하고 그들의 뜻을 이루라는 뜻에서 이헌이라 한다. 귀를 열어 세상을 경청하는 겸손한 사람이 되고 안으로 원칙과 법을 세워 바르고 청렴한 사람이 되라는 뜻이 담긴 이름이다.

174 이현 · 耳玄 · I-hyeon

겸손한 마음으로 귀를 열어 근원의 소리를 들으라

귀 이耳자에 검을 현玄자를 써 이현이라 한다. 귀를 열어 만민의 뜻을 경청하는 겸손한 관리가 되라는 뜻에서 귀 이耳자를 쓴다. 다음 검을 현玄자는 예부터 근원의 힘, 하늘의 법, 원칙과 본질을 뜻한다. 지혜를 바탕으로 세상을 다스리는 큰 힘을 얻기 위해 북방의 힘과 근원의 힘을 뜻하는 검을 현玄자를 쓴다. 밖으로 귀를 열어 세상을 경청하는 겸손한 사람, 안으로 원칙과 법을 세우는 바르고 청렴한 사람, 열린 사람 바른 사람이 되라는 뜻에서 이현이라 한다.

175 인겸 · 仁兼 · In-gyeom

모든 이견을 포용해 큰 사람이 되라

어질 인仁자에 겸할 겸兼자를 써 인겸이라 한다. 삶을 살아갈 때 모든 생명을 사랑하고 가꾸는 마음을 잊지 말며 모든 일을 솔선수범하여 주관하고 이끌라는 뜻에서 어질 인仁자를 우선 쓴다. 다음 겸할 겸兼은 서로 다른 의견과 생각들을 모두 포용해 하나의 뜻을 만들고 소통하라는 뜻이다. 깊은 예지력을 바탕으로 앞에 나서 일을 하니 우뚝 설 것이며, 이루는 일마다 이치에 맞고 푸르고 맑아 태양처럼 빛날 것이니 인겸이라 한다.

176 인호 · 仁護 · In-ho

권위와 축복 속에 늘 힘없는 사람들을 보호하라

어질 인仁자에 보호할 호護자를 써 인호라 한다. 어진 이가 스스로 겸손하면 세상이 그를 따른다. 어진 마음으로 세상을 이끌라는 뜻에서 어질 인仁자를 쓴다. 다음 보호할 호護자는 세상의 힘없고 약한 사람들을 보호하고 보살피라는 뜻이다. 힘없고 약한 이들을 보살펴 성스러운 날을 만들라는 뜻에서 인호라 한다. 몸과 마음 하나로 성대한 열매를 얻기 위해 한 걸음 한 걸음 나아가 축복된 세상을 이루라는 뜻이 담긴 이름이다.

177 일근 · 逸根 · Il-geun

재덕을 갖추어 큰 생명의 뿌리가 되라

편안할 일逸자에 뿌리 근根자를 써 일근이라 한다. 예부터 일逸자는 재덕을 갖춘 선비를 뜻한다. 재주와 덕을 갖추고 세상에 뿌리내리라는 뜻에서 일근이라 한다. 뿌리 깊은 나무는 바람에 흔들리지 않는다. 뿌리 깊은 나무는 모든 생명의 근원이다. 밖으로 재주를 가꾸고 안으로 덕을 채워 모든 생명의 뿌리가 되라는 뜻에서 일근이라 한다.

178 일손 · 日損 · Il-son

스스로의 욕심을 덜어내 남을 채우고 담아내라

날 일日자에 덜 손損자를 써 일손이라 한다. 『도덕경道德經』 48장에 위학일익 위도일손 爲學日益 爲道日損이라는 말이 있다. 하루하루 스스로를 덜어내 남을 채우고 담아내라는 뜻이다. 또한 뒤이어서 "세상을 운행하는 힘은 사사로움이 없으니 사사로이 행위하는 이에게는 천하가 돌아오지 않는다[取天下 常以無事 及其有事 不足以取天下]"고 하였다. 일을 하는 데 삿됨을 지우고 없애서 세상을 바르게 세우라는 뜻이다. 이름대로 늘 덜어내 뜻을 이루기를 기원하는 이름이다.

179 일현 · 一鉉 · Il-hyeon

귀한 자리에 앉아 말한 바를 이루라

한 일一자에 솥귀 현鉉자를 써 일현이라 한다. 예부터 현鉉자는 근원의 힘과 하늘의 법을 뜻하며, 삼공재상의 지위를 말한다. 청렴함과 고귀한 지위를 뜻하는 현鉉자를 기준으로 삼고, 다음 한 일一자는 자신의 신념을 하나로 모아 말의 처음과 끝을 같이 하라는 뜻이다. 하나를 바르게 이루는 사람이 열을 이루고 백을 이룬다. 삼공의 자리에 앉아 신뢰를 몸과 말로 실천하라는 뜻이다. 세상 모든 것들과 친분을 쌓고 중심에서 여러 사람의 의견을 수렴하라. 자신의 진실을 믿고 담담히 실현하는 사람이 되라는 뜻에서 일현이라 한다.

180 재겸 · 宰兼 · Jae-gyeom

모든 이견을 포용해 큰 사람이 되라

재상 재宰자에 겸할 겸兼자를 써 재겸이라 한다. 일국의 재상으로서 삶을 살아갈 때 모든 생명을 사랑하고 가꾸는 마음을 잊지 말며, 모든 일을 솔선수범하여 주관하고 이끌라는 뜻에서 재상 재宰자를 우선 쓴다. 다음 겸할 겸兼자는 서로 다른 의견과 생각들을 모두 포용해 하나의 뜻을 만들고 소통하라는 뜻이다. 깊은 예지력을 바탕으로 앞에 나서 일을 하니 우뚝 설 것이며, 이루는 일마다 이치에 맞고 푸르고 맑아 태양처럼 빛날 것이니 재겸이라 한다.

181 재민 · 載岷 · Jae-min

기름지고 넓은 땅 위에 모든 생명을 편안케 하라

실을 재載자에 산이름 민岷자를 써 재민이라 한다. 실을 재載자는 수레 위에 재물과 곡식이 쌓여 있는 모습이다. 또한 민岷자는 파자로 풀면 뫼 산山에 백성 민民자이니 산의 풍족함 속에서 살아가는 풍요로운 백성들이다. 산과 같은 토대를 세워 그 안에 백성이 수레에 가득 채워진 곡식과 재물로 풍요롭게 살게 하라는 뜻에서 재민이라 한다. 많은 것을 가진 사람은 힘없는 사람들을 위해 늘 준비하고 비축하고 나누어야 한다. 큰 그릇은 나중에 만들어짐을 잊지 말고 늘 노력하는 마음으로 준비하여 큰 땅의 주인이 되라는 뜻이 담긴 이름이다.

182 재석 · 在錫 · Jae-seok

맡은 바 일에 성심을 다하고 조상을 공경하고 따르라

있을 재在자에 주석 석錫자를 써 재석이라 한다. 있을 재在자는 깊이 살펴본다는 뜻이다. 먼 곳에 뜻을 두는 것이 아니라 자신이 처한 자리에서 감사하고 만족하며 사람과 일을 살피라는 뜻에서 있을 재在자를 쓴다. 다음 주석 석錫자는 선조들의 말과 뜻을 이어받는다는 뜻이다. 조상의 뜻을 이어 큰 복덕을 이루라는 의미이다. 자신이 처한 자리에서 맡은 일에 성심을 다하고 조상을 공경하고 그 뜻을 따르라는 뜻이 담긴 이름이다.

183 재열 · 宰熱 · Jae-yeol

재상의 심덕으로 널리 사람을 아끼고 사랑하라

재상 재宰자에 더울 열熱자를 써 재열이라 한다. 일국의 재상으로서 삶을 살아갈 때 모든 생명을 사랑하고 가꾸는 마음을 잊지 말며, 모든 일을 솔선수범하여 주관하고 이끌라는 뜻에서 재상 재宰를 우선 쓴다. 다음 더울 열熱자는 파자로 풀면 힘써 일하는 모습이다. 깊은 예지력을 바탕으로 앞에 나서 일을 하니 우뚝 설 것이며, 이루는 일마다 이치에 맞고 푸르고 맑아 태양처럼 빛날 것이니 재열이라 한다.

184 재오 · 齋五 · Jae-o

공경하고 정진하는 마음으로 세상의 빛이 되라

재계할 재齋자에 다섯 오五자를 써 재오라 한다. 재계할 재齋자는 예부터 공경하고 정진하는 모습을 나타낸다. 늘 윗사람을 공경하고 스스로 정진하여 큰 사람이 되라는 뜻에서 재齋자를 쓴다. 다음 오五자는 빛이 세상으로 뻗어 나가는 모습을 말한다. 생각과 행동이 아름다운 사람은 세상의 빛이 된다. 사방으로 뻗어 나가는 빛이 되라, 늘 공경하고 정진하는 마음으로 세상의 빛이 되라는 뜻에서 재오라 한다.

185 재율 · 宰栗 · Jae-yul

공평무사한 마음과 솔선수범하는 실천으로 세상을 이끌라

재상 재宰자에 밤 율栗자를 써 재율이라 한다. 일국의 재상으로서 삶을 살아갈 때 모든 생명을 사랑하고 가꾸는 마음을 잊지 말며, 모든 일을 솔선수범하여 주관하고 이끌라는 뜻에서 재상 재宰자를 우선 쓴다. 다음 밤 율栗자는 공손하고 믿음직스럽다는 뜻이다. 높은 자리에서도 늘 겸손하고 선택한 일을 담담히 수행해 나가라는 뜻이다. 공평무사한 마음과 솔선수범하는 실천으로 공직의 일을 바르게 수행하라는 뜻에서 재율이라 한다.

186 재천 · 在天 · Jae-cheon

생명의 바른 길을 이끌어 널리 사람을 복되게 하라

있을 재在자에 하늘 천天자를 써 재천이라 한다. 명도재천命道在天이라는 말이 있다. 생명을 주관하고 진리를 이끄는 힘은 하늘에 있다는 뜻이다. 하늘의 운행은 한 치의 오차도 없다. 하늘의 명은 바르고 강건하다. 그 이치를 따르는 마음이 재천의 마음이다. 쉬지 않고 하늘의 이치를 따르고 모든 일을 완성시키는 미덕이 뛰어나다. 땅의 기운을 타고난 자는 하늘의 이치를 찾아갈 것이다. 널리 사람에게 바른 이치를 설파할 것이니 생명의 바른 길을 이끌라는 뜻에서 재천이라 한다.

187 재한 · 在翰 · Jae-han

안으로 따뜻한 마음을 가지고 밖으로 세상을 주유하라

있을 재在자에 높이 날 한翰자를 써 재한이라 한다. 있을 재在자는 예부터 깊이 살펴본다는 뜻으로 쓰였다. 사람을 살피는 깊고 아름다운 마음을 가지라는 뜻에서 재在자를 먼저 쓴다. 다음 높이 날 한翰은 그 뜻을 가지고 더 널리, 더 멀리 날개를 펼치라는 뜻이다. 뜻이 높으면 귀하게 되고 귀하게 되면 크게 날개를 펼칠 수 있다. 안으로 따뜻한 마음을 가지고 밖으로 날개를 펼쳐 세상을 주유하라는 뜻에서 재한이라 한다.

188 재훈 · 在訓 · Jae-hun

선비의 깊은 성찰로 사람을 살피고 가르치라

있을 재在자에 가르칠 훈訓자를 써 재훈이라 한다. 선비는 예부터 그 뿌리와 근본을 가장 중요시한다. 일의 옳고 그름은 늘 선조들의 지혜에서 찾아 매듭짓고 다음에 넘겨줄 유산 또한 그 물질에 두지 않고 그 뜻에 두었다. 선비의 깊은 성찰로 사람을 살피고 가르치라는 뜻에서 재훈이라 한다. 사해의 큰 스승이 될 것이니 부지런히 갈고 닦아 큰 지혜를 얻어야 한다. 큰 사람일수록 뜻이 높고 밝아야 많은 사람이 따르니, 그 뜻을 잊지 말고 늘 마음에 새기라는 의미에서 재훈이라 한다.

189 정결 · 廷潔 · Jeong-gyeol

청렴한 마음과 곧은 뚝심으로 만사의 기준이 되라

조정 정廷자에 깨끗할 결潔자를 써 정결이라 한다. 조정의 일을 하는 사람은 공평무사해야 한다. 그 공평무사한 마음을 조정 정廷자로 받고, 다음 결潔자는 품행이 바르고 청렴함을 뜻한다. 널리 사람 사이에 바른 원칙을 세우고 품행이 바르고 깨끗하라는 뜻에서 정결이라 한다. 청렴한 마음과 곧은 뚝심으로 사람들의 큰 기쁨이 되고, 복에 복을 더해 늘 풍요롭고 넉넉하라는 뜻이 담긴 이름이다.

190 정겸 · 廷稴 · Jeong-gyeom

모든 이견을 조율하여 공명정대하라

조정 정廷자에 겸할 겸稴자를 써 정겸이라 한다. 조정 정廷자를 파자로 풀면 사람이 걸어 나가 서는 곳이다. 그리하여 공정하고 그리하여 공평함을 뜻한다. 만인의 의견을 대변하는 사람은 늘 공정해야 한다. 그 공정함을 조정 정廷자로 받고, 다음 겸할 겸稴자는 서로 다른 의견과 생각들을 모두 포용해 하나의 뜻을 만들고 소통하라는 뜻이다. 깊은 예지력을 바탕으로 앞에 나서 일을 하니 우뚝 설 것이며, 이루는 일마다 이치에 맞고 푸르고 맑아 태양처럼 빛날 것이니 정겸이라 한다.

191 정빈 · 廷斌 · Jeong-bin

무예와 학덕을 겸비하여 세상에 바른 길을 열라

조정 정廷자에 훌륭할 빈斌자를 써 정빈이라 한다. 예부터 조정 정廷은 한쪽으로 치우치지 않고 공정하다는 뜻으로 쓰였다. 공정한 사람만이 소통의 문이 된다. 사람과 사람의 소통의 문이 될 소명을 받아 정廷자를 먼저 쓰고, 다음으로 문무를 겸비하라는 뜻에서 훌륭할 빈斌자를 쓴다. 훌륭할 빈斌자는 파자로 풀면 무예와 학덕이 뛰어나 문무를 모두 겸비한 아름다운 모습이다. 스스로 많은 재주와 인격을 갖추고 사람 앞에 당당하고 힘의 중심에서 일하라는 뜻에서 정빈이라 한다.

192 정웅 · 正熊 · Jeong-ung

바른 말과 행동으로 세상의 빛이 되라

바를 정正자에 곰 웅熊자를 써 정웅이라 한다. 스스로를 낮추는 사람은 아름답다. 스스로 미약하다 하는 사람은 늘 발전한다. 스스로 바르고 바르게 세상과 만나라는 뜻에서 바를 정正자를 쓴다. 다음 웅熊자는 예부터 빛을 발한다는 뜻으로 쓰였다. 세상의 빛이 될 바라는 마음으로 웅熊자를 쓴다. 바르고 바른 지혜와 행동으로 세상의 빛이 되라는 뜻에서 정웅이라 한다.

193 정재 · 廷宰 · Jeong-jae

공정한 눈으로 큰 세상을 이루라

조정 정廷자에 재상 재宰자를 써 정재라 한다. 조정 정廷자를 파자로 풀면 사람이 걸어 나가 서는 곳이다. 그리하여 공정하고 그리하여 공평하다는 뜻이다. 만인의 의견을 대변하는 사람은 늘 공정해야 한다. 그 공정함을 조정 정廷자로 받고, 다음 재상 재宰자는 예부터 고귀한 인물과 나라의 정사를 살피는 사람을 뜻한다. 권위와 권력 앞에 늘 공정한 눈을 잃지 말고 큰 세상을 이루라는 뜻에서 정재라 한다.

194 정준 · 廷準 · Jeong-jun

밝고 활기찬 심성으로 모든 사람의 지표가 되라

조정 정廷자에 준할 준準자를 써 정준이라 한다. 예부터 조정 정廷은 한쪽으로 치우치지 않고 공정하다는 뜻으로 쓰였다. 다음 준할 준準자 또한 모든 행동의 기준이 되고 사표가 되라는 뜻이다. 만사의 기준은 정확하고 정밀하며 선명해야 한다. 예와 법의 지표로서 만인이 우러러보니 당당하고 훌륭한 모습이다. 밝고 활기찬 심성으로 만사의 지표가 되라는 뜻에서 정준이라 한다. 많은 사람에게 사랑받고 존경받으며 운명의 주인공이 되라는 뜻이 담긴 이름이다.

195 정한 · 政韓 · Jeong-han

바른 마음으로 국토의 처음과 끝을 보살피라

정사 정政에 나라 한韓자를 써 정한이라 한다. 바르고 바른 심성과 이상을 찾아 떠나는 모습이 아름답다. 신의와 우정을 바탕으로 많은 사람의 중심에 선 모습이 아름답다. 바른 마음으로 나라의 일을 바르게 하라는 뜻에서 정사 정政자를 쓴다. 다음 나라 한韓자는 경계를 두지 말고 국토의 처음과 끝을 모두 아끼고 보살피라는 뜻이다. 바른 마음으로 나라의 구석구석을 보살피고 가꾸라는 뜻에서 정한이라 한다.

196 정후 · 正厚 · Jeong-hu

정신은 바르게 세우고 마음은 넉넉히 베풀라

바를 정正자에 두터울 후厚자를 써 정후라 한다. 중심에 선 사람은 공평무사해야 한다. 모든 일의 순서를 바르게 해야 세상을 다스릴 수 있다. 스스로 중심이 되어 바르고 바르게 세상과 만나라는 뜻에서 바를 정正자를 쓴다. 다음 두터울 후厚자는 심성이 넉넉하고 덕망이 두텁다는 뜻이다. 정신은 바르게 세우고 마음은 넉넉히 베풀어 많은 사람의 중심에 서라는 뜻에서 정후라 한다.

197 종우 · 宗佑 · Jong-u

선택한 일에 최고가 되고 늘 남을 도우며 살라

마루 종宗자에 도울 우佑자를 써 종우라 한다. 마루 종宗은 일의 근원을 뜻하며 존경받는 선조들을 뜻한다. 또한 최고라는 뜻이 있다. 모든 일의 근원이 되고 자신이 선택한 일에서 최고가 되라는 뜻에서 마루 종宗자를 쓴다. 다음으로 늘 주위 사람을 생각하고 배려하는 사람이 되라는 뜻에서 도울 우佑자를 쓴다. 높은 곳으로는 최고가 되고 낮은 곳으로는 널리 베풀라는 뜻에서 종우라 한다.

198 종윤 · 鐘潤 · Jong-yun

알맞은 때를 다스려 풍요로운 세상을 이루라

쇠북 종鐘자에 윤택할 윤潤자를 써 종윤이라 한다. 종소리는 널리 퍼져 소통의 문을 연다. 마음과 마음에 소통을 열라는 뜻에서 쇠북 종鐘자를 쓴다. 다음 윤潤자를 파자로 풀면 임금 왕王자에 문 문門자 그리고 물 수水자로 왕이 문을 열고 나오니 강물이 풍요롭게 흐르는 모양이다. 대지에 곡식이 넉넉하고 만물이 성장하는 모습이다. 세상에 소통의 문을 열고 풍요로운 세상을 이루라는 뜻에서 종윤이라 한다.

199 종일 · 鐘逸 · Jong-il

재덕을 갖추어 세상의 큰 울림이 되라

쇠북 종鐘자에 편안할 일逸자를 써 종일이라 한다. 종소리는 널리 퍼져 소통의 문을 연다. 하늘을 덮는 소리니 시간을 주관할 것이며, 다음 일逸자는 재덕을 갖춘 선비를 뜻한다. 공간을 채우는 사람의 따뜻한 마음과 덕성이다. 재주와 덕을 갖추고 세상에 큰 사람이 되라는 뜻에서 종일이라 한다. 밖으로 재주를 가꾸고 안으로 덕을 채워 모든 생명의 뿌리가 되라는 뜻이 담긴 이름이다.

200 종환 · 宗桓 · Jong-hwan

아침을 여는 당찬 기운으로 건강하고 근원적인 삶을 살라

마루 종宗자에 굳셀 환桓자를 써 종환이라 한다. 마루 종宗자는 일의 근원을 뜻하며 존경받는 선조들을 뜻한다. 또한 최고라는 뜻이다. 모든 일의 근원이 되고 자신이 선택한 일에서 최고가 되라는 뜻에서 마루 종宗자를 쓴다. 다음으로 굳셀 환桓자는 위풍당당한 모습이며 아침을 여는 푸르고 강건한 기운을 뜻한다. 세상의 아침을 여는 당찬 기운으로 건강하고 근원적인 삶을 살라는 뜻에서 종환이라 한다.

201 주영 · 周英 · Ju-yeong

설득의 지혜와 영웅의 기백으로 세상을 향해 날아오르라

두루 주周자에 영웅 영英자를 써 주영이라 한다. 두루 주周는 예부터 지극히 구하여 스스로 온전해지는 것을 뜻한다. 또한 파자로 풀면 말을 사용하여 두루두루 소통하게 한다는 뜻이다. 지극한 마음으로 사람의 마음을 설득하는 사람이 되라는 뜻에서 두루 주周자를 쓴다. 영웅은 용기와 정의를 가슴에 품고 나아가는 전사다. 영웅호걸의 풍모와 설득의 지혜로 크고 넓은 삶을 영위하라는 뜻에서 주영이라 한다. 큰 세상을 향하여 하루하루 나아가 세상의 주인이 되라는 뜻이 담긴 이름이다.

202 주혁 · 周赫 · Ju-hyeok

두루두루 펼쳐내 처처마다 밝게 빛나라

두루 주周자에 빛날 혁赫자를 써 주혁이라 한다. 두루 주周는 예부터 지극히 구하여 스스로 온전해진다는 뜻이다. 여러 재주를 타고나 구하면 얻을 것이니, 얻으면 풍족해지고 넉넉해져 넓은 영토를 이룰 것이다. 다음 빛날 혁赫자는 화火 기운을 돋아 도모하는 모든 일이 밝게 빛날 것이다. 두루두루 가지고 있는 재주를 펼쳐 밝게 빛나라는 뜻에서 주혁이라 한다.

203 주호 · 周浩 · Ju-ho

지극히 구하여 큰 땅의 주인이 되라

두루 주周자에 넓을 호浩자를 써 주호라 한다. 두루 주周는 예부터 지극히 구하여 스스로 온전해진다는 뜻이다. 여러 재주를 타고나 구하면 얻을 것이니, 얻으면 풍족해지고 넉넉해져 넓은 영토를 이룰 것이다. 그 영토가 호방하여 넓을 호浩자를 쓴다. 진실로 두루두루 구하여 넓어지고 넓어지라는 뜻에서 주호라 한다. 진실은 작지만 크고, 기도는 작지만 영광이 된다. 작은 곳에서 진실하게 구하고 지경을 넓히고 복을 더하라는 뜻이 담긴 이름이다.

204 준명 · 俊明 · Jun-myeong

솔선수범하여 만사의 표본이 되라

빼어날 준俊자에 밝을 명明자를 써 준명이라 한다. 재주와 덕이 군계일학처럼 눈부셔 빼어날 준俊자를 쓴다. 말에 신의가 있고 행동이 단정하여 만인 중에 뛰어나니 사람들이 그 길을 따른다. 다음 명明자를 파자로 풀면 날 일日과 달 월月이니 해와 달이다. 해와 달이 천지를 운행하며 세상을 밝게 비춘다는 뜻이다. 자신이 가진 재주와 덕성을 널리 펼쳐 밝고 건강한 세상을 만들라는 뜻에서 준명이라 한다.

205 준상 · 準相 · Jun-sang

바른 심성으로 많은 사람의 스승이 되라

준할 준準자에 서로 상相자를 써 준상이라 한다. 사람의 이목구비는 정연해야 한다. 사람의 말과 행동은 끊고 맺음이 분명해야 한다. 만사의 이법은 정도에 있다. 바른 기준을 세우는 사람, 만법의 표본이 되는 사람, 정밀하고 확실하여 믿을 수 있는 사람이 바로 준準한 사람이다. 표본이 되는 사람은 항상 토대가 단단하며 많은 사람을 길러낸다. 서로 상相자는 파자로 풀면 나무 목木자에 눈 목目자이다. 나무를 기르는 눈이니 큰 스승의 미덕을 갖추고 있다. 넉넉하고 바른 심성으로 많은 사람을 가르치라는 뜻에서 준상이라 한다.

206 준선 · 準善 · Jun-seon

세상 앞에 바른 중심을 잡고 널리 베푸는 사람이 되라

준할 준準자에 착할 선善자를 써 준선이라 한다. 준準자는 바른 기준을 세우는 사람, 만법의 표본이 되는 사람, 정밀하고 확실하여 믿을 수 있는 사람이 되라는 뜻이다. 만사의 기준이 되라는 뜻에서 준準자를 먼저 쓰고, 다음 선善자는 그 넉넉함을 널리 베풀라는 뜻이다. 세상 앞에 바른 중심을 잡고 널리 베푸는 사람이 되라는 뜻에서 준선이라 한다.

207 준성 · 峻誠 · Jun-seong

뜻은 높게 마음은 정성스럽게 하여 만사를 이루라

높을 준峻자에 정성 성誠자를 써 준성이라 한다. 여름날 농부처럼 부지런한 운명이라 일신우일신日新又日新 날마다 새롭게 태어나는 마음으로 모든 일들을 이루라는 뜻에서 준성이라 한다. 높을 준峻자는 그 성공이 높아 하늘을 주유하라는 뜻에서 먼저 쓰고, 말한 바를 바르게 이루라는 뜻에서 다음으로 정성 성誠자를 쓴다. 뜻은 높게 마음은 정성스럽게 하여 만사를 이루라는 뜻에서 준성이라 한다. 늘 겸손한 마음으로 세상을 안고 고결한 기상과 깊은 배려로 많은 사람에게 덕을 베풀라는 뜻이 담긴 이름이다.

---

208 준수 · 峻秀 · Jun-su

출중한 외모와 청렴한 심성으로 세상에 우뚝 서라

높을 준峻자에 빼어날 수秀자를 써 준수라 한다. 높을 준峻자는 그 성공이 높아 하늘과 세상을 주유하라는 뜻에서 먼저 쓰고, 다음 빼어날 수秀자는 파자로 풀면 벼를 베어 만인을 이롭게 한다는 뜻이다. 군계일학의 운명이니 만인 중에 높고 귀할 것이며, 많은 재주와 덕성으로 세상을 이롭게 할 것이다. 출중한 외모와 청렴한 심성으로 세상에 우뚝 서라는 뜻에서 준수라 한다. 쉬지 말고 더 높은 곳을 향해 부단히 노력하여 큰 세상을 향해 비상의 날개를 펼치라는 뜻이 담긴 이름이다.

---

209 준연 · 峻淵 · Jun-yeon

고결한 기상과 깊은 배려로 많은 사람에게 복을 베풀라

높을 준峻자에 깊을 연淵자를 써 준연이라 한다. 여름날 농부처럼 부지런한 운명이라 일신우일신日新又日新 날마다 새롭게 태어나는 마음으로 모든 일들을 이룰 것이다. 높을 준峻자는 그 성공이 높아 하늘을 주유하라는 뜻에서 먼저 쓰고, 다음으로 마음은 겸손하고 깊어지라는 뜻에서 깊을 연淵자를 쓴다. 연淵자는 또한 못을 뜻하니 물을 가득 담아 기쁨과 성공 그리고 재물이 흩어지지 않게 한다. 고결한 기상과 깊은 배려로 많은 사람에게 덕을 베풀라는 뜻에서 준연이라 한다.

210 준영 · 準瑛 · Jun-yeong

넉넉하고 바른 심성으로 많은 사람의 중심에 서라

준할 준準 자에 옥빛 영瑛 자를 써 준영이라 한다. 사람의 이목구비는 정연해야 한다. 사람의 말과 행동은 끊고 맺음이 분명해야 한다. 만사의 이법은 정도에 있다. 바른 기준을 세우는 사람, 만법의 표본이 되는 사람, 정밀하고 확실하여 믿을 수 있는 사람이 바로 준準 한 사람이다. 표본이 되는 사람은 항상 토대가 단단하며 많은 사람을 길러낸다. 넉넉하고 바른 심성으로 많은 사람의 중심에 서라는 뜻에서 준영이라 한다.

211 준헌 · 峻軒 · Jun-heon

부지런히 노력하여 비상의 날개를 펴라

높을 준峻 자에 집 헌軒 자를 써 준헌이라 한다. 여름날 농부처럼 부지런한 운명이라 일신우일신 日新又日新 날마다 새롭게 태어나는 마음으로 모든 일들을 이룰 것이다. 높을 준峻 자는 그 성공이 높아 하늘과 세상을 주유하라는 뜻에서 먼저 쓴다. 집 헌軒 자는 예부터 대부 이상의 벼슬아치가 타던 수레를 뜻한다. 귀하고 높다. 여러 사람이 우러러보는 곳에 앉아 그 덕과 재주를 널리 베풀라는 뜻에서 준헌이라 한다. 쉬지 말고 더 높은 곳을 향해 부단히 노력하고 큰 세상을 향해 비상의 날개를 펼치라는 뜻이 담긴 이름이다.

212 준혁 · 俊革 · Jun-hyeok

날마다 새롭게 태어나 더욱 훌륭한 사람이 되라

빼어날 준俊 자에 가죽 혁革 자를 써 준혁이라 한다. 재주와 덕이 군계일학처럼 눈부셔 빼어날 준俊 자를 쓴다. 다음 가죽 혁革 은 예부터 새로워진다는 뜻으로 쓰였다. 오늘에 머물지 말고 스스로 도전하고 발전하여 늘 새롭게 태어나 더욱 훌륭하고 빼어난 사람이 되라는 뜻에서 준혁이라 한다. 많은 사람에게 자신의 학식과 경험을 베풀고 널리 사람을 사랑하는 현자의 마음을 새기라는 뜻이 담긴 이름이다.

213 준현 · 準現 · Jun-hyeon

정신은 바르고 명확하며 생활은 풍요롭고 넉넉하라

준할 준準자에 나타날 현現자를 써 준현이라 한다. 사람의 이목구비는 정연해야 한다. 사람의 말과 행동은 끊고 맺음이 분명해야 한다. 만사의 이법은 정도에 있다. 바른 기준을 세우는 사람, 만법의 표본이 되는 사람, 정밀하고 확실하여 믿을 수 있는 사람이 바로 준準한 사람이다. 다음으로 이상을 현실로 이루어 풍요롭고 넉넉한 인생을 살라는 뜻에서 현現자를 쓴다. 정신은 바르고 명확하며 생활은 풍요롭고 넉넉하라는 뜻에서 준현이라 한다.

214 준형 · 準炯 · Jun-hyeong

넉넉하고 바른 심성으로 세상을 밝게 비추라

준할 준準자에 빛날 형炯자를 써 준형이라 한다. 사람의 이목구비는 정연해야 한다. 사람의 말과 행동은 끊고 맺음이 분명해야 한다. 만사의 이법은 정도에 있다. 바른 기준을 세우는 사람, 만법의 표본이 되는 사람, 정밀하고 확실하여 믿을 수 있는 사람이 바로 준準한 사람이다. 표본이 되는 사람은 항상 토대가 단단하며 많은 사람을 밝게 비춘다. 넉넉하고 바른 심성으로 세상을 밝게 비추라는 뜻에서 준형이라 한다.

215 중원 · 中元 · Jung-won

치우치지 않는 법으로 부지런히 만인을 보살피라

가운데 중中자에 으뜸 원元을 써 중원이라 한다. 세상을 보는 눈은 치우치면 안 된다. 공평무사해야 만사를 이루고 사람이 모인다. 늘 삶의 중심에서 바른 척도를 세우라는 뜻에서 가운데 중中자를 쓴다. 다음 으뜸 원元자는 어진 사람의 발에서 비롯되었다. 어진 재상이 낮은 곳에서 여러 사람을 돌보는 모습이 바로 원元이다. 높은 자리에 오르되 자리에 연연하지 말고 늘 발로 뛰는 모습으로 그 덕을 쌓으라는 뜻에서 원元자를 쓴다. 치우치지 않는 중심에서 많은 사람을 부지런히 도우라는 뜻에서 중원이라 한다.

216 지성 · 智城 · Ji-seong

큰 지혜로 영토 안의 모든 생명을 평안케 하라

지혜로울 지智자에 성 성城자를 써 지성이라 한다. 지혜로움은 깊은 성찰에서 나온다. 사물과 현실을 꿰뚫는 힘으로 미래를 예견하고 준비하라는 뜻에서 지혜로울 지智자를 먼저 쓰고, 다음으로 자신의 영역을 만들라는 뜻에서 성 성城자를 쓴다. 깊은 지혜로 생명을 길러내고 널리 자신의 영역을 만들고 조금씩 그 영역을 넓혀 큰 땅의 주인이 되라는 뜻에서 지성이라 한다.

217 지완 · 枝宛 · Ji-wan

순종의 지혜로 역사를 이루라

가지 지枝자에 순종할 완宛자를 써 지완이라 한다. 자신의 학문과 지혜로 학통을 세우고 역사를 이끌어 멀리 뻗어 나가라는 뜻이다. 우선 가지 지枝자는 단단한 모습과 창조의 미덕을 갖추고 있다. 멀리멀리 자신의 영역을 펼쳐라. 다음 순종할 완宛은 자신의 삶과 운명을 온전히 받아들이고 따른다는 뜻이다. 역사란 하루 아침에 이루어지지 않는다. 길고 긴 인고의 세월을 거쳐 오는 것이며, 길고 긴 영속의 시간 동안 그 영광이 이어지는 것이다. 순종하는 삶과 유구한 역사 앞에 오래오래 기억되는 사람, 시간을 넘어 새롭게 태어나는 사람이 되라는 뜻에서 지완이라 한다.

218 지용 · 志容 · Ji-yong

심신을 바르게 세워 언행이 일치하는 사람이 되라

뜻 지志자에 얼굴 용容자를 써 지용이라 한다. 뜻 지志자를 파자로 풀면 선비 사士자에 마음 심心자이다. 선비는 예부터 그 뿌리와 근본을 가장 중요시한다. 일의 옳고 그름을 따져 근본을 세우는 것이 선비. 청렴한 뜻을 세워 세상에 서라는 뜻에서 뜻 지志자를 쓰고, 다음 얼굴 용容자는 품행과 몸가짐을 뜻한다. 뜻이 바르면 몸가짐도 바르게 된다. 심신을 바르게 세워 언행이 일치하는 사람이 되라는 뜻에서 지용이라 한다.

219 지웅 · 志熊 · Ji-ung

안으로 바른 뜻을 세우고 밖으로 세상을 밝히라

뜻 지志자에 곰 웅熊자를 써 지웅이라 한다. 뜻 지志자는 파자로 풀면 선비 사士자에 마음 심心자를 쓰니 선비의 마음이다. 청렴하고 당당한 마음을 가지고 세상과 만나라는 뜻에서 뜻 지志자를 쓴다. 다음으로 예부터 웅熊자는 임금의 권능으로 빛을 발하는 것을 뜻한다. 널리 사람에게 자신의 학식과 경험을 펼치고, 바르고 곧은 뜻을 세워 세상을 밝히라는 뜻에서 지웅이라 한다. 안으로 바른 뜻을 세우고 밖으로 세상을 밝히는 아름다운 인생을 살라는 뜻이 담긴 이름이다.

220 지창 · 知昌 · Ji-chang

진리를 바탕으로 세상을 일깨우라

알 지知자에 창성할 창昌자를 써 지창이라 한다. 아는 것이 힘이다. 알 지知자는 예부터 주관하여 이끈다는 뜻이다. 경험이 풍부하고 학식이 깊어 널리 사람을 이끌어 가라는 뜻에서 알 지知자를 쓴다. 다음 창성할 창昌자를 파자로 풀면 날 일日자에 말할 왈曰자를 쓴다. 태양의 진리를 널리 설파하여 창성하고 영원하다는 뜻이다. 진리를 바탕으로 세상을 일깨우라는 뜻이 담긴 이름이다.

221 지한 · 志翰 · Ji-han

안으로 바른 뜻을 세우고 밖으로 세상을 주유하라

뜻 지志자에 높이 날 한翰자를 써 지한이라 한다. 뜻 지志자는 파자로 풀면 선비 사士자에 마음 심心자로 선비의 마음이다. 청렴하고 당당한 마음을 가지고 세상과 만나라는 뜻에서 뜻 지志자를 쓰고, 다음 높이 날 한翰자는 그 뜻을 가지고 널리 그리고 멀리 날개를 펼치라는 뜻이다. 뜻이 높으면 귀하게 되고 귀하게 되면 크게 날개를 펼칠 수 있다. 안으로 뜻을 세우고 밖으로 날개를 펼쳐 세상을 주유하라는 뜻에서 지한이라 한다.

222 지함 · 至솜 · Ji-ham

인내와 노력으로 꿈꾸는 세상을 이루어내라

이를 지至자에 머금을 함솜자를 써 지함이라 한다. 이를 지至자는 지극한 마음으로 원하는 것을 위해 노력하고 힘쓴다는 뜻이다. 인생에서 성공하는 사람은 성공할 때까지 도전하는 사람이다. 지극하고 진실한 마음으로 자신이 원하는 세상에 닿으라는 뜻에서 이를 지至자를 쓴다. 다음 머금을 함솜자는 참고 견뎌 이겨낸다는 뜻이다. 모래를 품어 진주를 만들 듯 인내와 노력으로 꿈꾸는 세상을 마침내 이루어내라는 뜻에서 지함이라 한다.

223 지헌 · 志憲 · Ji-heon

선비의 마음처럼 깊고 밝아 만인의 표상이 되라

뜻 지志자에 법 헌憲자를 써 지헌이라 한다. 뜻 지志자를 파자로 풀면 선비 사士자에 마음 심心자이다. 선비는 예부터 그 뿌리와 근본을 가장 중요시한다. 일의 옳고 그름은 늘 선조들의 지혜에서 찾아 매듭짓고 뜻을 바르게 세우라는 뜻이다. 선비의 청렴과 지조로 세상을 열라는 뜻에서 뜻 지志자를 쓴다. 다음 법 헌憲자는 올바른 눈으로 잘잘못을 가려낸다는 뜻이다. 스스로를 경책하여 바르고 정직하게 살라는 뜻이다. 선비의 마음처럼 깊고 밝아 만인의 표상이 되라는 뜻이 담긴 이름이다.

224 지호 · 智護 · Ji-ho

지혜의 칼과 겸손의 방패로 세상을 보호하라

지혜 지智자에 보호할 호護자를 써 지호라 한다. 예부터 믿음은 언행일치에서 비롯된다. 그 말과 뜻이 하나가 되어야 비로소 만사를 이룰 수 있다. 지혜란 이상과 현실을 하나로 만드는 열쇠다. 큰 지혜를 가지고 세상을 하나의 온전한 모습을 만들며, 어지럽고 다투는 세상 앞에 큰 지혜로 당당히 나서라는 뜻에서 지혜 지智자를 쓴다. 다음으로는 세상의 가난과 아픔을 널리 보호하라는 뜻에서 보호할 호護자를 쓴다. 세상은 스스로 낮아지는 사람에게 돌아온다. 가장 낮은 곳에서 지혜의 칼과 겸손의 방패로 세상을 보호하고 지키라는 뜻에서 지호라 한다.

225 지훈 · 志訓 · Ji-hun

자신의 큰 뜻을 펼쳐 세상의 스승이 되라

뜻 지志자에 가르칠 훈訓자를 써 지훈이라 한다. 뜻 지志자를 파자로 풀면 선비 사士자에 마음 심心자이다. 선비는 예부터 그 뿌리와 근본을 가장 중요시한다. 일의 옳고 그름은 늘 선조들의 지혜에서 찾아 매듭짓고 뜻을 바르게 세우라는 뜻이다. 선비의 청렴과 지조로 세상을 열라는 뜻에서 뜻 지志자를 쓴다. 다음 가르칠 훈訓자는 파자로 풀면 말씀 언言에 내 천川자이다. 말이 물처럼 흘러 자연스럽고 순리에 맞는다는 뜻이다. 자신의 큰 뜻을 펼쳐 세상의 스승이 되라는 뜻에서 지훈이라 한다.

226 진범 · 珍梵 · Jin-beom

진실과 본질을 찾아 보배로운 삶을 살라

보배 진珍자에 불경 범梵자를 써 진범이라 한다. 세상에 흔하지 않은 사람이 있다. 존귀하고 따뜻하고 깊은 사람은 세상에 흔하지 않다. 그래서 보배롭고 가치가 있다. 우선 존귀함을 뜻하는 보배 진珍자를 쓰고, 다음으로 예부터 범梵자는 진실과 본질을 뜻한다. 껍데기를 버리고 오직 순수한 진실과 본질만을 찾아가야 보배가 될 수 있다. 작은 것 하나에도 물러서지 말고 진실하고 값진 사람이 되라는 뜻에서 진범이라 한다.

227 진서 · 鎭序 · Jin-seo

일의 올바른 순서를 찾아 세상을 평화롭게 하라

다스릴 진鎭자에 차례 서序자를 써 진서라 한다. 리더는 진실한 말과 바른 행동으로 사람들을 이끌어야 한다. 공명정대하고 정직한 언행으로 세상을 다스리는 사람이 되라는 뜻에서 다스릴 진鎭자를 쓰고, 다음 차례 서序자는 예절을 지켜 위아래의 순서를 바르게 하고 일의 순서를 찾아 먼저 할 일과 나중에 할 일을 순서대로 하라는 뜻이다. 일의 올바른 순서를 찾아 세상을 평화롭게 하라는 뜻에서 진서라 한다.

228 진성 · 珍誠 · Jin-seong

보배로운 말과 행동으로 세상을 바르게 하라

보배 진珍자에 정성 성誠자를 써 진성이라 한다. 세상에 흔하지 않은 사람이 있다. 존귀하고 따뜻하고 깊은 사람은 세상에 흔하지 않다. 그래서 보배롭고 가치가 있다. 우선 존귀함을 뜻하는 보배 진珍자를 쓰고, 다음으로 이룰 성誠자를 쓴다. 성誠자를 파자로 풀면 말씀 언言자에 이룰 성成자이다. 진실함이란 단 한마디라도 틀린 말이 아니며, 단 한마디라도 약속을 쉽게 하지 않는 것이다. 권력자나 널리 말을 하는 사람은 말의 진실성 그리고 약속이 가장 중요하다. 하는 말마다 보배롭고 하는 행동마다 뜻 깊은 사람이 되라는 뜻에서 진성이라 한다.

229 진우 · 鎭佑 · Jin-u

권위와 함께 자비심으로 많은 사람의 길이 되라

다스릴 진鎭자에 도울 우佑자를 써 진우라 한다. 리더는 다스리는 힘과 옆에서 남 몰래 돕는 마음이 양날의 검처럼 균형을 잡아야 한다. 사람을 다스려 평정을 찾고 가산을 풍요롭게 하라는 이름이 진우이다. 진鎭자는 권위와 책임감이 크니 그것이 강압이 되지 않게 균형을 유지할 수 있도록 다음에 도울 우佑자를 쓴다. 주위 사람들의 마음을 하나로 모아 큰 뜻을 이룰 수 있는 리더로 서라는 뜻에서 진우라 한다.

230 진호 · 辰虎 · Jin-ho

길을 찾는 이에게 별이 되라

별 진辰자에 범 호虎자를 써 진호라 한다. 사람을 이끄는 사람은 북극성과 같아야 한다. 방향을 잡을 수 있게 기준이 되어야 한다. 길을 찾는 이에게 별이 되어 길을 인도하라는 뜻에서 별 진辰자를 쓰고, 다음 호虎자는 용맹과 정의를 뜻한다. 스스로 길을 선택한 다음에는 하늘을 받쳐 든 용맹함으로 어떤 난관도 뚫고 나아가야 한다. 밤하늘의 별이 되어 바른 길을 열고 호랑이의 용맹함으로 정진하라는 뜻에서 진호라 한다.

231 차빈 · 嵯斌 · Cha-bin

문무를 겸비하여 자신의 영역에서 최고가 되라

우뚝 솟을 차嵯자에 훌륭할 빈斌자를 써 차빈이라 한다. 재주와 덕성을 높여 세상에 우뚝한 업적을 이루라는 뜻에서 우뚝 솟을 차嵯자를 쓰고, 다음 훌륭할 빈斌자는 문무를 두루 갖추어 치우치지 않고 당당한 모습이다. 자신이 선택한 영역에서 우뚝 솟아 최고가 되고 문무를 겸비하여 몸과 마음 모두가 건강하라는 뜻에서 차빈이라 한다.

232 찬 · 瓚 · Chan

경건하고 청명하게 왕의 권위를 보필하라

옥잔 찬瓚자를 써 찬이라 한다. 옥잔은 역사를 시작하는 첫 성물이다. 경건하고 아름다우며 청명하고 진실하다. 옥잔은 예부터 제후를 봉할 때 쓰던 성물 중 으뜸이다. 옥잔 찬瓚자를 파자로 풀면 왕을 보필하는 손길을 말한다. 왕의 권위를 돕는 이로서 선봉에 서 있는 사람이니 출중하고 성대하다. 스스로를 드러내지 않아 모든 것을 이루는 영광된 인생을 이루고, 크고 아름다운 땅을 일구라는 뜻에서 찬이라 한다.

233 찬경 · 瓚卿 · Chan-gyeong

바르고 정직하게 공직의 일을 수행하라

옥잔 찬瓚자에 벼슬 경卿자를 써 찬경이라 한다. 옥잔은 역사를 시작하는 첫 성물이다. 경건하고 아름다우며 청명하고 진실하다. 모든 일에 초심을 잃지 않고 경건하고 진실하라는 뜻에서 옥잔 찬瓚자를 쓰고, 다음 벼슬 경卿자는 관리로서 책임과 소임을 성실하게 수행하라는 뜻이다. 처음과 끝이 하나로 만나는 단정한 사람이 될 것이니 귀한 성품으로 귀한 자리에 오르라는 뜻에서 찬경이라 한다.

234 찬무 · 燦茂 · Chan-mu

청렴과 덕성으로 세상을 밝게 비추고 풍족하게 하라

빛날 찬燦자에 무성할 무茂자를 써 찬무라 한다. 정신이 올바르면 빛이 난다. 마음이 후덕하면 자손이 무성해진다. 올바른 신념과 치우치지 않는 마음 그리고 깊은 통찰력으로 세상을 바로 보라, 스스로의 신념으로 세상의 빛이 되라는 뜻에서 빛날 찬燦자를 쓴다. 다음으로는 넉넉한 마음으로 널리 덕을 쌓으라는 뜻에서 무성할 무茂자를 쓴다. 세상은 자신에게서 시작된다. 스스로가 올바르고 후덕하면 세상도 그렇게 된다. 나부터 시작해 가정과 사회 그리고 국가가 찬란하고 또한 넉넉하라는 뜻에서 찬무라 한다.

235 찬민 · 贊룡 · Chan-min

어진 마음과 현명한 눈으로 세상을 풍요롭게 하라

도울 찬贊자에 하늘 민룡자를 써 찬민이라 한다. 도울 찬贊자는 파자로 풀면 여러 재화와 재물을 가지고 앞으로 나아가 돕는다는 뜻이다. 큰 부를 이루어 많은 사람을 돕는 인생을 살라는 뜻에서 도울 찬贊자를 쓴다. 다음 하늘 민룡자는 어진 하늘과 현명한 재상이 억조창생을 풍족하고 바르게 이끈다는 민천현재룡天賢宰를 뜻한다. 하늘의 기운으로써 세상을 풍요롭게 하라는 뜻에서 하늘 민룡자를 쓴다. 어진 마음과 현명한 눈으로 세상을 풍요롭게 하고 나라의 큰일을 준비하는 동량이 되라는 뜻에서 찬민이라 한다.

236 찬빈 · 贊斌 · Chan-bin

문무를 갖추고 세상으로 나아가 널리 사람을 이롭게 하라

도울 찬贊자에 훌륭할 빈斌자를 써 찬빈이라 한다. 도울 찬贊자는 파자로 풀면 여러 재화와 재물을 가지고 앞으로 나아가 돕는다는 뜻이다. 큰 부를 이루어 많은 사람을 돕는 인생을 살라는 뜻에서 도울 찬贊자를 쓴다. 다음 훌륭할 빈斌자를 파자로 풀면 문무를 모두 갖추어 만인이 우러러본다는 뜻이다. 훌륭한 인격을 갖추고 문무를 모두 갖추어 치우치지 않고 당당하고 평정한 삶을 살고 세상으로 나아가 널리 사람을 이롭게 하라는 뜻에서 찬빈이라 한다.

237 찬율 · 燦律 · Chan-yul

신념의 빛을 세우고 세상을 아름답게 조율하라

빛날 찬燦자에 법 율律자를 써 찬율이라 한다. 정신이 올바르면 빛이 난다. 마음이 후덕하면 자손이 무성해진다. 스스로 올바른 신념을 세우고 치우치지 않는 마음과 깊은 통찰력으로 세상을 바로보고 세상의 빛이 되라는 뜻에서 빛날 찬燦자를 쓴다. 다음 법 율律자는 예부터 거문고 소리를 고르는 것을 말한다. 세상의 이법이 너무 조여지면 숨쉬기 힘들며 너무 느슨하면 이루는 성과가 없다. 아름다운 천상의 음률, 천상의 조화, 천상의 비례를 이루라는 뜻에서 법 율律자를 쓴다. 신념의 빛을 세우고 세상을 아름답게 조율하라는 뜻에서 찬율이라 한다.

238 찬휘 · 贊徽 · Chan-hwi

자신을 아름답게 조율해 세상을 빛나게 하라

도울 찬贊자에 아름다울 휘徽자를 써 찬휘라 한다. 도울 찬贊자는 파자로 풀면 여러 재화와 재물을 가지고 앞으로 나아가 돕는다는 뜻이다. 큰 부를 이루어 많은 사람을 돕는 인생을 살라는 뜻에서 도울 찬贊자를 쓴다. 휘徽자 또한 율律자와 마찬가지로 거문고 소리를 고르는 일을 뜻한다. 너무 느슨하지 않고 너무 조이지 않아 평온하고 아름다운 소리로 세상의 빛이 되라는 뜻이다. 작은 것에서 시작해 큰 영광을 이루고, 하루하루 늘 밝고 청렴하며, 스스로를 아름답게 조율해 세상을 돕는 큰 빛이 되라는 뜻에서 찬휘라 한다.

239 창욱 · 彰旭 · Chang-uk

건강한 창조력으로 세상을 밝히는 사람이 되라

밝을 창彰자에 아침 해 욱旭자를 써 창욱이라 한다. 밝을 창彰자는 고귀한 아름다움이 드러나 세상이 밝아진다는 뜻이다. 예술과 학문을 펼쳐 아름다운 세상을 만들라는 뜻에서 창彰자를 쓴다. 다음 욱旭자는 이른 아침 떠오르는 해처럼 힘찬 기상과 당당한 기개를 뜻한다. 이른 아침 해가 떠올라 세상을 밝히듯 건강한 창조력으로 문명을 밝히는 사람이 되라는 뜻에서 창욱이라 한다.

240 창윤 · 昌潤 · Chang-yun

세상을 건강하고 풍요롭게 하라

창성할 창昌자에 윤택할 윤潤자를 써 창윤이라 한다. 창성할 창昌자를 파자로 풀면 해가 비추니 만물이 창성하는 모습이다. 풍요롭고 건강하다. 하늘에 태양이 뜨니 대지는 윤택하다. 그리하여 다음 자로 윤택할 윤潤자를 쓴다. 윤潤자를 파자로 풀면 왕이 문을 열고 나오니 강물이 풍요롭게 흐르는 모양이다. 대지에 곡식이 넉넉하고 만물이 풍요로운 모습이다. 세상을 넉넉하고 건강하게 풍요롭고 윤택하게 하라는 뜻에서 창윤이라 한다.

241 채호 · 寀鎬 · Chae-ho

투명하고 맑은 마음으로 사람들을 바르게 이끌라

녹봉 채寀자에 호경 호鎬자를 써 채호라 한다. 머리에 갓을 쓰고 있으니 만인의 수장이요 나라의 일꾼이다. 말년에 재운이 넉넉하고 윤택하니 물이 넘쳐 흐른다. 넓은 땅에서 받는 녹봉으로 풍요로움이 끊이지 않기에 녹봉 채寀자를 먼저 쓴다. 다음 호鎬자는 예부터 빛을 발한다는 의미로 사용한다. 세상의 빛이 되길 바라는 마음으로 호鎬자를 쓴다. 만인의 수장으로 책임과 소임을 다해 늘 밝은 빛이 되고 별처럼 빛나 많은 사람들을 바른 곳으로 이끌라는 뜻에서 채호라 한다.

242 치우 · 治禹 · Chi-u

우왕의 지덕으로 세상을 풍요롭게 하라

다스릴 치治자에 임금 우禹자를 써 치우라 한다. 재주는 나눠야 기쁨이 되고 덕은 베풀어야 복이 된다. 자신이 가진 아름다운 말과 용모를 두루 베풀어 널리 세상을 바르게 다스리라는 뜻에서 다스릴 치治자를 쓰고, 다음으로 임금 우禹자를 쓴다. 하나라 우왕은 치수와 지덕의 상징이다. 우왕의 지혜와 덕을 갖추어 세상을 바르게 다스리라는 뜻에서 치우라 한다.

243 태건 · 太建 · Tae-geon

큰 생각으로 새로운 역사를 열라

클 태太자에 세울 건建자를 써 태건이라 한다. 꿈꾸는 세상이 크고 넓을 때 많은 사람이 그 길을 함께한다. 클 태太자는 높고 큰 이상으로 큰 사람이 되라는 뜻이다. 다음 세울 건建자는 예부터 법을 정하여 나라를 다스릴 때 사용하였다. 사람을 다스리고 일을 행하기 위한 첫 일이 바로 법을 만드는 것이다. 법을 정해 바른 길을 열고 역사를 일구어 나가는 모습이 건建이다. 큰 생각으로 새로운 역사를 열라는 뜻에서 태건이라 한다.

244 태겸 · 兌兼 · Tae-gyeom

모든 이견을 포용해 큰 기쁨을 만들라

기쁠 태兌자에 겸할 겸兼자를 써 태겸이라 한다. 예부터 태兌자는 길을 열어 사람이 오고 가니 만인이 기쁘다는 뜻으로 쓰였다. 파자로 풀면 어진 이의 발과 고운 말로 사람을 기쁘게 한다는 뜻이다. 널리 사람을 기쁘게 하라는 뜻에서 태兌자를 쓴다. 겸할 겸兼은 서로 다른 의견과 생각들을 모두 포용해 하나의 뜻을 만들고 소통하라는 뜻이다. 깊은 예지력을 바탕으로 앞에 나서 일을 하니 우뚝 설 것이며, 이루는 일마다 이치에 맞고 푸르고 맑아 태양처럼 빛날 것이니 태겸이라 한다.

245 태산 · 兌祈 · Tae-san

부지런한 발로 세상을 살펴 행복한 인생을 영위하라

기쁠 태兌자에 셈 산祈자를 써 태산이라 한다. 예부터 태兌자는 길을 열어 사람이 오고 가니 만인이 기쁘다는 뜻으로 쓰였다. 파자로 풀면 어진 이의 발과 고운 말로 사람을 기쁘게 한다는 뜻이다. 널리 사람을 기쁘게 하라는 뜻에서 태兌자를 쓴다. 다음 셈 산祈자는 볼 시示자를 겹쳐 놓은 형태로 왕이 세상을 세세히 살펴본다는 뜻이 있다. 부지런한 발로 세상을 바로 살펴 행복한 세상을 만들라는 뜻에서 태산이라 한다.

246 태영 · 泰迎 · Tae-yeong

지혜의 두 손으로 널리 사람을 맞아 안으라

클 태泰자에 맞을 영迎자를 써 태영이라 한다. 클 태泰자를 파자로 풀면 물을 떠 올리는 두 손이다. 물은 지혜와 재복을 뜻한다. 그 깊은 지혜와 풍족함으로 모든 사람을 반겨 맞이하니 맞을 영迎자를 쓴다. 맞을 영迎자는 파자로 풀면 길 도道자에 우러러볼 앙卬자이니 오는 이를 우러러 반긴다는 뜻이다. 널리 사람에게 자신의 학식과 경험을 손으로 베풀 것이니 지혜의 두 손으로 널리 사람을 맞이하라는 뜻에서 태영이라 한다.

247 태울 · 太蔚 · Tae-ul

넓고 큰 영토에서 풍요로운 인생을 영위하라

클 태太자에 고을이름 울蔚자를 써 태울이라 한다. 산이 높아야 생명이 풍족하고, 땅이 넓어야 곡식이 쌓인다. 높고 넓은 사람이 되라는 뜻에서 클 태太자를 쓰고, 다음 고을이름 울蔚자는 생산물이 풍족하고 인심이 넉넉한 마을을 뜻한다. 넓고 큰 영토에서 풍요로운 인생을 영위하라는 의미에서 태울이라 한다.

248 태웅 · 泰熊 · Tae-ung

지혜의 두 손으로 널리 사람에게 빛이 되라

클 태泰자에 곰 웅熊자를 써 태웅이라 한다. 클 태泰자를 파자로 풀면 물을 떠 올리는 두 손이다. 물은 지혜요 재복을 뜻한다. 그 깊은 지혜와 풍족함으로 모든 사람에게 빛이 되라는 뜻에서 다음으로 곰 웅熊자를 쓴다. 예부터 웅熊자는 빛을 발한다는 뜻으로 쓰였다. 두 손을 펼쳐 사람들에게 자신의 학식과 경험을 베풀고 찾아오는 모든 사람을 두 손으로 껴안으며, 지혜의 두 손으로 널리 사람에게 빛이 되라는 뜻에서 태웅이라 한다.

249 태준 · 泰俊 · Tae-jun

지혜의 두 손으로 널리 사람을 복되게 하라

클 태泰자에 빼어날 준俊자를 써 태준이라 한다. 클 태泰자를 파자로 풀면 물을 떠 올리는 두 손이다. 물은 지혜요 재복을 뜻한다. 그 깊은 지혜와 풍족함으로 모든 사람 앞에 당당히 나서라는 뜻에서 다음으로 준俊자를 쓴다. 두 손을 펼쳐 사람들에게 자신의 학식과 경험을 베풀고 찾아오는 모든 사람을 두 손으로 껴안으라는 뜻에서 태준이라 한다. 지혜롭고 풍요로운 삶을 영위하고, 현자의 마음으로 널리 사람을 사랑하라는 뜻이 담긴 이름이다.

250 태헌 · 泰憲 · Tae-heon

깊은 지혜와 용기로 세상에 바른 법을 세우라

클 태泰자에 법 헌憲자를 써 태헌이라 한다. 클 태泰자를 파자로 풀면 물을 떠 올리는 두 손이다. 물은 지혜요 재복이요 건강을 뜻한다. 그 깊은 지혜와 강건함을 바탕으로 세상의 바른 눈이 되라는 뜻에서 법 헌憲자를 쓴다. 법 헌憲자를 파자로 풀면 마음과 눈을 밝혀 잘잘못을 가려내라는 뜻이다. 선악을 가르고 선후를 따지는 일은 깊은 지혜와 반석처럼 단단한 용기에서 시작한다. 늘 용기와 지혜를 기르고, 바르고 명확한 기준과 법을 세워 세상을 밝히라는 뜻에서 태헌이라 한다.

251 태혁 · 泰赫 · Tae-hyeok

지덕을 겸비하여 빛나는 인생을 살라

클 태泰자에 빛날 혁赫자를 써 태혁이라 한다. 클 태泰자를 파자로 풀면 물을 떠 올리는 두 손이다. 물은 지혜요 재복이니 운명에 재복과 지혜를 더할 것이다. 그 깊은 지혜와 풍족함으로 두루두루 빛나는 사람이 되라는 뜻에서 다음으로 혁赫자를 쓴다. 널리 사람에게 자신의 학식과 경험을 두 손으로 베풀고 찾아오는 모든 사람을 두 팔 벌려 활짝 껴안으며, 세상의 중심에서 지혜롭고 풍요로운 삶을 영위하라는 뜻에서 태혁이라 한다. 널리 사람을 사랑하는 현자의 마음을 새기고 운명의 주인공이 되라는 뜻이 담긴 이름이다.

252 태현 · 泰現 · Tae-hyeon
현자의 마음으로 널리 사람에게 학식을 펼치라

클 태泰자에 나타날 현現자를 써 태현이라 한다. 클 태泰자를 파자로 풀면 물을 떠 올리는 두 손이다. 물은 지혜요 재복을 뜻한다. 그 깊은 지혜와 풍족함으로 모든 사람 앞에 당당히 나서라는 뜻에서 다음 이름자로 나타날 현現자를 쓴다. 널리 사람에게 자신의 학식과 경험을 베풀 것이니 두 손 모아 모든 지혜를 펴내고, 찾아오는 모든 사람을 두 손 가득 껴안으라는 뜻에서 태현이라 한다. 지혜롭고 풍요로운 삶을 영위하고 널리 사람을 사랑하는 현자의 마음을 새기라는 뜻이 담긴 이름이다.

253 태형 · 太亨 · Tae-hyeong
큰 마음 큰 생각으로 세상을 형통케 하라

클 태太자에 형통할 형亨자를 써 태형이라 한다. 군자대로행君子大路行이다. 큰 길로 큰 마음으로 한 세상을 열라는 뜻에서 태太자를 쓴다. 다음 형亨자는 하늘에 제를 올려 모든 일이 형통하다는 뜻이다. 큰 마음 큰 생각으로 세상을 형통케 하고, 서로 돕고 서로 상생하는 모습이 바로 태형의 모습이다.

254 태호 · 泰虎 · Tae-ho
신의와 우정을 바탕으로 모든 사람의 믿음이 되라

클 태泰자에 범 호虎자를 써 태호라 한다. 클 태太자를 파자로 풀면 물을 떠 올리는 두 손이다. 물은 지혜요 재복을 뜻한다. 다음 호虎자는 용맹과 정의를 뜻한다. 정의로운 사람은 결코 외롭지 않다. 스스로 편안하며 스스로 밝다. 그래서 늘 주위에 사람이 따른다. 사람 사이에 신의와 우정을 소중히 생각하며 작은 몸짓 하나하나에 정성을 다하라는 뜻에서 태호라 한다.

255 필립 · 弼立 · Philip

왕을 돕는 마음으로 성스런 세상을 열라

도울 필弼자에 세울 립立자를 써 필립이라 한다. 새에게 날개가 있듯 왕에게는 돕는 신하가 있다. 왕을 보필하는 겸손하고 충성스러운 신하가 되라는 뜻에서 도울 필弼자를 쓰고, 진정 성스럽고 순결한 성전을 세우라는 뜻에서 다음 이름자로 세울 립立자를 쓴다. 겸손한 두 손과 진실한 눈으로 왕을 보필하는 신하가 되어 왕을 돕는 마음으로 아름답고 성스런 세상을 열라는 뜻에서 필립이라 한다.

256 하균 · 河均 · Ha-gyun

물처럼 흘러 흘러 세상을 평등케 하라

물 하河자에 고를 균均자를 써 하균이라 한다. 물은 흘러 흘러 바다에 이른다. 바다는 높지 않고 낮지 않아 평온하고 평등하다. 물처럼 흘러 세상으로 나아가 세상을 조화롭고 평등하게 하라는 뜻에서 하균이라 한다. 물처럼 낮은 곳으로 흐르면 스스로 높아지니 바로 세상의 이법이 그러하다. 물의 깊은 지혜 속에서 널리 복을 베풀고 큰 바다의 주인이 되라는 뜻에서 하균이라 한다.

257 하융 · 河隆 · Ha-yung

만사를 순리대로 이루어 융성한 세상을 만들라

물 하河자에 높을 융隆자를 써 하융이라 한다. 물은 시간이고 산은 공간이다. 물은 흐르고 흘러 마침내 바다에 이른다. 물처럼 유순하고 유구하여 순리대로 모든 일을 이루라는 뜻에서 물 하河자를 쓴다. 다음 높을 융隆자는 나라가 융성하고 풍요롭고 강성하다는 뜻이다. 시공의 주인은 순리를 거스르지 않는다. 만사를 순리대로 이루어 융성한 세상을 만들라는 뜻에서 하융이라 한다.

258 하준 · 昰準 · Ha-jun

힘의 중심에서 치우치지 않고 모든 생명들을 자유롭게 하라

여름 하昰자에 준할 준準자를 써 하준이라 한다. 여름 하昰자를 파자로 풀면 날 일日자에 바를 정正자이다. 천지만물의 중심인 태양이 바른 위치 즉 정위에 자리하고 있으니 권위가 있고 화평하다. 다음 준準자는 모든 행동의 기준이 되고 사표가 되라는 뜻이다. 만사의 기준은 정확하고 정밀하며 선명해야 한다. 바르고 바르면서도 그 힘을 부드럽게 조절하여 중심을 잘 잡고 있으니 지혜롭다. 사람과 힘의 중심에서 치우치지 않고 모든 생명들을 자유롭게 하라는 뜻에서 하준이라 한다.

259 학인 · 學仁 · Hak-in

배움은 쌓고 마음은 베풀어 세상의 중심에 서라

배울 학學자에 어질 인仁자를 써 학인이라 한다. 날마다 배우고 배우면 기쁨이 멈추지 않는다. 늘 삶을 배우는 자세에서 만나면 큰 고난도 쉽게 헤쳐 나갈 수 있다. 쉬지 말고 늘 배우는 마음으로 살라는 뜻에서 학學자를 쓰고, 다음으로는 어질고 어진 마음으로 널리 사람을 안으라는 바람에서 인仁자를 쓴다. 지식은 쉬지 말고 쌓아 대가를 이루고, 마음은 끝없이 넓어 바다와 같은 사람이 되라, 늘 정진하고 늘 어질어 세상의 중심에 서라는 뜻에서 학인이라 한다.

260 학중 · 鶴中 · Hak-jung

큰 날개를 펼쳐 세상의 중심에 서라

두루미 학鶴자에 가운데 중中자를 써 학중이라 한다. 두루미는 고고한 뜻을 펼쳐 세상을 주유한다. 큰 날개를 활짝 펼쳐 고귀한 자태로 세상을 주유하라는 뜻에서 두루미 학鶴자를 쓰고, 다음 중中자는 늘 겸손과 조화로 중심에 서라는 뜻이다. 큰 세상의 중심에서 늘 정진하고 베풀라는 뜻에서 학중이라 한다.

261 한 · 翰 · Han

인류의 큰 스승이 되어 세상을 바르게 비추라

편지 한翰자를 써 한이라 한다. 예부터 한은 문장이 뛰어남을 뜻한다. 문성文星이 운명을 이끌어 큰 학문의 지류를 만들 것이다. 대학자는 한 마음으로 하나의 진실을 올곧게 찾아가야 한다. 일말의 거짓 없이 오직 진실만을 삶의 높은 뜻으로 삼아야 한다. 넉넉하고 후덕한 심성과 진실을 향한 간절한 탐구심으로 인류의 큰 스승이 되어 널리 세상을 바르게 비추라는 뜻에서 한이라 한다.

262 한경 · 韓鏡 · Han-gyeong

나라의 참된 진실을 비추는 사람이 되라

나라 한韓자에 거울 경鏡자를 써 한경이라 한다. 국토의 처음과 끝을 한결같이 돌보는 사람이 되어 나라를 생각하고 영토를 가꾸라는 뜻에서 나라 한韓자를 쓴다. 다음으로 거울은 만물을 그 안에 담는다. 대상을 왜곡하지 않으니 마침내 진실을 밝혀낸다. 내 마음의 진실을 드러내고 타인의 진실과 잘못을 여과 없이 비추는 눈 맑은 사람이 되라는 뜻에서 경鏡자를 쓴다. 나라의 참된 진실을 비추는 사람이 되라는 뜻에서 한경이라 한다.

263 한규 · 韓奎 · Han-gyu

뿌리를 바탕으로 새로운 학풍을 이루라

나라 한韓자에 별 규奎자를 써 한규라 한다. 전통과 뿌리를 찾아 한국의 정신을 계승할 소명이 있으니 나라 한韓자를 먼저 쓰고, 다음으로 별 규奎자를 쓴다. 규성奎星은 학문의 별이니 학문을 크게 펼칠 것이다. 뿌리가 깊고 맑은 한결같은 사람, 세상의 중심에 서는 사람이 되라는 뜻에서 한규라 한다. 늘 새롭게 도전하여 새로운 학풍을 만들고 만인을 행복하게 하며 한결같은 마음으로 넓고 풍요로운 영토를 열라는 뜻이 담긴 이름이다.

264 한범 · 漢梵 · Han-beom

세상의 중심에서 강건한 세상을 이루라

나라 한漢자에 불경 범梵자를 써 한범이라 한다. 건강하고 풍요로운 세상을 만들라는 뜻에서 나라 한漢자를 쓰고, 다음 불경 범梵은 예부터 진실과 본질을 뜻한다. 핵심이고 중심이다. 껍데기를 버리고 오직 순수한 진실과 본질만을 찾아가라는 뜻에서 범梵자를 쓴다. 작은 것 하나에도 물러서지 말고 진실하고 값진 사람이 되라는 뜻이다. 넉넉한 대지 위에서 불경 범梵자의 푸른 기상으로 만인을 보살피고 세상의 중심에서 강건한 세상을 이루라는 뜻이 담긴 이름이다.

265 한성 · 漢誠 · Han-seong

말에 진실을 담아 정성되게 드러내라

나라 한漢자에 정성 성誠자를 써 한성이라 한다. 강건함과 유구함을 바탕으로 하기 위해 나라 한漢자를 쓰고, 다음 정성 성誠자는 파자로 풀면 말씀 언言자에 이룰 성成자이다. 영원한 본질을 말로 드러내 세상에 널리 알리라는 이름이다. 스스로 맡은 일에 충실하고 그 일을 이루는 것에 큰 즐거움과 사명을 가지며, 세상 모든 것들과 두루 친분을 쌓고 중심에 서서 여러 사람의 의견을 이끌려면 무엇보다 깊은 신념이 있어야 한다. 자신의 진실을 믿고 담담히 실현하는 사람이 되라는 뜻에서 한성이라 한다.

266 한웅 · 漢熊 · Han-ung

깊은 지혜로 널리 세상을 밝게 비추라

나라 한漢자에 곰 웅熊자를 써 한웅이라 한다. 나라 한漢자를 파자로 풀면 물이 넉넉한 풍요로운 땅이다. 물은 지혜요 재복이다. 그 깊은 지혜와 풍족함으로 모든 사람에게 빛이 되라는 뜻에서 다음은 곰 웅熊자를 쓴다. 예부터 웅熊자는 빛을 발한다는 뜻으로 쓰였다. 널리 사람에게 자신의 학식과 경험 그리고 재복과 사랑을 빛으로 펼쳐내라, 깊은 지혜로 세상을 밝게 비추라는 뜻에서 한웅이라 한다.

267 한재 · 漢宰 · Han-jae

넉넉한 마음과 깊은 지혜로 세상을 바르게 다스리라

나라 한漢자에 재상 재宰자를 써 한재라 한다. 나라 한漢자를 파자로 풀면 물이 넉넉한 풍요로운 땅이다. 물은 지혜요 재복이다. 그 깊은 지혜와 풍족함으로 모든 사람에게 빛이 되라는 뜻에서 나라 한漢자를 쓰고, 다음으로 후덕하고 청렴한 관리가 되라는 뜻에서 재상 재宰자를 쓴다. 나누는 마음은 크고 넓다. 많은 사람을 살피고 넉넉히 베풀라는 뜻에서 한재라 한다.

268 해산 · 海山 · Hae-san

바다 같은 마음과 산 같은 뜻으로 큰 세상을 만나라

바다 해海자에 뫼 산山자를 써 해산이라 한다. 바다는 모든 만물의 기원이며 모든 생명이 돌아가는 자리다. 크고 넓고 깊다. 물처럼 흘러 바다를 이루라는 뜻에서 바다 해海자를 쓴다. 다음 산은 만물을 생육한다. 만물의 중심이다. 우뚝하여 하늘에 닿는다. 마음은 바다처럼 넓고 깊어 사해를 담고 그 뜻은 산처럼 높고 푸르러 하늘에 닿으라는 뜻에서 해산이라 한다.

269 헌 · 軒 · Heon

귀하고 높은 자리에 앉아 풍요로운 세상을 만들라

집 헌軒자를 써 헌이라 한다. 집 헌軒자는 예부터 대부 이상의 벼슬아치가 타던 수레를 말한다. 귀하고 높다. 풍요롭고 화평한 대지가 끝없이 펼쳐진 위에 처마가 높은 집을 지으니 집 헌軒자를 쓴다. 처마가 높으니 관청이요, 사람들이 찾아와 도움을 청하고 휴식을 얻는다. 그렇게 높은 기상이 드러나니 풍요로운 대지가 펼쳐진다. 풍요로운 대지 위에 처마 높은 집을 지어 널리 사람에게 길을 제시하고 세상을 평화롭게 하라는 뜻이 담긴 이름이다.

270 혁규 · 赫奎 · Hyeok-gyu

두루두루 밝게 빛나 큰 땅을 이루라

빛날 혁赫자에 별 규奎자를 써 혁규라 한다. 여러 재주를 타고나 구하면 얻을 것이니, 얻으면 풍족해지고 넉넉해져 넓은 영토를 이룰 것이다. 빛날 혁赫자가 화火 기운을 돋아 도모하는 모든 일이 밝게 빛날 것이다. 두루두루 가지고 있는 재주를 펼쳐 밝게 빛나라는 뜻에서 혁규라 한다. 대인의 마음으로 크게 펼쳐 큰 땅을 이루고, 늘 바르고 건강한 판단 속에서 소명을 이루라는 뜻이 담긴 이름이다.

271 혁주 · 赫周 · Hyeok-ju

말과 지혜를 두루두루 펼쳐 곳곳마다 밝게 빛나라

빛날 혁赫자에 두루 주周자를 써 혁주라 한다. 세상을 밝히는 빛이 되라는 뜻에서 빛날 혁赫자를 쓰고, 다음 두루 주周자는 예부터 지극히 구하여 스스로 온전해진다는 뜻이 있다. 여러 재주를 타고나 구하면 얻을 것이니, 얻으면 풍족해지고 넉넉해져 넓은 영토를 이룰 것이다. 또한 주周자는 말을 통해 세상을 두루두루 소통케 한다는 뜻이다. 두루두루 가지고 있는 말과 재주를 펼쳐 밝게 빛나라는 뜻에서 혁주라 한다.

272 현건 · 鉉建 · Hyeon-geon

현명한 재상의 지혜로 넉넉하고 강건한 국가를 만들라

솥귀 현鉉자에 세울 건建자를 써 현건이라 한다. 예부터 현鉉자는 삼공의 지위를 말한다. 삶의 청렴함과 고귀한 지위를 뜻하여 현鉉자를 기준으로 삼고, 다음 세울 건建자는 예부터 나라를 세워 법률을 정하고 일의 순서와 차례를 정할 때 사용하였다. 현명한 재상의 지혜로 넉넉하고 강건한 국가를 만들라는 뜻에서 현건이라 한다. 청렴한 마음으로 일의 바른 법도를 세워 국가의 기강을 다지라는 뜻이 담긴 이름이다.

273 현도 · 現導 · Hyeon-do

오늘이라는 현실 속에서 꿈꾸는 세상을 열어가라

나타날 현現자에 인도할 도導자를 써 현도라 한다. 지금에 만족하고 지금에 충실한 사람은 늘 행복하다. 현재의 삶과 사랑에 늘 감사하며 가까이 있는 것들의 소중함을 알라는 뜻에서 나타날 현現자를 쓰고, 다음 인도할 도導자는 자신의 경험과 학식으로 사람들을 바른 길로 이끈다는 뜻이다. 오늘이라는 현실 속에서 한 발 한 발 꿈꾸는 세상을 향해 걸어가라는 뜻에서 현도라 한다.

274 현무 · 玄武 · Hyeon-mu

진실과 본질을 정성스럽게 드러내라

검을 현玄자에 호반 무武자를 써 현무라 한다. 예부터 현玄자는 근원의 힘, 하늘의 법, 원칙과 본질을 뜻한다. 강건함을 바탕으로 하기 위해 북방의 힘을 뜻하는 검을 현玄자를 기준으로 삼고, 다음은 호반 무武자를 쓴다. 현무는 물을 관장하는 북방의 신이니 지혜롭고 굳건하다. 땅을 지키고 하늘을 지키고 바다를 지키는 힘은 북방에서 오니 세상을 평화롭게 지켜내라는 뜻에서 현무라 한다. 스스로 맡은 일에 충실하고 그 일을 이루는 것에 큰 즐거움과 사명을 가지라는 뜻이 담긴 이름이다.

275 현산 · 鉉祘 · Hyeon-san

세상을 바로 살펴 풍요로운 영토를 만들라

솥귀 현鉉자에 셈 산祘자를 써 현산이라 한다. 예부터 현鉉자는 삼공의 지위를 말한다. 삶의 청렴함과 고귀한 지위를 뜻하여 현鉉자를 기준으로 삼고, 다음 셈 산祘자는 볼 시示자를 겹쳐 놓은 형태로 왕이 세상을 세세히 살펴본다는 뜻이 있다. 세상을 바로 살펴 풍요로운 영토를 만들라는 뜻에서 현산이라 한다. 풍요로운 대지 위에 우뚝 선 지도자로서 중도를 걷고 솔선하라는 뜻이 담긴 이름이다.

276 현성 · 鉉誠 · Hyeon-seong

귀한 자리에 앉아 말한 바를 이루라

솥귀 현鉉에 정성 성誠자를 써 현성이라 한다. 예부터 현鉉자는 삼공의 지위를 말한다. 청렴함과 고귀한 지위를 뜻하여 현鉉자를 기준으로 삼고, 다음 정성 성誠자는 파자로 풀면 말씀 언言자에 이룰 성成자이다. 삼공의 자리에 앉아 신뢰를 몸과 말로 실천하라는 뜻이다. 세상 모든 것들과 두루 친분을 두고 중심에 서서 여러 사람의 의견을 이끌 것이니 무엇보다 깊은 신념이 있어야 한다. 자신의 진실을 믿고 담담히 실현하는 사람이 되라는 뜻에서 현성이라 한다.

---

277 현승 · 現承 · Hyeon-seung

오늘을 사랑하고 옛 것을 보살피는 사람이 되라

나타날 현現자에 이을 승承자를 써 현승이라 한다. 지금에 만족하고 지금에 충실한 사람은 늘 행복하다. 현재의 삶과 사랑에 감사하며 곁에 있는 것들의 소중함을 알라는 뜻에서 나타날 현現자를 쓰고, 다음 이을 승承자는 조상들의 정신을 계승하고 영토를 소중히 가꾸라는 뜻이다. 오늘을 사랑하고 옛 것을 보살피는 사람이 되라는 뜻에서 현승이라 한다.

---

278 현재 · 賢宰 · Hyeon-jae

어진 마음과 현명한 지혜로 널리 세상을 바르게 하라

어질 현賢자에 재상 재宰자를 써 현재라 한다. 민천현재旻天賢宰라는 말이 있다. 어진 하늘과 현명한 재상이 억조창생을 풍족하고 바르게 이끈다는 말이다. 널리 사랑하는 마음과 깊은 지혜로 세상을 바르고 넉넉히 이끌라는 뜻에서 현재라 한다. 여러 사람과 함께 일을 도모하고 중심에 서서 무리를 이끌어 가려면 어진 마음과 깊은 지혜가 있어야 한다. 반석처럼 단단한 의지를 품고 지혜롭고 풍요로운 삶을 영위하라는 뜻이 담긴 이름이다.

279 현종 · 賢鐘 · Hyeon-jong

어진 마음과 현명한 지혜로 널리 세상을 평화롭게 하라

어질 현賢자에 쇠북 종鐘자를 써 현종이라 한다. 민천현재旻天賢宰라는 말이 있다. 어진 하늘과 현명한 재상이 억조창생을 풍족하고 바르게 이끈다는 말이다. 널리 사랑하는 마음과 깊은 지혜로 세상을 바르고 넉넉히 이끌라는 뜻에서 어질 현賢자를 쓰고, 다음으로는 그 뜻이 멀리멀리 퍼져 나가라는 뜻에서 쇠북 종鐘자를 쓴다. 어진 말과 현명한 지혜가 널리 퍼져 세상을 평화롭게 하라는 뜻에서 현종이라 한다. 강한 의지로 지혜롭고 풍요로운 삶을 영위하고 현자의 마음으로 널리 사람을 사랑하라는 뜻이 담긴 이름이다.

280 현준 · 賢俊 · Hyeon-jun

어진 마음과 빼어난 재주로 널리 사람을 보살피라

어질 현賢자에 빼어날 준俊자를 써 현준이라 한다. 민천현재旻天賢宰라는 말이 있다. 어진 하늘과 현명한 재상이 억조창생을 풍족하고 바르게 이끈다는 말이다. 널리 사랑하는 마음과 깊은 지혜로 세상을 바르고 넉넉히 이끌라는 뜻에서 현준이라 한다. 여러 사람과 함께 일을 도모하고 중심에 서서 무리를 이끌어 갈 운명이라 왕이면서 군사이며 주인이며 또한 손님이다. 굳센 의지로 지혜롭고 풍요로운 삶을 영위하고 현자의 마음으로 널리 사람을 사랑하라는 뜻에서 현준이라 한다.

281 현창 · 玹昌 · Hyeon-chang

바른 법을 세워 세상을 가르치라

검을 현玹자에 창성할 창昌자를 써 현창이라 한다. 예부터 현玹자는 근원의 힘, 하늘의 법, 원칙과 본질을 뜻한다. 강건함을 바탕으로 하기 위해 북방의 힘을 뜻하는 검을 현玹자를 기준으로 삼는다. 다음 창성할 창昌자를 파자로 풀면 날 일日자에 가로 왈曰자이다. 해처럼 밝고 큰 말이 세상에 영원히 펼쳐진다는 뜻이다. 바른 법을 세워 세상을 가르치라는 뜻에서 현창이라 한다. 깊고 아름다운 학문으로 많은 사람에게 태양 같은 사람이 되라는 뜻이 담긴 이름이다.

282 형모 · 炯謨 · Hyeong-mo

깊은 지혜와 밝은 심성으로 세상을 형통케 하라

빛날 형炯자에 꾀 모謨자를 써 형모라 한다. 후덕한 땅의 기운을 바탕으로 자신의 영토를 넓힐 것이다. 스스로의 빛으로 세상을 밝히라는 뜻에서 형炯자를 쓰고, 다음 모謨자는 계획과 지혜로 성공이 올 때까지 기다리라는 뜻이다. 사고가 깊은 사람은 쉽게 움직이지 않는다. 사고가 넓은 사람은 모든 상황을 세심하게 본다. 깊이 삭혀서 큰 힘을 만들고 태산 같은 힘으로 일을 완성하며, 깊은 지혜와 밝은 심성으로 큰 뜻을 이루라는 뜻에서 형모라 한다.

283 형주 · 炯柱 · Hyeong-ju

세상을 받쳐 든 밝고 강직한 기둥이 되라

빛날 형炯자에 기둥 주柱자를 써 형주라 한다. 후덕한 땅의 기운을 바탕으로 자신의 영토에 큰 기둥이 되고, 스스로의 자리에서 스스로의 빛으로 세상을 밝히고 받쳐 들라는 뜻에서 형주라 한다. 큰 사람은 청렴을 근본으로 서는 것이니 온 마음을 다해 청렴과 덕성을 쌓고, 강직하고 바른 성품으로 복된 삶을 누리라는 뜻이 담긴 이름이다.

284 호빈 · 浩斌 · Ho-bin

호방한 마음으로 문무를 겸비하고 널리 사람을 복되게 하라

넓을 호浩자에 훌륭할 빈斌자를 써 호빈이라 한다. 호방한 마음으로 세상을 안으라는 뜻에서 넓을 호浩자를 쓰고, 다음으로는 문무를 겸비하라는 뜻에서 훌륭할 빈斌자를 쓴다. 훌륭할 빈斌자는 파자로 풀면 무예와 학덕이 뛰어나 문무를 모두 겸비한 아름다운 모습이다. 스스로 많은 재주와 인격을 갖추고 많은 사람의 중심에 서고, 호방한 마음으로 문무를 겸비해 많은 사람을 도우라는 뜻이 담긴 이름이다.

285 호영 · 豪泳 · Ho-yeong

높은 기상과 깊은 심성으로 세상을 바르게 다스리라

우두머리 호豪자에 헤엄칠 영泳자를 써 호영이라 한다. 스스로 늘 깨어나 머무르지 않고 새로운 영역을 개척하고 가꾸는 운명이므로 잠들지 않고 깨어나 나아가 우두머리가 되라는 뜻에서 호豪자를 쓰고, 다음으로 헤엄칠 영泳자를 쓴다. 헤엄칠 영泳자를 파자로 풀면 물이 깊다는 뜻이다. 위로는 높이 날아올라 정상에 다다르고 아래로는 흐르고 흘러 풍요롭고 깊은 강이 되라는 뜻이다. 늘 깨어나 소망하고 쉬지 않고 노력하여 큰 영토를 만들고, 높은 기상과 깊은 심성으로 세상을 바르게 다스리라는 뜻에서 호영이라 한다.

286 호준 · 浩準 · Ho-jun

널리 호방하되 사람의 바른 길을 열라

넓을 호浩에 준할 준準자를 써 호준이라 한다. 지혜로운 북방의 기운을 우선 보완하는 뜻에서 넓을 호浩를 쓰고, 다음으로 넓고 호방한 마음으로 사람을 보듬되 기준이 되고 정밀하여 바른 척도가 되라는 뜻에서 준할 준準을 쓴다. 넓은 마음으로 사람을 용서하고 사랑하되, 한없는 용서나 한없는 사랑이 아닌 기준과 방향을 잡아 바른 지표가 되라는 뜻이 담긴 이름이다.

287 호찬 · 浩瓚 · Ho-chan

넉넉한 심성과 깊은 지혜로 왕의 권위를 보살피라

넓을 호浩자에 옥잔 찬瓚자를 써 호찬이라 한다. 깊은 지혜와 호방한 마음으로 세상을 안으라는 뜻에서 넓을 호浩자를 쓴다. 다음 옥잔 찬瓚자를 파자로 풀면 왕을 보필하는 손길을 말한다. 왕의 권위를 돕는 이로서 선봉에 서 있는 사람이니 출중하고 성대하다. 넉넉한 심성과 깊은 지혜로 왕의 권위를 보살피라는 뜻에서 호찬이라 한다. 스스로를 드러내지 않아 모든 것을 이루는 영광된 인생을 살라는 뜻이 담긴 이름이다.

288 혼 · 珲 · Hon

일과 사람의 중심에서 지혜로운 삶을 살라

아름다운 옥 혼珲자를 써 혼이라 한다. 혼珲자를 파자로 풀면 임금 왕王자에 군사 군軍자이니 왕의 군사이다. 왕을 돕고 보필하며 호위하는 군사란 뜻이다. 따라서 늘 깨어나 사람을 살피는 모습이다. 따뜻하고 깊은 심성이며 강건한 보살핌이다. 여러 사람과 함께 일을 도모하고 중심에 서서 무리를 이끌어 갈 운명이라 왕이면서 군사이며 주인이며 또한 손님이다. 지혜롭고 풍요로운 삶을 누리고 널리 사람을 사랑하고 보살피라는 뜻이 담긴 이름이다.

289 환지 · 桓枝 · Hwan-ji

푸른 기상으로 당당하고 깊은 심성으로 널리 뻗어 나가라

굳셀 환桓자에 가지 지枝자를 써 환지라 한다. 환桓은 예부터 위풍당당한 모습을 나타낸다. 광활하고 굳건한 모습이니 그 기상이 푸르고 높다. 높은 기상을 다지는 뜻에서 굳셀 환桓자를 쓰고, 다음으로 그 당당한 뜻과 말이 널리널리 퍼지게 하라는 뜻에서 가지 지枝자를 쓴다. 뿌리 깊은 나무는 바람에 흔들리지 않으니 역경과 시련 앞에 더욱 단단하게 자리할 것이며, 굳세고 당당한 뜻은 하늘로 솟아오를 것이다. 푸른 기상으로 당당하고 깊은 심성으로 널리 뻗어 나가라는 뜻에서 환지라 한다.

290 효산 · 曉山 · Hyo-san

지혜로써 새벽을 열고 풍요로움으로 만물을 생육하라

새벽 효曉자에 뫼 산山자를 써 효산이라 한다. 새벽은 어둠이 밝음으로 가는 시간이다. 미혹이 깨달음으로 가는 시간이다. 그 큰 지혜를 먼저 효曉자로 받는다. 다음 산은 만물을 생육한다. 또한 만물의 휴식처이며, 만물의 중심이다. 산처럼 모든 사람의 중심에서 늘 꾸준하게 자신을 만들어가라는 뜻에서 뫼 산山자를 쓴다. 멋진 인생 넉넉한 인생 그리고 건강한 인생을 살며, 지혜로써 새벽을 열고 풍요로움으로 만물을 생육하라는 뜻에서 효산이라 한다.

291 후 · 珝 · Hu

깊고 큰 지혜로 왕의 날개가 되라

옥이름 후珝자를 써 후라 한다. 사람의 중심에 서 있는 사람은 지혜로워야 한다. 많은 사람이 서로 소통하며 화합할 수 있게 큰 지혜를 갖추고 공평무사해야 한다. 후珝자는 파자로 풀면 임금 왕王자에 깃 우羽자이니 왕의 날개를 말한다. 새에게 날개가 있듯 왕에게도 돕는 지혜로운 신하가 있어야 한다. 안에서 드러내지 않고 지혜롭게 돕는 모습이 후의 향기다. 평생에 따를 관운 속에서 늘 지혜롭게 돕는 재상의 마음을 잊지 말라는 뜻이 담긴 이름이다.

292 휘건 · 徽建 · Hwi-geon

스스로를 잘 조율해 바른 이치로 많은 사람을 다스리라

아름다울 휘徽자에 세울 건建자를 써 휘건이라 한다. 예부터 휘徽자는 거문고 소리를 고르는 일을 뜻한다. 너무 느슨하지 않고 너무 조이지 않아 평온하고 아름다운 소리로 세상을 조율하라는 뜻에서 휘徽자를 쓴다. 다음으로 법을 정하여 나라를 다스릴 때 세울 건建자를 쓴다. 사람을 다스리고 일을 행하기 위해 가장 처음 하는 일이 바로 법을 만드는 일이다. 법을 정하여 바른 길을 열고 역사를 일구어 나가는 모습이 건建이다. 스스로를 잘 조율해 바른 이치로 많은 사람을 다스리라는 뜻에서 휘건이라 한다.

293 휘명 · 徽明 · Hwi-myeong

천하를 움직이는 순리와 조화로 세상의 주인이 되라

아름다울 휘徽자에 밝을 명明자를 써 휘명이라 한다. 예부터 휘徽자는 거문고 소리를 고르는 일을 뜻한다. 너무 느슨하지 않고 너무 조이지 않아 평온하고 아름다운 소리로 세상의 빛이 되라는 뜻에서 휘徽자를 쓴다. 다음 밝을 명明자는 천지를 비추는 해와 달을 뜻한다. 천하를 움직이는 순리와 조화로 세상의 주인이 되라는 뜻에서 휘명이라 한다.

294 휘성 · 徽誠 · Hwi-seong

자신을 아름답게 조율해 세상을 빛나게 하라

아름다울 휘徽자에 정성 성誠자를 써 휘성이라 한다. 치우치지 않는 마음과 깊은 통찰력은 세상을 바로 본다. 예부터 휘徽자는 거문고 소리를 고르는 일을 뜻한다. 너무 느슨하지 않고 너무 조이지 않아 평온하고 아름다운 소리가 세상의 빛이 되니 휘성이라 한다. 세상의 씨앗과 열매는 자신으로부터 시작해 자신에게서 결실을 맺는다. 나부터 시작해 가정과 사회 그리고 국가가 찬란히 빛나게 하라는 뜻으로 휘성이라 한다. 작은 것에서 시작해 큰 영광을 이루고 하루하루의 영광으로 늘 밝고 청렴하라는 뜻이 담긴 이름이다.

295 휘재 · 徽宰 · Hwi-jae

세상을 아름답게 조율하는 훌륭한 재상이 되라

아름다울 휘徽자에 재상 재宰자를 써 휘재라 한다. 치우치지 않는 마음과 깊은 통찰력은 세상을 바로 본다. 예부터 휘徽자는 거문고 소리를 고르는 일을 뜻한다. 너무 느슨하지 않고 너무 조이지 않아 평온하고 아름다운 소리가 세상의 빛이 되니 휘徽자를 쓴다. 다음으로는 한 나라의 재상으로 살면서 모든 생명을 사랑하고 가꾸는 마음을 잊지 말며, 모든 일을 솔선수범하여 주관하고 이끌라는 뜻에서 재상 재宰자를 쓴다. 작은 것에서 시작해 큰 영광을 이루고 하루하루의 영광으로 늘 밝고 청렴하게 살라는 뜻이 담긴 이름이다.

296 휘찬 · 徽贊 · Hwi-chan

따뜻한 마음으로 세상과 소통하며 조화를 이루라

아름다울 휘徽자에 도울 찬贊자를 써 휘찬이라 한다. 치우치지 않는 마음과 깊은 통찰력은 세상을 바로 본다. 예부터 휘徽자는 거문고 소리를 고르는 일을 뜻한다. 너무 느슨하지 않고 너무 조이지 않아 평온하고 아름다운 소리로 세상과 조화를 이루라는 뜻에서 휘徽자를 쓴다. 다음 도울 찬贊자는 먼저 나아가 도와주고 이끈다는 뜻이다. 소외되고 어두운 곳을 찾아 먼저 손을 내미는 사람이 되라는 뜻이다. 따뜻한 마음으로 세상과 소통하며 조화를 이루라는 뜻에서 휘찬이라 한다.

297 희겸 · 熙兼 · Hui-gyeom

모든 이견을 포용해 큰 사람이 되라

빛날 희熙자에 겸할 겸兼자를 써 희겸이라 한다. 세상을 밝히는 빛이 되어 가족을, 기업을, 나라를 그리고 온 생명을 빛으로 채우라는 뜻에서 먼저 빛날 희熙자를 쓴다. 다음으로 서로 다른 의견과 생각들을 모두 포용해 하나의 뜻을 만들고 용서하고 소통하라는 뜻에서 겸할 겸兼자를 쓴다. 모든 생명을 사랑하고 가꾸는 마음을 잊지 말며 모든 일을 솔선수범하여 주관하고 이끌라는 뜻에서 겸兼자를 쓴다. 앞에 나서 일을 하니 우뚝 설 것이며 이루는 일마다 이치에 맞고 푸르고 맑아 태양처럼 빛날 것이니 희겸이라 한다.

298 희율 · 熙律 · Hui-yul

밝고 맑은 음성으로 세상을 아름답게 조율하라

빛날 희熙자에 법 율律자를 써 희율이라 한다. 거문고 소리는 느슨하면 탁하고 너무 당겨지면 갈라진다. 세상의 이법이 너무 조여지면 숨쉬기 힘들며 너무 느슨하면 이루는 성과가 없다. 아무리 뛰어난 재주도 하나로 모아져야 진주처럼 빛이 난다. 다방면에 재주를 가지고 있어 그 기운을 하나로 모아 자자손손 아름다운 천상의 음률, 천상의 조화, 천상의 비례를 이루라는 뜻에서 희율이라 한다. 밝고 맑은 음색으로 세상을 아름답게 조율하고 운명의 주인공이 되라는 뜻이 담긴 이름이다.

299 희인 · 熙印 · Hui-in

모든 생명을 소중히 하여 말에 책임을 다하라

빛날 희熙자에 인장 인印자를 써 희인이라 한다. 강건한 기상과 호연한 지기를 바탕으로 큰 빛이 되라는 뜻에서 빛날 희熙자를 쓰고, 다음으로 스스로의 근간을 다지고 중심을 잡아 인생을 걸어가라는 뜻에서 인장 인印자를 쓴다. 예로부터 인장은 말의 권위를 바꾸지 않는 것을 말한다. 그래서 모든 문서에 인장을 찍어 그 말을 바꾸지 않고 끝까지 가지고 갈 것을 권위로써 다짐하였다. 솔선하여 모든 생명을 따뜻이 감싸 안으면 세상이 마침내 돌아온다. 늘 자신의 말에 책임을 다하라는 뜻에서 희인이라 한다.

300 희준 · 熙準 · Hui-jun

밝고 활기찬 심성으로 모든 사람의 지표가 되라

빛날 희熙자에 준할 준準자를 써 희준이라 한다. 강건한 기상과 호연한 지기를 바탕으로 큰 빛이 되라는 뜻에서 빛날 희熙자를 쓰고, 다음 준할 준準자는 모든 행동의 기준이 되고 사표가 되라는 뜻이다. 만사의 기준은 정확하고 정밀하며 선명해야 한다. 밝고 활기찬 심성으로 만사의 기준이 되라는 뜻에서 희준이라 한다. 예와 법의 지표가 되어 만인이 우러러보니 당당하고 훌륭한 모습이다. 재주보다 더 큰 복과 덕으로 널리 사람에게 사랑받고 존경받으라는 뜻이 담긴 이름이다.

여자이름 300선

301 가윤 · 稼允 · Ga-yun

진실한 농부의 마음으로 세상을 풍요롭게 하라

심을 가稼자에 진실로 윤允자를 써 가윤이라 한다. 농부의 마음은 헛되지 않다. 자연의 순리를 벗어나지 않는다. 씨앗을 심은 곳에서 열매를 기다린다. 심은 대로 거두는 농부의 진실한 마음을 그대로 닮아 넓고 큰 땅을 이루라는 뜻에서 가윤이라 한다. 늘 겸손하고 따뜻한 마음으로 세상을 주유하고 만나는 모든 사람에게 진실하라는 뜻이 담긴 이름이다.

302 가은 · 稼恩 · Ga-eun

농부의 마음으로 만나는 모든 이에게 은혜를 베풀라

심을 가稼자에 은혜 은恩자를 써 가은이라 한다. 농부의 마음은 헛되지 않다. 자연의 순리를 벗어나지 않는다. 씨앗을 심은 곳에서 열매를 기다린다. 세상을 주유하며 만나는 사람에게 은혜가 되고 덕이 되고 도움이 되라는 뜻에서 가은이라 한다. 은혜 은恩자에는 사람을 살펴 가꾸는 마음이 있다. 늘 겸손하고 따뜻한 마음으로 큰 은혜를 베풀며 살라는 뜻이 담긴 이름이다.

303 가이아 · 佳易峨 · Gaia

그 몸은 아름답고 그 마음은 편안하며 그 정신은 귀하고 높으라

아름다울 가佳자에 쉬울 이易자 그리고 높을 아峨자를 써 가이아라 한다. 그 몸은 아름답고 그 마음은 편안하며 그 정신은 귀하고 높으라는 뜻에서 가이아라 한다. 또한 가이아는 대지의 여신이다. 대지의 생명력과 잉태를 주재하는 위대한 힘이 있다. 자연과 더불어 생명을 잉태하고 훈육하며 축복을 전하니 땅에서 온 모든 것들의 주인이 되라는 뜻이 담긴 이름이다.

304 경인 · 鏡印 · Gyeong-in

세상의 모든 진실을 있는 모습 그대로 드러내라

거울 경鏡자에 인장 인印자를 써 경인이라 한다. 거울은 비추는 것이며 인장은 허락하는 것이다. 거울은 모든 진실을 거짓 없이 비추며, 마음의 거울은 거짓을 말하지 못하게 한다. 내 마음의 진실을 거짓 없이 드러내고, 타인의 진실과 잘못을 여과 없이 비추는 눈 맑은 사람이 되라는 뜻에서 경鏡자를 쓴다. 다음 인장 인印자는 힘을 발휘하는 허락이다. 관직에 올라 사람을 지휘하고 일의 시종을 알리는 힘은 인장에서 나온다. 인印은 힘의 상징이다. 세상의 모든 진실을 있는 그대로 드러내는 힘을 가지라는 뜻에서 경인이라 한다.

305 경주 · 景主 · Gyeong-ju

솔선수범하여 즐겁고 경사스러운 일을 만들라

볕 경景자에 주인 주主자를 써 경주라 한다. 볕 경景자를 파자로 풀면 높은 궁전 위에 빛나는 태양이니 상서롭고 경사스러운 모습이다. 다음으로 운명을 이끄는 별이 많은 사람의 지표가 되니 모든 일을 솔선수범하여 주관하고 이끌라는 뜻에서 주인 주主자를 쓴다. 앞에 나서 일을 하니 우뚝 설 것이며 이루는 일마다 이치에 맞고 푸르고 맑아 태양처럼 빛날 것이다.

306 구우 · 久雨 · Gu-u

한결같은 마음으로 세상의 단비가 되라

오랠 구久자에 비 우雨자를 써 구우라 한다. 예부터 구한감우久旱甘雨라는 말이 있다. 오랜 가뭄 끝에 단비를 만난다는 뜻이다. 한결같은 마음으로 가난한 곳에 단비 같은 사람이 되라, 목마른 사람에게 늘 단비 같은 사람이 되라, 늘 어렵고 힘든 곳에 찾아가 단비 같은 삶을 살라는 뜻에서 구우라 한다.

307 규리 · 揆理 · Gyu-ri

세상의 이치를 바르게 헤아려 만물을 이롭게 하라

헤아릴 규揆자에 이치 리理자를 써 규리라 한다. 세상은 이치가 있어 운행된다. 사람은 이치가 있어 서로 주고받는다. 세상의 이치, 사람의 이치를 바로 보고 깊게 헤아려 세상을 이롭게 하는 사람이 되라는 뜻에서 규리라 한다. 먼 곳을 바라보는 것이 아니라 이 세상에 두 발을 딛고 바른 이치로 세상을 만나라는 뜻이다. 현실 속에서 한 걸음 한 걸음 실천하는 삶이니, 낮은 곳 그리고 바로 오늘이라는 현실을 딛고 시작해 넓고 풍요로운 세상을 만들라는 뜻이 담긴 이름이다.

308 규안 · 圭安 · Gyu-an

풍요로움을 바탕으로 세상과 가정을 따뜻하게 보살피라

홀 규圭자에 편안할 안安자를 써 규안이라 한다. 규圭자는 흙 토土자를 겹쳐 놓은 모양으로 천자가 제후에게 내린 땅을 말한다. 풍요로운 대지가 끝없이 펼쳐진 모양이다. 다음 편안할 안安자를 파자로 풀면 집안을 지키는 여인이다. 따뜻하고 세심한 손길이 집을 편안하게 한다. 세상에 바른 기준을 세우면 사람은 편안하고 풍요로워진다. 가정은 즐거워지고 넉넉해진다. 넓은 땅에서 나는 풍요로움을 바탕으로 세상과 가정을 따뜻하게 보살피라는 뜻에서 규안이라 한다.

309 근온 · 根穩 · Geun-on

튼튼한 뿌리를 바탕으로 평화로운 세상을 열라

뿌리 근根자에 편안할 온穩자를 써 근온이라 한다. 뿌리 깊은 나무는 바람에 흔들리지 않는다. 뿌리 깊은 나무는 모든 생명의 근원이다. 늘 뿌리가 단단한 사람이 되라는 뜻에서 뿌리 근根자를 쓰고, 다음으로는 그 뿌리가 평화롭고 편안하고 믿음직스러워 편안할 온穩자를 쓴다. 예부터 온穩자는 믿음이 확고함을 뜻한다. 튼튼한 뿌리를 바탕으로 편안하고 평화로운 세상을 만들라는 뜻에서 근온이라 한다.

310 근조 · 根朝 · Geun-jo

뿌리는 깊고 얼굴은 밝아 세상에 아름다운 사람이 되라

뿌리 근根자에 아침 조朝자를 써 근조라 한다. 뿌리 깊은 나무는 바람에 흔들리지 않는다. 뿌리 깊은 나무는 모든 생명의 근원이다. 늘 뿌리가 단단한 사람이 되라는 뜻에서 뿌리 근根자를 쓴다. 다음 아침 조朝자는 세상에 아침을 여는 사람이 되라는 뜻이다. 햇살처럼 밝고 힘찬 세상을 여는 긍정적이고 밝은 사람이 되라는 뜻에서 아침 조朝자를 쓴다. 정신의 뿌리는 깊고 단단하며 몸과 얼굴은 밝고 빛나 세상에 아름다운 사람이 되라는 뜻에서 근조라 한다.

311 근혜 · 槿惠 · Geun-hye

세상을 돌보는 아름다운 꽃이 되라

무궁화 근槿자에 은혜 혜惠자를 써 근혜라 한다. 무궁화는 피고 지고 또 피어 무궁화다. 역경과 고난 속에서 새롭고 도전하고 발전하여 다시 피는 꽃이 되라는 뜻에서 무궁화 근槿자를 쓴다. 다음으로 사람은 지위가 높으나 낮으나 많이 가지거나 적게 가지거나 아픔과 병이 있으면 삶이 힘들고 고달파진다. 몸과 마음에 병이 있는 모든 사람들에게 약이 될 수 있는 소중하고 아름다운 삶을 살아가라는 뜻에서 은혜 혜惠자를 쓴다. 세상을 돌보는 아름다운 꽃이 되라는 뜻에서 근혜라 한다.

312 나경 · 娜景 · Na-gyeong

아름다운 삶의 여정 속에서 큰 기쁨을 맞이하라

아리따울 나娜자에 볕 경景자를 써 나경이라 한다. 아리따울 나娜자는 고운 마음을 가지고 품행이 바른 삶을 살라는 뜻이다. 삶의 결이 아름다울 때 비단 같은 인생을 산다. 만사에 예를 갖출 때 그 눈과 몸은 아름다워진다. 삶의 결이 아름다운 사람이 되라는 뜻에서 아리따울 나娜자를 쓰고, 다음 볕 경景자는 상서롭고 경사스러워 빛난다는 뜻이다. 아름다운 삶의 여정 속에서 큰 기쁨을 맞이하라는 뜻에서 나경이라 한다.

313 나오미 · 喇五美 · Naomi

따뜻한 말과 매력적인 행동으로 세상의 중심에 서라

나팔 나喇자에 다섯 오五자 그리고 아름다울 미美자를 써 나오미라 한다. 인의지예신仁義智禮信 오륜을 세상에 펼치는 아름다운 사람이 되라는 뜻에서 나오미라 한다. 외모도 아름답지만 늘 타인을 배려하는 마음이 더 아름다운 사람이다. 세상을 긍정적으로 바라보니 모든 일이 즐거워진다. 따뜻한 말과 매력적인 행동으로 세상의 중심에 서라는 뜻에서 나오미라 한다.

314 나윤 · 奈潤 · Na-yun

따뜻하고 아름다운 마음으로 세상을 풍요롭게 하라

어찌 나奈자에 윤택할 윤潤자를 써 나윤이라 한다. 나奈자는 예부터 크게 보라는 뜻이다. 큰 세상으로 나아가라는 뜻에서 어찌 나奈를 쓰고, 다음 윤潤자를 파자로 풀면 임금 왕王자에 문 문門자 그리고 물 수水자로 왕이 문을 열고 나오니 강물이 풍요롭게 흐르는 모양이다. 대지에 곡식이 넉넉하고 만물이 성장하는 모습이다. 태평성대의 온화함과 즐거움을 갖고 태어났으며 세상을 풍요롭게 할 큰 소망이 있다. 따뜻하고 아름다운 마음으로 풍요로운 세상을 만들라는 뜻에서 나윤이라 한다.

315 나율 · 娜汩 · Na-yul

맑은 생각과 아름다운 미소로 세상의 큰 기쁨이 되라

아리따울 나娜자에 맑을 율汩자를 써 나율이라 한다. 눈이 맑고 생각이 맑고 몸이 맑으라는 뜻으로 나율이라 한다. 늘 나누고 돌보며 사람과 사람의 눈높이를 마주하는 아름다운 삶이다. 내 것을 지키려는 마음보다는 늘 나누는 마음으로 사람의 중심에 서고 일의 중심에 서라는 뜻에서 나율이라 한다. 맑고 맑은 생각과 아름다운 미소로 세상의 큰 기쁨이 되라는 뜻이 담긴 이름이다.

316 다빈 · 茶斌 · Da-bin

차의 향기처럼 그윽하되 문무를 겸비하라

차 다茶자에 겸비할 빈斌자를 써 다빈이라 한다. 차의 향기는 깊고 맑다. 밖으로는 깊고 맑으나 안으로는 문무를 겸비해 단단한 사람, 겉으로는 평화롭고 고요하되 안으로는 열정과 소망을 가진 사람이 되라는 뜻에서 다빈이라 한다. 타인에게 관대하되 자신에겐 철저하고, 유약하나 강하며 강하지만 부드러운 삶을 살라는 뜻이 담긴 이름이다.

317 다연 · 茶研 · Da-yeon

아름다운 얼굴 깊은 지혜로 귀한 사람이 되라

차 다茶자에 연구할 연研자를 써 다연이라 한다. 차의 향기처럼 아름다운 인연을 쌓으라는 뜻이다. 차 다茶자는 또다른 의미로 아름다운 소녀라는 뜻이 있다. 선하고 아름다운 용모로 귀한 사람이 되라는 뜻에서 차 다茶자를 쓰고, 다음으로 늘 깊은 연구심으로 학문에 전념하라는 뜻에서 연구할 연研자를 쓴다. 아름다운 얼굴과 깊은 지혜를 가진 귀한 사람이 되라는 뜻에서 다연이라 한다.

318 다온 · 茶蘊 · Da-on

날마다 선하고 아름다운 것을 행하고 쌓으라

차 다茶자에 쌓을 온蘊자를 써 다온이라 한다. 차의 향기처럼 아름다운 인연을 쌓으라는 뜻에서 차 다茶자를 쓴다. 차 다茶자는 또다른 의미로 아름다운 소녀라는 뜻이 있다. 좋은 인연들 속에서 아름다운 인생을 영위하라는 뜻에서 차 다茶자를 쓴다. 다음 쌓을 온蘊자는 행복도 쌓고 재물도 쌓고 좋은 인연도 쌓으라는 뜻이다. 날마다 선하고 아름다운 것을 행하고 쌓으라는 뜻에서 다온이라 한다.

---

319 다은 · 茶誾 · Da-eun

인격의 향기가 나는 아름다운 사람이 되라

차 다茶자에 향기 은誾자를 써 다은이라 한다. 차 다茶자는 또다른 의미로 아름다운 소녀라는 뜻이 있다. 은誾자를 파자로 풀면 문 문門자에 말씀 언言자로 말이 나오는 문이다. 그 말이 아름답고 향기롭다는 뜻에서 다은이라 한다. 옳은 일을 하는 사람은 향기가 난다. 아름다운 사람은 향기가 난다. 인격의 향기가 난다. 옳은 것을 옳다 하고 그릇된 것을 그릇되다 하는 것은 큰 용기와 청정한 인격이 있어야 가능하다. 자신의 인격에 책임을 지고 생각하고 말하고 행동하는 사람이 되라는 뜻에서 다은이라 한다.

---

320 다인 · 茶印 · Da-in

인격의 향기로 널리 사람을 다스리라

차 다茶자에 인장 인印자를 써 다인이라 한다. 차 다茶자는 인격의 향기를 말한다. 아름다운 사람은 향기가 난다. 다茶자에는 또다른 의미로 아름다운 소녀라는 뜻이 있다. 다음 인장 인印자는 힘을 발휘하는 허락을 뜻한다. 나라의 힘은 국새에 있고 사람의 힘은 도장에 있다. 그렇듯 인은 힘의 상징이다. 인격의 향기로 사람을 다스리라는 뜻에서 다인이라 한다.

321 다정 · 多晶 · Da-jeong

재주와 도량을 갖춰 세상을 밝게 비추는 사람이 되라

많을 다多자에 맑을 정晶자를 써 다정이라 한다. 예부터 다多자는 재주가 뛰어나고 도량이 넓다는 뜻으로 쓰인다. 견문과 학식을 넓혀 재주가 뛰어나며 심성이 깊고 성정이 아름다워 도량이 큰 사람이 되라는 뜻에서 다多자를 쓴다. 다음 맑을 정晶자를 파자로 풀면 태양이 셋이다. 말이 밝고 행동이 밝고 생각이 밝아 세상을 밝게 비추니 세상이 우러러보는 모습이 바로 맑을 정晶자이다. 스스로 갖추면 세상을 비출 힘을 얻는다. 재주와 도량을 갖춰 세상을 밝게 비추는 사람이 되라는 뜻에서 다정이라 한다.

322 다현 · 茶鉉 · Da-hyeon

인격의 향기로 널리 사람을 복되게 하라

차 다茶자에 솥귀 현鉉자를 써 다현이라 한다. 차 다茶자는 인격의 향기를 말한다. 아름다운 사람은 향기가 난다. 또한 다茶자에는 아름다운 소녀라는 뜻이 있다. 인격의 향기가 아름다운 사람이 되라는 뜻에서 차 다茶자를 쓴다. 다음 솥귀 현鉉자는 깊은 지혜와 삼공의 지위를 말한다. 여러 사람과 함께 일을 도모할 때 중심에서 지혜를 일으키라는 뜻이다. 가슴에서 아름다운 향기가 나는 사람이 되라는 뜻에서 다현이라 한다.

323 도운 · 都云 · Do-un

뜻을 세우고 앞장서 나아가 건강한 세상을 만들라

도읍 도都자에 이를 운云자를 써 도운이라 한다. 예부터 도都자는 우두머리를 뜻한다. 크고 넓은 뜻이 담긴 사람은 무리를 이끈다. 무리를 이끌어 밝고 푸른 세상을 여니 이를 운云자를 다음 이름자로 쓴다. 동쪽의 푸른 기운을 바탕으로 세상 모든 곳에 다다르라는 뜻에서 도운이라 한다. 몸은 한 곳에 머무르나 그 말은 머물지 않고 세상을 덮는다. 말과 뜻이 세상 밖으로 나가 세상을 푸르게 만들라는 뜻에서 도운이라 한다.

324 라신 · 喇信 · Ra-sin

자신이 믿는 세상을 위해 당당하고 즐겁게 나아가라

나팔 라喇자에 믿을 신信자를 써 라신이라 한다. 태평성대의 영광과 즐거움을 갖고 태어나 세상을 밝히는 큰 등불이 될 것이다. 나팔 라喇자는 큰 축일에 그 즐거움을 널리 알린다. 세상에 즐거움을 전하는 사람이 되라는 뜻에서 나팔 라喇자를 쓰고, 다음 믿음이란 만사의 중심이다. 마음 안에 믿음이 있을 때 행하는 것에 두려움이 없다. 자신이 믿는 세상을 위해 당당하고 즐겁게 나아가라는 뜻에서 라신이라 한다.

---

325 라연 · 羅淵 · Ra-yeon

비단 같은 마음으로 세상을 아름답게 조율하라

비단 라羅자에 못 연淵자를 써 라연이라 한다. 씨줄과 날줄이 만나 비단이 된다. 일의 옳고 그름이 밝혀질 때 세상은 상서롭고 아름답다. 질서가 잡히고 정연해진다. 세상을 바로세워 비단같이 아름다운 세상을 만들라는 뜻에서 비단 라羅자를 쓰고, 물을 가득 담듯 기쁨과 성공이 흩어지지 말라는 뜻으로 못 연淵자를 다음 이름자로 쓴다. 비단 같은 마음과 비단 같은 얼굴로 세상에 빛이 되라는 뜻에서 라연이라 한다.

---

326 라인 · 羅仁 · Ra-in

비단 같은 마음으로 세상을 밝히라

비단 라羅자에 어질 인仁자를 써 라인이라 한다. 씨줄과 날줄이 만나 비단이 된다. 일의 옳고 그름이 밝혀질 때 세상은 상서롭고 아름답다. 질서가 잡히고 정연해진다. 세상을 바로세워 비단같이 아름다운 세상을 만들라는 뜻에서 비단 라羅자를 쓰고, 다음으로는 그 일에 늘 기쁨을 가지라는 뜻에서 어질 인仁자를 쓴다. 비단 같은 마음과 비단 같은 얼굴로 세상에 빛이 되고, 어질고 어진 마음으로 세상의 빛이 되라는 뜻에서 라인이라 한다.

327 라현 · 羅賢 · Ra-hyeon

비단 같은 마음과 재물을 다루는 손으로 세상을 풍요롭게 하라

비단 라羅자에 어질 현賢자를 써 라현이라 한다. 씨줄과 날줄이 만나 비단이 된다. 일의 옳고 그름이 밝혀질 때 세상은 상서롭고 아름답다. 질서가 잡히고 정연해진다. 세상을 바로세워 비단같이 아름다운 세상을 만들라는 뜻에서 비단 라羅자를 쓰고, 다음 어질 현賢자는 파자로 풀면 신하가 재물을 다루어 백성을 돕는다는 뜻이다. 깊은 지혜와 풍요로운 재운으로 세상을 부유하게 하라는 뜻에서 어질 현賢자를 쓴다. 비단 같은 마음과 재물을 다루는 손으로 세상을 풍요롭게 하라는 뜻에서 라현이라 한다.

328 라희 · 羅禧 · Ra-hui

비단 같은 마음으로 큰 복덕을 이루라

비단 라羅자에 복 희禧자를 써 라희라 한다. 씨줄과 날줄이 만나 비단이 된다. 일의 옳고 그름이 밝혀질 때 세상은 상서롭고 아름답다. 질서가 잡히고 정연해진다. 세상을 바로세워 비단같이 아름다운 세상을 만들라는 뜻에서 비단 라羅자를 쓰고, 다음으로 그 일을 통해 큰 복을 받으라는 뜻에서 복 희禧자를 쓴다. 비단 같은 마음과 비단 같은 얼굴로 세상에 빛이 되고 복을 누리라는 뜻이 담긴 이름이다.

329 란 · 爛 · Ran

여름날 햇살처럼 풍요롭게 빛나라

빛날 란爛자를 써 란이라 한다. 향기로운 사람이 있다. 늘 빛나는 사람이 있다. 여름은 풍성한 계절이다. 부지런한 계절이다. 아름답게 빛나는 계절이다. 여름날 햇살처럼 풍요롭게 싱그럽게 인생을 향유하라는 뜻에서 란이라 한다. 늘 밝은 빛으로 세상을 밝히고, 태양의 풍요로움 속에서 부지런히 재주를 나누고, 사람의 중심에서 소통과 화합의 장을 만들어가라는 뜻이 담긴 이름이다. 태산도 작은 모래알로 시작하고 9층 석탑도 돌 한 조각에서 시작함을 마음에 새기면 더불어 나누는 가운데서 큰 영토를 일굴 수 있다.

330 래인 · 來璘 · Rae-in

미래를 여는 큰 빛이 되라

올 래來자에 옥빛 인璘자를 써 래인이라 한다. 미래란 하늘이 전해오는 것이다. 미래를 여는 사람이라는 뜻에서 올 래來자를 쓰고, 다음 옥빛 인璘자는 단단하고 밝게 빛난다는 뜻이다. 깊은 지혜가 늘 밝게 빛나 널리널리 뻗어 나가라는 뜻에서 옥빛 인璘자를 쓴다. 미래를 여는 큰 빛이 되라는 뜻에서 래인이라 한다. 어두운 곳을 밝히는 아름다운 빛이 되라는 뜻이 담긴 이름이다.

331 루아 · 鏤亞 · Ru-a

외유내강의 권위와 재주로 세상에 소통의 문을 열라

새길 루鏤자에 버금 아亞자를 써 루아라 한다. 예부터 새길 루鏤자는 길을 뚫어 소통한다는 뜻으로 쓰였다. 사람과 사람의 소통의 문이 되고, 길을 열고 문을 열어 세상을 밝게 하라는 뜻에서 새길 루鏤자를 먼저 쓴다. 다음 버금 아亞자는 예부터 신성한 물건을 담는 제기를 뜻한다. 또한 사방으로 펼쳐지는 왕의 권위와 말을 뜻한다. 말년에 담아낼 재운과 명예가 흩어지지 않게 버금 아亞자를 쓴다. 외유내강의 재주와 인격으로 세상에 소통의 문을 열라는 뜻에서 루아라 한다.

332 루희 · 慺熙 · Ru-hui

작은 것들에 정성과 성심을 다해 행복한 인생을 열라

정성스러울 루慺자에 빛날 희熙자를 써 루희라 한다. 정성스러울 루慺자는 기쁜 마음으로 일에 성심과 정성을 다한다는 뜻이다. 작은 일에 감사하고 기쁜 마음과 밝은 얼굴로 삶을 열어가라는 뜻에서 루慺자를 쓰고, 다음 빛날 희熙자는 모두가 화평하고 즐겁다는 뜻이다. 작은 것들에 정성과 성심을 다하여 행복한 인생을 열라는 뜻에서 루희라 한다.

333 리아 · 利亞 · Ri-a

널리 세상을 이롭게 하여 큰 땅의 주인이 되라

이로울 리利자에 버금 아亞자를 써 리아라 한다. 이로울 리利자를 파자로 풀면 벼 화禾자에 칼 도刀자이니 벼를 베는 도구이다. 세상을 이롭게 하는 도구이니 모두에게 환영받고 사랑받는다. 그 이로움을 세상 곳곳에 펼치니 세상으로 퍼져 나가라는 뜻에서 버금 아亞자를 쓴다. 혼자 가면 빨리 가지만 함께 가면 멀리 갈 수 있다. 널리 세상을 이롭게 할 마음을 가득 안고 큰 땅의 주인이 되라는 뜻에서 리아라 한다.

334 리안 · 理晏 · Ri-an

세상에 바른 기준을 세워 풍요로운 세상을 만들라

다스릴 리理자에 늦을 안晏자를 써 리안이라 한다. 예부터 다스릴 리理자는 바른 규칙을 세워 마을을 다스린다는 뜻이다. 세상에 바른 기준을 세우면 사람은 편안하고 풍요로워지며, 가정은 즐거워지고 넉넉해진다. 늦을 안晏자를 파자로 풀면 날 일日자에 편안할 안安자이다. 밝은 태양 아래 천하가 잘 다스려져 편안하고 태평한 모습이다. 세상에 바른 기준이 되어 세상과 가족을 평안하고 풍요롭게 하라는 뜻에서 리안이라 한다.

335 리온 · 利蘊 · Ri-on

세상을 이롭게 하는 손과 마음으로 쌓고 쌓으라

이로울 리利자에 쌓을 온蘊자를 써 리온이라 한다. 이로울 리利자를 파자로 풀면 벼 화禾자에 칼 도刀자이니 벼를 베는 도구이다. 세상을 이롭게 하는 도구이니 모두에게 환영받고 사랑받는다. 그 이로움을 세상 곳곳에 펼치니 행복이 쌓이고 음덕이 쌓이고 재물이 쌓인다. 그래서 다음 글자로 쌓을 온蘊자를 쓴다. 세상을 이롭게 하는 손과 마음으로 행복도 쌓고 재물도 쌓고 복덕 또한 쌓으라는 뜻에서 리온이라 한다.

336 리은 · 利殷 · Ri-eun

밖으로 사람을 돕고 안으로 늘 행복한 날을 맞으라

이로울 리利자에 은나라 은殷자를 써 리은이라 한다. 세상을 돕는 마음은 아름답다. 넉넉하고 풍족한 사람만이 자신이 가진 부를 나눌 수 있다. 세상을 널리 이롭게 하라는 뜻에서 먼저 이로울 이利자를 쓴다. 다음 은나라 은殷자는 파자로 풀면 무기를 들고 성대하게 춤을 추고 있는 모습이다. 권위와 축복을 뜻하는 날이니 성스럽고 성대하다. 늘 집안에 행복한 일이 가득하라는 뜻에서 은殷자를 쓴다. 밖으로는 세상으로 나아가 모든 사람을 돕고 안으로는 성대한 축일을 즐기라는 뜻에서 리은이라 한다.

337 마리솔 · 磨利率 · Marisol

바다 햇살 가득히 솔바람 가득히 푸르고 맑은 사람이 되라

문지를 마磨자에 이로울 리利자 그리고 거느릴 솔率자를 써서 마리솔이라 한다. 바닷가 소나무처럼 푸르고 청렴한 사람이 되라는 뜻에서 마리솔이라 한다. 푸른 바닷바람을 맞은 소나무는 단단하고 푸르다. 역경이 깊을수록 도전이 높을수록 그 열매는 달고 큰 것처럼, 수많은 경험과 도전 속에서 사람은 더욱 단단해지고 더욱 푸르러진다. 맑고 밝은 심성으로 세상을 이롭게 하고 세상을 이끌며, 바다 햇살 가득히 솔바람 가득히 푸르고 맑은 사람이 되라는 뜻에서 마리솔이라 한다.

338 마리아 · 磨理牙 · Maria

기도하는 마음과 축복된 소명 속에서 생명의 참뜻을 이루라

문지를 마磨자에 이치 리理자 그리고 어금니 아牙자를 써 마리아라 한다. 성모 마리아는 현모양처의 대명사이다. 우아함은 물론 따뜻한 심성으로 성령이 충만한 삶을 영위하고, 소중한 소명을 이루라는 뜻에서 마리아라 한다. 성모 마리아처럼 기도하는 마음과 축복된 소명 속에서 생명의 참뜻을 이루고, 세상의 바른 이치를 참구하고 강구하여 큰 사람이 되라는 뜻이 담긴 이름이다.

339 마린 · 摩潾 · Ma-rin

스스로 부지런히 갈고 닦아 많은 사람의 큰 스승이 되라

문지를 마摩자에 물 맑을 린潾자를 써 마린이라 한다. 예부터 문지를 마摩자는 갈고 닦아 스스로 고와지고 스스로 새로워진다는 뜻으로 쓰였다. 현재에 머물지 말고 더 높은 마천루를 향해 더욱 갈고 닦아 높은 사람, 새로운 사람이 되라는 뜻에서 문지를 마摩자를 쓴다. 다음 물 맑은 린潾자는 성품이 물처럼 맑고 깨끗해 널리 많은 사람이 찾아오라는 뜻이다. 널리 사람들에게 자신의 생각과 뜻과 마음을 전하게 될 소명이 있으니 늘 부지런히 갈고 닦아 높은 사람이 되고 많은 사람이 찾아오라는 뜻에서 마린이라 한다.

340 마야 · 磨若 · Maya

스스로 갈고 닦아 세상에 큰 깨달음을 설파하라

문지를 마磨자에 반야 야若자를 써 마야라 한다. 마부작침磨斧作針이란 말이 있다. 도끼를 갈아 바늘을 만드는 이치처럼 스스로를 갈고 닦으면 세상에 유용한 귀인이 될 것이다. 늘 스스로 갈고 닦는 사람이 되라는 뜻에서 문지를 마磨자를 쓴다. 다음 반야 야若자는 큰 깨달음을 뜻한다. 스스로 갈고 닦아 세상에 큰 깨달음을 설파하라는 뜻에서 마야라 한다. 마야는 또한 석가모니 부처의 어머니이기도 하다. 동양적 신비와 서양적 풍요를 모두 갖추어 위대한 생명을 잉태한 여인이 바로 마야이다.

341 매건 · 梅建 · Megan

성심이 맑고 건강한 사람이 되라

매화 매梅자에 세울 건建자를 써 매건이라 한다. 매화는 한겨울 찬바람을 견디고 제일 먼저 피는 꽃이다. 짙고 깊은 향기로 세상을 맑게 하는 사람이 되라는 뜻에서 매화 매梅자를 쓰고, 다음 세울 건建자는 바르게 일으킨다는 뜻이다. 성심이 맑고 건강한 사람이 되라는 뜻에서 매건이라 한다. 자신이 원하는 것을 말하고 실천하는 언행이 일치하는 사람이 매건이다. 배운 것을 바로바로 현실에 적용하는 융통성이 뛰어나고, 많은 사람들의 이견을 조율하여 일을 완성해낸다. 일하는 모습이 아름답고 책임감 있으며 성실한 사람이다.

342 문영 · 問榮 · Mun-yeong

자신에게 책임을 묻고 타인에게는 영광을 돌리라

물어볼 문問자에 영예로울 영榮자를 써 문영이라 한다. 성공하는 사람, 사람을 이끄는 수장은 늘 모든 책임을 자신에게 물어야 한다. 또한 모든 영광을 돕는 조력자에게 돌려야 한다. 책임을 자신에게 묻고 영광을 조력자에게 돌리라는 뜻에서 문영이라 한다. 쉽지 않지만 그래서 가치 있는 성품이 타인에게 관대하며 자신에게 엄격한 성품이다. 진정한 어른처럼 넉넉한 마음을 가지라는 뜻이 담긴 이름이다.

---

343 미주 · 渼周 · Mi-ju

아름다운 모습으로 널리 세상을 비추라

물이름 미渼자에 두루 주周자를 써 미주라 한다. 미渼자를 파자로 풀면 물 수水자에 아름다울 미美자이다. 물이 흘러 아름답고 청량하며 부드러운 모습을 먼저 물이름 미渼자로 받는다. 다음으로 그 아름다운 모습과 덕행이 널리널리 퍼져 나가 큰 땅을 이루라는 뜻에서 두루 주周자를 쓴다. 두루두루 살피는 사람은 모난 것이 없다. 두런두런 나누는 사람은 넓은 영토를 일군다. 작은 것과 오늘에 머물지 말고 아침 새벽빛이 세상을 비추듯 널리 세상을 아름답게 비추는 마음으로 진실을 향해 나아가라는 뜻에서 미주라 한다.

---

344 미지 · 美智 · Mi-ji

작고 아름다운 것을 소중히 지켜 큰 생명이 되라

아름다울 미美자에 지혜 지智자를 써 미지라 한다. 아름다움은 생명의 가장 본질적인 모습이다. 작은 것도 늘 아름답게 가꾸는 사람이 되라는 뜻에서 아름다울 미美자를 쓰고, 한편에는 깊은 지혜로움을 갖추라는 뜻에서 지혜 지智자를 쓴다. 밖으로는 아름다움을 드러내고 안으로는 지혜를 갈고 닦아 미와 지혜를 갖춘 귀한 사람이 되라는 뜻에서 미지라 한다. 작은 것을 소중히 해 큰 것을 이루고 아름다움을 지켜 오래도록 행복하기를 바라는 이름이다.

345 민서 · 旼序 · Min-seo

사람과 일의 순서를 찾아 모든 만물이 평온케 하라

하늘 민旼자에 차례 서序자를 써 민서라 한다. 하늘 민旼자는 화평한 모습이며 가을 하늘이다. 넉넉하고 풍족한 가을 하늘이니 후덕한 금金의 기운을 모아줄 것이다. 차례 서序자는 순서대로 하나하나 실행하는 힘이다. 위와 아래를 알고 일의 순서를 알아 차례를 두는 지혜를 말한다. 사람에게는 알맞은 자리가 있고 일에는 알맞은 순서가 있다. 그 자리를 바로 알고 분수를 지키는 사람은 누가 없이 오래도록 그 명성을 유지한다. 차례를 찾아 자신의 자리에서 모든 것을 평안케 하는 큰 지혜를 갖추고, 그 지혜로 인해 모든 복덕을 누리라는 뜻에서 민서라 한다.

346 민아 · 旻阿 · Min-a

넉넉한 마음으로 하늘 아래 모든 것을 사랑하라

하늘 민旻자에 언덕 아阿자를 써 민아라 한다. 넉넉한 마음으로 하늘 아래 모든 것을 사랑하라는 뜻이다. 하늘 민旻자를 파자로 풀면 태양 아래 펼쳐진 바른 말과 글이다. 일의 중심에 선 사람은 태양처럼 밝고 말의 두서가 분명해야 한다. 다음으로는 언덕 아阿자를 써 풍요로움을 담는다. 예부터 언덕 아阿자는 부드럽고 아름다운 모습을 뜻한다. 하늘로는 바르고 밝으며 땅으로는 풍요롭고 아름다워지기를 바라는 뜻에서 민아라 한다.

347 민주 · 閔舟 · Min-ju

세상 사람을 모두 싣고 널리 대양으로 나아가라

불쌍히 여길 민閔자에 배 주舟자를 써 민주라 한다. 세상은 세상을 사랑하는 사람이 주인이다. 작은 생명 하나하나를 불쌍히 여기고 어여삐 여겨 사랑하고 아끼라는 뜻에서 불쌍히 여길 민閔자를 쓰고, 다음 배 주舟자를 쓴다. 큰 사람은 널리 많은 사람을 품에 안아야 한다. 늘 변함없는 마음과 따뜻한 말로 사람을 안아야 한다. 그 사람을 모두 배에 싣고 널리 강과 바다를 건네주어야 널리 칭송을 받는다. 따듯한 마음으로 한 곳에 머무르지 말고 만족하지 않아 멀리멀리 나아가라는 뜻에서 민주라 한다.

348 보경 · 寶鏡 · Bo-gyeong

따뜻한 마음으로 널리 나누고 깨끗한 눈으로 바르게 비추라

보배 보寶자에 거울 경鏡자를 써 보경이라 한다. 보는 예부터 궁휼한 백성을 위하여 기금을 마련하던 관청을 말한다. 큰 창고에 아름답고 보배로운 보석이 가득하니 보배 보寶자를 쓴다. 다음으로 거울은 사물을 바로 비추는 힘이다. 거울은 모든 진실을 거짓 없이 비추어 세상을 바르게 만든다. 내 마음의 진실을 당당히 드러내고 타인의 진실과 잘못을 여과 없이 비춰주는 눈 맑은 사람이 되라는 뜻에서 거울 경鏡자를 쓴다. 따뜻한 마음으로 자신의 지혜를 널리 나누고 깨끗한 눈으로 세상을 바르게 비추라는 뜻에서 보경이라 한다.

349 보아 · 普雅 · Bo-a

자신의 재주와 덕성을 펼쳐 널리 큰 세상으로 나아가라

넓을 보普자에 맑을 아雅자를 써 보아라 한다. 넓을 보普자는 넓고 광대하여 두루 미친다는 뜻이다. 자신이 가진 재주와 능력을 세상을 주유하며 널리 펼치고 이름을 떨치라는 뜻에서 넓을 보普자를 쓴다. 다음 맑을 아雅자는 규범에 맞아 아름답고 고상하다는 뜻이다. 맑고 향기로운 사람에게는 아취가 있다. 자신의 재주와 덕성을 펼쳐 널리 큰 세상으로 나아가라는 뜻에서 보아라 한다.

350 보윤 · 寶尹 · Bo-yun

부지런히 쌓고 쌓아 바르게 베풀라

보배 보寶자에 다스릴 윤尹자를 써 보윤이라 한다. 보는 예부터 궁휼한 백성을 위하여 기금을 마련하던 관청을 말한다. 큰 창고에 아름답고 보배로운 보석이 가득하니 보배 보寶자를 쓴다. 다음 다스릴 윤尹자를 파자로 풀면 자를 들고 공사를 감독하는 사람이다. 바르고 또 바르게 다스릴 것이다. 늘 사람을 사랑하고 베푸는 마음으로 보배로운 삶을 살되, 바른 척도를 기준으로 삼고 재물을 알맞은 곳에 보람 있게 베풀라는 뜻에서 보윤이라 한다.

351 비안 · 毘安 · Bi-an

밖으로 지경을 넓히고 안으로 모든 생명을 편안케 하라

도울 비毘자에 편안할 안安자를 써 비안이라 한다. 세상을 돕는 마음은 아름답다. 넉넉하고 풍족한 사람만이 자신이 가진 부를 나눌 수 있다. 돕는 마음으로 세상을 살기 바라는 기원으로 도울 비毘자를 먼저 쓴다. 다음으로 안安자는 집안의 편안함, 회사의 편안함 그리고 국가의 편안함을 뜻한다. 밖으로는 세상으로 나아가 모든 사람을 돕고, 안으로는 행복한 삶의 울타리를 이루라는 뜻에서 비안이라 한다.

352 비주 · 毘柱 · Bi-ju

밖으로 사람을 돕고 안으로 튼튼한 생명을 받들라

도울 비毘자에 기둥 주柱자를 써 비주라 한다. 세상을 돕는 마음은 아름답다. 넉넉하고 풍족한 사람만이 자신이 가진 부를 나눌 수 있다. 돕는 마음으로 세상을 살기 바라는 뜻에서 도울 비毘자를 먼저 쓰고, 다음으로 주柱자는 기둥이 되어 집안과 사회를 받들라는 뜻이다. 밖으로는 세상으로 나아가 모든 사람을 돕고 안으로는 행복한 삶의 울타리를 이루라는 뜻이다. 신비로운 뜻을 품고 세상으로 나아가 아름다운 품성을 밝게 빛내라는 뜻이 담긴 이름이다.

353 사빈 · 仕彬 · Sa-bin

세상을 섬기는 마음으로 반짝이라

섬길 사仕자에 빛날 빈彬자를 써 사빈이라 한다. 세상의 주인은 세상을, 사람을 섬기는 사람이다. 섬기는 마음은 겸손하고 따뜻하다. 조화롭고 세심하다. 그래서 그 누구보다 빛난다. 섬기는 그 마음이 별처럼 빛나라는 뜻에서 사빈이라 한다.

354 새빈 · 塞賓 · Sae-bin

앞으로 세상을 열고 뒤로는 사람을 보살피라

변방 새塞자에 손 빈賓자를 써 새빈이라 한다. 오늘에 머물지 않고 내일을 꿈꾸는 사람은 아름답다. 어제를 버리고 새로운 지경을 찾아가는 사람은 늘 푸르고 건강하다. 광활하고 아름다운 영토, 자신의 한계를 넘어 큰 세상을 찾아 부지런히 나아가라는 뜻에서 변방 새塞자를 쓴다. 다음 손 빈賓자는 예부터 존경하여 극진히 대접한다는 뜻으로 쓰였다. 새로운 세상을 향해 앞으로 나아가고 뒤돌아 많은 사람을 존중하고 대접하라는 뜻에서 새빈이라 한다.

355 새연 · 塞然 · Sae-yeon

인생의 모든 일을 순리대로 이루어 큰 세상을 이루라

변방 새塞자에 그럴 연然자를 써 새연이라 한다. 오늘에 머물지 않고 내일을 꿈꾸는 사람은 아름답다. 어제를 버리고 새로운 지경을 찾아가는 사람은 늘 푸르고 건강하다. 광활하고 아름다운 영토, 자신의 한계를 넘어 큰 세상을 찾아 부지런히 나아가라는 뜻에서 변방 새塞자를 쓴다. 다음 그럴 연然자는 명백하고 분명하여 모두가 그러하다고 동의하는 것이다. 사물의 옳고 그름을 찾아 순리를 전하라는 뜻에서 그럴 연然자를 쓴다. 인생의 모든 일을 순리대로 이루어 큰 세상을 이루라는 뜻에서 새연이라 한다.

356 서경 · 序耕 · Seo-gyeong

순서를 바로잡아 농부의 마음으로 큰 땅을 이루라

차례 서序자에 밭갈 경耕자를 써 서경이라 한다. 일의 순서와 사람의 위아래를 바로세우라는 뜻에서 차례 서序자를 쓰고, 다음 농부의 마음으로 부지런히 갈고 닦아 큰 영토를 이루라는 뜻에서 밭갈 경耕자를 쓴다. 늘 삼가는 마음으로 순서를 바로세우면 세상은 안정되고 편안하며 발전한다. 하루하루 농부의 마음처럼 부지런히 행하고 실천하면 큰 영토를 이루게 된다. 순서를 명백히 하여 세상의 이치를 바로잡고 부지런히 갈고 닦아 큰 영토를 이루라는 뜻에서 서경이라 한다.

357 서아 · 舒亞 · Seo-a

바른 정의를 널리 펼쳐 아름다운 세상을 만들라

펼 서舒자에 버금 아亞자를 써 서아라 한다. 펼 서舒자는 자신의 뜻과 정신을 널리 세상에 알린다는 뜻이다. 늘 꿈꾸는 것을 세상을 향해 펼쳐 나가라는 뜻에서 펼 서舒자를 쓰고, 다음 버금 아亞자는 사방팔방으로 그 빛과 정의가 뻗어 나가는 형상을 말한다. 모든 위대한 일과 성과는 작은 것에서 시작해 큰 산을 이루고 큰 탑을 이룬다. 바른 정의를 널리 펼쳐 아름답고 건강한 사회를 만들고 참된 삶을 누리라는 뜻에서 서아라 한다.

358 서연 · 署研 · Seo-yeon

순리대로 풀어내 세상의 이치를 바로잡으라

관청 서署자에 벼루 연研자를 써 서연이라 한다. 관청 서署자는 예부터 얼기설기 엉킨 것을 정리한다는 뜻으로 쓰였다. 모든 일을 바르게 풀라는 뜻에서 서署자를 쓰고, 다음 벼루 연研자는 파고들어 깊이 연구한다는 뜻이 있다. 궁극의 것을 찾는 분석적이고 심오한 탐구심을 벼루 연研자로 받는다. 세상의 옳고 그름을 바로 밝혀 순리에 맞게 일을 바로잡을 것이다. 늘 탐구하는 마음으로 바른 세상을 만들기 위해 노력하고, 순리대로 일을 풀어 세상의 이치를 바로잡으라는 뜻이 담긴 이름이다.

359 서윤 · 瑞尹 · Seo-yun

바른 척도로 세상을 상서롭게 하라

상서로울 서瑞에 다스릴 윤尹자를 써 서윤이라 한다. 사람의 성공과 실패는 선택에 달려 있다. 날마다 좋은 선택, 바른 선택, 상서로운 선택을 한다면 반드시 큰 복을 받게 된다. 하루도 머물지 말고 상서롭고 경사스러운 일을 위해 나아가라는 뜻에서 서윤이라 한다. 서쪽의 상서로운 기운이 재운을 묶어주고 늘 넉넉하고 늘 부지런하게 해줄 것이다. 또한 윤尹자를 파자로 풀면 자를 들고 공사를 감독하는 사람이다. 바르고 바르게 다스릴 것이다. 여러 재주를 하나로 모아 큰 일을 이루라는 뜻에서 서윤이라 한다.

360 서율 · 序律 · Seo-yul

순서를 바르게 하여 세상 모두가 하나되게 하라

차례 서序에 법칙 율律자를 써 서율이라 한다. 깊은 지혜로 일의 순서와 사람의 위아래를 바로세 우라는 뜻에서 차례 서序자를 쓴다. 다음 법칙 율律자는 예부터 서로 다른 의견과 서로 다른 주 장이 서로 화합하기 위해 세우는 투명하고 강건한 기준을 말한다. 순서가 바르고 명확하면 세상 은 안정되고 편안하며 발전한다. 서로 다른 의견이 하나되면 이루지 못하는 일이 없다. 순서를 바르게 하여 모두가 하나되게 하라는 뜻에서 서율이라 한다.

---

361 서은 · 胥誾 · Seo-eun

바른 말과 행동으로 향기로운 삶을 살라

슬기 서胥자에 향기 은誾자를 써 서은이라 한다. 슬기 서胥자는 정확하고 바르다는 뜻이다. 정 직하고 바르게 살라는 뜻에서 슬기 서胥자를 쓴다. 슬기로운 사람은 향기가 난다. 아름다운 사 람은 향기가 난다. 인격의 향기가 난다. 옳은 것을 옳다 하고 그릇된 것을 그릇되다 하는 사람은 가장 큰 용기를 가진 가장 청정한 인격의 소유자일 것이다. 바른 말과 행동으로 향기로운 삶을 살라는 뜻에서 서은이라 한다.

---

362 서정 · 序淨 · Seo-jeong

세상의 순서를 바로세워 정직한 세상을 만들라

차례 서序자에 깨끗할 정淨자를 써 서정이라 한다. 깊은 지혜로 일의 순서와 사람의 위아래를 바 로세우라는 뜻에서 차례 서序자를 쓰고, 다음 개인의 사심을 지우고 청렴하고 깨끗하게 모든 일 을 이루라는 뜻에서 깨끗할 정淨자를 쓴다. 순서가 바르고 명확하면 세상은 안정되고 편안하며 발전한다. 청렴한 사람에게는 기회가 열리고 사람이 모인다. 세상의 순서를 바로세워 정직한 세 상을 만들라는 뜻에서 서정이라 한다.

363 서하 · 序昰 · Seo-ha

삶의 순서를 명백히 하여 세상의 이치를 바로잡으라

차례 서序자에 여름 하昰자를 써 서하라 한다. 일의 순서와 사람의 위아래를 바로 세우라는 뜻에서 차례 서序자를 쓴다. 다음 여름 하昰자를 파자로 풀면 날 일日자에 바를 정正자이다. 천지만물의 중심인 태양이 바른 위치 즉 정위에 있으니 권위가 있고 화평하다. 세상의 옳고 그름을 바로 밝혀 순리에 맞게 일을 바로잡을 것이다. 늘 경주하는 마음과 탐구하는 정신으로 바른 세상을 만들기 위해 노력하고, 삶의 순서를 명백히 하여 세상의 이치를 바로잡으라는 뜻에서 서하라 한다.

---

364 서현 · 曙現 · Seo-hyeon

새벽을 여는 마음으로 많은 사람에게 기쁨을 주라

새벽 서曙자에 나타날 현現자를 써 서현이라 한다. 새벽은 어둠이 밝음으로 가는 시간이며 미명이 깨달음으로 간다는 뜻이다. 늘 밝고 큰 빛이 되라는 뜻에서 새벽 서曙자를 쓰고, 다음 현現자는 파자로 풀면 구슬 옥玉자에 볼 견見자로 구슬을 갈아 빛이 난다는 뜻이다. 스스로의 빛은 오랜 시간이 지나야 만들어진다. 대기만성이니 그 빛을 얻어 세상을 비추는 빛이 되고 새벽을 여는 아침이 되어 많은 사람에게 기쁨을 주라는 뜻에서 서현이라 한다.

---

365 서희 · 瑞熹 · Seo-hui

상서로운 기운으로 세상을 밝게 열라

상서로울 서瑞에 빛날 희熹자를 써 서희라 한다. 일의 옳고 그름이 밝혀질 때 세상은 상서롭고 아름답다. 질서가 잡히고 정연해진다. 바른 생각과 행동 그리고 말로 상서로운 삶을 영위하라는 뜻에서 상서로울 서瑞자를 먼저 쓰고, 다음 빛날 희熹자를 쓴다. 빛날 희熹자는 예부터 동이 터 올라 세상이 밝아지는 모습을 뜻한다. 가는 곳마다 밝아지고 하는 일마다 기쁨이 가득할 것이다. 상서로운 기운으로 세상을 밝게 열라는 뜻에서 서희라 한다.

366 선우 · 善旴 · Seon-u

선량한 마음과 건강한 정신으로 세상을 이끌라

착할 선善자에 클 우旴자를 써 선우라 한다. 착한 사람은 정직하고 건강하다. 선량한 마음으로 주위 사람들과 나누고 소통하며 살라는 뜻에서 선善자를 쓴다. 다음 클 우旴자는 해가 돋는 모양이다. 기운차고 경건하다. 해처럼 밝고 즐겁게 인생을 열어갈 것이다. 선량한 마음과 건강한 정신으로 세상을 이끌라는 뜻에서 선우라 한다.

367 선주 · 宣周 · Seon-ju

원칙과 권위로써 세상을 두루 밝히라

베풀 선宣자에 두루 주周자를 써 선주라 한다. 예부터 선宣자는 임금의 방을 뜻한다. 임금의 권위와 말은 세상으로 퍼져 나가 법이 되고 원칙이 된다. 그래서 베푼다는 의미가 되었다. 바른 원칙을 널리 펼쳐 세상을 바르게 하라는 뜻에서 선宣자를 쓰고, 다음 두루 주周자를 파자로 풀면 말과 지혜를 통해 세상을 두루두루 밝힌다는 의미다. 지극한 심성과 뛰어난 지혜로 만인에게 큰 깨달음과 기쁨을 줄 운명이다. 원칙과 권위로써 세상을 두루 밝히라는 뜻에서 선주라 한다. 어진 마음과 깊은 지혜로 세상을 돌보라는 뜻이 담긴 이름이다.

368 선하 · 宣昰 · Seon-ha

세상의 이치를 바르게 하여 널리 베푸는 삶을 살라

베풀 선宣자에 여름 하昰자를 써 선하라 한다. 조상의 큰 은덕을 받고 그 은덕을 널리 베풀라는 뜻에서 선宣자를 쓰고, 다음 여름 하昰자를 파자로 풀면 날 일日자에 바를 정正자이다. 천지만물의 중심인 태양이 바른 위치 즉 정위에 있으니 권위가 있고 화평하다. 세상의 옳고 그름을 바로 밝혀 순리에 맞게 일을 바로잡을 것이다. 늘 경주하는 마음과 탐구하는 정신으로 바른 세상을 만들고, 세상의 이치를 바르게 하여 널리 베푸는 삶을 살라는 뜻에서 선하라 한다.

369 선희 · 宣熹 · Seon-hui

아름다운 원칙을 널리 펼쳐 세상을 밝게 하라

베풀 선宣자에 빛날 희熹자를 써 선희라 한다. 예부터 선宣자는 임금의 방을 뜻한다. 임금의 권위와 말은 세상으로 퍼져 나가 법이 되고 원칙이 된다. 그래서 베푼다는 의미가 되었다. 바른 원칙이 널리 퍼져 세상이 밝아지고 깨끗해지니 선희라 한다. 원칙을 널리 펼쳐 아름다운 세상을 만들라는 뜻이 담긴 이름이다.

370 설라 · 雪羅 · Seol-ra

청렴한 마음으로 비단처럼 아름다운 세상을 만들라

눈 설雪자에 비단 라羅자를 써 설라라 한다. 눈 설雪자는 깨끗한 마음과 청렴한 삶을 뜻한다. 청명하고 깨끗한 마음을 받들어 눈 설雪자를 쓰고, 다음 씨줄과 날줄이 만나 비단이 된다. 일의 옳고 그름이 밝혀질 때 세상은 상서롭고 아름답다. 질서가 잡히고 정연해진다. 세상을 바로세워 비단같이 아름다운 세상을 만들라는 뜻에서 비단 라羅자를 쓴다. 마음을 눈처럼 깨끗이 하여 씨줄과 날줄로 잘 조율된 아름다운 세상을 만들라는 뜻에서 설라라 한다.

371 설린 · 雪麟 · Seol-rin

맑은 마음과 귀한 인연으로 늘 행복한 삶을 살라

눈 설雪자에 기린 린麟자를 써 설린이라 한다. 눈 설雪자는 깨끗한 마음과 청렴한 삶을 뜻한다. 청명하고 깨끗한 마음을 받들어 눈 설雪자를 쓰고, 다음 기린은 예부터 왕의 상징이다. 권위와 부귀의 상징이며 평화와 고귀함을 뜻한다. 무성하고 풍요로운 세상을 만들 운명이다. 온 세상을 풍요로운 열매로 가득 채울 운명이다. 맑은 마음과 귀한 인연으로 늘 행복한 삶을 살라는 뜻에서 설린이라 한다.

372 설헌 · 設軒 · Seol-heon

널리 사람에게 길을 제시하고 세상을 평화롭게 하라

베풀 설設자에 집 헌軒자를 써 설헌이라 한다. 베풀 설設자는 새롭게 만들고 세운다는 뜻이다. 세상에 원칙을 만들어 바르게 세우라는 뜻에서 베풀 설設자를 쓰고, 그 위에 처마가 높은 집을 지으니 집 헌軒자를 다음 자로 쓴다. 처마가 높으니 관청이요, 사람들이 찾아와 도움을 청하고 휴식을 얻는다. 또한 집 헌軒자는 예부터 대부 이상의 벼슬아치가 타던 수레를 뜻한다. 귀하고 높다. 풍요로운 대지 위에 처마 높은 집을 지어 널리 사람에게 길을 제시하고 세상을 평화롭게 하라는 뜻에서 설헌이라 한다.

373 성니 · 誠柅 · Seong-ni

진실한 말로 세상을 복되게 하라

정성 성誠자에 무성할 니柅자를 써 성니라 한다. 이룰 성誠자를 파자로 풀면 말씀 언言자에 이룰 성成자이다. 진실함이란 단 한마디라도 틀린 말이 아니며 단 한마디라도 쉬운 약속을 하지 않는 진실함이다. 힘의 중심에서 일하는 사람은 말한 바를 지키는 약속이 가장 중요하다. 말한 것을 꼭 지키라는 뜻에서 정성 성誠자를 쓰고, 바다 같은 마음으로 두루두루 세상을 안아 풍족하고 무성한 세상을 이루라는 뜻에서 무성할 니柅자를 쓴다. 말한 바를 하나하나 이루어 풍요롭고 넉넉한 세상을 만들라는 뜻에서 성니라 한다.

374 성린 · 誠麟 · Seong-rin

언행이 일치하는 고귀한 삶을 살라

정성 성誠자에 기린 린麟자를 써 성린이라 한다. 정성 성誠자를 파자로 풀면 말씀 언言자에 이룰 성成자이니 말을 이룬다는 뜻이다. 스스로 중심에 서서 자신이 말한 것에 책임 있는 삶을 살라는 뜻에서 정성 성誠자를 쓰고, 다음 기린은 예부터 권위와 부귀의 상징이며 평화와 고귀함을 뜻한다. 언행이 일치하는 고귀한 삶을 살라는 뜻에서 성린이라 한다.

375 성연 · 晟然 · Seong-yeon

밝은 마음과 자연스런 모습으로 세상을 편안케 하라

밝을 성晟자에 그럴 연然자를 써 성연이라 한다. 성晟자를 파자로 풀면 날 일日자에 이룰 성成자이다. 해가 밝게 떠올라 날마다 만사를 이룬다는 뜻이다. 늘 밝은 마음으로 만사를 이루라는 뜻에서 밝을 성晟자를 쓴다. 다음 그럴 연然자는 모든 일이 합당한 이치에 맞아 자연스럽게 흘러간다는 뜻이다. 밝은 마음과 자연스러운 모습으로 세상을 평온하게 하라, 크고 넓은 마음으로 물처럼 흘러 바다에 이르라는 뜻으로 성연이라 한다.

376 성은 · 城銀 · Seong-eun

크고 풍요로운 땅을 일구라

아름다울 성城자에 은 은銀자를 써 성은이라 한다. 땅의 기운을 잘 다스려 큰 영토를 만들라는 뜻에서 성城자를 쓰고, 다음 은 은銀자는 큰 재복을 잘 쌓아두라는 뜻이다. 영토의 백성과 풍요로움을 지키는 큰 성이 되고 오래도록 그 부와 명예를 자손에게 물려주라는 뜻에서 성은이라 한다. 아름답고 풍요로운 삶을 주위 모든 사람에게 나누어주고 스스로 당당한 주인이 되라는 뜻이 담긴 이름이다.

377 성주 · 晟周 · Seong-ju

밝은 마음과 아름다운 행동으로 세상을 널리 비추라

밝을 성晟자에 두루 주周자를 써 성주라 한다. 성晟자를 파자로 풀면 날 일日자에 이룰 성成자이다. 날마다 이루며, 그 이룸이 천하지 않고 근본에 달도록 깊고 밝아지라는 의미에서 이룰 성晟자를 먼저 쓴다. 다음 두루 주周자를 파자로 풀면 입 구口자에 쓸 용用자이다. 말과 지혜를 통해 세상을 두루두루 밝힌다는 의미다. 지극한 심성과 뛰어난 지혜로 만인에게 큰 깨달음과 기쁨을 줄 운명이다. 태양처럼 밝은 마음과 아름다운 행동으로 세상을 널리 비추라는 뜻에서 성주라 한다.

378 성지 · 聲智 · Seong-ji

아름답고 지혜로운 소리로 세상의 아침을 여는 사람이 되라

소리 성聲자에 지혜 지智자를 써 성지라 한다. 널리 사람들에게 자신의 생각과 지혜를 전하게 될 소명이 있으므로 아름다운 소리가 멀리멀리 퍼져 나가 그 영광을 이루라는 뜻에서 성지라 한다. 지혜로운 사람은 세상을 이끌고 새로운 세계를 펼친다. 아름답고 지혜로운 소리로 세상의 아침을 여는 사람이 되라는 뜻이 담긴 이름이다.

379 세린나 · 世璘娜 · Se-rin-na

밝게 빛나고 아름다운 세상을 향한 길을 내라

세상 세世자에 옥빛 린璘자 그리고 아리따울 나娜자를 써 세린나라 한다. "눈길을 걸어갈 때 어지럽게 걷지 말기를. 오늘 내가 걸어간 길이 훗날 다른 사람의 이정표가 되리니." 이 시처럼 세상으로 난 길을 걸어갈 때 그 길이 옥빛처럼 건강하고 꽃처럼 아름답길 바라는 마음을 담아 세린나라 한다. 그리하여 뒤에 오는 모든 사람이 그 향기에 기쁘고 즐거울 것이다. 길 없는 곳에 길이 되고 빛 없는 곳에 빛이 되어 늘 주위에 함께 걷는 사람이 많을 것이다. 함께하는 모든 사람에게 좋은 길이 되길 바라는 뜻에서 세린나라 한다.

380 세빈 · 世彬 · Se-bin

재주와 인격을 널리 세상에 베풀라

세상 세世자에 빛날 빈彬자를 써 세빈이라 한다. 널리 사람을 복되게 할 소명이 있다. 그 소명만큼 늘 세상과 소통하고 나누어 두루두루 세상이 돌아가게 하라는 뜻에서 세상 세世자를 쓴다. 멀리 나가면 나갈수록 큰 부와 명예를 쌓고, 세상의 경계를 넘고 세상의 울타리를 지워 오고 감에 걸림 없는 큰 삶을 이루라는 뜻에서 세상 세世자를 쓴다. 다음 빛날 빈彬자는 겸비한다는 뜻이 있다. 재주와 인격을 함께 이루라는 의미다. 외유내강의 재주와 인격으로 세상을 주유하며 널리 복덕을 쌓으라는 뜻에서 세빈이라 한다.

381 세아 · 世亞 · Se-a

세상으로 나아가 모든 사람들과 함께 걸으라

세상 세世자에 버금 아亞자를 써 세아라 한다. 세상으로 난 길을 걸어갈 때 무소의 뿔처럼 당당히 나아가라는 뜻에서 우선 세상 세世자를 쓰고, 길 없는 곳에 길이 되고 빛 없는 곳에 빛이 되어 늘 주위 사람과 함께 걷는 사람이 되라는 뜻에서 버금 아亞자를 쓴다. 세상으로 나아가 모든 사람들과 함께 걸으라는 뜻처럼 주위에 늘 사람이 많다. 스스로가 발전하는 힘은 오직 옆에 있는 선의의 경쟁자들이다. 그 긴장감 속에서도 소통하고 승리하여 완성을 이루라는 뜻이 담긴 이름이다.

382 세은 · 世垠 · Se-eun

세상에 새 길을 열어 모든 사람들과 함께 걸으라

세상 세世자에 지경 은垠자를 써 세은이라 한다. 세상으로 난 길을 걸어갈 때 무소의 뿔처럼 당당히 나아갈 것이다. 그래서 우선 세상 세世자를 쓰고, 길 없는 곳에 길이 되고 빛 없는 곳에 빛이 되어 지경을 넓히라는 뜻에서 지경 은垠자를 쓴다. 세상으로 나아가 모든 사람들과 함께 걸으라는 뜻처럼 주위에 늘 사람이 많다. 사람 사이에서 정을 나누고 쌓아 큰 영토를 만들고 복에 복을 더하여 삶의 주인이 되라는 뜻에서 세은이라 한다.

383 세이지 · 世利志 · Sage

깊은 성정과 치유의 손으로 많은 생명을 구하라

세상 세世자에 이로울 이利자 그리고 뜻 지志자를 써 세이지라 한다. 세이지는 안정과 치유를 뜻하는 꽃이다. 흔히 샐비어라고도 하는데 기분을 밝게 하고 항균작용이 있어 치유의 허브로 쓰인다. 세상의 약초 같은 사람이 되라는 뜻에서 세이지라 한다. 이 세상을 이롭게 하고 자신의 뜻을 선비의 마음처럼 고귀하게 하라는 뜻이다. 깊은 성정과 치유의 손을 가졌으니 많은 생명을 구할 것이다. 세상의 아픈 영혼을 치유하는 고귀한 삶을 살라는 뜻에서 세이지라 한다.

384 세화 · 細和 · Se-hwa

소박하고 진실한 마음을 세상 모두에게 따뜻이 전하라

가늘 세細자에 화할 화和자를 써 세화라 한다. 세상은 섬세하게 보살피는 사람이 주인이다. 낮은 곳에서 작은 것 하나하나를 소중하게 보살피고 가꾸라는 뜻에서 가늘 세細자를 쓰고, 다음 화할 화和자는 서로 서로 화목하여 하나가 된다는 뜻이다. 섬세한 마음으로 모두가 하나 되는 세상을 만들라는 뜻에서 세화라 한다.

385 소미 · 昭美 · So-mi

봄날처럼 부지런히 아름답게 살라

밝을 소昭자에 아름다울 미美자를 써 소미라 한다. 밝을 소昭자를 파자로 풀면 날 일日자에 힘 력力자이다. 해가 떠오르니 힘을 받아 부지런히 일하는 모습이다. 또한 밝을 소昭자에는 사람을 돕고 길을 인도한다는 뜻이 있다. 그 사람을 돕는 마음이 아름답고 그 길을 밝히는 마음이 아름다워 소미라 한다. 봄날 파릇하게 땅을 뚫고 나오는 힘과 푸르름이 있는 이름이다.

386 소연 · 素淵 · So-yeon

소박하고 진실한 마음으로 세상을 밝히라

흴 소素자에 못 연淵자를 써 소연이라 한다. 예부터 흴 소素자는 아직 물들이지 않은 명주를 말한다. 본디 소박하고 질박하여 무엇에도 쓸 수 있는 처음 물건이 바로 소素이니 바탕이 깨끗함을 말한다. 다음으로 물을 가득 담아 기쁨과 성공이 흩어지지 않게 하는 뜻에서 못 연淵자를 쓴다. 물의 기운을 보하여 말년에 큰 이재를 쌓을 수 있는 창고가 될 것이다. 자신의 소박하고 진실한 마음을 펼쳐 세상을 부유하게 하라는 뜻에서 소연이라 한다. 바른 정신과 따뜻한 손길로 세상을 밝히라는 뜻이 담긴 이름이다.

387 소윤 · 素尹 · So-yun

깨끗한 바탕 위에 새로운 세상을 창조하라

흴 소素자에 다스릴 윤尹자를 써 소윤이라 한다. 예부터 흴 소素자는 아직 물들이지 않은 명주를 말한다. 본디 소박하고 질박하여 무엇에도 쓸 수 있는 처음 물건이 바로 소素이니 바탕이 깨끗함을 일컫는다. 깨끗하고 맑은 마음으로 세상을 새롭게 하라는 뜻에서 흴 소素자를 쓴다. 다음 윤尹자를 파자로 풀면 자를 들고 공사를 감독하는 사람이다. 바르고 정밀한 눈으로 완성된 아름다움을 이루라는 뜻이다. 깨끗한 바탕 위에 새로운 세상을 창조하라는 뜻에서 소윤이라 한다. 처음 시작하는 힘찬 날갯짓으로 세상을 주유하며 큰 영광을 이루라는 뜻이 담긴 이름이다.

388 소율 · 素律 · So-yul

청렴과 정직으로 만사를 조화롭게 조율하라

흴 소素자에 법 율律자를 써 소율이라 한다. 예부터 흴 소素자는 아직 물들이지 않은 명주를 말한다. 본디 소박하고 질박하여 무엇에도 쓸 수 있는 처음 물건이 바로 소素이니 바탕이 깨끗함을 일컫는다. 다음 자는 법 율律자를 쓴다. 거문고 소리는 느슨하면 탁하고 너무 당겨지면 깨진다. 세상의 이법이 너무 조여지면 숨쉬기 힘들며 너무 느슨하면 이루는 성과가 없다. 아름다운 천상의 음률, 천상의 조화, 천상의 비례를 이루라는 뜻에서 율律자를 쓴다. 청렴과 정직으로 만사를 조화롭게 조율하여 아름다운 세상을 만들라는 뜻에서 소율이라 한다.

389 소피 · 素皮 · Sophie

상대의 이야기를 경청하는 지혜로운 사람이 되라

흴 소素자에 저 피皮자를 써 소피라 한다. 흴 소素자는 본디 소박하고 깨끗하여 모든 것을 받아들인다는 뜻이다. 상대의 이야기를 마음 열어 받아들일 수 있는 사람이 되라는 뜻에서 소피라 한다. 또한 소피는 지혜의 여신 소피아의 다른 이름이다. 지혜는 만물을 길러낸다. 지혜는 만사를 완성시킨다. 서로 다른 사람의 의견을 모으고 서로 다른 영역의 이권을 조율해 다 함께 공존하고 교류하는 세상을 만든다. 세상의 모든 힘은 깊은 경청과 지혜에서 나오니, 상대의 이야기를 경청하는 지혜로운 사람이 되라는 뜻에서 소피라 한다.

390 소휘 · 邵徽 · So-hwi

스스로 높고 맑아 세상을 조율하는 아름다운 사람이 되라

높을 소邵자에 아름다울 휘徽자를 써 소휘라 한다. 뜻이 높으면 이루는 것 또한 높다. 뜻이 높고 지위가 높고 삶이 높으라는 뜻에서 높을 소邵자를 쓰고, 다음 휘徽자는 예부터 거문고 소리를 고르는 일을 뜻한다. 너무 느슨하지 않고 너무 조이지 않아 평온하고 아름다운 소리가 세상의 빛이 되니 휘徽자를 쓴다. 스스로 높고 맑아 세상을 조율하는 아름다운 사람이 되라는 뜻에서 소휘라 한다. 작은 것에서 시작해 큰 영광을 이루고 그 안에서 하루하루 늘 밝고 청렴하게 살라는 뜻이 담긴 이름이다.

391 수리야 · 秀理若 · Surya

깨달음의 큰 스승이 되어 세상을 밝게 비추라

빼어날 수秀자에 이치 리理 그리고 반야 야若자를 써 수리야라 한다. 세상 이치에 빼어나고 깊어 반야般若의 큰 깨달음을 얻으라는 뜻에서 수리야라 한다. 또한 수리야는 힌두교의 태양신 중 최고를 뜻한다. 태양은 진리를 상징하니 큰 깨달음을 얻어 세상을 밝히는 스승이 되라는 뜻에서 수리야라 한다.

392 수빈 · 垂彬 · Su-bin

세상을 섬기는 마음으로 반짝이라

드리울 수垂자에 빛날 빈彬자를 써 수빈이라 한다. 세상을, 사람을 섬기는 사람이다. 세상을 섬기는 마음은 겸손하고 따뜻하다. 사람을 사랑하는 사람은 조화롭고 세심하다. 그래서 그 누구보다 빛난다. 섬기는 마음, 사랑의 마음으로 사람에게 다가가라는 뜻에서 드리울 수垂자를 쓴다. 그 겸손한 마음이 밝게 빛나고 따뜻해 수빈이라 한다. 섬기는 그 마음이 별처럼 빛나라는 뜻에서 수빈이라 하니 널리 사람을 복되게 하며 따뜻하게 안을 것이다.

393 수아 · 受亞 · Su-a

위로부터 전해진 귀한 능력과 복덕을 소중하게 담아내라

받을 수受자에 버금 아亞자를 써 수아라 한다. 선조들의 지혜와 부모의 복덕을 받아 넉넉하고 풍요로운 인생을 살라는 뜻에서 받을 수受자를 쓴다. 권위는 위에서 전하는 것이니, 그것을 받을 수 있는 마음의 크기와 능력이 준비되어야 한다. 스스로의 그릇을 갈고 닦아 받아야 할 것을 받으라는 뜻에서 수受자를 쓴다. 다음 버금 아亞자는 신성한 물건을 담는 제기를 뜻한다. 위로부터 전해진 귀한 능력과 복덕을 소중하게 담아내라는 뜻에서 수아라 한다.

394 수정 · 守晶 · Su-jeong

투명하고 정직한 삶을 통해 세 가지 큰 기쁨을 이루라

지킬 수守자에 맑을 정晶자를 써 수정이라 한다. 지킬 수守자를 파자로 풀면 관청에서 법도에 따라 업무를 진행한다는 뜻이다. 만사를 법도에 맞게 이루는 사람이 되라는 뜻에서 지킬 수守자를 쓰고, 다음 맑을 정晶자를 파자로 풀면 태양이 셋이다. 말이 밝고 행동이 밝고 생각이 밝아 세상을 밝게 비추니 세상이 우러러보는 모습이 맑을 정晶이다. 투명하고 정직한 삶을 통해 세 가지 큰 기쁨을 이루라는 뜻에서 수정이라 한다.

395 수지 · 洙志 · Su-ji

큰 뜻을 품고 물처럼 흘러 흘러 큰 바다를 이루라

물가 수洙자에 뜻 지志자를 써 수지라 한다. 물은 지혜를 말한다. 오늘에 머물지 않고 흐르고 흘러 대양에 이르니 큰 뜻을 품었다. 작고 유순해 보이지만 쉼 없는 지조와 열심은 가장 큰 힘이다. 처음 뜻을 마음에 품고 물처럼 흘러 흘러 큰 바다를 이루라는 뜻에서 수지라 한다. 고귀하고 큰 뜻만큼 큰 영토를 이루라는 뜻이 담긴 이름이다.

396 슬빈 · 瑟彬 · Seul-bin

몸과 마음의 향기를 널리 나누어 조화로운 세상을 만들라

큰 거문고 슬瑟자에 빛날 빈彬자를 써 슬빈이라 한다. 거문고 소리는 느슨하면 탁하고 너무 당겨지면 갈라진다. 세상의 이법이 너무 조여지면 숨쉬기 힘들며 너무 느슨하면 이루는 성과가 없다. 조율이 중도를 잡아야 소리가 아름답듯 사람은 중도를 지켜야 아름답다. 세상을 아름답게 조율하라는 뜻에서 큰 거문고 슬瑟자를 쓰고, 빛날 빈彬자는 예부터 문무를 겸비해 아름답고 훌륭하다는 뜻으로 쓰였다. 심신을 갈고 닦아 아름다운 사람이 되고 그 향기를 널리 나누어 조화로운 세상을 만들라는 뜻에서 슬빈이라 한다.

397 슬혜음 · 瑟慧音 · Seul-hye-eum

슬기롭고 지혜로운 음성으로 세상을 조화롭게 하라

큰 거문고 슬瑟자에 슬기로울 혜慧자 그리고 소리 음音자를 써 슬혜음이라 한다. 거문고 소리는 느슨하면 탁하고 너무 당겨지면 갈라진다. 세상의 이법이 너무 조여지면 숨쉬기 힘들며 너무 느슨하면 이루는 성과가 없다. 조율이 중도를 잡아야 소리가 아름답듯 사람은 중도를 지켜야 아름답다. 오직 중도를 찾는 지혜로 세상에 우뚝 서고 천상의 음성으로 세상을 기쁘게 하라는 뜻에서 슬혜음이라 한다.

398 승아 · 昇亞 · Seung-a

바른 기준을 세워 활짝 열린 마음으로 세상과 소통하라

오를 승昇자에 버금 아亞자를 써 승아라 한다. 오를 승昇자를 파자로 풀면 하늘에 해가 떠오르는 모양이니 천지간에 옳고 그름이 밝혀진다는 뜻이다. 세상이 밝아지니 사람이 모이고 또한 기쁘다. 그 기쁨을 함께 나누라는 뜻에서 다음으로 버금 아亞자를 쓴다. 만법을 밝히는 등불이니 많은 사람이 길을 따를 것이다. 많은 사람과 함께 길을 열 것이니 마음을 활짝 열어 세상을 안고 바른 기준을 세워 세상과 소통하라는 뜻에서 승아라 한다.

399 시강 · 翅康 · Si-gang

큰 날개로 비상하고 몸은 건강하고 운명은 행복하라

날아오를 시翅자에 강건할 강康자를 써 시강이라 한다. 자신의 꿈과 포부를 펼쳐 세상으로 날아오르라는 뜻에서 날아오를 시翅자를 쓴다. 다음 강康은 의지가 단단하고 몸이 튼튼한 것을 말한다. 의지가 다이아몬드처럼 빛나고 그 몸은 강녕하고 튼튼하라는 뜻에서 강건할 강康자를 쓴다. 새의 첫 날갯짓처럼 힘차게 비상하고 심신은 대지에 두 발을 딛고 부지런히 갈고 닦으면 세상에 우뚝한 산이 될 것이다. 큰 날개로 비상하고 몸은 건강하고 운명은 행복하라는 뜻에서 시강이라 한다.

---

400 시아 · 昰亞 · Si-a

바른 정의를 널리 펼쳐 아름다운 세상을 만들라

옳을 시昰자에 버금 아亞자를 써 시아라 한다. 옳을 시昰자는 정확하고 바르다는 뜻이다. 해가 떠올라 모든 것이 바로 밝혀진다는 뜻이다. 버금 아亞자는 사방팔방으로 그 빛과 정의가 뻗어 나가는 형상을 말한다. 모든 위대한 일과 성과는 작은 것에서 시작해 큰 산을 이루고 큰 탑을 이룬다. 바른 정의를 널리 펼쳐 아름답고 건강한 사회를 만들고 참된 삶을 영위하라는 뜻에서 시아라 한다.

---

401 시안 · 翅安 · Si-an

밖으로는 꿈을 펼치고 안으로는 화목한 인생을 살라

날아오를 시翅자에 편안할 안安자를 써 시안이라 한다. 오늘에 머물지 말고 지금의 영역에 머물지 말며, 큰 땅 새로운 세상을 향해 큰 날개를 펼쳐 날아오르라는 뜻에서 날아오를 시翅자를 쓴다. 다음으로 집안에서는 가정을 화목하고 따뜻하게 꾸려 나가라는 뜻에서 편안할 안安자를 쓴다. 밖으로는 꿈을 펼치고 안으로는 화목한 인생을 살라는 뜻에서 시안이라 한다.

402 시연 · 施淵 · Si-yeon

못에 담긴 재물과 복덕을 많은 사람에게 베풀라

베풀 시施자에 깊을 연淵자를 써 시연이라 한다. 여름날 농부처럼 부지런한 운명이라 일신우일신日新又日新 날마다 새롭게 태어나는 마음으로 모든 일들을 이룰 것이다. 넉넉하고 풍요로운 심성으로 널리 세상을 복되게 하라는 뜻에서 베풀 시施자를 쓰고, 다음으로 마음은 겸손하고 깊어지라는 뜻에서 깊을 연淵자를 쓴다. 연淵자는 또한 연못을 뜻한다. 물을 가득 담아 기쁨과 성공 그리고 재물이 흩어지지 않게 하는 의미에서 연淵자를 쓴다. 못에 담긴 재물과 복덕을 많은 사람에게 베풀라는 뜻에서 시연이라 한다.

403 시유 · 始喩 · Si-yu

늘 처음 마음으로 사해의 큰 스승이 되라

처음 시始자에 깨우칠 유喩자를 써 시유라 한다. 처음 시작하는 마음은 푸르고 기운차다. 늘 어떤 자리에 서든 처음 시작하는 그 마음으로 세상과 만나라는 뜻에서 처음 시始자를 쓰고, 다음 깨우칠 유喩자는 가르친다는 뜻이 있다. 바른 길을 열고 합당한 이치를 가르치는 사람은 신의가 있다. 많은 사람이 그 뜻을 기리고 그 길을 따른다. 널리 사람의 바른 길을 열라는 뜻에서 유喩자를 쓴다. 첫 마음을 잃지 말고 세상의 큰 스승이 되라는 뜻에서 시유라 한다.

404 시은 · 施殷 · Si-eun

넉넉함을 함께 나누어 많은 사람과 경사스러운 날을 기뻐하라

베풀 시施자에 은나라 은殷자를 써 시은이라 한다. 넉넉히 흐르는 물은 대지를 적신다. 하늘로 뻗은 가지는 풍요로운 열매와 큰 그늘을 만들어낸다. 넉넉하고 풍요로운 심성으로 널리 세상을 복되게 하라는 뜻에서 베풀 시施자를 쓰고, 다음 은나라 은殷자는 파자로 풀면 무기를 들고 성대하게 춤추는 모습이다. 성대한 축일에 만인이 기뻐하는 모습이다. 넉넉함을 함께 나누어 많은 사람과 경사스러운 날을 기뻐하라는 뜻에서 시은이라 한다.

405 시음 · 是音 · Si-eum

바르고 맑은 음성으로 소통의 사회를 만들라

옳을 시是자에 소리 음音자를 써 시음이라 한다. 음은 파동이다. 깊은 사고이며 깊은 깨달음이며 천지만물의 조화가 음이다. 바른 말 맑은 소리로 아름다운 조화를 이루라는 뜻에서 시음이라 한다. 자신의 주장보다 타인의 이야기를 들을 줄 아는 깊은 배려심을 가지고 소통의 사회를 만드는 사람, 세상 가득 아름답고 예쁜 음성으로 세상의 큰 기쁨이 되라는 뜻에서 시음이라 한다.

406 신현 · 新現 · Sin-hyeon

날마다 새롭게 태어나 꿈꾸는 세상을 이루라

새로울 신新자에 나타날 현現자를 써 신현이라 한다. 중국 은나라 탕왕은 욕조에 일신우일신日新又日新을 새겨 날마다 발전하고 날마다 새롭게 도전하는 삶을 살았다. 관습과 과거를 타파하고 새로운 것을 향해 도전하는 삶을 살라는 뜻에서 새로울 신新자를 쓰고, 다음 나타날 현現자는 꿈꾸는 세상을 현실에서 이루라는 뜻이다. 날마다 새롭게 태어나 꿈꾸는 세상을 이루라는 뜻에서 신현이라 한다.

407 아란 · 牙爛 · A-ran

스스로 높이 빛나 세상을 밝게 비추라

어금니 아牙자에 빛날 란爛자를 써 아란이라 한다. 어금니 아牙자는 예부터 임금이나 우두머리를 말한다. 또한 가장 앞에 선 깃대를 말한다. 사람이 살면서 가장 중요한 것은 자존심이다. 자신의 자존심을 지키라는 뜻에서 어금니 아牙자를 쓰고, 다음으로 자신이 가진 여러 재능과 덕성을 밝혀 널리 세상의 빛이 되라는 뜻에서 빛날 란爛자를 쓴다. 높은 곳에 뜻을 두고 스스로 세상을 비추라는 뜻에서 아란이라 한다.

408 아리 · 我理 · A-ri

자신의 참 이치를 깨달아 만생의 스승이 되라

나 아我자에 깨달을 리理자를 써 아리라 한다. 부처의 가르침인 '참 나를 찾아 깨달음에 이르라'는 의미에서 아리라 한다. 석가모니가 말한 천상천하 유아독존 天上天下 唯我獨尊은 나의 이치가 전 우주를 관통하므로 유일무일 최상의 가치가 된다는 뜻이다. 자신의 참 이치를 깨달아 만생의 스승이 되라는 뜻이 담긴 이름이다.

409 아린 · 牙麟 · A-rin

고귀한 기품과 밝은 심성으로 많은 사람을 도우라

어금니 아牙자에 기린 린麟자를 써 아린이라 한다. 어금니 아牙자는 으뜸과 우두머리를 뜻한다. 밝고 적극적인 마음으로 세상에 나아가라는 뜻에서 어금니 아牙자를 쓰고, 다음 기린 린麟자는 예부터 권위와 부귀의 상징이며 평화와 고귀함을 뜻한다. 널리 사람들에게 자신의 생각과 뜻과 마음을 전하게 될 소명이 있다. 고귀한 기품과 밝은 심성으로 많은 사람을 도우라는 뜻에서 아린이라 한다.

410 아만다 · 亞滿茶 · Amanda

인생을 행복과 은혜로 가득 채워 사랑하고 사랑받으라

버금 아亞자에 채울 만滿자 그리고 차 다茶자를 써 아만다라 한다. 아亞자는 경건하고 신성한 말이 세상으로 퍼진다는 뜻이다. 또한 차의 향기는 인격의 향기다. 인격의 향기를 가득 채워 그 말과 행동이 사방으로 뻗어 나가라는 뜻에서 아만다라 한다. 영어로 아만다는 사랑받을 만한 가치가 있다는 뜻이다. 세상에서 가장 아름다운 일은 사랑하고 사랑받는 일이다. 서로 사랑하며 아름답고 행복한 사람으로 완성되라는 뜻에서 아만다라 한다.

411 아비가일 · 牙比佳一 · Abigail

돕는 배필로서 최선을 다하고 가정을 행복하게 꾸리라

어금니 아牙자에 견줄 비比자 그리고 아름다울 가佳자에 한 일一자를 써 아비가일이라 한다. 스스로 온 마음을 다해 노력하여 세상에서 가장 아름다운 사람이 되라는 뜻에서 아비가일이라 한다. 아버지의 기쁨이라는 히브리어에서 유래한 아비게일은 뛰어난 미모와 예지력으로 왕을 충실하게 돕는 배필을 뜻한다. 늘 남편을 돕는 배필로서 최선을 다하고 가정을 행복하게 꾸리라는 뜻에서 아비가일이라 한다.

412 아서 · 亞瑞 · A-seo

뜻을 세워 상서로운 빛으로 세상을 채우라

버금 아亞자에 상서로울 서瑞자를 써 아서라 한다. 버금 아亞자는 예부터 신성한 물건을 담는 제기를 뜻한다. 또한 사방으로 펼쳐지는 왕의 권위와 말을 뜻한다. 귀한 사람이 되어 널리 그 뜻을 나누고 펼치라는 뜻에서 아亞자를 쓰고, 다음으로 하루도 머물지 말고 상서롭고 경사로운 일을 위해 한 발 한 발 나아가라는 뜻에서 상서로울 서瑞자를 쓴다. 뜻을 세우면 스스로 상서로워질 것이며 상서로움이 세상에 퍼지면 세상은 풍족하고 밝아질 것이다. 뜻을 세워 상서로운 빛으로 세상을 채우라는 뜻에서 아서라 한다.

413 아선 · 亞善 · A-seon

귀한 인연과 착한 성심으로 아름다운 인생을 열라

버금 아亞자에 착할 선善자를 써 아선이라 한다. 버금 아亞자는 예부터 신성한 물건을 담는 제기를 뜻한다. 경건하고 성스러운 사람이 되라는 뜻에서 버금 아亞자를 쓰고, 다음 함께 걸어가는 사람들과 소통하고 나누라는 뜻에서 착할 선善자를 쓴다. 귀한 인연과 착한 성심으로 아름다운 인생을 열라는 뜻에서 아선이라 한다.

414 아영 · 雅煐 · A-yeong

밖으로 아름답고 안으로 빛나는 사람이 되라

고울 아雅자에 빛날 영煐자를 써 아영이라 한다. 얼굴이 고운 사람, 마음이 고운 사람, 행동이 고운 사람이 되라는 뜻에서 고울 아雅자를 쓰고, 다음 빛날 영煐자는 그 인생의 결실이 크게 영예롭고 빛나라는 뜻이다. 밖으로 아름답고 안으로 빛나는 사람이 되라는 뜻에서 아영이라 한다. 세계로 나아갈 큰 날개를 펼쳐 세상을 아름답게 만들라는 뜻이 담긴 이름이다.

415 아이다 · 牙理茶 · Aida

세상에 우뚝한 향기로 아름다움과 풍요로움을 누리라

어금니 아牙자에 이치 이理자 그리고 차 다茶자를 써 아이다라 한다. 사람이 인격에 향기가 있고 행동에 이치가 있으면 세상에 우뚝한 우두머리가 된다는 뜻에서 아이다라 한다. 또한 아이다는 나라를 사랑하는 공주의 삶을 살라는 뜻이 있다. 풍요로운 대지 위에 고운 선율이 울려 퍼지고, 흐르는 강물은 곡식을 무르익게 한다. 풍요로운 대지의 여신처럼 세상에 뛰어난 향기로 아름다움과 풍요로움을 누리라는 뜻에서 아이다라 한다.

416 아이린 · 亞利麟 · Irene

성스럽고 귀한 자리에 앉아 세상을 평화롭게 하는 사람이 되라

버금 아亞자에 이로울 이利자 그리고 기린 린麟자를 써 아이린이라 한다. 버금 아亞자는 신성함이 사방으로 펼쳐지는 모습이며, 기린은 왕의 상징이다. 왕의 큰 은혜가 세상에 널리 퍼진다는 뜻에서 아이린이라 한다. 또한 아이린은 그리스 신화에서 평화의 여신으로 힘과 균형 그리고 질서를 뜻한다. 스스로 평화의 여신이 되어 널리 그 아름다운 뜻과 말을 펼치고, 성스럽고 귀한 자리에 앉아 세상을 평화롭게 하는 사람이 되라는 뜻에서 아이린이라 한다.

417 아인 · 牙印 · A-in

솔선하여 앞으로 나아가고 신의로 받아 세상을 안으라

어금니 아牙자에 인장 인印자를 써 아인이라 한다. 어금니 아牙자는 예부터 임금이나 우두머리를 말한다. 또한 가장 앞에 선 깃대를 말한다. 늘 솔선수범하여 앞장서라는 뜻에서 어금니 아牙자를 쓰고, 다음 인장 인印자는 신의로 그 열매를 맺으라는 뜻이다. 예로부터 인장은 말의 권위를 바꾸지 않는 것을 말한다. 그래서 모든 문서에 인장을 찍어 그 말을 바꾸지 않고 끝까지 가지고 갈 것을 신의로써 다짐하였다. 솔선하는 진취적 기상과 모든 일을 신의로써 마무리하라는 뜻에서 아인이라 한다.

---

418 아진 · 牙眞 · A-jin

솔선하여 앞으로 나아가고 스스로 진실하고 당당하라

어금니 아牙자에 참 진眞자를 써 아진이라 한다. 어금니 아牙자는 예부터 임금이나 우두머리를 말하며, 가장 앞에 선 깃대를 말한다. 늘 솔선수범하여 앞장서라는 뜻에서 어금니 아牙자를 쓰고, 다음 진실 앞에 당당하라는 뜻에서 참 진眞자를 쓴다. 신념이 굳건하면 사람은 당당해진다. 겨울이 지나면 나이테가 생기듯 나무의 빛은 더욱 푸르고 기둥은 더욱 단단해진다. 참으로 참되어짐은 사람이 사람되는 바른 길이다. 솔선하는 진취적 기상과 스스로의 진실을 당당히 걸어가라는 뜻에서 아진이라 한다.

---

419 아현 · 亞炫 · A-hyeon

오늘보다 나은 내일을 위해 발전하고 진보하라

버금 아亞자에 빛날 현炫자를 써 아현이라 한다. 혼자 가면 빨리 가지만 함께 가면 멀리 갈 수 있다. 항상 오늘보다 나은 내일을 꿈꾸며 발전하고 전진하는 모습을 버금 아亞자로 쓴다. 다음 빛날 현炫자를 파자로 풀면 지혜가 널리 퍼져 나가는 모습이다. 지혜로움을 바탕으로 세상으로 뻗어 나가 큰 뜻을 펼치라는 뜻에서 아현이라 한다.

420 안비 · 安毘 · An-bi

안으로 생명을 가꾸고 밖으로 세상을 도우라

편안할 안安자에 도울 비毘자를 써 안비라 한다. 안安자는 집안의 편안함, 회사의 편안함 그리고 국가의 편안함을 뜻한다. 늘 주위를 편하게 하는 사람이 되라는 뜻에서 안安자를 쓰고, 다음 세상을 돕는 마음이 가득하라는 뜻에서 도울 비毘자를 쓴다. 세상을 돕는 마음은 아름답다. 넉넉하고 풍족한 사람만이 자신이 가진 부를 나눌 수 있다. 밖으로는 세상으로 나아가 모든 사람을 돕고, 안으로는 행복한 삶의 울타리를 이루라는 뜻에서 안비라 한다.

421 애나 · 愛羅 · Anna

곱고 아름다운 얼굴로 늘 사랑하라

사랑 애愛자에 비단 나羅를 써 애나라 한다. 경천애인敬天愛人이니 하늘의 뜻을 공경하고 널리 주위 사람을 아끼고 사랑하라는 뜻에서 사랑 애愛자를 쓰고, 다음 비단 나羅자는 언행이 비단처럼 곱고 아름다운 사람이 되라는 뜻이다. 곱고 아름다운 얼굴로 널리 사랑하고 사랑받으며 살라는 뜻에서 애나라 한다.

422 애린 · 愛麟 · Erin

사랑받고 사랑하며 고귀한 사람이 되라

사랑 애愛자에 기린 린麟자를 써 애린이라 한다. 널리 많은 사람을 사랑하고 사랑받는 사람이 되라는 뜻에서 사랑 애愛자를 먼저 쓰고, 다음 기린 린麟은 예부터 권위와 부귀의 상징이며 평화와 고귀함을 뜻한다. 널리 사람들에게 자신의 생각과 뜻과 마음을 전하고, 고귀한 자리에서 뜻한 바를 이루라는 뜻에서 애린이라 한다.

423 애밀리 · 愛密利 · Emily

공경하고 사랑하는 마음으로 많은 사람을 이롭게 하라

사랑 애愛자에 무성할 밀密 그리고 이로울 리利자를 써 애밀리라 한다. 경천애인敬天愛人이니 하늘의 뜻을 공경하고 널리 주위 사람을 아끼고 사랑하라는 뜻에서 애愛자를 쓰고, 무성할 밀密자는 자세하고 꼼꼼하다는 뜻이다. 다음 이로울 리利는 파자로 풀면 벼 화禾자에 칼 도刀자로 벼를 베는 칼이니 널리 이롭다는 뜻이다. 하늘을 공경하고 사람을 사랑하는 마음이 널리 퍼져 많은 사람을 이롭게 하라는 뜻에서 애밀리라 한다. 남을 보살피는 마음이 극진하면 운명은 깊어지고 풍요로워진다. 널리 많은 사람을 돕고 사랑하며 운명의 주인이 되라는 뜻이 담긴 이름이다.

424 여리 · 麗利 · Yeo-ri

고운 마음으로 널리 사람을 이롭게 하라

고울 여麗자에 이로울 리利자를 써 여리라 한다. 아름다운 사람의 성품은 밖으로 드러내지 않아도 널리 퍼진다. 바람을 거슬러 널리널리 퍼진다. 타고난 성심이 곱고 알뜰하여 고울 여麗자를 먼저 쓰고, 다음으로 사람을 이롭게 하는 신념을 받들어 이로울 리利자를 쓴다. 애쓰지 않아도 있는 그 모습 그대로 그렇게 드러나 널리 사람을 복되게 하라는 뜻이니 아름답고 풍족하다는 뜻에서 여리라 한다.

425 여온 · 呂昷 · Yeo-on

바른 법으로 세상을 아름답게 하라

법칙 여呂자에 어질 온昷자를 써 여온이라 한다. 세상이 다스려지는 것은 바른 법이 있기 때문이다. 바른 기준과 법을 세워 만사를 올바르게 하라는 뜻에서 법칙 여呂자를 쓰고, 다음 어질 온昷자는 파자로 풀면 해가 떠올라 세상이 바르게 다스려지는 모습이다. 세상에 처음 해가 떠올라 온 세상을 비추는 뜻을 되새기라는 뜻에서 여온이라 한다. 처음의 마음을 잃지 않고 부지런히 갈고 닦아 세상에 바른 법이 되라는 뜻이 담긴 이름이다.

426 여원 · 予園 · Yeo-won

아름다운 정원의 주인으로 행복하고 충만하라

나 여予자에 동산 원園자를 써 여원이라 한다. 밝은 봄날 동산에는 꽃이 피고 나무가 자라고 생명이 움터 그 빛깔이 곱고 향기롭다. 꽃과 나무들이 빛나는 아름다운 동산이니 봄 기운을 평생 이름에서 받으며 풍족한 삶을 살라는 의미다. 땅에는 주인이 있다. 그 땅을 진심으로 사랑하고 헌신하는 사람이 바로 주인이다. 당당한 땅의 주인으로 건강하고 행복하라는 뜻에서 여원이라 한다.

427 여해 · 麗諧 · Yeo-hae

고운 마음으로 널리 사람과 사람을 소통케 하라

고울 여麗자에 조화로울 해諧자를 써 여해라 한다. 아름다운 사람의 성품은 밖으로 드러내지 않아도 널리 퍼진다. 바람을 거슬러 널리널리 인격의 향기가 퍼진다. 타고난 성심이 곱고 알뜰하여 고울 여麗자를 먼저 쓰고, 다음으로 사람과 사람 사이에서 소통과 조화를 이끌 운명이기에 조화로울 해諧자를 쓴다. 무엇인가 애쓰지 않아도 있는 그 모습 그대로 그렇게 드러나 널리 사람을 복되게 하라는 뜻에서 여해라 한다. 고운 마음으로 널리 사람과 사람 사이에 소통을 책임지고, 열린 마음으로 조화롭고 평화로운 세상을 만들라는 뜻이 담긴 이름이다.

428 연아 · 蓮亞 · Yeon-a

군자의 향기로 곤궁한 사람에게 은혜를 베풀라

연꽃 연蓮자에 버금 아亞자를 써 연아라 한다. 연꽃은 진흙 위에 피는 꽃이다. 스스로 낮은 곳에 몸을 두지만 그 향기는 군자의 향기보다 맑고 깊다. 스스로 낮은 곳에 몸을 두고 많은 사람을 구휼하는 사람이 되라는 뜻에서 연아라 한다. 그 맑고 깊은 향기가 멀리멀리 퍼져 나가 많은 사람에게 은혜로움이 될 것이다. 향기는 퍼지고 복덕은 쌓일 것이다. 늘 겸손하고 따뜻한 마음으로 큰 은혜를 베풀라는 뜻에서 연아라 한다.

429 연우 · 硏羽 · Yeon-u

끝없는 탐구심으로 아름답고 성스러운 열매를 맺으라

벼루 연硏자에 날개 우羽자를 써 연우라 한다. 벼루 연硏자는 파고들어 깊이 연구한다는 뜻이 있다. 궁극의 것을 찾는 분석적이고 심오한 탐구심을 연硏자로 받는다. 다음 날개 우羽자는 예부터 서로 돕는다는 뜻으로 쓰였다. 깊은 탐구심을 가지고 성스럽고 아름다우며 사람을 돕는 일로 기쁨을 삼으라는 뜻에서 연우라 한다. 끝없는 탐구심을 갈고 닦아 큰 열매를 맺고 그 열매를 나누는 아름다운 사람이 되라는 뜻이 담긴 이름이다.

430 연재 · 硏齋 · Yeon-jae

사람을 공경하고 진리를 향해 정진하라

벼루 연硏자에 재계할 재齋자를 써 연재라 한다. 벼루 연硏자는 파고들어 깊이 연구한다는 뜻이 있다. 궁극의 것을 찾는 분석적이고 심오한 탐구심을 연硏이라 한다. 다음 재齋자는 예부터 위로 사람을 공경하고 스스로 정진하는 모습을 말한다. 스스로를 거울로 삼아 마음을 갈고 닦으면 세상의 빛이 될 것이다. 공경하고 겸양하여 세상을 밝히는 빛이 될 것이다. 사람을 공경하고 진리를 향해 정진하는 진면목의 인생을 영위하라는 뜻에서 연재라 한다.

431 연진 · 蓮賑 · Yeon-jin

군자의 향기로 곤궁한 사람에게 은혜를 베풀라

연꽃 연蓮자에 구휼할 진賑자를 써 연진이라 한다. 연꽃은 진흙 위에 피는 꽃이다. 스스로 낮은 곳에 몸을 두지만 그 향기는 군자의 향기보다 맑고 깊다. 또한 예부터 곤궁한 백성을 구휼하는 곳을 진賑이라 한다. 스스로 낮은 곳에 몸을 두고 많은 사람을 구휼하는 사람이 되라는 뜻에서 연진이라 한다. 맑은 기품으로 널리 사람을 사랑하고 베풀라는 뜻이 담긴 이름이다.

432 영아 · 永牙 · Yeong-a

삶의 풍요로움은 넉넉하고 귀한 뜻은 우뚝 서라

길 영永자에 어금니 아牙자를 써 영아라 한다. 삶에서 누리는 행복과 재운 그리고 명예가 꾸준하라는 뜻에서 길 영永자를 쓰고, 다음 어금니 아牙자는 예부터 임금이나 우두머리를 말한다. 또한 가장 앞에 선 깃대를 말한다. 사람이 살면서 가장 중요한 것은 자존심이다. 자신의 자존심을 지키는 가장 큰 근간은 결국 뜻에 있다. 삶의 뜻이 높고 깨끗하고 바르며 널리 표본이 될 때 그 뜻을 지킬 수 있고 자존심은 더욱 빛난다. 삶의 풍요로움은 넉넉하고 귀한 뜻은 우뚝 서라는 뜻에서 영아라 한다.

---

433 영인 · 榮印 · Yeong-in

말한 바에 신의를 지켜 큰 영예를 이루라

영화 영榮자에 인장 인印자를 써 영인이라 한다. 남을 돕기 위해 부지런히 나아가는 모습이다. 땅을 일구기 위해 열심히 땀 흘리는 모습이다. 영榮자를 파자로 풀면 나무 위에 핀 꽃이니 그 명예가 널리 세상에 알려지는 모습이며, 다음 인장 인印자는 그 열매를 신의로써 맺으라는 뜻이다. 예로부터 인장은 말의 권위를 바꾸지 않는 것을 말한다. 말한 바에 신의를 지켜 큰 영예와 부유함을 이루라는 뜻에서 영인이라 한다.

---

434 예나 · 藝羅 · Ye-na

바른 법도로써 세상을 비단처럼 펼쳐 나가라

재주 예藝자에 비단 나羅자를 써 예나라 한다. 사람을 이끄는 수장은 원칙과 법도가 있어야 한다. 예부터 재주 예藝자는 법도를 세운다는 뜻으로 쓰였다. 법과 새로운 원칙을 세워 세상을 건강하고 밝게 하라는 뜻에서 재주 예藝자를 쓴다. 다음 비단은 씨줄과 날줄이 만나 만들어진다. 일을 할 때 두서를 잡고 결을 다듬어 아름답게 이루라는 뜻에서 비단 나羅자를 쓴다. 바른 법도로써 세상을 비단처럼 펼쳐 나가라는 뜻에서 예나라 한다.

435 예다 · 藝茶 · Ye-da

예쁜 얼굴과 다사로운 마음으로 세상을 풍요롭게 하라

심을 예藝자에 차 다茶자를 써 예다라 한다. 차를 심는 사람이니 향기가 가득하다. 인격의 향기는 바람을 타고 멀리멀리 퍼지니 학문과 인격을 널리 펼치라는 뜻에서 예다라 한다. 또한 예다는 순우리말로 얼굴은 예쁘고 마음이 다사로운 것을 말한다. 얼굴은 마음의 문이다. 그 얼굴이 예쁘고 그 마음이 다사로운 사람은 운명 또한 아름답고 삶이 풍요롭다. 작은 것을 소중히 하는 예쁜 마음과 가난하고 힘없는 사람을 살피고 아끼는 다사로운 마음으로 넉넉하고 행복한 삶을 살라는 뜻에서 예다라 한다.

436 예령 · 禮令 · Ye-ryeong

예의바른 기준 속에서 그 법을 널리 펼치라

예도 예禮자에 하여금 령令자를 써 예령이라 한다. 예절은 바른 법도이다. 모든 사람의 의식을 주관하며 중심에 서게 된다. 세상의 중심에서 바른 예절을 갖추라는 뜻에서 예禮자를 쓰고, 다음 하여금 령令자는 예부터 훌륭하다, 바른 법을 널리 알린다는 뜻으로 쓰였다. 예의바른 기준을 먼저 만들고 그 법을 권위로써 널리 펼치라는 뜻에서 예령이라 한다. 우뚝 선 리더로서 많은 사람의 사표가 되고, 넓고 큰 뜻을 세워 멀리 바라보고 높이 나는 새가 되라는 뜻이 담긴 이름이다.

437 예론 · 禮論 · Ye-ron

바른 법을 세워 모든 사람의 지표가 되라

예도 예禮자에 논할 론論자를 써 예론이라 한다. 예절은 바른 법도이다. 모든 사람의 의식을 주관하며 중심에 서게 된다. 세상의 중심에서 바른 예절을 갖추라는 뜻에서 예禮를 쓰고, 다음 논할 론論자는 예부터 서로의 의견을 존중하여 소통하고 나눈다는 뜻으로 쓰였다. 스스로 바른 기준을 세우고 마음을 열어 널리 소통하라는 뜻에서 예론이라 한다.

438 예린 · 睿璘 · Ye-rin

깊은 지혜로 널리 세상을 풍족하게 하라

슬기 예睿자에 옥빛 린璘자를 써 예린이라 한다. 예부터 슬기 예睿자는 성인의 말을 뜻한다. 성인의 말이 순리와 이치에 맞으니 슬기롭다 하였다. 늘 지혜로운 말과 행동으로 이치에 맞는 삶을 영위하라는 뜻에서 슬기 예睿자를 쓰고, 다음 옥빛 린璘자는 단단하고 밝게 빛난다는 뜻이다. 깊은 지혜가 늘 밝게 빛나 널리널리 뻗어 나가라는 뜻에서 예린이라 한다. 깊은 지혜로움을 바탕으로 그 위에 행복도 쌓고 재물도 쌓고 복덕도 쌓으라는 뜻이 담긴 이름이다.

439 예본 · 藝本 · Ye-bon

근본을 보는 눈으로 세상을 조화롭게 하라

심을 예藝자에 근본 본本자를 써 예본이라 한다. 심을 예藝자는 나무와 화초를 심는 마음이니 극진하게 생명을 가꾸는 마음이다. 그 재주와 법도 그리고 학문이 근본하고 바른 것이라 다음으로 근본 본本자를 쓴다. 생명을 알맞은 곳에 심고 가꾸는 마음이니 따뜻하고 바르며 건강하고 힘이 있다. 근본을 보는 바른 눈을 가지고 사람과 일을 바른 위치에 놓아 널리 사람을 조화롭게 하라는 뜻에서 예본이라 한다.

440 예빈 · 藝斌 · Ye-bin

재주와 인격을 바탕으로 바른 법을 세우라

심을 예藝자에 훌륭할 빈斌자를 써 예빈이라 한다. 사람을 이끄는 수장은 원칙과 법도가 있어야 한다. 예부터 심을 예藝자는 법도를 세운다는 뜻으로 쓰였다. 법과 새로운 원칙을 세워 세상을 건강하고 밝게 하라는 뜻에서 예藝자를 쓰고, 다음 훌륭할 빈斌자를 파자로 풀면 무예와 학덕이 뛰어나 문무를 모두 겸비한 아름다운 모습이다. 스스로 많은 재주와 인격을 갖추고 사람 앞에 당당하고 힘의 중심에서 일하라는 뜻에서 예빈이라 한다.

441 예서 · 睿序 · Ye-seo

깊은 지혜로 모든 일에 순서를 찾으라

슬기 예睿자에 차례 서序자를 써 예서라 한다. 예부터 슬기 예睿자는 성인의 말을 뜻한다. 성인의 말이 순리와 이치에 맞으니 슬기롭다 하였다. 늘 지혜로운 말과 행동으로 사람에게 바른 길을 열라는 뜻에서 슬기 예睿자를 쓰고, 다음 차례 서序자는 순서대로 하나하나 실행하는 힘을 말한다. 위와 아래를 알고 일의 순서를 알아 차례를 두는 지혜를 말한다. 사람에게는 알맞은 자리가 있고 일에는 알맞은 순서가 있다. 차례를 찾아 모든 것이 자신의 자리에서 평안케 하는 큰 지혜를 갖추고 큰 복을 누리라는 뜻에서 예서라 한다.

442 예성 · 藝省 · Ye-seong

극진한 마음으로 세상을 살피고 가꾸라

심을 예藝자에 살필 성省자를 써 예성이라 한다. 심을 예藝자는 나무와 화초를 심는 마음이니 극진하게 생명을 가꾸는 마음이다. 생명을 알맞은 곳에 심고 가꾸는 마음이니 따뜻하고 바르며 건강하고 힘이 있다. 다음 살필 성省자는 자신의 행동을 돌아보는 사람이 되라는 뜻이다. 극진한 마음으로 세상을 살피고 가꾸라는 뜻에서 예성이라 한다.

443 예승 · 禮承 · Ye-seung

예를 갖추어 선조들의 가업을 받들라

예도 예禮자에 이을 승承자를 써 예승이라 한다. 예도란 주고받는 법도를 뜻한다. 바른 예절과 법도로 사람을 존중하고 사랑하라는 뜻에서 예도 예禮자를 쓴다. 다음 이을 승承자는 선조들의 뜻을 받들고 그 가업을 계승하라는 뜻이다. 예를 갖추어 선조들의 뜻을 받들며 가업을 이으라는 뜻에서 예승이라 한다.

444 예온 · 濊昷 · Ye-on

깊은 지혜로 세상의 큰 스승이 되라

깊을 예濊자에 어질 온昷자를 써 예온이라 한다. 예부터 깊을 예濊자는 세월이 흘러 지혜가 깊어진다는 뜻이다. 성인의 말은 순리와 이치에 맞아 슬기롭고 깊다. 성인의 깊은 지혜를 본받아 널리 지혜와 덕을 베풀라는 뜻에서 깊을 예濊자를 쓰고, 다음 온昷자는 파자로 풀면 재단 위에 태양이 떠올라 모든 것이 바르고 어질어진다는 뜻이다. 깊은 지혜로움을 바탕으로 세상의 큰 스승이 되라는 뜻에서 예온이라 한다. 넓은 지혜와 바른 정견으로 많은 사람을 바르게 가르치라는 뜻이 담긴 이름이다.

445 예원 · 藝元 · Ye-won

바른 법을 세워 어진 이의 마음으로 널리 사람을 살피라

재주 예藝자에 으뜸 원元자를 써 예원이라 한다. 사람을 이끄는 수장은 원칙과 법도가 있어야 한다. 예부터 재주 예藝자는 법도를 세운다는 뜻으로 쓰였다. 법과 새로운 원칙을 세워 세상을 건강하고 밝게 하라는 뜻에서 예藝자를 쓰고, 다음 으뜸 원元자는 어진 사람의 발에서 비롯되었다. 어진 이가 낮은 곳에서 여러 사람을 돌보는 모습이다. 높은 자리에 오르되 자리에 연연하지 않고 늘 발로 뛰는 모습으로 그 덕을 쌓으라는 뜻에서 원元자를 쓴다. 바른 법을 세워 어진 이의 마음으로 널리 사람을 살피라는 뜻에서 예원이라 한다.

446 예은 · 藝恩 · Ye-eun

근본을 보는 눈으로 세상을 조화롭게 하라

심을 예藝자에 은혜 은恩자를 써 예은이라 한다. 심을 예藝자는 나무와 화초를 심는 마음이니 극진하게 생명을 가꾸는 마음이다. 생명을 알맞은 곳에 심고 가꾸는 마음이니 따뜻하고 바르며 건강하고 힘이 있다. 다음 은恩자를 파자로 풀면 큰 영토를 가꾸는 대인의 마음이다. 넉넉하고 풍요로운 마음을 은恩자로 받는다. 운명이 아래에서 위에서 두루두루 넉넉하고 후덕하며 풍요롭다. 아래를 사랑하고 위를 공경하는 마음으로 넓은 땅을 일구고 복을 누리라는 뜻에서 예은이라 한다.

447 예지 · 禮志 · Ye-ji

뜻이 바르고 예의바른 사람이 되라

예도 예禮자에 뜻 지志자를 써 예지라 한다. 예절은 바른 법도이다. 모든 사람의 의식을 주관하며 중심에 서게 된다. 세상의 중심에서 바른 예절을 갖추라는 뜻에서 예禮자를 쓰고, 다음 뜻 지志자를 파자로 풀면 선비의 바르고 청렴한 마음이다. 뜻이 바르고 예의바른 사람이 되라는 뜻에서 예지라 한다. 넓고 큰 뜻을 세워 멀리 바라보고 높이 나는 사람, 바른 법도로 질서를 잡는 사람이 되라는 뜻에서 예지라 한다.

---

448 오필리아 · 吾必利亞 · Ophelia

생명을 구하는 귀한 손으로 세상을 치유하라

나 오吾자에 반드시 필必자 그리고 이로울 리利자에 버금 아亞자를 써 오필리아라 한다. 아亞는 신성한 제기를 뜻하니 세례와 치유의 힘을 바탕으로 세상을 돕는 귀한 사람이 반드시 되라는 뜻에서 오필리아라 한다. 또한 영어로 오필리아에는 사람을 돕는 귀한 손이란 뜻이 있다. 생명을 구하는 귀한 손을 가졌으니 따뜻한 손길로 필요한 곳에 풍요로운 재물을 베풀라는 뜻이 담긴 이름이다. 병을 치료하는 손길이 필요한 곳에 구원의 손길을 펼치고, 함께 걸어갈 손이 필요한 곳에는 손을 내밀어 붙잡아주라는 뜻에서 오필리아라 한다.

---

449 우나 · 宇娜 · Una

세상의 공간을 아름답게 하는 지성인이 되라

집 우宇자에 아름다울 나娜자를 써 우나라 한다. 우宇는 이 세상의 모든 공간이다. 그 공간을 아름다움으로 가득 채우라는 뜻에서 우나라 한다. 또한 영어로는 지성미가 넘치고 정직한 사람이라는 뜻이다. 인류가 꿈꾸는 지성의 전당에 정직하고 성실한 우나가 있다. 세상에 어디에서든 자신의 일에 충실하고 소박하고 검소한 삶으로 사람들의 모범이 되는 사람이 되라는 뜻에서 우나라 한다.

450 원경 · 元敬 · Won-gyeong

부지런한 발과 겸손한 마음으로 널리 사람을 보살피라

으뜸 원元자에 공경 경敬자를 써 원경이라 한다. 으뜸 원元자는 어진 사람의 발에서 비롯되었다. 높은 자리에 오르되 자리에 연연하지 말며 낮은 곳으로 내려와 늘 발로 뛰는 모습으로 그 덕을 쌓으라는 뜻에서 원元자를 쓴다. 다음 공경 경敬자는 스스로 경계하여 세상 모든 사람을 사랑하고 공경하라는 뜻이다. 부지런하고 겸손한 성품으로 세상 사람에게 늘 도움이 되라는 뜻에서 원경이라 한다.

451 원희 · 園熙 · Won-hui

생명 가득한 동산처럼 밝게 빛나라

동산 원園자에 빛날 희熙자를 써 원희라 한다. 밝은 봄날의 동산에는 꽃이 피고 나무가 자라고 생명이 움터 그 빛깔이 곱고 향기롭다. 꽃과 나무들이 빛이 나는 봄 동산이니 그 봄기운을 평생 이름에서 받으며 풍족한 삶을 살라는 뜻에서 원희라 한다. 날마다 건강해지고 성품이 풍요로워지며, 땅의 주인으로서 그 땅을 진심으로 사랑하고 헌신하라는 뜻이 담긴 이름이다.

452 유경 · 裕鏡 · Yu-gyeong

넉넉한 마음으로 나누고 현명한 눈으로 세상을 다스리라

넉넉할 유裕자에 거울 경鏡자를 써 유경이라 한다. 넉넉한 마음으로 하늘 아래 모든 생명을 사랑하고 널리 베풀라는 뜻에서 넉넉할 유裕자를 쓰고, 다음 거울이란 사물을 바로 비추는 힘이다. 거울은 모든 진실을 거짓 없이 비추어 세상을 바르게 만든다. 내 마음의 진실을 당당히 드러내고 타인의 진실과 잘못을 여과 없이 비춰주는 눈 맑은 사람이 되라는 뜻에서 거울 경鏡자를 쓴다. 넉넉한 마음으로 나누고 현명한 눈으로 세상을 다스리라는 뜻에서 유경이라 한다.

453 유나 · 裕娜 · Yu-na

넉넉한 마음과 아름다운 용모로 세상을 즐겁게 하라

넉넉할 유裕자에 아리따울 나娜자를 써 유나라 한다. 넉넉한 마음으로 하늘 아래 모든 생명을 사랑하고 널리 베풀라는 뜻에서 넉넉할 유裕자를 쓰고, 다음은 아리따울 나娜자를 쓴다. 마음이 넉넉하면 몸과 얼굴은 아름다워진다. 스스로 많은 재주와 지혜를 갖추고 사람 사이에 알맞은 위치를 정할 것이다. 서로 있어야 할 자리에서 조화롭게 삶을 영위할 것이니 많은 사람이 그 지혜를 사랑할 것이다. 넉넉한 마음과 아름다운 용모로 세상을 즐겁게 하라는 뜻에서 유나라 한다.

454 유라 · 喩羅 · Yu-ra

널리 세상을 일깨워 비단같이 아름다운 세상을 만들라

깨우칠 유喩자에 비단 라羅자를 써 유라라 한다. 깨우칠 유喩자에는 가르친다는 뜻이 있다. 바른 길을 열고 합당한 이치를 가르치는 사람은 신의가 있다. 많은 사람이 그 뜻을 기리고 그 길을 따른다. 널리 사람의 바른 길을 열라는 뜻에서 유喩자를 쓰고, 다음으로 비단 라羅자를 쓴다. 씨줄과 날줄이 만나 비단이 된다. 일의 옳고 그름이 밝혀질 때 세상은 상서롭고 아름답다. 질서가 잡히고 정연해진다. 널리 세상을 일깨워 비단같이 아름다운 세상을 만들라는 뜻에서 유라라 한다.

455 유란 · 喩蘭 · Yu-ran

깊은 지혜의 향기로 세상을 일깨우라

깨우칠 유喩자에 난초 란蘭자를 써 유란이라 한다. 깨우칠 유喩자에는 가르친다는 뜻이 있다. 바른 길을 열고 합당한 이치를 가르치는 사람은 신의가 있다. 많은 사람이 그 뜻을 기리고 그 길을 따른다. 널리 사람의 바른 길을 열라는 뜻에서 유喩자를 쓰고, 다음으로 난초는 사군자 중 하나이다. 깊은 산 속에서도 향기를 퍼뜨리는 군자의 미덕을 상징한다. 깊은 지혜의 향기로 세상을 일깨우라는 뜻에서 유란이라 한다.

456 유민 · 裕旻 · Yu-min

넉넉한 마음으로 하늘 아래 모든 것을 사랑하라

넉넉할 유裕자에 하늘 민旻자를 써 유민이라 한다. 넉넉한 마음으로 하늘 아래 모든 것을 사랑하라는 뜻이다. 민旻자를 파자로 풀면 태양 아래 펼쳐진 바른 말과 글을 뜻한다. 사람을 가르치는 사람은 태양처럼 밝고 밝아야 한다. 또한 옛말에 민천현재旻天賢宰라는 말이 있다. 어진 하늘과 현명한 재상이 억조창생을 풍족하고 바르게 이끈다는 말이다. 하늘의 큰 기운과 현명한 선조들의 지혜를 얻어 세상을 풍족하게 하는 일에 소임을 다하라는 뜻에서 유민이라 한다.

457 유본 · 乳本 · Yu-bon

생명을 가꾸는 근본의 마음으로 세상을 평화롭게 하라

젖 유乳자에 근본 본本자를 써 유본이라 한다. 세상을 기르는 마음은 깊고 곱다. 생명을 아끼는 마음은 따뜻하고 쾌활하다. 스스로의 깊은 생명력을 나누어 세상을 길러낼 소명이 있으므로 유본이라 한다. 그 생육이 바른 법도를 찾고 심원하고 순수하니 근본 본本자를 쓴다. 생명을 알맞은 곳에 심고 가꾸는 마음이니 따뜻하고 바르며 건강하고 힘이 있다. 근본을 보는 바른 눈을 가지고 사람과 일을 바른 위치에 놓아 널리 사람을 조화롭게 하라는 뜻에서 유본이라 한다.

458 유빈 · 裕斌 · Yu-bin

재주와 지혜를 갖추어 널리 사람을 복되게 하라

넉넉할 유裕자에 훌륭할 빈斌자를 써 유빈이라 한다. 넉넉한 마음으로 하늘 아래 모든 생명을 사랑하고 널리 베풀라는 뜻에서 넉넉할 유裕자를 쓰고, 다음으로 훌륭할 빈斌자를 쓴다. 훌륭할 빈斌자는 파자로 풀면 무예와 학덕이 뛰어나 문무를 모두 겸비한 아름다운 모습이다. 스스로 많은 재주와 지혜를 갖추고 사람 사이에 알맞은 위치를 정할 것이다. 서로 있어야 할 자리에서 조화롭게 삶을 영위할 것이니 많은 사람이 그 지혜를 사랑할 것이다.

459 유은 · 柔垠 · Yu-eun

부드럽게 흐르고 흘러 풍요로운 세상을 만들라

부드러울 유柔자에 지경 은垠자를 써 유은이라 한다. 일취월장하는 목木의 기운을 바탕으로 건강하고 단단하게 인생을 향유하며, 세상에 닿지 않는 곳이 없이 흐르고 흘러 땅끝까지 닿으라는 뜻에서 유은이라 한다. 지경 은垠자는 땅끝 가장자리를 말한다. 그 땅끝까지 부드럽게 물처럼 흐르고 흘러 풍요로운 땅을 만들 것이다. 당당하고 건강하게 베풀고 나눌 것이다. 무엇에도 걸리지 않고 세상을 품에 안아 풍요로운 땅을 일구라는 뜻에서 유은이라 한다.

460 유이 · 喩理 · Yu-i

세상의 이치를 밝혀 널리 사람을 가르치고 일깨우라

깨우칠 유喩자에 다스릴 이理자를 써 유이라 한다. 깨우칠 유喩자에는 가르친다는 뜻이 있다. 바른 길을 열고 합당한 이치를 가르치는 사람은 신의가 있다. 많은 사람이 그 뜻을 기리고 그 길을 따른다. 널리 사람의 바른 길을 열라는 뜻에서 유喩자를 쓰고, 다음 다스릴 이理자는 예부터 가로로 세로로 다스려지는 마을을 뜻한다. 질서가 정연하며 사리가 분명함을 말한다. 세상의 이치를 밝혀 널리 사람을 가르치고 일깨우라는 뜻에서 유이라 한다.

461 유주 · 柔柱 · Yu-ju

외유내강하여 큰 사람이 되라

부드러울 유柔자에 기둥 주柱자를 써 유주라 한다. 외유내강의 운명이다. 만사를 부드럽게 다루어 흐르고 흘러 풍요로워지라는 뜻에서 부드러울 유柔자를 쓰고, 그 심지는 굳건하여 집안을 받들고 나라를 받들라는 뜻에서 기둥 주柱자를 쓴다. 스스로의 심지는 굳건히 하되 만사는 부드럽게 다루어 소통하고 교류하라, 외유내강하여 큰 사람이 되라는 뜻에서 유주라 한다. 광활하고 아름다운 영토, 나만의 것이 아닌 세상의 경계를 넘어선 큰 세상의 주인이 되라는 뜻이 담긴 이름이다.

462 윤 · 潤 · Yun

따뜻하고 아름다운 마음으로 세상을 풍요롭게 하라

윤택할 윤潤자를 써 윤이라 한다. 태평성대의 온화함과 즐거움을 갖고 태어났다. 안정적인 생각과 현실적인 감각이 뛰어나다. 윤潤자를 파자로 풀면 임금 왕王자에 문 문門자 그리고 물 수水자로 왕이 문을 열고 나오니 강물이 풍요롭게 흐르는 모양이다. 대지에 곡식이 넉넉하고 만물이 성장하는 모습이다. 세상을 풍요롭게 할 큰 소망이 있다. 따뜻하고 아름다운 마음으로 풍요로운 세상을 만들라는 뜻에서 윤이라 한다.

463 윤나 · 昀娜 · Yun-na

따뜻하고 아름다운 마음으로 세상을 밝게 비추라

햇빛 윤昀자에 아리따울 나娜자를 써 윤나라 한다. 윤昀자를 파자로 풀면 태양빛이 세상에 고르게 퍼져가는 모습이다. 따뜻하고 밝다. 늘 나누고 돌보며 사람과 사람의 눈높이를 마주하는 아름다운 삶의 모습이 윤昀이다. 다음 아리따울 나娜자는 대지가 풍요롭고 넓고 넉넉해 그 모습이 아름다운 것이다. 치우치지 않는 중심에서 모든 일을 바르고 밝게 그리고 아름답게 이루라는 뜻에서 윤나라 한다. 내 것을 지키려는 마음보다는 늘 나누는 마음으로 사람의 중심에 서고 일의 중심에 서라는 뜻이 담긴 이름이다.

464 윤선 · 倫鮮 · Yun-seon

많은 사람들의 중심에서 모든 일을 바르고 정직하게 이루라

인륜 윤倫자에 고울 선鮮자를 써 윤선이라 한다. 윤倫자를 파자로 풀면 사람이 둥글게 모여 있는 모습이다. 따라서 윤倫은 사람이 모여 함께할 때 서로 주고받는 원칙과 예절을 뜻한다. 다음 고울 선鮮자는 정신이 바르고 행동이 단정하며 일의 시작과 끝이 선명함을 뜻한다. 많은 사람들의 중심에서 모든 일을 바르고 정직하게 이루라는 뜻에서 윤선이라 한다.

465 윤솔 · 潤率 · Yun-sol

따뜻한 마음 솔선하는 행동으로 세상을 바르게 이끌라

윤택할 윤潤자에 거느릴 솔率자를 써 윤솔이라 한다. 윤潤자를 파자로 풀면 왕이 문을 열고 나오니 강물이 풍요롭게 흐르는 모양이다. 대지에 곡식이 넉넉하고 만물이 성장하는 모습이다. 인생의 풍요로움을 윤潤자로 쓰고, 다음으로 만사에 솔선수범하여 앞장서라는 뜻에서 거느릴 솔率자를 쓴다. 따뜻하게 나누는 마음으로 세상을 풍요롭게 하고 늘 솔선수범하여 세상을 바르게 이끌라는 뜻에서 윤솔이라 한다.

466 윤아 · 昀牙 · Yun-a

따뜻하고 아름다운 마음으로 앞장서서 세상을 밝게 비추라

햇빛 윤昀자에 어금니 아牙자를 써 윤아라 한다. 윤昀자를 파자로 풀면 태양빛이 세상에 고르게 퍼져가는 모습이다. 따뜻하고 밝다. 늘 나누고 돌보며 사람과 눈높이를 마주하는 아름다운 삶의 모습이 윤昀이다. 다음 어금니 아牙는 예부터 우두머리를 말한다. 또한 가장 앞에 선 깃대를 말한다. 늘 솔선수범하여 앞장서라는 뜻에서 어금니 아牙자를 쓴다. 풍요로운 마음으로 늘 솔선수범하여 세상을 밝게 비추라는 뜻에서 윤아라 한다.

467 윤정 · 昀晶 · Yun-jeong

따뜻하고 아름다운 마음으로 세상을 밝게 비추라

햇빛 윤昀자에 맑을 정晶자를 써 윤정이라 한다. 윤昀자를 파자로 풀면 태양빛이 세상에 고르게 퍼져가는 모습이다. 따뜻하고 밝다. 늘 나누고 돌보며 사람과 눈높이를 마주하는 아름다운 삶의 모습이 윤昀이다. 다음 맑을 정晶자를 파자로 풀면 태양이 셋이다. 말이 밝고 행동이 밝고 생각이 밝아 세상을 밝게 비추니 세상이 우러러보는 모습이 맑을 정晶자다. 따뜻하고 아름다운 마음으로 세상을 밝게 비추라는 뜻에서 윤정이라 한다.

468 윤지 · 倫祇 · Yun-ji

겸양하고 공경하는 마음으로 많은 사람의 사랑을 받으라

인륜 윤倫자에 공경할 지祇자를 써 윤지라 한다. 인륜 윤倫자를 파자로 풀면 사람이 둥글게 모여 있는 모습이다. 사람이 모여 함께할 때 서로 주고받는 원칙과 예절이 윤倫이다. 다음으로 사람과 사람이 만날 때 늘 공경하고 존중하는 마음을 가지라는 뜻에서 공경할 지祇자를 쓴다. 사람과 사람의 큰 관계 속에서 두루두루 평온하며 겸양하고 공경하는 마음으로 많은 사람의 사랑을 받으라는 뜻에서 윤지라 한다.

469 윤하 · 允昰 · Yun-ha

앞서 나아가 모든 사람의 합당한 자리를 찾아주라

맏 윤允자에 여름 하昰자를 써 윤하라 한다. 일취월장 절차탁마 日就月將 切磋琢磨의 운명이라 날마다 새롭게 도전하고 발전할 것이다. 지혜와 열정으로 사람을 모으고 그렇게 모은 힘을 날마다 갈고 닦아 넓고 풍족한 세상을 이룰 것이다. 조상의 큰 공덕을 받으니 맏 윤允자를 먼저 쓰고, 다음으로 여름 하昰자를 쓴다. 여름 하昰자를 파자로 풀면 날 일日자에 바를 정正자이다. 천지만물의 중심인 태양이 바른 위치 즉 정위에 있으니 권위가 있고 화평하다. 바르고 바른 운명이면서도 그 힘을 부드럽게 조절하여 중심을 잘 잡고 지혜로우니 윤하라 한다.

470 윤희 · 潤希 · Yun-hui

바른 소망과 후덕한 마음으로 아름다운 사람이 되라

윤택할 윤潤자에 바랄 희希자를 써 윤희라 한다. 윤潤자를 파자로 풀면 왕이 문을 열고 나오니 강물이 풍요롭게 흐르는 모양이다. 대지에 곡식이 넉넉하고 만물이 성장하는 모습이다. 따뜻하고 아름다운 마음으로 풍요로운 세상을 만들라는 뜻에서 윤潤자를 쓰고, 다음으로 소망하는 세상을 위해 늘 도전하고 발전하라는 뜻에서 바랄 희希자를 쓴다. 내일을 향한 소망과 따뜻하고 넉넉한 마음으로 아름다운 사람이 되라는 뜻에서 윤희라 한다.

471 은기 · 殷器 · Eun-gi

가르치고 경배하여 성대한 축일을 받들라

은나라 은殷자에 그릇 기器자를 써 은기라 한다. 은나라 은殷자는 파자로 풀면 무기를 들고 성대하게 춤추는 모습이다. 성대한 축일에 모두가 기뻐하는 모습이다. 많은 사람과 함께 경사스러운 날을 기뻐하라는 뜻에서 은나라 은殷자를 쓰고, 다음 그릇 기器자는 자신의 학식과 지혜를 넓혀 큰 사람이 되라는 뜻이다. 스스로를 드러내지 않아 모든 것을 이루는 영광스러운 인생이다. 세상의 큰 그릇으로 경축의 날에 주인이 되라는 뜻에서 은기라 한다.

472 은비 · 銀比 · Eun-bi

넉넉한 마음과 재물로 늘 베풀며 살라

은 은銀자에 견줄 비比자를 써 은비라 한다. 은銀자는 재운을 뜻한다. 재물 창고에 늘 곡식과 재물 그리고 인정을 가득 채우라는 뜻에서 은 은銀자를 쓰고, 다음 견줄 비比자는 늘 노력하고 노력하는 삶을 살라는 뜻이다. 오늘에 만족하는 삶은 발전이 없다. 늘 새로운 것을 향해 도전하고 경쟁하고 발전하는 사람이 되라는 뜻에서 견줄 비比자를 쓴다. 늘 넉넉한 재물과 심성으로 나누고 베풀어 큰 기쁨을 누리라는 뜻에서 은비라 한다.

473 은빈 · 銀檳 · Eun-bin

넉넉함을 나누는 미덕으로 향기롭게 살라

은 은銀자에 향기 빈檳자를 써 은빈이라 한다. 은銀자는 재운을 뜻한다. 창고에 재물이 가득하라는 뜻에서 은 은銀자를 쓴다. 다음 향기 빈檳자는 여인의 품행이 깊고 바르다는 뜻이다. 따뜻한 마음으로 사람을 보살피는 사람의 손에서는 향기가 난다. 창고는 곡식과 재물이 가득하고 그것을 널리 나누어 덕행의 향기를 품은 사람이 되라는 뜻에서 은빈이라 한다.

474 은설 · 銀雪 · Eun-seol

넉넉한 마음과 깨끗한 기상으로 세상을 복되게 하라

은 은銀자에 눈 설雪자를 써 은설이라 한다. 은銀은 재운을 뜻하고, 설雪은 고귀한 명예를 뜻한다. 창고에 재물이 가득하나 그 뜻은 청명하고 깨끗하니 은설이 대지를 가득 덮는다. 타고난 재주와 재물은 나누어야 덕이 된다. 창고에 가득한 재물을 나누는 아름다운 마음을 갖추고 그 생각과 행동은 늘 깨끗하고 맑아 세상에 물들지 말라는 뜻에서 은설이라 한다.

475 은설헌 · 銀雪軒 · Eun-seol-heon

청렴한 삶을 바탕으로 세상을 평화롭게 하라

은 은銀자에 눈 설雪자 그리고 집 헌軒자를 써 은설헌이라 한다. 은銀은 재운을 뜻하고, 설雪은 고귀한 명예를 뜻한다. 창고에 재물이 가득하나 그 뜻은 청명하고 깨끗하니 은설이 대지를 가득 덮는다. 그 위에 처마가 높은 집을 지으니 집 헌軒자를 다음 자로 쓴다. 처마가 높으니 관청이요, 사람들이 찾아와 도움을 청하고 휴식을 얻는다. 또한 집 헌軒자는 예부터 대부 이상의 벼슬아치가 타던 수레를 뜻하니 귀하고 높다. 풍요로운 대지 위에 처마 높은 집을 지어 널리 사람에게 길을 제시하고 세상을 평화롭게 하라는 뜻이 담긴 이름이다.

476 은솔 · 誾率 · Eun-sol

인격의 깊은 향기로 많은 사람을 이끌라

향기 은誾자에 거느릴 솔率자를 써 은솔이라 한다. 옳은 일을 하는 사람은 향기가 난다. 인격의 향기가 난다. 옳은 것을 옳다 하고 그릇된 것을 그릇되다 하는 것은 가장 큰 용기가 필요한 일이면서 가장 청정한 인격을 드러내는 일일 수 있다. 인격의 향기가 깊은 사람에게는 따르는 사람이 많다. 인격의 깊은 향기로 많은 사람을 이끌라는 뜻에서 은솔이라 한다.

477 은우 · 恩禹 · Eun-u

우왕의 지덕으로 크고 풍요로운 세상을 이루라

은혜 은恩자에 임금 우禹자를 써 은우라 한다. 은恩자를 파자로 풀면 대인의 마음이다. 그 마음이 넓고 후덕하여 은혜 은恩자를 쓰고, 다음으로 임금 우禹자를 쓴다. 하나라 우왕은 치수와 지덕의 상징이다. 우왕의 지덕을 배워 널리 세상을 다스리라는 뜻에서 임금 우禹자를 쓴다. 우왕의 지덕으로 법을 세우고 바르게 다스려 풍요로운 세상을 열라는 뜻에서 은우라 한다.

---

478 은율 · 隱律 · Eun-yul

덕과 재주를 감추어 많은 사람을 안으라

숨길 은隱자에 법칙 율律자를 써 은율이라 한다. 덕과 재주를 감추고 자랑하지 말라는 뜻에서 숨길 은隱자를 쓰고, 다음 법 율律자는 예부터 서로 다른 의견과 서로 다른 주장이 서로 화합하기 위해 세우는 투명하고 강건한 기준을 말한다. 안으로는 투명한 기준을 세우되 밖으로는 그 빛을 드러내지 않아 더욱 칭송받는 아름다운 사람이 되라는 뜻에서 은율이라 한다. 늘 낮은 마음 그러나 투명하고 바른 마음으로 세상의 주인이 되라는 뜻이 담긴 이름이다.

---

479 은지 · 垠至 · Eun-ji

경계를 넘어 꿈꾸는 세상에 이르라

지경 은垠자에 다다를 지至자를 써 은지라 한다. 지경은 땅을 말한다. 풍요로운 땅의 성품을 받아 늘 넉넉하고 후덕한 삶을 살라는 뜻에서 지경 은垠자를 쓴다. 다음 다다를 지至자는 멀리멀리 뻗어 나가 자신이 꿈꾸는 세상에 이르라는 뜻이다. 한계와 경계를 넘어 꿈꾸는 세상에 이르라는 뜻에서 은지라 한다.

480 은진 · 銀眞 · Eun-jin

진실한 마음과 넉넉한 재물로 풍요로운 삶을 살라

은빛 은銀자에 참 진眞자를 써 은진이라 한다. 은빛 은銀자는 재화와 재물을 뜻한다. 큰 재물을 이루어 넉넉한 삶을 영위하라는 뜻에서 은銀자를 쓴다. 다음으로 사람에게 참됨은 가장 중요한 덕목이다. 스스로 단단하고 신념이 바르면 사람은 참되어진다. 겨울이 지나면 나이테가 생기듯 나무의 빛은 더욱 푸르고 기둥은 더욱 단단해진다. 진실한 마음과 넉넉한 재물로 풍요로운 삶을 살라는 뜻에서 은진이라 한다.

481 은채 · 恩采 · Eun-chae

은혜로운 땅에서 받는 녹으로 널리 사람을 풍요롭게 하라

은혜 은恩자에 녹봉 채采자를 써 은채라 한다. 은혜 은恩자를 파자로 풀면 큰 대大자에 마음 심心자이니 대인의 마음이다. 넓고 큰 아량으로 널리 베푸는 삶을 살라는 뜻에서 은恩자를 쓴다. 다음으로 녹봉은 넓은 땅에서 받는 나라의 공록이니 풍요로움이 끊이지 않기에 녹봉 채采자를 쓴다. 은혜로운 땅의 주인으로 널리 그 풍요로움을 베풀라는 뜻에서 은채라 한다.

482 은하 · 恩河 · Eun-ha

넓고 큰 마음으로 생명의 젖줄이 되라

은혜 은恩자에 물 하河자를 써 은하라 한다. 은혜 은恩자를 파자로 풀면 큰 대大자에 마음 심心자이니 대인의 마음이다. 넓고 큰 아량으로 널리 베푸는 삶을 살라는 뜻에서 은恩자를 쓴다. 다음으로 장강의 물처럼 마르지 않고 흐르고 흘러 모든 생명의 젖줄이 되라는 뜻에서 물 하河자를 쓴다. 넓고 큰 마음으로 생명의 젖줄이 되라는 뜻에서 은하라 한다.

483 을주 · 乙珠 · Eul-ju

심오한 학문을 섭렵하여 보석 같은 사람이 되라

새 을乙자에 구슬 주珠자를 써 을주라 한다. 을乙은 임금이 늦은 밤 책을 읽던 시간이다. 깊은 성심과 학구심을 을乙자로 쓰고, 깊은 학문의 지류들을 잘 이어 아름다운 보석이 되라는 뜻에서 다음으로 구슬 주珠자를 쓴다. 세상에 많은 학문을 널리 섭렵하여 보배로운 사람이 될 것이다. 많은 사람에게 길을 열 것이니 마음을 활짝 열어 세상을 안을 것이다. 심오한 탐구심으로 보석 같은 사람이 되라는 뜻에서 을주라 한다.

484 의설 · 宜雪 · Ui-seol

청렴하고 따뜻한 마음으로 세상을 밝히라

마땅 의宜자에 눈 설雪자를 써 의설이라 한다. 예부터 의인宜人은 6품 이상의 문무관의 부인을 뜻한다. 아름답고 화목하다는 뜻에서 먼저 마땅 의宜자를 쓰고, 다음 눈 설雪자는 고귀한 명예와 청렴한 생활을 뜻한다. 높은 자리에 앉되 늘 소박하고 진실한 마음으로 세상과 만나라는 뜻에서 의설이라 한다. 청렴한 마음과 진실한 행동을 통해 세상을 따뜻하게 밝히라는 뜻이 담긴 이름이다.

485 이마라 · 利磨羅 · Imara

스스로를 갈고 닦아 세상의 바른 신념이 되라

이로울 이利자에 문지를 마磨 그리고 비단 라羅자를 써 이마라라 한다. 스스로를 갈고 닦아 세상을 이롭게 하는 사람이 되라는 뜻이다. 모든 신념은 자신에서 시작한다. 마지막까지 믿어야 하는 것도 자신이다. 믿음의 본처는 마음에 있으니 스스로를 믿어 세상을 믿음의 땅으로 만들라는 뜻에서 이마라라 한다. 부지런히 세상을 돕는 마음은 비단처럼 아름답고 보석처럼 빛난다. 신념에 찬 눈빛과 세상을 향한 도전으로 성공에 성공을 더하라는 뜻에서 이마라라 한다.

486 이선 · 易宣 · I-seon

자연의 순리대로 이루고 이룬 것을 널리 베풀라

쉬울 이易자에 베풀 선宣자를 써 이선이라 한다. 자연의 이법이 순리대로 흐르면 만사가 소통한다. 자연의 큰 이법 속에서 세상과 만나라는 뜻에서 쉬울 이易자를 쓰고, 나라의 큰 은혜를 백성에게 베풀라는 뜻에서 다음으로 베풀 선宣자를 쓴다. 순리대로 이루면 만인이 찾아올 것이다. 재주와 학식을 널리 베풀면 세세생생 큰 복덕을 이룰 것이다. 자연의 순리대로 이루고 이룬 것을 널리널리 베풀라는 뜻에서 이선이라 한다.

487 이설 · 易說 · I-seol

편하고 쉬운 것으로 많은 사람을 가르치는 스승이 되라

쉬울 이易자에 말씀 설說자를 써 이설이라 한다. 쉬우면 편안하다. 편안하면 다스려진다. 편안하고 평평하여 다스려지는 모습을 예부터 이易라 한다. 천지운행의 조화로운 모습을 이易라 한다. 삶을 편하게, 일은 순서대로, 가정은 평화롭게 만들라는 뜻에서 쉬울 이易자를 쓴다. 다음 말씀 설說은 성현의 말이 많은 사람을 설득하고 달랜다는 뜻이다. 가장 쉬운 것을 가지고 널리 많은 사람을 가르치는 큰 스승이 되라는 뜻에서 이설이라 한다.

488 이온 · 利昷 · I-on

바르고 정직한 마음으로 세상을 이롭게 하라

이로울 이利자에 어질 온昷자를 써 이온이라 한다. 세상을 돕는 마음은 아름답다. 넉넉하고 풍족한 사람만이 자신이 가진 부를 나눌 수 있다. 세상을 널리 이롭게 하라는 뜻에서 먼저 이로울 이利자를 쓴다. 다음 온昷자는 파자로 풀면 재단 위에 태양이 떠올라 모든 것이 바르고 어질어진다는 뜻이다. 바르고 정직한 마음으로 세상을 이롭게 하라는 뜻에서 이온이라 한다.

489 이유 · 怡裕 · I-yu

배우는 것에서 참기쁨을 찾고 삶은 넉넉하고 풍요로워라

기쁠 이怡자에 넉넉할 유裕자를 써 이유라 한다. 학문을 탐구하고 지혜를 넓히는 것에 큰 기쁨을 둔다는 뜻에서 기쁠 이怡자를 쓴다. 다음 넉넉할 유裕자는 재화와 곡식이 창고에 쌓여 있다는 뜻이다. 넉넉한 재운으로 건강하고 풍요로운 인생을 영위하라는 뜻이다. 배우는 것에서 참기쁨을 찾고 삶은 넉넉하고 풍요롭기를 바라는 뜻에서 이유라 한다.

490 이율 · 利律 · I-yul

베푸는 마음과 조화로운 눈으로 큰 뜻을 이루라

이로울 이利자에 법칙 율律자를 써 이율이라 한다. 이로울 이利자를 파자로 풀면 벼 화禾자에 칼 도刀자이니 벼를 베고 있는 도구이다. 세상을 이롭게 하는 도구이니 모두에게 환영받고 사랑받는다. 세상을 이롭게 하는 마음으로 세상을 조율하니 법칙 율律자를 쓴다. 소통의 중심에서 아름다운 천상의 음률, 천상의 조화, 천상의 비례를 이루라는 뜻에서 법칙 율律자를 쓴다. 세상을 이롭게 하는 마음과 조화롭게 만드는 눈으로 큰 뜻을 이루라는 뜻에서 이율이라 한다.

491 이재 · 理齋 · I-jae

스스로 바른 이치를 찾고 경건한 사람이 되라

이치 이理자에 재계할 재齋자에 써 이재라 한다. 운명의 결이 따뜻하고 넉넉하며 힘이 있다. 모든 사람의 바른 표본이 될 만큼 후덕하고 지혜롭다. 모든 지혜의 힘은 말과 행동이 일치할 때 생긴다. 스스로의 근간을 다지고 중심을 잡아 이치가 바른 삶을 살라는 뜻에서 이치 이理자를 쓰고, 늘 겸손하고 경계하고 조심하라는 뜻에서 다음으로 재계할 재齋자를 쓴다. 스스로 바른 이치를 찾고 경건한 사람이 되라는 뜻에서 이재라 한다.

492 이주 · 易主 · I-ju

쉽고 바른 이치로 세상의 주인이 되라

쉬울 이易자에 주인 주主자를 써 이주라 한다. 쉬우면 편안하다. 편안하면 다스려진다. 편안하고 평평하여 다스려지는 모습을 예부터 이易라 한다. 세상을 편안하고 평화롭게 만들라는 뜻에서 쉬울 이易자를 쓰고, 다음 주인 주主자는 세상의 바른 주인이 되라는 뜻이다. 세상의 이치는 쉬워야 다가온다. 세상의 주인은 늘 낮은 곳에 임하는 사람이. 쉽고 바른 이치로 세상의 주인이 되라는 뜻에서 이주라 한다.

---

493 일라이자 · 一羅理慈 · Eliza

정신은 바르고 마음은 따뜻하여 이치에 맞고 자애로운 인생을 누리라

한 일一자에 비단 라羅자 그리고 이치 이理자에 자애로울 자慈를 써 일라이자라 한다. 한 일一자는 바르고 정직하여 처음과 끝이 한결같으라는 뜻이며, 비단 라羅자는 그 마음이 비단처럼 곱고 아름다운 사람이 되라는 뜻이다. 정신은 올바르고 마음은 비단처럼 따뜻하면 모든 일은 이치에 맞고 만사는 자애롭게 이루어질 것이다. 정신은 바르고 마음은 따뜻하여 이치에 맞고 자애로운 인생을 영위하라는 뜻에서 일라이자라 한다.

---

494 자경 · 慈鏡 · Ja-gyeongk

널리 자애롭고 자신의 진실에 당당한 사람이 되라

자애로울 자慈자에 거울 경鏡자를 써 자경이라 한다. 자애로움이란 어머니의 마음으로 생명을 보살피고 가꾼다는 뜻이다. 생명을 아끼고 사랑하며 기다릴 줄 아는 사람이 되라는 뜻에서 자애로울 자慈자를 쓰고, 다음 거울 경鏡자는 모든 진실을 거짓 없이 비추라는 뜻이다. 내 마음의 진실을 거짓 없이 드러내고 타인의 진실과 잘못을 여과 없이 비춰주는 눈 맑은 사람이 되라는 뜻에서 경鏡자를 쓴다. 자애로운 마음으로 세상을 돌보며 자신의 진실에 늘 당당한 사람이 되라는 뜻에서 자경이라 한다.

495 재나 · 齋娜 · Jae-na

공경하고 정진하는 마음으로 세상의 빛이 되라

재계할 재齋 자에 아리따울 나娜 자를 써 재나라 한다. 재계할 재齋 자는 예부터 공경하고 정진하는 모습을 나타낸다. 스스로 경계하여 조심하고 스스로 노력하여 앞으로 나아가니 상서롭고 건강하다. 늘 윗사람을 공경하고 스스로 정진하여 큰 사람이 되라는 뜻에서 재齋 자를 쓰고, 다음 아리따울 나娜 자는 대지가 풍요롭고 넓고 넉넉해 그 모습이 아름다운 것을 말한다. 말과 행동에는 공손함을 담고 운명과 얼굴에는 아름다움을 담으라는 뜻에서 재나라 한다.

---

496 재라 · 在羅 · Jae-ra

모든 이견을 포용해 큰 사람이 되라

있을 재在 자에 비단 라羅 자를 써 재라라 한다. 삶을 살아갈 때 모든 생명을 사랑하고 가꾸는 마음을 잊지 말며 현재에 충실하고 현실에 성실하라는 뜻에서 있을 재在 자를 우선 쓴다. 다음 비단 라羅 자는 서로 다른 의견과 생각들을 모두 포용해 하나의 뜻을 만들고 소통하라는 뜻이다. 깊은 예지력을 바탕으로 앞에 나서 일하니 우뚝 설 것이며, 이루는 일마다 이치에 맞고 푸르고 맑아 태양처럼 빛나라는 뜻에서 재라라 한다.

---

497 재령 · 載領 · Jae-ryeong

재물을 운영하는 큰 지혜로 많은 사람을 이끌라

실을 재載 자에 거느릴 령領 자를 써 재령이라 한다. 실을 재載 자는 수레 위에 재물과 곡식이 쌓여 있는 모습이다. 풍족한 운명으로 늘 재물을 싣고 나르고 쌓는 일을 할 것이다. 큰 재물을 운용하는 지혜를 갖추라는 뜻에서 실을 재載 자를 쓰고, 다음 거느릴 령領 자는 수장으로서 책임감과 리더십을 가지고 조직을 이끌라는 뜻이다. 재물을 운영하는 큰 지혜로 많은 사람을 이끌라는 뜻에서 재령이라 한다.

498 재린 · 財麟 · Jae-rin

부와 명예와 희망과 에너지를 나누어주는 사람이 되라

재산 재財자에 기린 린麟자를 써 재린이라 한다. 재財자는 예부터 벼슬아치의 녹을 뜻했다. 나라의 녹을 받아 나라의 일을 하라는 뜻에서 재산 재財자를 쓰고, 다음으로 그 재주와 인덕 그리고 재물을 널리널리 베풀라는 뜻에서 기린 린麟자를 쓴다. 나라의 큰 은혜를 백성에게 베푼다는 뜻이니 정신적으로도 물질적으로도 많은 사람에게 큰 복을 베푼다. 자신이 가진 부와 명예와 희망과 에너지를 나누어주는 사람이 되라는 뜻에서 재린이라 한다.

499 재림 · 宰林 · Jae-rim

재상의 심덕으로 널리 사람을 아끼고 사랑하라

재상 재宰자에 수풀 림林자를 써 재림이라 한다. 일국의 재상된 이로서 삶을 살아갈 때 모든 생명을 사랑하고 가꾸는 마음을 잊지 말며, 모든 일을 솔선수범하여 주관하고 이끌라는 뜻에서 재상 재宰자를 우선 쓴다. 다음 수풀 림林자는 파자로 풀면 나무 목木이 겹쳐 있으니 나무들이 함께 힘써 일하는 모습이다. 풍요롭고 건강하다. 깊은 예지력을 바탕으로 앞에 나서 일을 하니 우뚝 설 것이며, 이루는 일마다 이치에 맞고 푸르고 맑아 재림이라 한다.

500 재언 · 在彦 · Jae-eon

넓은 세상 속으로 날아올라 널리 사람을 복되게 하라

있을 재在자에 선비 언彦자를 써 재언이라 한다. 선비의 풍모로 널리 세상을 주유하라는 뜻이다. 하늘의 큰 기운과 선비의 지혜로 세상을 풍족하게 하는 일에 소임을 다하라는 뜻에서 재언이라 한다. 주위에 늘 돕는 사람이 많은 운명이니 그 힘을 모으는 현명함이 있어야 한다. 큰 사람은 청렴을 근본으로 서는 것이니 청렴과 덕성을 함양함에 온 마음을 다해 큰 복을 누리기를 바란다.

501 재연 · 才淵 · Jae-yeon

큰 재주를 베풀어 만인의 기쁨이 되라

재주 재才자에 못 연淵자를 써 재연이라 한다. 많은 재주를 갈고 닦아 출중한 사람이 되라는 뜻에서 재주 재才자를 쓰고, 다음 못 연淵자는 그 재주를 가득 채우고 베풀어 큰 못을 이루라는 뜻이다. 대기만성이니 늘 재주를 닦고 닦아 최고가 되려고 노력하라. 그 자리가 샘물처럼 맑고 밝을 것이니 만인이 기뻐할 것이다. 큰 재주를 당당하고 건강하게 베풀고 베풀어 큰 덕을 이루라는 뜻에서 재연이라 한다.

502 재은 · 才銀 · Jae-eun

큰 재주를 베풀어 밝게 빛나라

재주 재才자에 은빛 은銀자를 써 재은이라 한다. 많은 재주를 갈고 닦아 출중한 사람이 되라는 뜻에서 재주 재才자를 쓰고, 다음 은빛 은銀자는 그 재주를 가득 채우고 베풀어 밝게 빛나라는 뜻이다. 대기만성이니 늘 재주를 닦아 최고가 되려고 노력하라. 그 자리가 은빛처럼 맑고 밝을 것이니 만인이 기뻐할 것이다. 큰 재주를 당당하고 건강하게 베풀고, 무엇에도 걸리지 않고 세상을 품에 안아 풍요로운 땅을 일구라는 뜻에서 재은이라 한다.

503 재인 · 載印 · Jae-in

세상을 풍요롭게 하고 말의 신의를 지키라

실을 재載자에 인장 인印자를 써 재인이라 한다. 실을 재載자는 수레 위에 재물과 곡식이 쌓여 있는 모습이다. 풍족한 운명을 재載자로 쓰고, 다음 인장 인印자는 예부터 말의 권위를 바꾸지 않는 것을 말한다. 수레에 가득 채워진 곡식과 재물로 세상을 풍요롭게 하며, 자신의 말과 신념을 지켜내라는 뜻에서 재인이라 한다.

504 재정 · 齋廷 · Jae-jeong

행동이 경건하고 말이 공정한 사람이 되라

재계할 재齋자에 조정 정廷자를 써 재정이라 한다. 재계할 재齋자는 스스로 돌아보아 경계하고 조심한다는 뜻이다. 늘 경건한 몸가짐으로 만사에 신중하고 진실하라는 뜻에서 재계할 재齋자를 쓴다. 다음 조정 정廷자를 파자로 풀면 사람이 걸어 나가 서는 곳이란 뜻이다. 그리하여 공정하고 공평하다는 뜻이 있다. 만인의 의견을 대변하는 사람은 늘 공정해야 한다. 그 공정함을 조정 정廷자로 받는다. 경건하고 조심스러운 행동으로 인생에 누가 없고, 만사의 중심에서 공정한 사람이 되라는 뜻에서 재정이라 한다.

505 정린 · 貞潾 · Jeong-rin

공정한 눈으로 크고 풍족한 세상을 이루라

곧을 정貞자에 맑을 린潾자를 써 정린이라 한다. 정부인貞夫人은 조선시대 종2품 문무관의 아내의 봉작이다. 곧을 정貞자는 지조가 굳고 성심이 올바르다는 뜻이다. 올바른 성품으로 귀한 자리에 앉으라는 뜻에서 곧을 정貞자를 쓴다. 다음 맑을 린潾자는 마음이 깨끗하고 투명하여 편안하고 온화한 성품을 뜻한다. 올바르고 평온한 성품으로 귀한 자리에 앉으라는 뜻에서 정린이라 한다.

506 정설 · 晶說 · Jeong-seol

밝은 얼굴과 맑은 행동 그리고 진실한 말로 세상을 이끌라

맑을 정晶자에 말씀 설說자를 써 정설이라 한다. 맑을 정晶자를 파자로 풀면 태양이 셋이다. 말이 밝고 행동이 밝고 생각이 밝아 세상을 밝게 비추니 세상이 우러러보는 모습이 맑을 정晶이다. 다음 말씀 설說자는 바른 말과 유연한 설득력으로 사람들을 이끌라는 뜻이다. 밝은 얼굴과 맑은 행동 그리고 진실한 말로 사람을 설득하고 세상을 이끌라는 뜻에서 정설이라 한다.

507 정아 · 晶牙 · Jeong-a

맑은 마음 밝은 마음 처음 마음으로 세상에 우뚝 서라

맑을 정晶자에 어금니 아牙자를 써 정아라 한다. 맑을 정晶자를 파자로 풀면 태양이 셋이다. 말이 밝고 행동이 밝고 생각이 밝아 세상을 밝게 비추니 세상이 우러러보는 모습이 맑을 정晶이다. 토土 기운이 많기에 밝고 맑은 기운으로 생각을 지우고 진취적으로 나아가도록 맑을 정晶자를 쓴다. 어금니 아牙자는 예부터 임금이나 우두머리 그리고 가장 앞에 선 깃대를 말한다. 사람이 살면서 가장 중요한 것은 자존심이다. 자신의 자존심을 지키는 가장 큰 근간은 결국 뜻에 있다. 처음의 뜻과 마음을 잊지 말고 나아가면 널리 많은 사람에게 빛이 되고 길이 될 것이다.

508 정연 · 晶淵 · Jeong-yeon

말과 생각과 행동이 맑고 깊은 큰 사람이 되라

맑을 정晶자에 깊을 연淵자를 써 정연이라 한다. 맑을 정晶자를 파자로 풀면 태양이 셋이다. 말이 밝고 행동이 밝고 생각이 밝아 세상을 밝게 비추니 세상이 우러러보는 모습이 맑을 정晶이다. 투명하고 정직한 삶을 정晶자로 쓰고, 다음 깊을 연淵자는 연못의 뜻도 있어서 물을 가득 담아 기쁨과 성공 그리고 재물이 흩어지지 않게 하였다. 맑고 깊은 연못이니 큰 물고기가 유유자적 세상을 주유한다. 큰 물에 큰 물고기가 사는 법이다. 늘 진실한 삶과 유구한 역사 앞에 오래오래 기억되는 사람이 되라는 뜻에서 정연이라 한다.

509 정우 · 禎宇 · Jeong-u

자신의 주위를 상서롭고 아름답게 가꾸는 사람이 되라

상서로울 정禎자에 집 우宇자를 써 정우라 한다. 상서로울 정禎자는 언행이 바르고 겸손해 경사스러운 일이 따른다는 뜻이다. 늘 행복하고 좋은 일이 인생에 가득하라는 뜻에서 상서로울 정禎자를 쓴다. 다음 집 우宇자는 공간과 영역을 뜻한다. 자신이 살아가는 공간을 아름답고 정갈하게 가꾸라는 뜻에서 집 우宇자를 쓴다. 자신의 주위를 상서롭고 아름답게 가꾸는 사람이 되라는 뜻에서 정우라 한다.

510 정윤 · 訂倫 · Jeong-yun

인륜의 법을 널리 펼쳐 세상을 풍요롭게 하라

바로잡을 정訂자에 인륜 윤倫자를 써 정윤이라 한다. 예부터 정訂자는 여러 의견을 모아 하나의 견해를 만든다는 뜻에서 바로잡는다는 의미로 쓰였다. 옳고 그름을 나누어 세상을 바로잡으라는 뜻에서 바로잡을 정訂자를 쓰고, 다음 윤倫자를 파자로 풀면 사람이 둥글게 모여 있는 모습이다. 사람이 모여 함께할 때 서로 주고받는 소통과 나눔이 윤倫이다. 널리 사람 사이에 정을 나누고 원칙을 세워 튼튼한 영토를 일구라는 뜻에서 정윤이라 한다.

511 정인 · 正印 · Jeong-in

스스로 바르고 맑아 세상의 밝은 지표가 되라

바를 정正자에 인장 인印자를 써 정인이라 한다. 지혜의 힘은 말과 행동이 일치할 때 생긴다. 스스로의 근간을 다지고 중심을 잡아 인생을 걸어가라는 뜻에서 인장 인印자를 쓴다. 예로부터 인장은 말의 권위를 바꾸지 않는 것을 말한다. 그래서 모든 문서에 인장을 찍어 그 말을 바꾸지 않고 끝까지 가지고 갈 것을 권위로써 다짐하였다. 생명의 씨앗처럼 모든 힘이 응집되어 있고 스스로 바르니 그 힘을 인印으로써 모은다. 솔선하여 모든 생명을 따뜻이 감싸 안으라는 뜻에서 정인이라 한다.

512 정하 · 廷昰 · Jeong-ha

부지런히 구해 세상의 바른 중심이 되라

조정 정廷자에 여름 하昰자를 써 정하라 한다. 조정 정廷자를 파자로 풀면 사람이 걸어 나가 서는 곳을 뜻한다. 그리하여 공정하고 그리하여 공평하다는 뜻이 있다. 만인의 의견을 대변하는 사람은 늘 공정해야 한다. 그 공정함을 조정 정廷자로 쓴다. 다음 여름 하昰자를 파자로 풀면 날 일日자에 바를 정正자이다. 천지만물의 중심인 태양이 바른 위치 즉 정위에 있으니 권위가 있고 화평하다. 여름날 부지런한 농부의 마음으로 구하여 세상의 중심에 서라는 뜻에서 정하라 한다.

513 정혜 · 貞慧 · Jeong-hye

바르고 슬기롭게 널리 베풀고 베풀라

곧을 정貞자에 슬기로울 혜慧자를 써 정혜라 한다. 정부인貞夫人은 조선시대 종2품 문무관의 아내의 봉작이다. 곧을 정貞자는 지조가 굳고 성심이 올바르다는 뜻이다. 올바른 성품으로 귀한 자리에 앉으라는 뜻에서 곧을 정貞자를 쓴다. 다음 지혜의 눈으로 세상의 모든 일을 온전히 이루라는 뜻에서 슬기로울 혜慧자를 쓴다. 자신의 재운과 재주를 바르고 슬기롭게 쓰라는 뜻에서 정혜라 한다. 바르고 옳은 지혜로움으로 널리 사람을 복되게 하라는 뜻이 담긴 이름이다.

514 제노 · 齊爐 · Je-no

스스로를 맑고 깨끗하게 가꾸어 세상을 밝히는 빛이 되라

가지런할 제齊자에 풀무 노爐자를 써 제노라 한다. 제齊는 질서가 정연하여 단정하고 아름답다는 뜻이다. 늘 주위를 가지런히 정돈하여 정신과 몸이 맑은 사람이 되라는 뜻에서 가지런할 제齊자를 쓰고, 다음 풀무 노爐자는 불을 지피는 화로를 뜻한다. 세상을 밝히는 도구가 되라는 뜻에서 풀무 노爐자를 쓴다. 스스로를 맑고 깨끗하게 가꾸어 세상을 밝히는 빛이 되라는 뜻에서 제노라 한다.

515 제노비아 · 齊路比牙 · Zenobia

새로운 세계를 창조하는 사람이 되라

가지런할 제齊자에 길 노路자 그리고 견줄 비比자에 어금니 아牙자를 써 제노비아라 한다. 모든 일에 방법과 원칙을 만들어 늘 노력하고 도전하라는 뜻이다. 또한 제노비아는 팔미라 제국의 여왕으로서 열정과 지혜로 제국을 통치하며 영토를 넓혔다. 모든 역경을 뚫고 자신의 세계와 영역을 창조하라는 뜻에서 제노비아라 한다. 인생의 길을 바르고 가지런히 내고 무엇과 견주어도 가장 높은 곳에 이름을 올리는 사람이 되라는 뜻이 담긴 이름이다.

516 제아 · 齊亞 · Je-a

단정하고 정연하여 큰일에 쓰이는 사람이 되라

가지런할 제齊자에 버금 아亞자를 써 제아라 한다. 제齊는 질서가 정연하여 단정하고 아름답다는 뜻이다. 늘 주위를 가지런히 정돈하여 정신과 몸이 맑은 사람이 되라는 뜻에서 가지런할 제齊자를 쓰고, 다음 아亞자는 예부터 신성한 물건을 담는 제기를 뜻한다. 신성함을 담은 귀한 사람이 되라는 뜻에서 버금 아亞자를 쓴다. 단정하고 정연하여 큰일에 쓰이는 사람이 되라는 뜻에서 제아라 한다.

517 제이 · 第理 · Je-i

일과 사람의 순서를 바르게 하여 널리 순리를 따르라

차례 제第자에 이치 이理자를 써 제이라 한다. 우선 일의 경중을 따져 바른 순서를 정하라는 뜻에서 차례 제第자를 쓰고, 다음 이치 이理자를 쓴다. 바른 이치와 기준으로 일의 순서를 잡으라는 뜻에서 제이라 한다. 타고난 지혜와 예술적 능력으로 세상을 바르고 밝게 하라는 뜻이 담긴 이름이다.

518 조이 · 朝利 · Zoey

아침을 여는 힘으로 큰 결실을 이루라

아침 조朝자에 이로울 이利자를 써 조이라 한다. 아침은 새로운 문명의 시작을 말한다. 부지런함과 창조적 본능으로 새벽을 여는 사람이 될 것이다. 세상에 아침을 여는 사람이 되라는 뜻에서 아침 조朝자를 쓴다. 다음 이로울 이利자를 파자로 풀면 벼 화禾자에 칼 도刀자로 벼를 베는 칼을 뜻한다. 수확을 뜻하며 결실을 이루어 풍족함을 말한다. 말년에 큰 재운과 풍족한 인생을 이로울 이利자로 받는다. 창조적 본능을 잘 살려 큰 결실을 이루라는 뜻에서 조이라 한다.

519 주경 · 周敬 · Ju-gyeong

지혜로써 세상을 두루두루 바르게 하라

두루 주周자에 공경 경敬자를 써 주경이라 한다. 두루 주周자를 파자로 풀면 입 구口자에 쓸 용 用자이니 말과 지혜를 통해 세상을 두루두루 밝힌다는 의미다. 다음 경敬자는 권위를 바르게 전달한다는 뜻이 있다. 공경하고 삼가며 예의바른 모습을 일컬어 경敬이라 한다. 치우치지 않고 가려 받지 않아 모든 사람이 두루두루 행복한 땅을 일구라는 뜻에서 주경이라 한다.

520 주노 · 主勞 · Juno

땀과 노력으로 풍요로운 땅의 참된 주인이 되라

주인 주主자에 힘쓸 노勞자를 써 주노라 한다. 늘 노력하고 힘쓰는 사람이 세상의 주인이 된다. 곳곳마다 땀방울로 일군 참된 주인이 되라는 뜻에서 주노라 한다. 또한 주노는 부와 건강의 여신이다. 목성Saturn의 아내이니 풍요롭고 만물을 수용한다. 대인의 마음으로 세상을 용서하고 그 풍요로움을 세상과 나누어야 한다. 혼자 가는 인생보다는 함께 가는 인생을 통해 삶의 뜻을 이루고 가정과 사회를 건강하게 할 것이다. 늘 건강과 풍요를 함께 누리라는 뜻이 담긴 이름이다.

521 주온 · 注蘊 · Ju-on

세상의 중심에 마르지 않는 지혜의 샘이 되라

부을 주注에 쌓을 온蘊자를 써 주온이라 한다. 주注자는 주主, 즉 등불의 중심, 사물의 핵심을 말한다. 그 중심으로 모여드는 지혜로움이니 어려운 것을 쉽게 설명하는 모습을 뜻한다. 끊임없이 샘솟는 지혜로움을 널리 베푸는 모습이다. 그 중심에 모든 복덕이 쌓일 수 있게 다음으로 쌓을 온蘊자를 쓴다. 쉬지 않고 머무르지 않고 하루하루 다시 나아가라고 쌓을 온蘊자를 쓴다. 부여받은 인생이 참으로 풍족하며 아름다운 봉사이다. 사람의 중심에서 일의 중심에서 치우치지 말고 지혜롭게 모든 일을 완성하라는 뜻에서 주온이라 한다.

522 주이 · 主易 · Ju-i

순리를 따라 세상의 주인이 되라

주인 주主자에 쉬울 이易자를 써 주이라 한다. 임제선사가 말한 수처작주隨處作主는 자신이 처한 곳에서 늘 주인이 되라는 뜻이다. 삶의 어느 곳에서든 늘 주인의식을 가지고 일하라는 뜻에서 주인 주主자를 쓴다. 다음 쉬울 이易자를 파자로 풀면 해와 달이 순리를 찾아 돈다는 뜻이다. 순리는 쉽고 편안하다. 순리를 따라 세상의 주인이 되라는 뜻에서 주이라 한다.

523 주하 · 周昰 · Ju-ha

바른 말과 깊은 지혜로써 세상을 두루두루 밝히라

두루 주周자에 여름 하昰자를 써 주하라 한다. 두루 주周자를 파자로 풀면 입 구口자에 쓸 용用자이니 말과 지혜를 통해 세상을 두루두루 밝힌다는 의미다. 다음 여름 하昰자를 파자로 풀면 날 일日자에 바를 정正자이다. 천지만물의 중심인 태양이 바른 위치 즉 정위에 있으니 권위가 있고 화평하다. 늘 중심을 바로잡고 바른 생각과 말로 세상을 비추라는 뜻에서 주하라 한다.

524 지나 · 志羅 · Ji-na

뜻은 청렴하고 삶은 조화로워 함께하는 삶을 영위하라

뜻 지志자에 비단 나羅자를 써 지나라 한다. 뜻 지志자를 파자로 풀면 선비 사士자에 마음 심心자이다. 선비는 예부터 그 뿌리와 근본을 가장 중요시한다. 일의 옳고 그름을 따져 근본을 세우는 것이 선비다. 뜻을 바르게 세우라는 뜻에서 뜻 지志자를 쓰고, 다음 비단은 씨줄과 날줄이 엮여 아름다운 비단이 된다. 주위와 조화롭게 비단처럼 아름다운 인생을 펼쳐 나가라는 뜻에서 비단 나羅자를 쓴다. 뜻은 청렴하고 삶은 조화로워 함께하는 삶을 영위하라는 뜻에서 지나라 한다

525 · 지니 · 智柅 · Ji-ni

깊은 지혜와 넉넉한 마음으로 세상을 안으라

슬기 지智자에 무성할 니柅자를 써 지니라 한다. 슬기로움은 북방의 힘이니 물을 세상에 가득 채운다. 물은 모든 만물의 모태이며 가장 풍요로운 생명의 터전이다. 돌아갈 고향이며 따뜻한 어미의 가슴이다. 사주에 물의 기운을 가득 채워 슬기로움으로 세상을 부유하게 하라는 뜻에서 슬기 지智자를 쓰고, 다음 그 풍요로움이 널리 뻗어 나가라는 뜻에 무성할 니柅자를 쓴다. 큰 지혜와 넉넉한 마음으로 세상을 살피고 널리 사람을 사랑하라는 뜻에서 지니라 한다.

526 · 지민 · 池旼 · Ji-min

물처럼 하늘처럼 넉넉하고 풍요로워라

못 지池자에 하늘 민旼자를 써 지민이라 한다. 쌓은 명성은 오래도록 유지되고 널리 회자되어야 한다. 못은 물을 가두니 부와 명예를 흩뜨리지 않고 가두고 묶는다. 다음 하늘 민旼자는 온화함과 화평한 모습, 넉넉하고 후덕한 심성을 말한다. 운명이 아래에서 위에서 두루두루 넉넉하고 후덕하며 풍요롭다. 아래를 사랑하고 위를 공경하는 마음으로 넓은 땅을 일굴 것이다. 위로는 효심이 깊고 아래로는 사랑하는 마음이 더욱 빛나라는 뜻에서 지민이라 한다.

527 · 지선 · 至善 · Ji-seon

지혜와 용기로 지극히 선한 곳에 닿으라

이를 지至자에 착할 선善자를 써 지선이라 한다. 지극한 선함에 다다라 널리 착한 마음으로 사람에게 복되라는 뜻이다. 사고가 깊고 널리 사랑하는 마음이 아름다운 사람이라 그 마음이 널리 펼쳐질 것이다. 작은 곳, 낮은 곳에 머물지 말고 멀리멀리 나가라, 힘들 때마다 한 발짝 더 선한 곳으로 나아가는 깊은 지혜와 용기로 세상을 아름답게 하라는 뜻에서 지선이라 한다.

528 지솔 · 至率 · Ji-sol

지극한 심성으로 많은 사람을 하나로 이끌라

이를 지至자에 거느릴 솔率자를 써 지솔이라 한다. 지至자를 파자로 풀면 새 을乙자에 흙 토土자이니 새가 땅에 내려앉는 모습이다. 하늘과 땅이 만나 지극함에 다다르니 정성스럽고 겸손하다. 지극한 마음으로 원하는 것을 찾으라는 뜻에서 이를 지至자를 쓰고, 다음 거느릴 솔率자는 서로 다른 의견과 생각을 가진 사람들을 한 곳으로 이끈다는 뜻이다. 지극한 심성으로 많은 사람을 하나로 이끌라는 뜻에서 지솔이라 한다. 하늘로는 청렴한 뜻을 세우고 대지는 풍요롭게 다스려 널리 복된 삶을 누리라는 뜻이 담긴 이름이다.

529 지아 · 志牙 · Ji-a

뜻을 세워 사람의 중심이 되라

뜻 지志자에 어금니 아牙자를 써 지아라 한다. 지아는 뜻 중의 뜻, 왕 중의 왕, 승리 중에서 가장 큰 승리라는 이름이다. 어금니 아牙자는 예부터 임금이나 우두머리를 말한다. 또한 가장 앞에 선 깃대를 말한다. 사람이 살면서 가장 중요한 것은 자존심이다. 자신의 자존심을 지키는 가장 큰 근간은 결국 뜻에 있다. 삶의 뜻이 높고 깨끗하고 바르며 널리 표본이 될 때 그 뜻을 지킬 수 있고 자존심은 더욱 빛난다. 늘 뜻이 높고 모든 사람의 중심이 되라는 뜻에서 지아라 한다.

530 지안 · 芝晏 · Ji-an

지란지교를 꿈꾸며 늘 넉넉하고 평안하라

지초 지芝자에 늦을 안晏자를 써 지안이라 한다. 지란지교芝蘭之交란 향기 가득한 우정이다. 지란지교를 꿈꾸며 사람 사이에 우정을 소중히 하는 사람은 늘 행복하다. 낮은 마음과 작은 정성으로 인정을 나누는 사람은 결코 외롭지 않다. 스스로 편안하며 스스로 밝다. 그래서 늦을 안晏자를 쓴다. 늦을 안晏자를 파자로 풀면 날 일日자에 편안할 안安자이다. 밝은 태양 아래 천하가 잘 다스려져 편안하고 태평한 모습이다. 사람 사이에 우정을 소중히 생각하며 작은 몸짓 하나하나에 정성을 다하라는 뜻에서 지안이라 한다.

531 지연 · 智研 · Ji-yeon

진리를 찾아 발전하고 진보하여 상아탑의 주인이 되라

지혜 지智자에 벼루 연研자를 써 지연이라 한다. 지혜는 만사를 이루는 바탕이다. 깊은 지혜를 찾아 널리 세상을 주유하며 높은 학문의 경지를 이루라는 뜻에서 지혜 지智자를 쓴다. 다음 벼루 연研자는 궁극의 것을 찾아 탐구하고 연구한다는 뜻이다. 바른 진리를 찾아 발전하고 진보하여 상아탑의 주인이 되라는 뜻에서 지연이라 한다.

532 지영 · 志榮 · Ji-yeong

선비의 마음처럼 깊고 밝아 만인의 표상이 되라

뜻 지志자에 영화 영榮자를 써 지영이라 한다. 뜻 지志자를 파자로 풀면 선비 사士자에 마음 심心자이다. 선비는 예부터 뿌리와 근본을 가장 중요시한다. 일의 옳고 그름은 늘 선조들의 지혜에서 찾아 매듭짓고 다음에 넘겨줄 유산 또한 그 물질에 두지 않고 그 뜻에 두었다. 영화로움은 바르고 정당한 마음에서 온다. 뜻이 적힌 깃발이 대지 위에서 아름답게 펄럭이니 많은 사람의 사표가 될 것이다. 많은 사람이 모여 풍요로운 땅이 될 것이다. 큰 사람일수록 뜻이 높고 밝아야 많은 사람이 따르니 그 뜻을 잊지 말고 늘 마음에 새기라는 의미에서 지영이라 한다.

533 지온 · 志昷 · Ji-on

청렴한 뜻을 세우고 대지는 풍요롭게 다스려 행복하라

뜻 지志자에 어질 온昷자를 써 지온이라 한다. 뜻 지志자를 파자로 풀면 선비 사士자에 마음 심心자이다. 선비는 예부터 그 뿌리와 근본을 가장 중요시한다. 일의 옳고 그름은 늘 선조들의 지혜에서 찾아 매듭짓고 다음에 넘겨줄 유산 또한 그 물질에 두지 않고 그 뜻에 두었다. 뜻이 적힌 깃발이 대지 위에서 아름답게 펄럭이니 많은 사람의 사표가 될 것이다. 마음을 바로세우고 그 뜻을 어질게 펼치라는 뜻에서 어질 온昷자를 쓴다. 청렴한 뜻을 세우고 대지는 풍요롭게 다스려 널리 복된 삶을 살라는 뜻에서 지온이라 한다.

534 지우 · 志旴 · Ji-u

뜻을 세워 태양처럼 우뚝 솟아올라라

뜻 지志자에 클 우旴자를 써 지우라 한다. 뜻 지志자를 파자로 풀면 선비 사士자에 마음 심心자이다. 선비는 예부터 그 뿌리와 근본을 가장 중요시한다. 일의 옳고 그름을 따져 근본을 세우는 사람이 선비. 세상의 모든 영화로움은 바르고 정당한 마음에서 온다. 뜻을 바르게 세우라는 뜻에서 뜻 지志자를 쓰고, 다음 클 우旴자는 예부터 해가 돋는 모습을 말한다. 대지 위에 해가 떠올라 어둠을 거두고 밝은 기운이 차오르는 모습을 우旴라 한다. 뜻을 세워 태양처럼 우뚝 솟아오르기를 바라는 뜻에서 지우라 한다.

535 지원 · 枝遠 · Ji-won

자신의 깊은 지혜를 널리널리 펼치라

가지 지枝자에 멀 원遠자를 써 지원이라 한다. 자신의 학문과 지혜로 학통을 세우고 역사를 이끌어 멀리멀리 뻗어 나가라는 뜻이다. 가지 지枝자는 단단한 모습과 창조의 미덕을 갖추고 있다. 멀 원遠자는 심오하고 깊은 모습이다. 역사란 하루 아침에 이루어지지 않는다. 성공은 어느 날 오는 것이 아니다. 길고 긴 인고의 세월을 거쳐 오는 것이며, 길고 긴 연속의 시간 동안 그 영광이 이어지는 것이다. 진실한 삶과 유구한 역사 앞에 오래오래 기억되는 사람, 시간을 넘어 새롭게 태어나는 사람이 되라는 뜻에서 지원이라 한다.

536 지유 · 池瑜 · Ji-yu

물처럼 넉넉하고 풍요로워라

못 지池자에 옥돌 유瑜자를 써 지유라 한다. 쌓은 명성은 오래도록 유지되고 널리 회자되어야 한다. 못은 물을 가두니 부와 명예를 흩뜨리지 않고 가두고 묶는다. 다음 옥돌 유瑜자는 예부터 온화함과 화평한 모습, 넉넉하고 후덕한 심성을 말한다. 운명이 아래에서 위에서 두루두루 넉넉하고 후덕하며 풍요롭다. 아래를 사랑하고 위를 공경하는 마음으로 넓은 땅을 일굴 것이다. 물처럼 흘러 넉넉하고 후덕하라는 뜻에서 지유라 한다.

537 지윤 · 枝潤 · Ji-yun

세상으로 멀리멀리 뻗어 나가 모든 사람을 윤택하게 하라

가지 지枝에 윤택할 윤潤자를 써 지윤이라 한다. 자신의 학문과 지혜로 학통을 세우고 역사를 이끌어 멀리멀리 뻗어 나가라는 뜻이다. 가지 지枝자는 단단한 모습과 창조의 미덕을 갖추고 있다. 다음 윤택할 윤潤자에는 은혜라는 뜻이 있다. 사람은 널리 은혜를 베풀어 자신의 이름을 알리고 그 명성에 부합하는 복덕을 받게 되어 있다. 명예로운 일이 많은 사주인 만큼 올라갈 산도 높음을 알고 많이 참고 많이 기다릴 줄 아는 지혜로 큰 꿈을 이루길 바란다.

538 지은 · 智誾 · Ji-eun

지혜의 향기로 모든 일을 아름답게 완성하라

지혜 지智자에 향기 은誾자를 써 지은이라 한다. 세상을 밝히는 큰 지혜를 이루라는 뜻에서 지혜 지智자를 쓴다. 다음 향기 은誾자를 파자로 풀면 문 문門자에 말씀 언言자이니 말이 나오는 문이다. 그 말의 문이 지혜롭고 따사로워 모든 사람이 따르게 된다. 예부터 믿음은 언행일치에서 나온다. 그 말과 뜻이 하나가 되어야 비로소 선비라 할 수 있다. 언행이 일치하는 사람은 많은 사람의 표본이 되고 많은 사람이 따르게 된다. 언행이 일치하는 사람이 되라는 뜻에서 지은이라 한다.

539 지인 · 志印 · Ji-in

뜻을 바르게 세우고 그 뜻을 꼭 이루는 사람이 되라

뜻 지志자에 인장 인印자를 써 지인이라 한다. 뜻 지志자를 파자로 풀면 선비 사士자에 마음 심心자이다. 선비는 예부터 뿌리와 근본을 가장 중요시한다. 일의 옳고 그름을 따져 근본을 세우는 사람이 선비다. 세상의 모든 영화로움은 바르고 정당한 마음에서 온다. 뜻을 바르게 세우라는 뜻에서 지志자를 쓰고, 다음 인장 인印자는 예부터 말의 권위를 바꾸지 않는 것을 뜻한다. 뜻을 바르게 세우고 그 뜻을 꼭 이루는 사람이 되라는 뜻에서 지인이라 한다.

540 지혜 · 祉慧 · Ji-hye

슬기로운 지혜와 아름다운 인연으로 행복한 인생을 열라

복 지祉자에 슬기로울 혜慧자를 써 지혜라 한다. 예부터 하늘에서 내린 큰 행복을 지복이라 한다. 인생을 살면서 큰 재운과 명예 그리고 가족의 행복으로 늘 복을 받으며 살라는 뜻에서 복 지祉자를 쓰고, 다음 슬기로움이란 어려움을 극복하는 지혜며 밝고 건강한 삶을 만들어 가는 현명함이다. 현명하고 지혜로운 사람이 되라는 뜻에서 슬기로울 혜慧자를 쓴다. 운명이 두루두루 넉넉하고 후덕하며 풍요롭다. 슬기로운 지혜와 아름다운 인연으로 행복한 인생을 열라는 뜻에서 지혜라 한다.

541 지효 · 志曉 · Ji-hyo

푸르고 올곧은 기상으로 세상에 빛을 열라

뜻 지志자에 새벽 효曉자를 써 지효라 한다. 뜻과 소망이 있는 사람은 늘 푸르고 기운차다. 뜻 지志자를 파자로 풀면 선비 사士자에 마음 심心자이니 선비의 마음이다. 청렴하고 뜻이 올곧은 선비의 마음을 따르라는 뜻에서 지志자를 쓰고, 다음 새벽은 어둠을 물리치고 세상에 서광을 비추는 것이다. 세상을 처음 여는 건강한 빛이 되라는 뜻에서 새벽 효曉자를 쓴다. 푸르고 올곧은 기상으로 세상에 빛을 열라는 뜻에서 지효라 한다. 사람에게 소망이 되고 희망이 되며 새벽이 되는 사람이 되라는 뜻이 담긴 이름이다.

542 차연 · 茶然 · Cha-yeon

향기롭고 맑은 마음으로 자연의 하나로 살라

차 차茶자에 그럴 연然자를 써 차연이라 한다. 차의 향기처럼 아름다운 인연을 쌓으라는 뜻이다. 차 차茶자는 또다른 의미로 아름다운 소녀라는 뜻이 있다. 선하고 아름다운 용모로 귀한 사람이 되라는 뜻에서 차 차茶자를 쓰고, 다음 그럴 연然자는 마음에 욕심을 없애고 자연스럽고 당당한 모습으로 살아가라는 뜻이다. 향기롭고 맑은 마음으로 자연의 하나로 살라는 뜻에서 차연이라 한다.

543 채령 · 采玲 · Chae-ryeong

투명하고 맑은 마음으로 사람들을 바르게 이끌라

녹봉 채采자에 옥소리 령玲자를 써 채령이라 한다. 녹봉은 넓은 땅에서 받은 나라의 공록이니 풍요로움이 끊이지 않기에 녹봉 채采자를 먼저 쓰고, 다음 옥소리 령玲자는 예부터 투명하고 청렴함을 뜻한다. 늘 투명하고 맑게 많은 사람들을 바른 곳으로 이끌라는 뜻에서 채령이라 한다.

544 채린 · 采麟 · Chae-rin

명예롭고 풍요로운 삶으로 널리 많은 사람을 보살피라

녹봉 채采자에 기린 린麟자를 써 채린이라 한다. 녹봉은 넓은 땅에서 받은 나라의 공록이니 풍요로움이 끊이지 않기에 녹봉 채采자를 먼저 쓰고, 다음 기린 린麟자는 예부터 권위와 부귀의 상징이며 평화와 고귀함을 뜻한다. 널리 사람에게 큰 지혜와 따뜻한 마음을 전하게 될 운명이다. 고귀한 자리에서 널리 베풀라는 뜻에서 린麟자를 쓴다. 명예롭고 풍요로운 삶으로 널리 많은 사람을 보살피고, 진취적 기상과 귀한 운명으로 많은 사람을 보살피라는 뜻에서 채린이라 한다.

545 채민 · 采旻 · Chae-min

바른 말과 행동으로 사람들을 바르게 이끌라

녹봉 채采자에 하늘 민旻자를 써 채민이라 한다. 녹봉은 넓은 땅에서 받은 나라의 공록이니 풍요로움이 끊이지 않기에 녹봉 채采자를 먼저 쓰고, 다음 민旻자를 파자로 풀면 날 일日자에 글월 문文자이니 태양 아래 펼쳐진 바른 말과 글이다. 일의 중심에 선 사람은 태양처럼 밝고 말의 두서가 분명해야 한다. 나라의 일꾼으로 책임을 다하고 바른 말과 행동으로 널리 사람을 바르게 이끌라는 뜻에서 채민이라 한다.

546 채원 · 菜園 · Chae-won

넉넉한 성품과 풍요로운 마음으로 향기 가득한 삶을 살라

녹봉 채菜자에 동산 원園자를 써 채원이라 한다. 녹봉은 넓은 땅에서 받은 나라의 공록이니 풍요로움이 끊이지 않기에 녹봉 채菜자를 먼저 쓰고, 다음 밝은 동산에는 꽃이 피고 나무가 자라고 생명이 움터 그 빛깔이 곱고 향기롭다. 꽃과 나무들이 빛나는 동산이니 생명의 기운을 가득 담아 풍족한 삶을 살라는 뜻에서 동산 원園자를 쓴다. 넉넉한 성품과 풍요로운 마음으로 향기 가득한 삶을 살라는 뜻에서 채원이라 한다.

---

547 채윤 · 菜允 · Chae-yun

진실한 마음으로 큰 땅의 주인이 되라

녹봉 채菜자에 진실로 윤允자를 써 채윤이라 한다. 평생에 따를 관운으로 넉넉하고 풍요롭다. 넓은 땅에서 받는 녹봉으로 늘 풍족하라는 뜻에서 녹봉 채菜자를 쓰고, 다음 진실로 윤允자는 삶을 진실하고 참되게 살라는 뜻이다. 바르고 바른 사주이면서도 그 힘을 부드럽게 조절하여 중심을 잘 잡고 있다. 청렴과 진실을 중심에 두고 지혜롭고 바른 마음으로 세상과 만나라는 뜻에서 채윤이라 한다.

---

548 채은 · 菜恩 · Chae-eun

은혜로운 땅에서 받는 녹으로 널리 사람을 풍요롭게 하라

녹봉 채菜자에 은혜 은恩자를 써 채은이라 한다. 넓은 땅에서 받는 녹봉으로 풍요로움이 끊이지 않기에 녹봉 채菜자를 먼저 쓰고, 다음 은혜 은恩자를 파자로 풀면 큰 대大자에 마음 심心자이니 대인의 큰 마음이다. 세상을 향한 넉넉하고 풍요로운 마음을 가지라는 뜻에서 은혜 은恩자를 쓴다. 은혜로운 땅의 주인으로 널리 그 풍요로움을 베풀라는 뜻에서 채은이라 한다.

549 채현 · 綵見 · Chae-hyeon

현실 속에서 한 올 한 올 아름다운 세상을 빚어가라

비단 채綵자에 나타날 현見자를 써 채현이라 한다. 씨줄과 날줄이 만나 비단이 된다. 일의 옳고 그름이 밝혀질 때 세상은 상서롭고 아름답다. 질서가 잡히고 정연해진다. 세상을 바로세워 비단 같이 아름다운 세상을 만들라는 뜻에서 비단 채綵자를 쓰고, 다음 나타날 현見자는 지금의 것을 바로 보고 행한다는 뜻이다. 현실 속에서 한 올 한 올 아름다운 세상을 빚어가라는 뜻에서 채현이라 한다. 비단 같은 마음과 비단 같은 얼굴로 세상에 빛이 되라는 뜻이 담긴 이름이다.

550 초이 · 初利 · Cho-i

처음의 마음을 잃지 말고 널리 세상을 이롭게 하라

처음 초初자에 이로울 이利자를 써 초이라 한다. 초지일관 이국편민初志一貫 利國便民하라는 말이 있다. 처음의 마음을 잃지 말고 널리 세상을 이롭게 하라는 뜻이다. 일의 시종을 바로 보고 끊고 맺음을 바로 하여 널리 사람을 복되게 하라는 뜻이다. 또한 순우리말로 초롱초롱한 눈과 새하얀 이를 줄여 초이라 한다. 눈이 밝은 사람은 세상을 왜곡하지 않는다. 현실을 과장하지 않으며 자신을 속이지 않는다. 이가 하얀 사람은 미소가 아름답다. 겉과 속이 다르지 않다. 투명하다. 그래서 모든 사람이 그를 믿는다.

551 초현 · 初炫 · Cho-hyeon

의지는 굳건히 하고 지혜는 밝혀 세상을 이롭게 하라

처음 초初자에 빛날 현炫자를 써 초현이라 한다. 초지일관 이국편민初志一貫 利國便民하라는 말이 있다. 처음의 마음을 잃지 말고 널리 세상을 이롭게 하라는 뜻이다. 처음의 마음을 늘 가슴에 안으라는 뜻에서 처음 초初자를 쓰고, 다음 빛날 현炫자는 지혜를 밝힌다는 뜻이다. 의지는 굳건히 하고 지혜는 밝혀 세상을 이롭게 하라는 뜻에서 초현이라 한다. 일의 시종을 바로 보고 끊고 맺음을 바로 하여 널리 사람을 복되게 하라는 뜻이 담긴 이름이다.

552 타미루 · 妥美累 · Ta-mi-ru

온당하고 아름다운 것을 모아 영롱하고 귀한 사람이 되라

온당할 타妥자에 아름다울 미美자 그리고 쌓을 루累자를 써 타미루라 한다. 온당한 것은 바른 것이다. 온당한 것은 정당한 것이다. 인생에서 아름답고 온당한 것을 쌓으라는 뜻에서 타미루라 한다. 인생은 순간순간 옳은 것을 선택하는 것이며, 날마다 아름다운 모습으로 거듭나는 것이다. 늘 노력하고 개선하여 온당한 것을 받아들이고 아름다운 것을 모아 영롱하고 고귀한 사람이 되라는 뜻에서 타미루라 한다.

553 태린 · 泰麟 · Tae-rin

큰 재복과 높은 권록으로 세상을 풍요롭게 하라

클 태泰자에 기린 린麟자를 써 태린이라 한다. 클 태泰자를 파자로 풀면 물을 떠 올리는 두 손이다. 물은 지혜요 재복이니 사주에 재운을 채워주고 지혜를 더할 것이다. 풍족하고 넉넉한 운명을 한쪽에 품고, 다음으로 예부터 왕의 상징인 기린 린麟자를 쓴다. 기린은 또한 권위와 권록의 상징이며 평화와 고귀함을 뜻한다. 그래서 멀리 빛을 발한다는 뜻이 있다. 큰 재복과 높은 권록으로 세상을 풍요롭게 하라는 뜻에서 태린이라 한다.

554 태은 · 泰誾 · Tae-eun

지혜의 두 손으로 널리 향기로운 사람이 되라

클 태泰자에 향기 은誾자를 써 태은이라 한다. 클 태泰자를 파자로 풀면 물을 떠 올리는 두 손이다. 물은 지혜요 재복이니 재운을 채워주고 지혜를 더할 것이다. 다음으로 그 깊은 지혜와 풍족함으로 모든 사람에게 널리 향기로운 사람이 되라는 뜻에서 향기 은誾자를 쓴다. 은誾자를 파자로 풀면 말이 나오는 문이다. 그 말이 아름답고 향기롭다는 뜻이다. 옳은 일을 하는 사람, 아름다운 사람은 향기가 난다. 널리 사람에게 자신의 학식과 경험을 손으로 말로 펼치고, 찾아오는 모든 사람을 두 손을 활짝 펴 안으라는 뜻에서 태은이라 한다.

555 피비 · 被妃 · Phoebe

왕비의 품위와 권위로 명예로운 인생을 살라

입을 피被자에 왕비 비妃자를 써 피비라 한다. 피비(포이베)는 그리스 신화에서 하늘의 신 우라노스와 대지의 신 가이아 사이에 태어난 딸로 밝고 순수하다는 뜻이 있다. 하늘과 땅이 만나 처음 세상에 빛이 나왔으니 순결하고 경건하다. 델포이 신전의 주인이며 토성의 기운이 있으니 넓은 땅의 주인이 될 것이다. 보석처럼 빛나는 아름다움은 물론 선조에게서 받은 많은 유산으로 귀하고 명예로운 인생을 영위하라는 뜻에서 피비라 한다.

556 하경 · 夏京 · Ha-gyeong

부지런히 일하고 열심히 쌓아 큰 부를 이루라

여름 하夏자에 서울 경京자를 써 하경이라 한다. 여름은 풍성한 계절이다. 부지런한 계절이다. 아름답게 빛나는 계절이다. 여름날 햇살처럼 건강하고 싱그럽게 인생을 향유하라는 뜻에서 여름 하夏자를 쓰고, 서울 경京자는 크고 높으며 중심을 뜻한다. 또한 튼튼한 창고를 뜻하니 재물과 곡식을 날마다 쌓으라는 뜻이다. 부지런히 일하고 열심히 쌓아 큰 부를 이루라는 뜻에서 하경이라 한다.

557 하란 · 夏爛 · Ha-ran

여름날 햇살처럼 풍요롭게 빛나라

여름 하夏자에 빛날 란爛자를 써 하란이라 한다. 여름은 풍성한 계절이다. 부지런한 계절이다. 아름답게 빛나는 계절이다. 여름날 햇살처럼 풍요롭게 싱그럽게 인생을 향유하라는 뜻에서 하란이라 한다. 여름날 풍요로움 속에서 기운을 펼쳐 영원의 이름을 얻고, 늘 사람의 중심에서 소통과 화합의 장을 만들라는 뜻에서 하란이라 한다.

558 하령 · 昰玲 · Ha-ryeong

바른 기준을 세워 세상의 소통의 문을 열라

여름 하昰자에 옥소리 령玲자를 써 하령이라 한다. 여름 하昰자를 파자로 풀면 날 일日자에 바를 정正자이다. 천지만물의 중심인 태양이 바른 위치 즉 정위에 있으니 권위가 있고 화평하다. 태양의 바른 기준으로 세상을 다스리라는 뜻에서 여름 하昰자를 쓰고, 다음 옥소리 령玲자는 예부터 투명하고 청렴함을 뜻한다. 늘 투명하고 맑게 많은 사람들을 바른 곳으로 이끌라는 뜻에서 옥소리 령玲자를 쓴다. 바른 길을 열어 많은 사람을 이끌라는 뜻에서 하령이라 한다.

559 하론 · 昰論 · Ha-ron

스스로 바른 자리를 찾아 밝고 힘찬 세상을 열라

여름 하昰자에 논할 론論자를 써 하론이라 한다. 여름 하昰자를 파자로 풀면 태양이 떠올라 모든 일이 바르게 된다는 뜻이다. 만사가 정위치를 찾으니 밝게 빛난다. 바른 위치를 찾아 태양처럼 빛나라는 뜻에서 여름 하昰자를 쓰고, 다음 론論자는 예부터 서로의 의견을 존중하여 소통하고 나눈다는 뜻으로 쓰인다. 스스로 바른 자리를 찾아 많은 사람과 소통하고 토론하며 밝고 힘찬 세상을 열라는 뜻에서 하론이라 한다.

560 하린 · 昰麟 · Ha-rin

정의와 권위로써 세상을 평화롭게 하라

여름 하昰자에 기린 린麟자를 써 하린이라 한다. 후덕한 땅의 기운을 바탕으로 성격이 원만하고 여러 재주를 갖추었으며, 또한 널리 사람을 돕고 양육하는 운명의 별이 유난히 아름답다. 여름 하昰자를 파자로 풀면 날 일日자에 바를 정正자이다. 천지만물의 중심인 태양이 바른 위치 즉 정위에 있으니 권위가 있고 화평하다. 다음 기린은 예부터 왕의 상징이다. 권위와 권록의 상징이며 평화와 고귀함을 뜻한다. 널리 정의로운 사람이 되라는 뜻에서 하린이라 한다.

561 하연 · 昰姸 · Ha-yeon

바른 정신과 아름다운 마음으로 밝은 세상을 열라

여름 하昰자에 아름다울 연姸자를 써 하연이라 한다. 여름 하昰자를 파자로 풀면 날 일日자에 바를 정正자이다. 천지만물의 중심인 태양이 바른 위치 즉 정위에 있으니 권위가 있고 화평하다. 태양처럼 밝게 떠올라 널리 정의로운 사람이 되라는 뜻에서 하昰자를 쓰고, 다음으로 마음은 늘 따뜻하고 평온하여 아름다운 사람이 되라는 뜻에 아름다울 연姸자를 쓴다. 바른 정신과 아름다운 마음으로 밝은 세상을 열라는 뜻에서 하연이라 한다.

562 하영 · 昰英 · Ha-yeong

바른 마음으로 정의를 실천하여 큰 영예를 얻으라

여름 하昰자에 꽃부리 영英자를 써 하영이라 한다. 여름 하昰자를 파자로 풀면 날 일日자에 바를 정正자이다. 천지만물의 중심인 태양이 바른 위치에 있으니 권위가 있고 화평하다. 태양처럼 밝게 떠올라 널리 정의로운 사람이 되라는 뜻에서 하昰자를 쓰고, 다음 꽃부리 영英자는 명예롭고 뛰어나다는 뜻이다. 자신이 선택한 분야에서 최고가 되고 명예를 얻으라는 뜻에서 꽃부리 영英자를 쓴다. 바른 마음으로 정의를 실천하여 큰 영예를 얻으라는 뜻에서 하영이라 한다.

563 하윤 · 昰允 · Ha-yun

바른 세상을 향해 나아가 중심에 우뚝 서라

여름 하昰자에 맏 윤允자를 써 하윤이라 한다. 일취월장 절차탁마 日就月將 切磋琢磨의 운명이라 날마다 새롭게 도전하고 발전할 것이다. 여름 하昰자를 파자로 풀면 날 일日자에 바를 정正자이다. 천지만물의 중심인 태양이 바른 위치 즉 정위에 있으니 권위가 있고 화평하다. 바르고 바른 운명이면서도 그 힘을 부드럽게 조절하여 중심을 잘 잡고 있으니 지혜롭다. 다음으로 늘 미래를 생각하며 앞으로 나아가라는 뜻에서 맏 윤允자를 쓴다. 지혜와 열정으로 사람을 모으고, 그 모은 힘을 날마다 갈고 닦아 넓고 풍족한 세상을 이루라는 뜻에서 하윤이라 한다.

564 하율 · 昰律 · Ha-yul

정의와 권위로써 세상을 평화롭게 하라

여름 하昰자에 법 율律자를 써 하율이라 한다. 여름 하昰자를 파자로 풀면 날 일日자에 바를 정正자이다. 천지만물의 중심인 태양이 바른 위치 즉 정위에 있으니 권위가 있고 화평하다. 다음 법 율律자는 예부터 서로 다른 의견과 서로 다른 주장이 서로 화합할 수 있게 세우는 투명하고 강건한 기준을 말한다. 태양처럼 밝게 떠올라 널리 정의로운 사람이 되라는 뜻에서 하율이라 한다.

565 하은 · 昰誾 · Ha-eun

인격의 향기는 바람을 거슬러 널리 퍼진다'

여름 하昰자에 향기 은誾자를 써 하은이라 한다. 여름 하昰자는 또다른 의미로 옳다는 뜻이다. 옳은 일을 하는 사람은 향기가 난다. 인격의 향기가 난다. 옳은 것을 옳다 하고 그릇된 것을 그릇되다 하는 것은 가장 큰 용기가 필요한 가장 청정한 인격이어야 할 수 있는 일이다. 자신의 인격에 책임을 지고 생각하고 말하고 행동하는 사람이 되라는 뜻에서 하은이라 한다.

566 하음 · 昰愔 · Ha-eum

세상의 바른 자리를 찾아 평화롭게 하라

여름 하昰자에 평화로울 음愔자를 써 하음이라 한다. 여름 하昰자를 파자로 풀면 날 일日자에 바를 정正자이다. 천지만물의 중심인 태양이 바른 위치 즉 정위에 있으니 권위가 있고 화평하다. 세상 사람들의 음성과 마음이 평화로우니 모든 것이 순리를 찾는다. 사람과 힘의 중심에서 치우치지 않고 세상의 옳고 그름을 밝혀 평화롭게 하라는 뜻에서 하음이라 한다.

567 하정 · 昰廷 · Ha-jeong

세상의 바른 중심에서 공명정대한 사람이 되라

여름 하昰자에 조정 정廷자를 써 하정이라 한다. 여름 하昰자를 파자로 풀면 날 일日자에 바를 정正자이다. 천지만물의 중심인 태양이 바른 위치 즉 정위에 있으니 권위가 있고 화평하다. 만사의 중심에서 중용을 지키라는 뜻에서 여름 하昰자를 쓴다. 다음 조정 정廷자를 파자로 풀면 사람이 걸어 나가 서는 곳이다. 그리하여 공정하고 그리하여 공평하다는 뜻이 있다. 만인의 의견을 대변하는 사람은 늘 공정해야 한다. 그 공정함을 조정 정廷자로 받는다. 세상의 바른 중심에서 공명정대한 사람이 되라는 뜻에서 하정이라 한다.

568 하진 · 河珍 · Ha-jin

물처럼 흘러 세상과 호흡하고 진실한 소망 속에 귀한 사람이 되라

물 하河자에 보배 진珍자를 써 하진이라 한다. 물은 흘러 흘러 바다에 이른다. 물은 높지도 않고 낮지도 않아 평온하고 평등하다. 세상에 흘러 나아가 세상을 조화롭고 평등하게 하라는 뜻에서 물 하河자를 쓰고, 평등함 속에서도 그 신념과 소망은 밝게 빛나 귀하고 귀한 사람이 되라는 뜻에서 보배 진珍자를 쓴다. 물처럼 낮은 곳으로 흐르면 스스로 높아지는 이름이 있으니 바로 세상의 이법이다. 물의 깊은 지혜 속에서 고귀한 사람이 되라는 뜻에서 하진이라 한다.

569 한나 · 翰羅 · Hannah

비상의 나래를 활짝 펼쳐 비단처럼 곱고 아름다운 인생을 영위하라

높이 날 한翰자에 비단 나羅자를 써 한나라 한다. 뜻이 높고 귀한 인생을 살라는 뜻에서 높이 날 한翰자를 쓰고, 다음 비단은 씨줄과 날줄이 만나 비단이 된다. 세상의 결을 아름답게 하고 비단처럼 고운 심성을 가지라는 뜻에서 비단 나羅자를 쓴다. 또한 한나는 신의 영광을 드러낸다는 뜻이 있다. 비상의 나래를 활짝 펼쳐 비단처럼 곱고 아름다운 인생을 영위하라는 뜻에서 한나라 한다.

570 한주 · 翰主 · Han-ju

어두운 곳에 길을 이끄는 큰 별이 되라

높이 날 한翰자에 주인 주主자를 써 한주라 한다. 뜻이 높고 귀한 인생을 살라는 뜻에서 높이 날 한翰자를 쓰고, 다음 주인 주主자는 모든 일에 주인의식을 가지고 생활하라는 뜻이다. 임제선사가 말한 수처작주隨處作主는 자신이 처한 곳에서 늘 주인이 되라는 뜻이다. 세계를 주유하며 처하는 곳마다 주인이 되고 리더가 되라는 뜻에서 한주라 한다.

571 해니 · 海柅 · Hae-ni

바다 같은 마음으로 두루두루 안으라

바다 해海자에 무성할 니柅자를 써 해니라 한다. 바다는 모든 만물의 모태이며 가장 풍요로운 생명의 터전이다. 돌아갈 고향이며 따뜻한 어미의 가슴이다. 사주에 물의 기운이 부족하니 재능이 뛰어나고 책임감이 강해도 두루두루 살펴보는 지혜가 모자랄 수 있다. 바다를 따르는 마음으로 두루두루 살피고 널리 사람을 안으면 타고난 재주와 덕성으로 널리 사람을 복되게 할 것이다. 무성하고 풍요로운 세상을 만들 운명이다. 바다 같은 마음으로 두루두루 세상을 안아 풍족한 운명을 누리라는 뜻에서 해니라 한다.

572 해리 · 海利 · Hae-ri

바다 같은 마음으로 풍요로운 세상을 만들라

바다 해海자에 이로울 리利자를 써 해리라 한다. 바다는 모든 만물의 모태이며 가장 풍요로운 생명의 터전이다. 돌아갈 고향이며 따뜻한 어미의 가슴이다. 타고난 재능이 뛰어나고 책임감이 강해 두루두루 베풀라는 뜻에서 바다 해海자를 먼저 쓰고, 다음 타고난 재주로 세상을 이롭게 하라는 뜻에서 이로울 리利자를 쓴다. 바다 같은 마음으로 두루두루 세상을 풍족하게 하라는 뜻에서 해리라 한다.

573 해린 · 海麟 · Hae-rin

고귀한 자리에 앉아 많은 사람을 돌보라

바다 해海자에 기린 린麟자를 써 해린이라 한다. 바다는 모든 만물의 모태이며 가장 풍요로운 생명의 터전이다. 돌아갈 고향이며 따뜻한 어미의 가슴이다. 타고난 재능이 뛰어나고 책임감이 강해 두루두루 베풀라는 뜻에서 바다 해海자를 먼저 쓰고, 다음 기린은 예부터 왕의 상징이다. 권위와 권력의 상징이며 평화와 고귀함을 뜻한다. 고귀한 자리에 앉아 많은 사람을 돌보라는 뜻에서 해린이라 한다.

574 해수 · 偕守 · Hae-su

두루두루 소통하며 가정과 일을 소중히 하라

함께 해偕자에 지킬 수守자를 써 해수라 한다. 함께 해偕자는 혈기가 왕성하여 두루두루 미친다는 뜻이다. 긍정적인 사고와 적극적인 성품으로 함께하는 사람들에게 영향력을 미치는 사람이 되라는 뜻에서 함께 해偕자를 쓰고, 다음 지킬 수守자는 자신의 영토를 지키고 사람들을 보호한다는 뜻이다. 주위 사람들과 두루두루 소통하며 가정과 일을 소중히 지키는 사람이 되라는 뜻에서 해수라 한다.

575 해윤 · 海允 · Hae-yun

생명의 모태가 되고 모든 사람의 믿음이 되라

바다 해海자에 진실로 윤允자를 써 해윤이라 한다. 물처럼 흘러 바다를 이루라 하여 바다 해海자를 쓰고, 그 마음이 믿음직스럽고 합당하여 진실로 윤允자를 써 해윤이라 한다. 바다는 모든 만물의 기원이며 모든 생명이 돌아가는 자리다. 크고 넓고 깊다. 사람이 사람에게 믿음을 가지는 이유는 단 하나 진실하기 때문이다. 진실한 사람만이 사람을 가득 안을 수 있다. 깊은 책임감으로 여러 사람을 포용하여 바다처럼 큰일을 이루라는 뜻에서 해윤이라 한다.

576 해율 · 海律 · Hae-yul

넓은 마음과 깊은 지혜로 아름다운 세상을 열라

바다 해海자에 법칙 율律자를 써 해율이라 한다. 바다는 만물의 근원이며 고향이다. 사해같이 넓은 마음으로 생명의 모태가 되라는 뜻에서 바다 해海자를 쓰고, 다음 정신은 바르고 선명한 사람이 되라는 뜻에서 법칙 율律자를 쓴다. 법칙 율律자는 예부터 서로 다른 의견과 서로 다른 주장이 화합하기 위해 세우는 투명하고 강건한 기준을 말한다. 바다같이 넓은 마음으로 세상의 모든 이견을 받아들이고 깊은 지혜로 일의 순서를 바르게 세우라는 뜻에서 해율이라 한다.

577 현서 · 弦書 · Hyeon-seo

활 쏘는 궁사의 지혜로 신세계를 만들라

활시위 현弦자에 책 서書자를 써 현서라 한다. 활시위 현弦자를 파자로 풀면 활 궁弓자에 검을 현玄자로 활을 쏘는 지혜를 뜻한다. 활은 사람의 마음이며, 지혜는 삶을 사는 원칙이 된다. 활을 든 사람의 지혜를 가지고 널리 지식과 정보, 이상을 구하라는 뜻에서 현서라 한다. 오늘에 머물지 말고 활을 들고 나서는 사람처럼 당당하고 지혜롭게 미지를 넘어 신세계를 열라는 뜻에서 현서라 한다.

578 현아 · 弦亞 · Hyeon-a

궁사의 자신감과 깊은 연민으로 세상의 주인이 되라

활시위 현弦자에 버금 아亞자를 써 현아라 한다. 활시위 현弦자를 파자로 풀면 활 궁弓자에 검을 현玄자로 활을 쏘는 지혜를 뜻한다. 활은 사람의 마음이다. 활을 쏘는 예절은 삶을 사는 원칙이 된다. 밖으로는 궁사의 자신감으로, 안으로는 깊고 깊은 마음으로 모든 사람을 감싸 안으라는 뜻에서 현서라 한다. 오늘에 머물지 말고 활을 들고 나서는 사람처럼 당당하고 지혜롭게 미지를 넘어 신세계를 열라는 뜻에서 현아라 한다.

579 현지 · 賢志 · Hyeon-ji

청렴한 마음으로 세상을 돕는 어진 사람이 되라

어질 현賢자에 뜻 지志자를 써 현지라 한다. 현賢자를 파자로 풀면 어진 신하가 재화를 가지고 백성을 돌본다는 뜻이다. 그리하여 어질다 한다. 따뜻한 마음으로 많은 사람의 도움이 되라는 뜻에서 어질 현賢자를 쓰고, 다음 뜻 지志자는 파자로 풀면 선비 사士자에 마음 심心자를 써 선비의 곧고 청렴한 마음을 뜻한다. 청렴한 마음으로 세상을 돕는 어진 사람이 되라는 뜻에서 현지라 한다.

580 혜규 · 慧揆 · Hye-gyu

깊은 지혜로 만물을 길러 풍요로운 세상을 일구라

슬기로울 혜慧자에 헤아릴 규揆자를 써 혜규라 한다. 집안을 일으켜 가업을 만들고, 가업을 일으켜 기업을 만들 운명이다. 더 넓고 크고 아름다운 곳으로 나아갈 것이니 출중한 지혜가 있어야 한다. 깊은 지혜로써 일의 선후를 헤아리고 경중을 헤아리며 진위를 헤아려야 한다. 깊은 지혜로써 만사를 헤아리면 되지 않을 일이 없고 이루지 못할 꿈이 없다. 다시 일어나고 다시 한 걸음 더 나아가라는 뜻에서 혜규라 한다.

581 혜나 · 惠娜 · Hye-na

삶의 중심에서 따뜻하고 아름다운 세상을 만들라

은혜 혜惠자에 아리따울 나娜자를 써 혜나라 한다. 사람은 지위가 높으나 낮으나 많이 가지거나 적게 가지거나 아픔과 병이 있어 삶이 힘들고 고달파진다. 몸과 마음에 병이 있는 모든 사람들에게 은혜를 베푸는 아름다운 삶을 살아가라는 뜻에서 은혜 혜惠자를 쓴다. 다음 아리따울 나娜자는 대지가 풍요롭고 넓고 넉넉해 그 모습이 아름다운 것이다. 늘 은혜의 중심에서 모든 일을 바르고 밝게 그리고 아름답게 이루라는 뜻에서 혜나라 한다. 내 것을 지키려는 마음보다는 늘 나누는 마음으로 사람의 중심에 서고 일의 중심에 서라는 뜻이 담긴 이름이다.

582 혜리 · 慧理 · Hye-ri

세상의 이치를 바르게 헤아려 만물을 이롭게 하라

지혜 혜慧자에 이치 리理자를 써 혜리라 한다. 세상은 이치가 있어 운행된다. 사람은 이치가 있어 서로 주고받게 된다. 세상의 이치, 사람의 이치를 바로 보고 깊게 헤아려 세상을 이롭게 하는 사람이 되라는 뜻에서 혜리라 한다. 먼 곳을 바라보는 것이 아니라 이 세상에 두 발을 딛고 바른 이치로 세상을 만난다는 뜻이다. 세상에 온전치 못한 것을 지혜와 이치로 두루두루 살펴서 원만하고 온전히 이루라는 뜻에서 혜리라 한다.

---

583 혜미 · 惠美 · Hye-mi

따뜻한 마음과 출중한 아름다움으로 많은 사람의 사랑을 받으라

은혜 혜惠자에 아름다울 미美자를 써 혜미라 한다. 사람은 지위가 높으나 낮으나 많이 가지거나 적게 가지거나 아픔과 병이 있어 삶이 힘들고 고달파진다. 몸과 마음에 병이 있는 모든 사람들을 큰 지혜로 치유하라는 뜻에서 은혜 혜惠자를 쓴다. 다음 아름다울 미美자는 파자로 풀면 큰 대大자에 양 양羊자이니 크고 아름다운 양이란 뜻이다. 양은 순하면서도 상서로우니 그 품성이 아름답다고 한다. 깊은 지혜와 출중한 아름다움으로 많은 사람의 사랑을 받으라는 뜻에서 혜미라 한다.

---

584 혜민 · 惠民 · Hye-min

널리 사람을 구제하는 사람이 되라

은혜 혜惠자에 백성 민民자를 써 혜민이라 한다. 사람은 지위가 높으나 낮으나 많이 가지거나 적게 가지거나 아픔과 병이 있으면 삶이 힘들고 고달파진다. 몸과 마음에 병이 있는 모든 사람들에게 약이 될 수 있는 소중하고 아름다운 삶을 살아가라는 뜻에서 혜민이라 한다. 높은 곳에 있을수록 겸손해지고 많은 사람에게 도움을 주고 베풀라는 뜻이 담긴 이름이다.

585 혜빈 · 慧斌 · Hye-bin

문무를 겸비하여 지혜롭고 공평한 사람이 되라

지혜 혜慧자에 겸비할 빈斌자를 써 혜빈이라 한다. 만사를 이루려면 근본에 지혜가 있어야 한다. 일의 두서와 본말을 찾아 지혜롭게 이루라는 뜻에서 지혜 혜慧자를 쓰고, 다음 빈斌자를 파자로 풀면 문무를 겸비하여 훌륭하고 공평하다는 뜻이다. 말과 행동 그리고 인내와 진취적 기상을 바탕으로 만사를 이루라는 뜻에서 혜빈이라 한다. 공평한 기준 속에서 지덕을 겸비한 아름다운 모습으로 많은 사람에게 도움이 되라는 뜻에서 혜빈이라 한다.

586 혜수 · 惠秀 · Hye-su

빼어난 마음과 기술로 널리 은혜를 베풀라

은혜 혜惠자에 빼어날 수秀자를 써 혜수라 한다. 은혜는 모든 생명을 길러낸다. 널리 따뜻한 마음을 베풀라는 뜻에서 은혜 혜惠자를 쓰고, 다음으로 누구보다 빼어난 성품과 기술을 가지라는 뜻에서 빼어날 수秀자를 쓴다. 빼어난 기술과 마음을 펼쳐 널리 은혜를 베풀라는 뜻에서 혜수라 한다.

587 혜슬 · 惠瑟 · Hye-seul

은혜로운 마음으로 두루두루 풍족한 세상을 만들라

은혜 혜惠자에 큰 거문고 슬瑟자를 써 혜슬이라 한다. 은혜는 모든 생명을 길러낸다. 널리 따뜻한 마음을 베풀라는 뜻에서 은혜 혜惠자를 쓴다. 다음으로 거문고 소리는 느슨하면 탁하고 너무 당겨지면 갈라진다. 세상의 이법이 너무 조여지면 숨쉬기 힘들며 너무 느슨하면 이루는 성과가 없다. 중도에 맞게 조율해야 소리가 아름답듯 사람은 중도를 지켜야 아름답다. 세상을 아름답게 조율하라는 뜻에서 큰 거문고 슬瑟자를 쓴다. 스스로를 아름답게 조율해 세상에 아름다움을 펼치는 은혜로운 사람이 되라는 뜻에서 혜슬이라 한다.

588 혜원 · 慧源 · Hye-won

깊은 지혜로 진리의 창을 열라

지혜 혜慧자에 근원 원源자를 써 혜원이라 한다. 지혜로운 사람은 누가 없다. 지혜로운 사람은 만인을 하나로 묶는다. 나아갈 곳을 살피고 뒤에 올 것을 준비한다. 인생을 큰 지혜로 나아가라는 뜻에서 지혜 혜慧자를 쓰고, 다음 삶의 근원된 것을 찾으라는 뜻에서 근원 원源자를 쓴다. 표면의 것이 아닌 영원한 진리와 정의를 찾아가라는 뜻이다. 깊은 지혜로 진리의 창을 열라는 뜻에서 혜원이라 한다.

589 혜인 · 惠引 · Hye-in

세상을 주유하며 널리 가난한 사람들을 도우라

은혜 혜惠자에 이끌 인引자를 혜인이라 한다. 가지고 있는 재주가 출중하고 나누려는 마음이 넉넉하고 새로운 도전 앞에 당당한 운명이다. 늘 베푸는 마음을 은혜 은惠자로 쓰고, 그 마음을 바탕으로 사람들을 풍요롭고 바른 곳으로 이끌라는 뜻에서 인引자를 쓴다. 인引자를 파자로 풀면 활을 당겨 가슴을 활짝 편 위풍당당한 모습이다. 세상을 주유하며 가난하고 모자란 곳에 큰 은혜와 보살핌을 베풀라는 뜻에서 혜인이라 한다.

590 효경 · 曉耕 · Hyo-gyeong

푸르른 새벽빛으로 세상을 풍요롭게 일구라

새벽 효曉자에 밭갈 경耕자를 써 효경이라 한다. 새벽은 어둠이 밝음으로 가는 시간이다. 미혹이 깨달음으로 가는 시간이다. 큰 지혜를 효曉자로 쓰고, 다음 밭갈 경耕자를 써 그 부지런함을 담는다. 아침에 일어나 밭을 가는 사람은 늘 푸르고 푸르다. 그 정신이 푸르고 그 마음이 푸르고 그 영토가 푸르다. 새벽에 일어나 펼쳐질 풍요로운 땅을 이름에서 받으니 늘 푸르른 마음으로 세상의 빛이 되고 영광이 된다.

591 효린 · 曉麟 · Hyo-rin

새벽을 여는 밝은 힘으로 세상을 열라

새벽 효曉자에 기린 린麟자를 써 효린이라 한다. 새벽은 어둠이 밝음으로 가는 시간이다. 미혹이 깨달음으로 가는 시간이다. 큰 지혜를 효曉자로 쓰고, 다음 기린은 예부터 권위와 부귀의 상징이며 평화와 고귀함을 뜻한다. 말에 뜻이 높고 권위가 있으라는 뜻에서 기린 린麟자를 쓴다. 지극한 심성과 뛰어난 지혜로 만인에게 큰 깨달음과 기쁨을 줄 운명이다. 새벽을 여는 밝은 힘으로 세상을 비추고 고귀하고 아름다운 사람이 되라는 뜻에서 효린이라 한다.

---

592 효민 · 孝岷 · Hyo-min

풍족한 마음으로 널리 사람을 공경하고 사랑하라

효도 효孝자에 산이름 민岷자를 써 효민이라 한다. 효제인지본孝弟仁之本이라는 말이 있다. 위로 효도하고 아래로 공경하는 마음은 인仁의 근본이라는 뜻이다. 사람의 중심에서 사람을 움직이는 사람은 근원의 힘이 바로 인이다. 위아래로 널리 공경하고 사랑하는 마음만이 많은 사람과 더불어 큰일을 할 수 있다. 널리 사람을 공경하는 마음에서 먼저 효孝자를 쓰고, 다음 민岷자는 산에 사는 백성이다. 산에 사는 사람들은 평생을 산의 젖줄 속에서 풍요롭고 행복하다. 스스로 많은 재주와 인격을 갖추고 사람 앞에 당당하고 힘의 중심에서 일하라는 뜻에서 효민이라 한다.

---

593 효빈 · 孝斌 · Hyo-bin

건강한 몸과 마음으로 널리 사람을 공경하고 사랑하라

효도 효孝자에 훌륭할 빈斌자를 써 효빈이라 한다. 효제인지본孝弟仁之本이라는 말이 있다. 위로 효도하고 아래로 공경하는 마음은 인仁의 근본이라는 뜻이다. 사람의 중심에서 사람을 움직이는 사람은 근원의 힘이 바로 인이다. 위아래로 널리 공경하고 사랑하는 마음만이 많은 사람과 더불어 큰일을 할 수 있다. 널리 사람을 공경하는 마음에서 먼저 효孝자를 쓰고, 다음 훌륭할 빈斌자는 파자로 풀면 무예와 학덕이 뛰어나 문무를 모두 겸비한 아름다운 모습이다. 스스로 많은 재주와 인격을 갖추고 사람 앞에 당당하고 힘의 중심에서 일하라는 뜻에서 효빈이라 한다.

594 효은 · 曉誾 · Hyo-eun

지혜롭고 따뜻한 성품으로 큰 사랑을 펼치라

새벽 효曉자에 온화할 은誾자를 써 효은이라 한다. 새벽은 어둠이 밝음으로 가는 시간이다. 미혹이 깨달음으로 가는 시간이다. 큰 지혜를 펼쳐 세상을 깨우치라는 뜻에서 먼저 새벽 효曉자를 쓰고, 다음 온화할 은誾자는 성품이 따뜻하고 평온하여 많은 사람이 아끼고 사랑한다는 뜻이다. 정신은 지혜를 받들고 마음은 평온을 갖추어 세상에 큰 사랑을 펼치라는 뜻에서 효은이라 한다.

595 효재 · 孝才 · Hyo-jae

안으로는 효심을 가꾸고 밖으로는 재주를 펼치라

효도 효孝자에 재주 재才자를 써 효재라 한다. 효제인지본孝弟仁之本이라는 말이 있다. 위로 효도하고 아래로 공경하는 마음은 인仁의 근본이다. 인을 갖춘 사람은 그 근본을 효심으로 삼으니 늘 효심이 가득한 사람이 되라는 뜻에서 효도 효孝자를 쓰고, 다음 재주 재才자는 근본을 바르게 하여 큰 재주를 드러낸다는 뜻이다. 안으로는 효심을 가꾸고 밖으로는 재주를 펼치라는 뜻에서 효재라 한다.

596 효주 · 曉周 · Hyo-ju

깊은 지혜로써 세상을 두루두루 밝히라

새벽 효曉자에 두루 주周자를 써 효주라 한다. 새벽은 어둠이 밝음으로 가는 시간이다. 미혹이 깨달음으로 가는 시간이다. 큰 지혜를 효曉자로 쓰고, 다음 두루 주周자를 파자로 풀면 입 구口자에 쓸 자用자이다. 말과 지혜를 통해 세상을 두루두루 밝힌다는 의미다. 지극한 심성과 뛰어난 지혜로 만인에게 큰 깨달음과 기쁨을 줄 운명이다. 치우치지 않고 가려 받지 않아 모든 사람이 두루두루 행복한 땅을 일구라는 뜻에서 효주라 한다.

597 효진 · 皛眞 · Hyo-jin

진실한 마음으로 세 가지 큰 기쁨을 이루라

나타날 효皛에 참 진眞자를 써 효진이라 한다. 살아가면서 세 가지 큰 기쁨이 있을 것이니, 재물로 인한 기쁨이 하나이고 배우자로 인한 기쁨이 둘이며 이름으로 인한 기쁨이 셋이다. 그 기쁨을 늘 바라는 마음에서 효진이라 한다. 참된 성품을 밝히면 만사를 이룰 것이니 늘 밝고 맑은 성품으로 기쁜 일만 가득하라는 뜻에서 효진이라 한다.

598 희연 · 熙淵 · Hui-yeon

밝은 성품과 깊은 마음으로 깊고 기쁜 사람이 되라

빛날 희熙자에 못 연淵자를 써 희연이라 한다. 밝은 동산에는 꽃이 피고 나무가 자라고 생명이 움터 그 빛깔이 곱고 향기롭다. 꽃과 나무들이 빛이 나는 동산이니 빛날 희熙자를 쓰고, 다음으로 동산에 못이 있어 연꽃이 피고 생명이 물결을 가르는 모습을 못 연淵자로 받는다. 이처럼 삶이 기쁘고 깊으니 희연이라 한다. 밝은 성품과 깊은 마음으로 깊고 기쁜 사람이 되라는 뜻에서 희연이라 한다.

599 희원 · 熙園 · Hui-won

지경에 지경을 넓혀 큰 땅의 주인으로 행복하고 충만하라

빛날 희熙자에 동산 원園자를 써 희원이라 한다. 밝은 동산에는 꽃이 피고 나무가 자라고 생명이 움터 그 빛깔이 곱고 향기롭다. 꽃과 나무들이 빛이 나는 동산이니 건강한 기운으로 풍족한 삶을 살라는 의미에서 희원이라 한다. 땅에는 주인이 있다. 바로 그 땅을 진심으로 사랑하고 헌신하는 사람이 바로 주인이다. 당당한 땅의 주인으로 건강하고 행복하라는 뜻이 담긴 이름이다.

600 희은 · 熙恩 · Hui-eun

대인의 마음으로 세상의 큰 빛이 되라

빛날 희熙자에 은혜 은恩자를 써 희은이라 한다. 빛이 있는 곳에 생명이 있다. 늘 생명을 길러내는 세상의 밝은 빛이 되라는 뜻에서 빛날 희熙자를 쓰고, 다음 은혜 은恩자를 파자로 풀면 사방으로 펼쳐진 대인의 마음이다. 대인의 마음은 치우치지 않고 세상을 두루두루 비춘다. 대인의 마음으로 세상의 큰 빛이 되라는 뜻에서 희은이라 한다.

중성적 이름 100선

601 강윤 · 康胤 · Gang-yun

화평한 마음으로 자족하며 널리 많은 후손을 두라

편안할 강康자에 자손 윤胤자를 써 강윤이라 한다. 일생에 큰 고비 없이 편안하고 화평하며 마음이 즐겁게 살라는 뜻에서 편안할 강康자를 쓰고, 다음 자손 윤胤자는 혈통을 잇는다는 뜻이다. 널리 많은 후손을 두라는 의미에서 자손 윤胤자를 쓴다. 자족하는 마음으로 기쁨을 삼고 건강하게 많은 후손을 보라는 뜻에서 강윤이라 한다.

602 겸희 · 兼熙 · Gyeom-hui

모든 이견을 포용해 큰 사람이 되라

겸할 겸兼자에 빛날 희熙자를 써 겸희라 한다. 겸할 겸兼자는 서로 다른 의견과 생각들을 모두 포용해 하나의 뜻을 만들고 용서하고 소통하라는 뜻이다. 다음 빛날 희熙자는 세상을 밝히는 빛이 되어 가족을, 기업을, 나라를 그리고 온 생명을 빛으로 채우라는 뜻이다. 모든 이견들을 이치에 맞게 바르게 안아 태양처럼 우뚝 서라는 뜻에서 겸희라 한다. 모든 생명을 사랑하고 가꾸는 마음을 잊지 말며, 모든 일을 솔선수범하여 주관하고 이끌라는 뜻이 담긴 이름이다.

603 규진 · 圭眞 · Gyu-jin

진실한 마음과 풍요로운 운명으로 아름다운 삶을 이루라

홀 규圭자에 참 진眞자를 써 규진이라 한다. 규圭자는 흙 토土자를 겹쳐 놓은 모양으로 천자가 제후에게 내린 땅을 말한다. 풍요롭고 화평한 대지가 끝없이 펼쳐진다. 다음 참 진眞자는 진실로 원하는 것을 이루라는 뜻이다. 인생은 풍요롭게 살되 정신은 푸르고 밝아 참되야 한다. 진실한 마음과 풍요로운 운명으로 아름다운 삶을 이루라는 뜻에서 규진이라 한다.

604 기하 · 基河 · Gi-ha

시공의 주인으로 이 땅을 지키고 광대한 시간을 운영하라

터 기基자에 물 하河자를 써 기하라 한다. 우주는 시공이 조화를 이루고 있다. 터는 공간이며 물은 시간이다. 공간은 흐르는 것이며, 시간은 지키는 것이다. 시공의 주인으로 오늘 이 땅을 지키고 광대한 시간을 운영하라는 뜻에서 기하라 한다. 아름다운 공간과 영원한 시간을 소유하는 사람은 충만하고 넉넉하다. 널리 아름다운 땅 위에 부지런히 장강이 흘러 흘러 오래도록 그 풍요로움을 간직하라는 뜻이 담긴 이름이다.

605 노신 · 爐信 · No-sin

소통의 장을 열어 사람들에게 꿈을 심어주는 사람이 되라

풀무 노爐자에 믿을 신信자를 써 노신이라 한다. 사람은 누구나 자신의 빛이 있다. 나름의 소명이 있고 나름의 꿈이 있다. 하지만 꿈의 불씨는 씨앗으로 남아 있지 그 불을 지펴주는 사람은 많지 않다. 풀무란 그런 불씨를 살려내는 도구이다. 사람마다 가진 장점을 살려내고 열정에 불을 지펴 별처럼 빛나게 하는 큰 스승이 되라는 뜻에서 풀무 노爐자를 쓴다. 다음으로 믿음이란 소통의 바탕이다. 큰 믿음으로 소통의 장을 열라는 뜻에서 믿을 신信자를 쓴다. 소통의 장을 열어 사람들에게 꿈을 심어주는 사람이 되라는 뜻에서 노신이라 한다.

606 노하 · 爐河 · No-ha

순리대로 이루어 세상의 큰 스승이 되라

풀무 노爐자에 물 하河자를 써 노하라 한다. 사람마다 나름의 소명이 있고 나름의 꿈이 있다. 그러나 그러한 소명을 살리는 사람은 많지 않다. 스승을 못 만났기 때문이다. 씨앗으로 남아 있는 불씨를 지펴주는 사람은 많지 않다. 풀무란 그런 불씨를 살려내는 도구이다. 각자의 장점을 살려내고 열정에 불을 지펴 별처럼 빛나게 하는 큰 스승이 되라는 뜻에서 풀무 노爐자를 쓴다. 다음 물 하河자는 파자로 풀면 물이 순리대로 흘러 가히 옳다는 뜻이다. 물처럼 흘러 순리대로 만사를 올바르게 이루어 세상의 큰 스승이 되라는 뜻에서 노하라 한다.

607 다운 · 多云 · Da-un

널리 재주를 베풀어 세상을 풍요롭게 하라

많을 다多자에 이를 운云자를 써 다운이라 한다. 예부터 다多자는 도량이 넓어 뛰어나다는 뜻이다. 신에게 바치는 성물이 다多이니 풍요롭고 경건한 모습이다. 다음 운云자는 도착하고 다다른다는 뜻으로 그 마음과 정신이 바르고 넉넉해 모든 사람에게 널리 퍼져 풍요로운 세상을 만드는 모습이다. 많은 재주를 널리 사람에게 펼쳐 세상을 풍요롭게 하라는 뜻에서 다운이라 한다.

608 단이 · 旦理 · Dan-i

앞으로는 해처럼 기운차고 뒤로는 순리대로 부드러워라

아침 단旦자에 이치 이理자를 써 단이라 한다. 아침 단旦을 파자로 풀면 땅 위에 해가 떠오르는 모습이다. 어둠이 밝음으로 가고 미혹이 깨달음으로 가는 모습이다. 풍요로운 언덕에 떠오르는 태양처럼 밝고 힘차라는 뜻에서 아침 단旦자를 쓰고, 다음 만사를 이치와 법칙에 맞게 순리대로 이끌라는 뜻에서 이치 이理자를 쓴다. 앞으로는 해처럼 기운차고, 뒤로는 순리대로 부드러운 사람이 되라는 뜻에서 단이라 한다.

609 단희 · 旦熙 · Dan-hui

눈부신 소망 하나로 세상을 밝게 비추라

아침 단旦자에 빛날 희熙자를 써 단희라 한다. 아침 단旦자를 파자로 풀면 땅 위에 해가 떠오르는 모습이다. 어둠이 밝음으로 가고 미혹이 깨달음으로 가는 모습이다. 태양처럼 세상에 우뚝 선 선량하고 눈부신 소망 하나가 아름답다. 아침의 눈부신 소망을 받아 아침 단旦자를 쓰고, 다음 그 밝은 빛이 사방으로 퍼져 밝은 세상을 열라는 뜻에서 빛날 희熙자를 쓴다. 한결같은 마음으로 바른 길을 열고 눈부신 소망으로 세상을 밝게 비추라는 뜻에서 단희라 한다.

610 도선 · 到宣 · Do-seon

깊은 재주와 덕을 갖추어 가는 곳마다 큰 축복과 기쁨이 되라

이를 도到자에 베풀 선宣자를 써 도선이라 한다. 예부터 도처선화당到處宣化堂이라 한다. 이르는 곳마다 성대하게 대접을 받는다는 뜻이다. 스스로 부지런하여 닿는 곳마다 성공과 은덕이 깊으라는 뜻에서 도선이라 한다. 스스로 깊은 재주와 덕을 갖추면 가는 곳마다 큰 축복과 기쁨을 나누어 줄 수 있다. 인생의 어느 길목에서도 늘 사랑받고 대접받는 사람이 되라는 뜻에서 도선이라 한다.

611 도원 · 圖元 · Do-won

부지런히 뛰고 베풀어 세상을 풍요롭게 하라

그림 도圖자에 으뜸 원元자를 써 도원이라 한다. 예부터 그림 도圖자는 농토를 나누어 다스린다는 뜻으로 쓰였다. 나라와 영토가 잘 다스려지니 윤택하고 풍요롭다. 다음 으뜸 원元자는 어진 사람의 발에서 비롯되었다. 높은 자리에 오르되 자리에 연연하지 말며 늘 발로 뛰는 모습으로 덕을 쌓으라는 뜻에서 원元자를 쓴다. 부지런한 발로 뛰고 넉넉한 마음으로 베풀어 세상을 풍요롭게 다스리라는 뜻에서 도원이라 한다.

612 동하 · 東昰 · Dong-ha

부지런히 구하여 세상의 바른 중심이 되라

동녘 동東자에 여름 하昰자를 써 동하라 한다. 동쪽의 푸른 기운을 바탕으로 세상의 중심에 서라는 뜻에서 동하라 한다. 여름 하昰자를 파자로 풀면 날 일日자에 바를 정正자이다. 천지만물의 중심인 태양이 바른 위치 즉 정위에 있으니 권위가 있고 화평하다. 늘 새롭게 시작하는 마음으로 구하여 세상의 중심에 서라는 뜻에서 동하라 한다.

613 로빈 · 路斌 · Robin

재주와 인격으로 세상에 바른 길을 열라

길 로路자에 훌륭할 빈斌자를 써 로빈이라 한다. 길 로路자는 방법과 방도를 뜻한다. 사물을 조리 있게 하여 법도를 찾고 문물이 오고 가니 소통한다는 뜻이다. 정직하고 바른 길로 소통의 길을 열라는 뜻에서 길 로路자를 쓰고, 다음 문무를 겸비하라는 뜻에서 훌륭할 빈斌자를 쓴다. 훌륭할 빈斌자는 파자로 풀면 무예와 학덕이 뛰어나 문무를 모두 겸비한 아름다운 모습이다. 스스로 많은 재주와 인격을 갖추고 세상에 길을 여는 사람이 되라는 뜻에서 로빈이라 한다.

614 로원 · 路源 · Ro-won

원칙과 법도를 바탕으로 소통의 세상을 열라

길 로路자에 근원 원源자를 써 로원이라 한다. 길 로路자는 방법과 방도를 뜻한다. 사물을 조리 있게 하여 법도를 찾고 문물이 오고 가니 소통한다는 뜻이다. 정직하고 바른 길로 소통의 길을 열라는 뜻에서 길 로路자를 쓰고, 다음 근원 원源자는 근원을 살펴 스스로 원칙을 세우라는 뜻이다. 원칙과 법도를 바탕으로 소통의 세상을 열라는 뜻에서 로원이라 한다.

615 루빈 · 鏤斌 · Ru-bin
무예와 학덕을 겸비하여 세상에 바른 길을 열라

새길 루鏤자에 훌륭할 빈斌자를 써 루빈이라 한다. 예부터 새길 루鏤자는 길을 뚫어 소통한다는 뜻으로 쓰였다. 사람과 사람의 소통의 문이 되고, 길을 열고 문을 열어 세상을 밝게 하라는 뜻에서 새길 루鏤자를 먼저 쓰고, 다음 문무를 겸비하라는 뜻에서 훌륭할 빈斌자를 쓴다. 훌륭할 빈斌자는 파자로 풀면 무예와 학덕이 뛰어나 문무를 모두 겸비한 아름다운 모습이다. 스스로 많은 재주와 인격을 갖추고 사람 앞에 당당하고 힘의 중심에서 일하라는 뜻에서 루빈이라 한다.

616 루하 · 鏤夏 · Ru-ha
소통의 길을 열어 풍요로운 세상을 만들라

새길 루鏤자에 여름 하夏자를 써 루하라 한다. 예부터 새길 루鏤자는 길을 뚫어 소통한다는 뜻으로 쓰였다. 사람과 사람의 소통의 문이 되고, 길을 열고 문을 열어 세상을 밝게 하라는 뜻에서 루鏤자를 먼저 쓰고, 다음 여름날 햇살처럼 풍요롭게 싱그럽게 인생을 향유하라는 뜻에서 여름 하夏자를 쓴다. 늘 사람의 중심에서 소통과 화합의 장을 만들어내고, 스스로 많은 재주와 인격을 갖추고 사람 앞에 당당하고 힘의 중심에서 일하라는 뜻에서 루하라 한다.

617 루헌 · 鏤軒 · Ru-heon
외유내강의 권위와 재주로 세상에 소통의 문을 열라

새길 루鏤자에 집 헌軒자를 써 루헌이라 한다. 새길 루鏤자는 길을 뚫어 소통한다는 뜻이 있다. 사람과 사람의 소통의 문이 되고, 길을 열고 문을 열어 세상을 밝게 하라는 소명을 받아 루鏤자를 먼저 쓰고, 다음 집 헌軒자는 예부터 대부 이상의 벼슬아치가 타던 수레를 뜻한다. 귀하고 높다. 그렇게 높은 기상이 드러나니 풍요로운 대지가 물질을 채울 것이며, 청렴한 기상이 정신을 채울 것이다. 외유내강의 재주와 인격으로 세상에 소통의 문을 열라는 뜻에서 루헌이라 한다.

618 모마 · 募磨 · Mo-ma

과거의 지혜를 모아 세상을 미술관처럼 아름답게 하라

모을 모募자에 문지를 마磨자를 써 모마라 한다. 일취월장 절차탁마日就月將 切磋琢磨의 운명이라 날마다 새롭게 도전하고 발전할 것이다. 지혜와 열정으로 사람을 모으고 그 모은 힘을 날마다 갈고 닦아 넓고 풍족한 세상을 이루라는 뜻에서 모마라 한다. 옛 것을 되새겨 오늘을 이루는 사람은 현명하다. 과거의 것으로 미래를 여는 사람은 선조들이 보살핀다. 옛 것에서 지혜를 모으고 보다 나은 내일을 꿈꾸며 지금 이 세상을 미술관처럼 아름답게 하라는 뜻에서 모마라 한다.

619 문연 · 文淵 · Mun-yeon

창성한 문예를 일으켜 풍요로운 나라를 이루라

글월 문文자에 못 연淵자를 써 문연이라 한다. 문화는 한 나라의 국본이다. 아름답고 훌륭한 문화를 여는 위국문사爲國文士가 되라는 뜻에서 글월 문文자를 쓰고, 다음 그 문화가 깊고 넓어 세상에 가득 차라는 뜻에서 못 연淵자를 쓴다. 못에는 문화는 물론 재물과 명예가 가득 들어찰 수 있다. 크고 넓은 학문과 예술을 이루어 풍요롭고 오래도록 빛나는 세상을 이루라는 뜻에서 문연이라 한다.

620 민솔 · 旻帥 · Min-sol

어질고 현명한 마음으로 세상을 바르게 이끄는 인물이 되라

하늘 민旻자에 거느릴 솔帥자를 써 민솔이라 한다. 민천현재旻天賢宰라는 말이 있다. 어진 하늘과 현명한 재상이 억조창생을 풍족하고 바르게 이끈다는 말이다. 어질고 현명하여 늘 바르게 사람을 이끌라는 뜻에서 하늘 민旻자를 쓰고, 다음 깊은 인격의 향기로 많은 사람을 이끌라는 뜻에서 거느릴 솔帥자를 쓴다. 시간이 갈수록 욱일승천하는 운명이니 청렴과 덕성을 함양함에 전심해야 한다. 어진 마음과 큰 재주로 세상을 바르게 이끌라는 뜻에서 민솔이라 한다.

621 서우 · 緒羽 · Seo-u

세상을 향해 처음 날아오르는 새의 날개처럼 힘차라

실마리 서緒자에 깃 우羽자를 써 서우라 한다. 모든 일에는 단초가 있다. 시작과 마무리를 잘하는 사람은 누가 없다. 시작하는 실마리가 바르고 튼튼하고 활기차 새의 처음 날개처럼 푸른 창공으로 뛰어오르라는 뜻에서 서우라 한다. 처음 날갯짓처럼 힘차게 뛰어오르는 모습 그대로를 서우라 한다. 세상을 주유하며 많은 사람에게 복과 덕을 베풀라는 뜻이 담긴 이름이다.

622 석효 · 晳效 · Seok-hyo

성실한 자세와 분명한 언행으로 세상의 중심에 서라

밝을 석晳자에 본받을 효效자를 써 석효라 한다. 밝을 석晳자는 사리가 분명하여 일의 본말을 바로 본다는 뜻이다. 명석한 눈과 말로 세상을 바로세우라는 뜻에서 밝을 석晳자를 쓴다. 다음 본받을 효效자는 공을 들이고 노력하여 큰 열매를 얻는다는 뜻이다. 성실한 자세와 분명한 언행으로 세상의 중심에 서라는 뜻에서 석효라 한다.

623 선경 · 善敬 · Seon-gyeong

조상의 깊은 은덕으로 행복한 인생을 누리라

착할 선善자에 공경 경敬자를 써 선경이라 한다. 마음이 착하고 행실이 착하고 그 뜻이 착해 착할 선善자를 쓰고, 다음 공경 경敬자는 스스로 경계하여 세상 모든 사람을 사랑하고 공경하라는 뜻이다. 부지런하고 겸손한 성품으로 스스로 경계하고 경책하여 세상의 모범이 될 것이니 그 삶이 아름답다. 늘 착한 마음으로 세상의 가난을 가슴에 안고, 늘 공경하는 마음으로 조상의 은덕을 받아 밝고 행복한 인생을 누리라는 뜻에서 선경이라 한다.

624 선재 · 善載 · Sun-jae

착하고 바른 품성을 널리 베풀라

착할 선善자에 실을 재載자를 써 선재라 한다. 마음이 착하고 행실이 착하고 그 뜻이 착해 착할 선善자를 쓰고, 다음 실을 재載자는 수레 위에 재물과 곡식이 쌓여 있는 모습이다. 수레 가득 덕과 재물을 채워 많은 사람에게 나누어야 한다. 세상에 빛이 되고 길이 되는 이는 널리 베푸는 사람이다. 타고난 품성이 바르고 크니 널리 칭송받을 것이다. 오늘에 머물지 말고 수레 가득 재주를 싣고 길을 나서니 많은 사람이 그 길을 따를 것이다. 넉넉한 재주와 바른 품성을 널리 베풀라는 뜻에서 선재라 한다.

625 선후 · 善厚 · Sun-hu

착하고 후덕한 사람이 되라

착할 선善자에 두터울 후厚자를 써 선후라 한다. 마음이 착하고 행실이 착하고 그 뜻이 착해 착할 선善자를 쓰고, 다음 후厚자는 그 믿음이 두텁고 깊다는 뜻이다. 만물은 착한 사람에게 돌아온다. 서로 소통하고 서로 이해하는 넓은 마음이 착한 마음이다. 만물을 아끼는 그 심성이 착하고 후덕해 마음을 더없이 평온하고 세상은 평화롭다. 착한 마음과 온화한 얼굴로 늘 베풀고 베풀라는 뜻에서 선후라 한다. 후덕한 성품 아래 많은 사람이 그 길을 따를 것이니 착하고 후덕한 사람이 되라는 뜻에서 선후라 한다.

626 성하 · 誠昰 · Sung-ha

한결같은 말과 행동으로 바른 세상을 열라

정성 성誠자에 여름 하昰자를 써 성하라 한다. 정성 성誠자를 파자로 풀면 말씀 언言자에 이룰 성成자이니 말한 바를 이루어 그 마음과 행동을 지극히 한다는 뜻이다. 늘 만사에 말과 행동이 하나가 되라는 뜻에서 성誠자를 쓰고, 다음 여름 하昰자를 파자로 풀면 날 일日자에 바를 정正자이다. 천지만물의 중심인 태양이 바른 위치 즉 정위에 있으니 권위가 있고 화평하다. 바른 세상은 말한 것을 행동으로 이루는 세상이다. 한결같은 말과 행동으로 바른 세상을 열라는 뜻에서 성하라 한다.

627 세람 · 世覽 · Se-ram
바르고 명철한 눈으로 세상을 보라

세상 세世자에 볼 람覽자를 써 세람이라 한다. 람覽자를 파자로 풀면 신하 신臣자에 볼 견見자이다. 신하가 천하를 내려다보는 마음이다. 따뜻하고 명민하며 찰찰한 마음의 눈이다. 자신의 눈을 닦아 세상의 아픔과 고통을 보라는 뜻에서 세람이라 한다. 넉넉하고 아름다운 심성으로 큰 가산을 쌓을 것이니 나누고 베푸는 미덕이 더 큰 풍요로움을 낳을 것이다. 세상을 찰찰히 살펴 사람들과 소통하고 나누며 멋진 인생을 살라는 뜻에서 세람이라 한다.

628 세오 · 細五 · Se-o
세심한 마음으로 세상의 주인이 되라

가늘 세細자에 다섯 오五자를 써 세오라 한다. 세상은 섬세한 사람이 주인이다. 세상의 모든 생명은 섬세한 사람에게 돌아온다. 자신이 처한 세상을 더욱 아름답고 더욱 세심하게 가꾸라는 뜻에서 가늘 세細자를 먼저 쓰고, 그리하여 중심이 되라는 뜻에서 다음 이름자도 다섯 오五자를 쓴다. 낮은 곳, 작은 것을 소중히 하라는 뜻에서 세오라 한다.

629 승현 · 承賢 · Seung-hyeon
선조의 뜻을 바르게 받들고 부지런히 베푸는 사람이 되라

이을 승承자에 어질 현賢자를 써 승현이라 한다. 이을 승承자는 선조들의 뜻을 받들고 그 가업을 계승하라는 뜻이다. 진실하고 경건한 마음으로 선조들의 뜻을 받들며 가업과 전통을 계승하라는 뜻에서 이을 승承자를 쓰고, 다음 어질 현賢자는 파자로 풀면 조개 패貝자에 또 우又자 그리고 신하 신臣자이니 관리가 넉넉한 재물을 베풀어 백성을 돕고 또다시 돕는다는 뜻이다. 선조의 뜻을 바르게 받들고 부지런히 베푸는 사람이 되라는 뜻에서 승현이라 한다.

630 시온 · 始昷 · Sion

세상에 처음 해가 떠올라 세상을 가득 비추라

처음 시始자에 어질 온昷자를 써 시온이라 한다. 처음은 바르고 힘차다. 인생에 어느 곳에서도 늘 시작하는 그 마음을 잊지 말라는 뜻에서 처음 시始자를 쓴다. 다음 어질 온昷자는 파자로 풀면 해가 떠올라 세상이 바르게 다스려지는 모습이다. 세상에 처음 해가 떠올라 만백성을 비추는 그 뜻을 되새기라는 뜻에서 시온이라 한다. 처음의 마음을 잃지 않고 기도하고 쌓으면 세상에 우뚝한 산이 될 것이다.

631 시진 · 翅眞 · Si-jin

진실한 마음으로 세상을 향해 날아오르라

날아오를 시翅자에 참 진眞자를 써 시진이라 한다. 세상을 향해 펼친 날개가 크고 강건하다. 세상을 주유하는 큰 포부를 받들어 날아오를 시翅자를 쓰고, 다음 참 진眞자는 자기 자신에게 진실한 사람이 되라는 뜻이다. 인생의 성공은 늘 자신에게 달려 있다. 스스로의 진심과 진정을 다할 때 인생은 보람과 기쁨이 된다. 진실한 마음으로 세상을 향해 날아오르라는 뜻에서 시진이라 한다.

632 신원 · 信元 · Sin-won

믿음의 중심에서 늘 노력하고 발전하는 사람이 되라

믿을 신信자에 으뜸 원元자를 써 신원이라 한다. 믿음은 오륜五倫의 중심이다. 인의지예신仁義智禮信의 가장 중심에서 사람과 사람을 묶어주는 바탕이다. 믿음은 믿음으로부터 온다. 스스로를 믿는 마음으로 세상 중심에 서라는 뜻에서 믿을 신信자를 쓰고, 다음 으뜸 원元자를 파자로 풀면 부지런한 사람의 발을 뜻한다. 부지런히 노력하여 최고가 되라는 뜻이다. 믿음의 중심에서 늘 노력하고 발전하는 사람이 되라는 뜻에서 신원이라 한다.

633 아도 · 亞圖 · A-do

도남의 웅지를 펼쳐 풍요로운 세상을 만들라

버금 아亞자에 그림 도圖자를 써 아도라 한다. 아亞자는 사방팔방으로 그 빛과 정의가 뻗어 나가는 형상이다. 자신의 뜻을 세상으로 널리널리 펼치라는 뜻에서 버금 아亞자를 쓰고, 다음 그림 도圖자는 농토를 나누어 다스린다는 뜻이다. 나라와 영토가 잘 다스려지니 윤택하고 풍요롭다. 경계의 한계를 두지 말고 세상 모두를 자신의 영토로 만들어 풍요롭고 단정하게 가꾸라는 뜻에서 아도라 한다. 세상을 풍요롭게 할 큰 뜻을 안고 도남圖南하라는 뜻이 담긴 이름이다.

634 아중 · 亞中 · A-jung

공평무사한 마음으로 세상의 중심에 서라

버금 아亞자에 가운데 중中자를 써 아중이라 한다. 버금 아亞자는 신성한 물건을 담는 제기를 뜻하고 사방으로 펼쳐지는 왕의 권위와 말을 뜻한다. 귀한 자리에서 널리 그 뜻을 펼치라는 뜻에서 버금 아亞자를 쓰고, 다음 가운데 중中자는 늘 공평무사하고 공명정대하여 중도를 찾으라는 뜻이다. 공평무사한 마음으로 세상의 중심에 서라는 뜻에서 아중이라 한다.

635 야니 · 若柅 · Ya-ni

큰 깨달음을 찾아 일가를 이루라

반야 야若자에 무성할 니柅자를 써 야니라 한다. 반야般若란 만물의 바른 실상을 깨닫고자 하는 지혜로운 마음이다. 세상의 큰 깨달음을 찾아 나서라는 뜻에서 반야 야若자를 쓰고, 다음 지혜는 넓어지고 경험은 깊어져 학문과 종파의 일가를 이루라는 뜻에서 무성할 니柅자를 쓴다. 큰 깨달음을 찾아 일가를 이루라는 뜻에서 야니라 한다.

636 언 · 彦 · Eon

선비의 풍모를 갖추고 널리 사람을 복되게 하라

선비 언彦자를 써 언이라 한다. 선비의 풍모로 널리 세상을 주유하라는 이름이다. 선비의 정신은 푸르고 강건하니 늘 새롭게 자신을 갈고 닦는다. 덕과 지혜로 세상을 풍류하며 하는 일에 소임을 다하라는 뜻에서 언이라 한다. 사람과 일의 중심에 서는 사람은 큰 지혜와 넓은 도량이 있어야 한다. 큰 사람은 청렴을 근본으로 서는 것이니 청렴과 덕성을 함양하는 데 전심을 다해야 한다.

637 연오 · 延五 · Yeon-o

세상의 중심에서 빛처럼 멀리멀리 뻗어 나가라

늘일 연延자에 다섯 오五자를 써 연오라 한다. 예부터 연延자는 넓어지다, 장구하다의 뜻으로 쓰였다. 오늘에 머물지 않고 멀리 떠나는 사람의 모습이 연延자에 있다. 혁신하고 창조하는 마음이다. 다음 다섯 오五자는 중심을 말한다. 늘 치우치지 않고 모든 것을 안으라는 뜻에서 다섯 오五자를 쓴다. 치우치지 않는 마음을 바탕으로 멀리멀리 빛처럼 뻗어 나가라는 뜻에서 연오라 한다.

638 영운 · 英運 · Yeong-un

큰 뜻으로 세상을 주유하며 소통의 중심에 서라

뛰어날 영英자에 옮길 운運자를 써 영운이라 한다. 뛰어날 영英자를 파자로 풀면 중앙 앙央자에 풀 초草자이니 중앙에 핀 아름다운 꽃이다. 만인의 표상이 되고 만사의 중심에 서라는 뜻에서 뛰어날 영英자를 쓰고, 다음 시간적으로는 현실에 머물지 말고 공간적으로는 그 자리에 머물지 않아 세상을 주유하며 소통하고 발전하라는 뜻에서 옮길 운運자를 쓴다. 뛰어난 영웅이 세상을 주유하며 이름을 알리듯 큰 뜻으로 세상의 주인이 되라는 뜻에서 영운이라 한다.

639 우빈 · 禹斌 · U-bin

우왕의 지덕으로 문무를 겸비하고 널리 사람을 복되게 하라

임금 우禹자에 훌륭할 빈斌자를 써 우빈이라 한다. 하나라 우왕禹王은 치수와 지덕의 상징이다. 우왕의 지덕을 배워 널리 세상을 바르게 하라는 뜻에서 임금 우禹자를 쓰고, 다음 문무를 겸비하라는 뜻에서 훌륭할 빈斌자를 쓴다. 훌륭할 빈斌자는 파자로 풀면 무예와 학덕이 뛰어나 문무를 모두 겸비한 아름다운 모습이다. 스스로 많은 재주와 인격을 갖추고 많은 사람의 중심에 설 것이다. 우왕의 지덕으로 세상을 풍요롭게 하라는 뜻에서 우빈이라 한다.

---

640 우주 · 又主 · U-ju

날마다 발전하고 정진하여 시공의 바른 주인이 되라

또 우又자에 주인 주主자를 써 우주라 한다. 일신우일신日新又日新이라는 말이 있다. 은나라 탕왕이 욕조에 써놓고 거울로 삼았다는 말로 날마다 새로워진다는 뜻이다. 다시 도전하고 다시 발전하여 날마다 새롭게 태어나는 사람이 되라는 뜻에서 또 우又자를 쓴다. 다음으로 중국 임제선사가 수처작주입처개진隨處作主立處皆眞이라는 말을 남겼다. 자신이 있는 어느 곳에서든 진실과 최선을 다하고 그 공간과 시간의 주인이 되라는 뜻이다. 날마다 새롭게 발전하고 정진하여 시공의 바른 주인이 되라는 뜻에서 우주라 한다.

---

641 원 · 元 · Won

성실한 발걸음으로 자신의 영역에서 최고가 되라

으뜸 원元자를 써 원이라 한다. 으뜸 원元자의 어원은 어진 사람의 발에서 비롯되었다. 성실한 발걸음으로 자신의 세상을 만들어가라는 뜻에서 원元자를 쓴다. 인생의 성공은 다른 사람이 가져다주지 않는다. 자신이 걸어간 한 걸음 한 걸음이 모여 성공이 된다. 진정한 성공은 스스로 이룬 것이어야 한다. 성실한 발걸음으로 자신의 영역에서 최고가 되라는 뜻에서 원이라 한다.

642 원재 · 元宰 · Won-jae

후덕한 마음과 부지런한 발로 널리 사람을 보살피라

으뜸 원元자에 재상 재宰자를 써 원재라 한다. 으뜸 원元자의 어원은 어진 사람의 발에서 비롯되었다. 어진 이가 낮은 곳에서 여러 사람을 돌보는 모습이 바로 원元이다. 높은 자리에 오르되 자리에 연연하지 말며 늘 발로 뛰는 모습으로 그 덕을 쌓으라는 뜻에서 원元자를 쓴다. 어진 재상이 널리 사람을 복되게 한다. 널리 사람을 풍족하게 한다. 후덕한 마음과 부지런한 발로 사람에게 도움이 되라는 뜻에서 원재라 한다.

643 유로 · 裕勞 · Yu-ro

넉넉한 마음과 쉼 없는 노력으로 큰 땅의 주인이 되라

넉넉할 유裕자에 힘쓸 로勞자를 써 유로라 한다. 너그러운 마음, 용서하는 마음은 넉넉하다. 가진 마음, 기다리는 마음은 넉넉하다. 타고난 천성이 넉넉하여 유裕자를 먼저 쓰고, 다음 평생 노력하고 노력하여 크고 넓은 영토를 이룰 것이기에 쉬지 않고 나아가라는 뜻에서 힘쓸 로勞자를 쓴다. 가진 자의 운명이지만 머무르지 않고 만족하지 않고 더 큰 세상을 이루라는 뜻에서 유로라 한다.

644 유솔 · 喩率 · Yu-sol

세상의 이치를 밝혀 널리 사람을 바른 길로 이끌라

깨우칠 유喩자에 거느릴 솔率자를 써 유솔이라 한다. 세상을 이끄는 사람은 부드러워야 한다. 세상을 이끄는 사람은 편안해야 한다. 세상의 모든 힘은 위에서 오는 것이 아니라 아래서 온다. 세상의 어둠을 깨우치고 세상의 미혹을 밝혀 바른 세상으로 이끌라는 뜻에서 유솔이라 한다. 인격의 깊은 향기로 세상 모든 사람을 깨우쳐 바른 길로 이끌라는 뜻이 담긴 이름이다.

645 유원 · 柔源 · Yu-won

부드럽게 흐르고 단단하게 지켜 자신의 본질을 이루라

부드러울 유柔자에 근원源자를 써 유원이라 한다. 부드러운 것은 부러지지 않는다. 부드러운 것이 강한 것을 이긴다. 편안하고 여유롭게 감싸 안아 부딪히지 않고 평온한 삶을 살라는 뜻에서 부드러울 유柔자를 쓰고, 근원 원源자는 자신의 근본과 자리를 알아 영원한 본질을 이루라는 뜻이다. 흘러야 하는 것은 자연스럽게 흐르게 두고 머물러 지켜야 하는 것은 근원의 자리에서 바르게 지키라는 뜻에서 유원이라 한다.

646 윤결 · 倫潔 · Yun-gyeol

인륜의 법을 널리 펼쳐 세상을 즐겁게 하라

인륜 윤倫자에 깨끗할 결潔자를 써 윤결이라 한다. 윤倫자를 파자로 풀면 사람이 둥글게 모여 있는 모습이다. 사람이 모여 함께할 때 서로 주고받는 원칙과 예절이 윤倫이다. 다음 결潔자는 품행이 바르고 청렴함을 뜻한다. 널리 사람 사이에 원칙을 세우고 바르고 깨끗하라는 뜻에서 윤결이라 한다. 인륜의 법을 널리 펼쳐 사람을 바르게 가르칠 소명 아래 청렴한 마음과 곧은 뚝심으로 사람들의 큰 기쁨이 되라는 뜻이 담긴 이름이다.

647 윤오 · 潤五 · Yun-o

인륜의 바른 법을 세워 세상을 풍요롭고 바르게 하라

윤택할 윤潤자에 다섯 오五자를 써 윤오라 한다. 사람을 사랑하는 마음이니 인仁이요, 사람과 소통하는 기준이니 의義요, 사람을 다루는 힘이니 지智요, 사람과 사람 사이에 선후니 예禮요, 사람과 사람 사이의 믿음이니 신信이다. 이 다섯 가지 인륜의 법을 세상에 펼쳐 세상을 윤택하게 하라는 뜻에서 윤오라 한다. 윤潤자를 파자로 풀면 임금 왕王자에 문 문門자 그리고 물 수水자로 왕이 문을 열고 나오니 강물이 풍요롭게 흐르는 모양이다. 세상을 풍요롭게 할 소명 아래 늘 밝고 현명하게 만사를 이루라는 뜻에서 윤오라 한다.

648 은성 · 銀星 · Eun-seong

부유하고 명예로운 삶을 살라

은빛 은銀자에 별 성星자를 써 은성이라 한다. 은銀은 재화와 재물을 뜻한다. 넉넉하고 풍요로운 삶을 살라는 뜻에서 은빛 은銀자를 쓰고, 다음 하늘의 별처럼 빛나 명예로운 이름을 얻으라는 뜻에서 별 성星자를 쓴다. 부유하고 명예로운 삶을 살라는 뜻에서 은성이라 한다.

649 은재 · 殷齋 · Eun-jae

몸과 마음을 하나로 성대한 열매를 맺으라

은나라 은殷자에 재계할 재齋자를 써 은재라 한다. 은나라 은殷자는 파자로 풀면 무기를 들고 성대하게 춤추는 모습이다. 권위와 축복을 뜻하는 날이니 성스럽고 성대하다. 널리 축복을 세상에 펼치라는 뜻에서 은나라 은殷자를 쓰고, 다음 재계할 재齋자는 몸과 마음을 경건히 함을 뜻한다. 밖으로 성스러운 날을 위해 안으로 늘 몸과 마음이 경건하고 가지런히 하라는 뜻에 은재라 한다. 몸과 마음이 하나되어 성대한 열매를 얻기 위해 한 걸음 한 걸음 나아가 축복된 세상을 이루라는 뜻이 담긴 이름이다.

650 은현 · 殷賢 · Eun-hyeon

안으로 지혜를 갖추고 밖으로 큰 영광을 이루라

은나라 은殷자에 어질 현賢자를 써 은현이라 한다. 은나라 은殷자는 파자로 풀면 무기를 들고 성대하게 춤추는 모습이다. 성대한 축일에 만인이 기뻐하는 모습이다. 많은 사람과 함께 경사스러운 날을 기뻐하라는 뜻에서 은나라 은殷자를 쓰고, 다음 어진 마음과 깊은 지혜로 현자가 되라는 뜻에서 어질 현賢자를 쓴다. 안으로 지혜를 갖추고 밖으로 큰 영광을 이루라는 뜻에서 은현이라 한다.

651 은호 · 殷鎬 · Eun-ho

성대한 열매를 열어 세상에 창창히 빛나라

은나라 은殷자에 호경 호鎬자를 써 은호라 한다. 은나라 은殷자는 파자로 풀면 무기를 들고 성대하게 춤을 추고 있는 모습이다. 권위와 축복을 뜻하는 날이니 성스럽고 성대하다. 널리 축복을 세상에 펼치라는 뜻에서 은나라 은殷자를 쓰고, 다음 호경 호鎬자는 산물이 풍족하고 땅이 기름지다는 뜻이다. 인생이 늘 즐겁고 성대한 열매로 창창히 빛나라는 뜻에서 은호라 한다.

652 이결 · 怡結 · I-gyeol

탐구하는 기쁨 그리고 큰 결실로 행복한 삶을 살라

기쁠 이怡자에 열매 맺을 결結자를 써 이결이라 한다. 깊은 탐구심으로 늘 기쁜 사람이 되라는 뜻에서 기쁠 이怡자를 쓰고, 다음 열매 맺을 결結자는 재운의 결실, 명예의 결실, 행복의 결실을 맺으라는 뜻이다. 탐구하는 기쁨 그리고 큰 결실로 행복한 삶을 살라는 뜻에서 이결이라 한다.

653 이담 · 夷淡 · I-dam

맑은 품성과 큰 웅지로 세상을 밝게 비추라

동이족 이夷자에 맑을 담淡자를 써 이담이라 한다. 동이족 이夷자를 파자로 풀면 큰 대大자에 활 궁弓자이다. 큰 화살을 든 사람이니 궁사의 자신감과 정확성 그리고 넓은 곳으로 화살을 쏘아 올리는 포부가 있다. 세상을 향해 포부를 펼치라는 뜻에서 먼저 동이족 이夷자를 쓰고, 다음 맑을 담淡자는 욕심을 내되 집착하지 않음이요, 고요하되 염착이 아니니 집착과 염착의 마음을 넘어 청렴하라는 뜻이다. 당당한 용기와 맑은 행동으로 모든 것을 담아내 세상의 큰 스승이 되라는 뜻에서 이담이라 한다.

654 이빈 · 易彬 · I-bin

쉽고 바른 이치를 통해 세상에 큰 빛이 되라

쉬울 이易자에 빛날 빈彬자를 써 이빈이라 한다. 쉬우면 편안하다. 편안하면 다스려진다. 편안하고 평평하여 다스려지는 모습을 예부터 이易라 한다. 세상을 편안하고 평화롭게 만들라는 뜻에서 쉬울 이易자를 쓰고, 다음으로 문무를 겸비하여 출중하고 빛난다는 뜻에서 빈彬자를 쓴다. 쉽고 바른 이치를 통해 세상에 큰 빛이 되라는 뜻에서 이빈이라 한다.

655 이안 · 夷安 · I-an

밖으로 지경을 넓히고 안으로 모든 생명을 편안케 하라

동이족 이夷자에 편안할 안安자를 써 이안이라 한다. 동이족 이夷자를 파자로 풀면 큰 대大자에 활 궁弓자이다. 큰 화살을 든 사람이니 궁사의 자신감과 정확성 그리고 넓은 곳으로 화살을 쏘아 올리는 포부가 있다. 편안할 안安자는 집안의 편안함, 회사의 편안함 그리고 국가의 편안함을 뜻한다. 밖으로는 광활한 땅을 개척하고 도전하며, 안으로는 행복한 삶의 울타리를 이루라는 뜻에서 이안이라 한다.

656 이원 · 易園 · I-Won

쉽고 바른 이치로 화목한 세상을 가꾸라

쉬울 이易자에 동산 원園자를 써 이원이라 한다. 쉬우면 편안하다. 편안하면 다스려진다. 편안하고 평평하여 다스려지는 모습을 예부터 이易라 한다. 세상을 편안하고 평화롭게 만들라는 뜻에서 쉬울 이易자를 쓴다. 동산에는 꽃이 피고 나무가 자라고 생명이 움터 그 빛깔이 곱고 향기롭다. 꽃과 나무들이 화창한 동산이니 푸른 기운 가득 풍족한 삶을 살라는 뜻에서 다음 자로 동산 원園자를 쓴다. 쉽고 바른 이치를 통해 널리 화목한 세상을 가꾸라는 뜻에서 이원이라 한다.

657 이준 · 怡峻 · I-jun

자신의 소임에 충실하고 진실하여 하늘의 기쁨이 되라

기쁠 이怡자에 높을 준峻자를 써 이준이라 한다. 기쁠 이怡자는 기쁘고 온화하다는 뜻이다. 성정이 따뜻하고 온순하면 늘 감사한 마음과 기쁜 일이 따른다. 주어진 일에 기쁨과 만족이 가득하라는 뜻에서 기쁠 이怡자를 쓰고, 다음 높을 준峻자는 오늘에 만족하지 말고 늘 도전하고 발전하여 가장 고귀한 사람이 되라는 뜻이다. 옛말에 '군자君子 양양호발육만물洋洋乎發育萬物 준극우천峻極于天'이라는 말이 있다. 군자는 세상 만물을 튼튼하게 성장시켜 그 뜻이 하늘에까지 이른다는 말이다. 자신의 소임에 충실하고 진실하여 하늘의 큰 기쁨이 되라는 뜻에서 이준이라 한다.

658 인서 · 仁序 · In-seo

세상의 순서를 바로세워 어질게 살라

어질 인仁자에 차례 서序자를 써 인서라 한다. 인仁은 오륜의 근본이다. 사람과 사람이 만나 그 신의와 예절을 다하고 삶을 완성시키는 힘은 오직 인에서 나온다. 늘 어진 사람이 되라는 뜻에서 어질 인仁자를 쓰고, 다음 깊은 지혜로 일의 순서와 사람의 위아래를 바로세우라는 뜻에서 차례 서序자를 쓴다. 순서를 바로세워 모든 사람이 조화롭게 살게 하라는 뜻에서 인서라 한다. 깊은 지혜로 모든 일의 순서와 옳고 그름을 따져 바른 길을 열라는 뜻이 담긴 이름이다.

659 인원 · 仁元 · In-won

어진 마음과 부지런한 발로 널리 사람을 보살피라

어질 인仁자에 으뜸 원元자를 써 인원이라 한다. 사람을 살피는 깊고 아름다운 마음을 가지라는 뜻에서 어질 인仁자를 먼저 쓰고, 다음 으뜸 원元자의 어원은 어진 사람의 발에서 비롯되었다. 높은 자리에 오르되 자리에 연연하지 말며 늘 발로 뛰는 모습으로 덕을 쌓으라는 뜻에서 원元자를 쓴다. 어진 재상이 널리 사람을 복되게 한다. 어진 마음과 부지런한 발로 사람에게 도움이 되라는 뜻에서 인원이라 한다.

660 인후 · 寅珝 · In-hu

용맹과 지혜로 나라를 지키는 별이 되라

범 인寅자에 옥이름 후珝자를 써 인후라 한다. 사람을 이끄는 사람은 기준이 명확하고 신념이 분명해야 한다. 자신의 신념을 분명히 하는 충성스런 재상이 되라는 뜻에서 범 인寅자를 쓰고, 다음 후珝자는 파자로 풀면 왕의 날개를 말한다. 새에게 날개가 있듯 왕에게도 돕는 지혜로운 신하들이 있어야 한다. 스스로 밝아 길을 열고 드러내지 않고 지혜롭게 돕는 모습이 인후의 향기이다. 용맹과 지혜로 나라를 지키는 별이 되라는 뜻에서 인후라 한다.

661 인휘 · 仁輝 · In-hwi

안으로 인덕을 갖추고 밖으로 용기를 펼쳐 세상의 주인이 되라

어질 인仁자에 빛날 휘輝자를 써 인휘라 한다. 인仁은 오륜의 근본이다. 사람과 사람이 만나 그 신의와 예절을 다하고 삶을 완성시키는 힘은 오직 인에서 나온다. 늘 어진 사람이 되라는 뜻에서 어질 인仁자를 쓰고, 다음 빛날 휘輝자를 파자로 풀면 빛 광光자에 군사 군軍자이니 군사들이 갑옷을 갖추고 깃발을 휘날리며 진군하는 모습이다. 큰 실천력과 용기로 세상을 향해 당당히 나아가라는 뜻에서 빛날 휘輝자를 쓴다. 안으로 인덕을 갖추고 밖으로 용기를 펼쳐 뜻 깊은 세상을 만나라는 뜻에서 인휘라 한다.

662 재경 · 在鏡 · Jae-gyeong

세상을 바르게 비추어 많은 사람을 보살피라

있을 재在자에 거울 경鏡자를 써 재경이라 한다. 있을 재在자는 예부터 깊이 살펴본다는 뜻으로 쓰였다. 사람을 살피는 깊고 아름다운 마음을 가지라는 뜻에서 재在자를 먼저 쓰고, 다음 거울 경鏡자는 모든 진실을 거짓 없이 비춘다는 뜻이다. 내 마음의 진실을 거짓 없이 드러내고 타인의 진실과 잘못을 여과 없이 비춰주는 눈 맑은 사람이 되라는 뜻에서 거울 경鏡자를 쓴다. 널리 많은 사람을 보살피는 사람이 되라는 뜻에서 재경이라 한다.

663 재선 · 財宣 · Jae-seon

부와 명예와 희망과 에너지를 나누어주는 사람이 되라

재산 재財자에 베풀 선宣자를 써 재선이라 한다. 재財자는 예부터 벼슬아치의 녹이란 뜻으로 쓰였다. 나라의 녹을 받아 나라의 일을 하라는 뜻에서 재산 재財자를 쓰고, 다음으로 그 재주와 인덕 그리고 재물을 널리 베풀라는 뜻에서 베풀 선宣자를 쓴다. 선宣이란 나라의 큰 은혜를 백성에게 베푼다는 뜻이니 정신적으로도 물질적으로도 많은 사람에게 큰 복을 베풀어야 한다. 내가 가진 부와 명예와 희망과 에너지를 나누어주는 사람이 되라는 뜻에서 재선이라 한다.

664 재원 · 在元 · Jae-won

찰찰한 눈과 부지런한 발로 널리 사람을 보살피라

있을 재在자에 으뜸 원元자를 써 재원이라 한다. 있을 재在자는 예부터 깊이 살펴본다는 뜻으로 쓰였다. 사람을 살피는 깊고 아름다운 마음을 가지라는 뜻에서 재在자를 먼저 쓰고, 다음 으뜸 원元자의 어원은 어진 사람의 발에서 비롯되었다. 높은 자리에 오르되 자리에 연연하지 말며 늘 발로 뛰는 모습으로 그 덕을 쌓으라는 뜻에서 원元자를 쓴다. 어진 재상이 널리 사람을 복되게 한다. 찰찰한 눈과 부지런한 발로 사람에게 도움이 되라는 뜻에서 재원이라 한다.

665 재윤 · 宰尹 · Jae-yun

바른 척도와 청렴한 성품으로 세상을 다스리라

재상 재宰자에 다스릴 윤尹자를 써 재윤이라 한다. 재상 재宰자는 청렴하고 정직한 관리가 되라는 뜻이다. 관운과 학운과 재운을 하나로 묶어 널리 풍요로운 세상을 만들어야 한다. 다음 윤尹자를 파자로 풀면 자를 들고 공사를 감독하는 사람이다. 바르게 세상을 다스리라는 뜻에서 윤尹자를 쓴다. 바른 척도와 청렴하고 고결한 성품으로 세상을 다스리는 바른 사람이 되라는 뜻에서 재윤이라 한다.

666 재이 · 在理 · Jae-i

널리 사람을 복되게 하고 세상을 이롭게 하라

있을 재在자에 이치 이理자를 써 재이라 한다. 재세화化在世理化는 이 세상을 풍요롭게 한다는 의미로 우리 나라의 개국이념이다. 먼 곳을 바라보는 것이 아니라 이 세상에 두 발을 딛고 서서 바른 이치로 세상을 만난다는 뜻이다. 주성의 밝은 별이 사람들을 풍요롭게 할 운명이니 늘 사람과 세상만물을 풍요롭게 하는 마음과 바람을 가지고 살아가야 그 뜻을 이룰 수 있다. 먼 곳에 꿈을 두는 것이 아니라 현실과 오늘 속에서 실천하라는 뜻에서 재세이화의 준말인 재이를 이름으로 한다.

667 정민 · 政岷 · Jeong-min

나라를 바르게 다르려 만백성을 풍족하게 하라

정사 정政자에 산이름 민岷자를 써 정민이라 한다. 바르고 바른 심성과 이상을 찾아 떠나는 모습이 아름답다. 신의와 우정을 바탕으로 많은 사람의 중심에 선 모습이 아름답다. 바른 마음으로 나라의 일을 바르게 하라는 뜻에서 정사 정政자를 쓰고, 다음 산이름 민岷자는 파자로 풀면 뫼 산山자에 백성 민民자이니 산의 풍족함 속에서 살아가는 풍요로운 백성들을 뜻한다. 나라를 바르게 다스려 만백성을 풍족하게 하라는 뜻에서 정민이라 한다.

668 정원 · 廷元 · Jeong-won

공명정대하고 부지런히 나라일을 가꾸라

조정 정廷자에 으뜸 원元자를 써 정원이라 한다. 조정 정廷자를 파자로 풀면 사람이 걸어 나가서는 곳이란 뜻이다. 그리하여 공정하고 공평하다는 뜻이 있다. 만인의 의견을 대변하는 사람은 늘 공정해야 한다. 그 공정함을 조정 정廷으로 받고, 다음 으뜸 원元자를 파자로 풀면 부지런한 재상의 발을 뜻한다. 삼공의 높은 지위에서 공명정대하고 부지런히 나라일을 가꾸라는 뜻에서 정원이라 한다.

669 정주 · 廷舟 · Jeong-ju

세상 사람을 모두 싣고 널리 대양으로 나아가라

조정 정廷자에 배 주舟자를 써 정주라 한다. 조정 정廷자를 파자로 풀면 사람이 걸어 나가 서는 곳이란 뜻이다. 그리하여 공정하고 공평하다는 뜻이 있다. 만인의 의견을 대변하는 사람은 늘 공정해야 한다. 그 공정함을 조정 정廷으로 받고, 다음으로 배 주舟자를 쓴다. 큰 사람은 널리 많은 사람을 품에 안아야 한다. 늘 변함없는 마음과 늘 따뜻한 말로 사람을 안아야 한다. 그 사람들 모두를 배에 실어 강을 건네주고 바다를 건네주어야 널리 칭송받는다. 큰 마음으로 머무르지 말고 만족하지 않아 널리 나아가라는 뜻에서 정주라 한다.

670 정헌 · 廷憲 · Jeong-heon

안으로 푸른 기상을 품고 밖으로 바른 법을 세우라

조정 정廷자에 법 헌憲자를 써 정헌이라 한다. 조정 정廷자를 파자로 풀면 사람이 걸어 나가 서는 곳이란 뜻이다. 그리하여 공정하고 공평하다는 뜻이 있다. 만인의 의견을 대변하는 사람은 늘 공정해야 한다. 그 공정함을 조정 정廷자로 받고, 법 헌憲자를 파자로 풀면 마음과 눈을 밝혀 잘잘못을 가려내라는 뜻이다. 선악을 가르고 선후를 따지는 일은 깊은 지혜와 반석처럼 단단한 용기에서 시작한다. 푸르고 단단한 마음을 안으로 품고 밖으로는 바르고 명확한 기준과 법을 세워 세상을 소통케 하라는 뜻에서 정헌이라 한다.

671 정호 · 廷瑚 · Jung-ho

공정한 눈으로 큰 세상을 이루라

조정 정廷자에 산호 호瑚자를 써 정호라 한다. 조정 정廷자를 파자로 풀면 사람이 걸어 나가 서는 곳이다. 그리하여 공정하고 공평하다는 뜻이 있다. 만인의 의견을 대변하는 사람은 늘 공정해야 한다. 그 공정함을 조정 정廷으로 쓰고, 다음 산호 호瑚자는 예부터 고귀한 인물과 공자를 일컫는 말이다. 스스로 인격과 바른 품성을 밝혀 나라의 일을 공정하게 처리하고, 권위와 권력 앞에 늘 공정한 눈을 잃지 말고 큰 세상을 이루라는 뜻에서 정호라 한다.

672 주원 · 柱元 · Ju-won

바른 중심 속에서 큰 영토를 이루라

기둥 주柱자에 으뜸 원元자를 써 주원이라 한다. 기둥은 집안의 중심이다. 사회에서 가정에서 지붕을 받든 기둥처럼 단단하고 책임 있는 사람이 되라는 뜻에서 기둥 주柱자를 쓴다. 다음 으뜸 원元자는 부지런한 사람의 발을 뜻한다. 세상을 주유하며 자신의 공간을 넓혀 나가라는 뜻이다. 바른 중심 속에서 큰 영토를 이루라는 뜻에서 주원이라 한다.

673 준이 · 準珥 · Jun-i

마음과 귀를 열어 만사의 표본이 되라

준할 준準자에 귀고리 이珥자를 써 준이라 한다. 사람의 이목구비는 정연해야 한다. 사람의 말과 행동은 끊고 맺음이 분명해야 한다. 만사의 이법은 정도에 있다. 바른 기준을 세우는 사람, 만법의 표본이 되는 사람, 정밀하고 확실하여 믿을 수 있는 사람이 바로 준準한 사람이다. 다음 귀고리 이珥자를 파자로 풀면 임금 왕王자에 귀 이耳자다. 왕의 귀를 뜻하니 귀를 열어 백성의 소리를 듣는 신하를 뜻한다. 마음과 귀를 열어 만사의 표본이 되라는 뜻에서 준이라 한다.

674 지빈 · 祉斌 · Ji-bin

겸손하고 겸양하는 마음으로 세상의 주인이 되라

복 지祉자에 빛날 빈斌자를 써 지민이라 한다. 예부터 하늘에서 내린 복을 지祉라 한다. 옛 것을 따르고 선조를 바르게 모셔 큰 복을 받으라는 뜻에서 복 지祉자를 쓰고, 다음으로 문무를 겸비하라는 뜻에서 빛날 빈斌자를 쓴다. 빛날 빈斌자를 파자로 풀면 무예와 학덕이 뛰어나 문무를 모두 겸비한 아름다운 모습이다. 문무를 겸비해 앞으로 나아가고 선조들의 복덕을 이어 후손에게 전하라는 뜻에서 지빈이라 한다.

675 지승 · 志勝 · Ji-seong

올바른 뜻을 세워 마침내 승리하는 인생이 되라

뜻 지志자에 이길 승勝자를 써 지승이라 한다. 뜻 지志자를 파자로 풀면 선비 사士자에 마음 심心자이니 선비의 마음이다. 공명정대하며 광대무변한 마음이 선비의 마음이다. 뜻한 바를 이루라는 뜻에서 뜻 지志자를 쓰고, 다음 정당하고 정의로운 것만이 마침내 승리한다. 정의를 실현하여 마침내 승리하는 인생을 살라는 뜻에서 이길 승勝자를 쓴다. 올바른 뜻을 세워 마침내 승리하는 인생을 살라는 뜻에서 지승이라 한다.

676 지언 · 知彦 · Ji-eon

선비의 풍모로 세상을 향해 큰 뜻을 펼치라

알 지知자에 선비 언彦자를 써 지언이라 한다. 알 지知자를 파자로 풀면 입 구口자에 화살 시矢자이다. 화살이 활에서 나가듯 입에서 나오는 말이 거침없고 명확하다. 자신이 꿈꾸는 세상을 당당하게 열라는 뜻에서 알 지知자를 쓰고, 다음 선비의 풍모로 널리 세상을 주유하라는 뜻에서 선비 언彦자를 쓴다. 큰 사람은 청렴을 근본으로 서는 것이니 청렴과 덕성을 함양함에 전심을 다해야 한다. 선비의 풍모로 세상을 향해 큰 뜻을 펼치라는 뜻에서 지언이라 한다.

677 지오 · 知悟 · Ji-o

깊고 높은 깨달음을 세상에 널리 펼치라

알 지知자에 깨달을 오悟자를 써 지오라 한다. 알 지知자를 파자로 풀면 입 구口자에 화살 시矢자이다. 화살이 활에서 나가듯 입에서 나오는 말이 거침없고 명확하다. 자신이 꿈꾸는 세상을 당당하게 열라는 뜻에서 알 지知자를 쓰고, 다음 깨달을 오悟자는 깊은 각성을 이루라는 뜻이다. 깊고 높은 깨달음을 세상에 널리 펼치라는 뜻에서 지오라 한다.

678 지운 · 智韻 · Ji-un

지혜의 눈으로 세상을 보고 진리의 입으로 세상을 이끌라

지혜 지智자에 운 운韻자를 써 지운이라 한다. 지혜의 눈은 엉킨 것을 풀고 감춰진 것을 드러내며 헛된 것을 가린다. 세상의 거짓과 참을 바로 보는 깊은 지혜를 찾으라는 뜻에서 지혜 지智자를 쓰고, 다음 운韻자는 아름다운 소리가 널리 퍼져 큰 가르침이 된다는 뜻이다. 지혜의 눈으로 세상을 보고 진리의 입으로 세상을 이끌라는 뜻에서 지운이라 한다.

679 지율 · 持栗 · Ji-yul

지극하고 공손한 마음으로 세상과 만나라

가질 지持자에 밤 율栗자를 써 지율이라 한다. 마음과 정신이 하나로 지극하면 바라고 꿈꾸는 곳에 이를 수 있다. 지극한 마음으로 꿈꾸는 곳에 서라는 뜻에서 가질 지持자를 쓰고, 다음 밤 율栗자는 예부터 공손하고 믿음직스러움을 뜻한다. 눈으로 큰 이상을 꿈꾸고 두 손은 공손히 모아 뜻이 높고 예의바른 사람이 되라는 뜻에서 지율이라 한다.

680 지융 · 枝隆 · Ji-yung

자신이 이룬 세계를 바탕으로 건강하고 풍요로운 인생을 영위하라

가지 지枝자에 높을 융隆자를 써 지융이라 한다. 가지 지枝자는 자손이 번창하고 학통이 성립되며 진리가 퍼져 나가 그 향기를 여러 사람에게 전달한다는 뜻이다. 널리 자신이 이룬 세상을 펼치라는 뜻에서 가지 지枝자를 쓰고, 다음 높을 융隆자는 나라가 융성하고 풍요롭고 강성하다는 뜻이다. 자신이 이룬 세계를 바탕으로 건강하고 풍요로운 인생을 영위하라는 뜻에서 지융이라 한다.

681 지홍 · 智弘 · Ji-hong

지혜로 길을 열고 사랑으로 사람을 보살피라

지혜 지智자에 클 홍弘자를 써 지홍이라 한다. 지혜란 이상과 현실을 하나로 만드는 열쇠이다. 지혜로운 사람은 문제를 풀고 고난을 넘어 마침내 꿈꾸는 세상에 다다른다. 어지럽고 다투는 세상 앞에 큰 지혜로 당당히 나서라는 뜻에서 지혜 지智자를 쓰고, 다음 홍익인간弘益人間은 우리의 개국이념이다. 넓고 큰 마음으로 사람을 사랑하고 보살피라는 뜻에서 클 홍弘자를 쓴다. 지혜로 길을 열고 사랑으로 사람을 보살피는 사람이 되라는 뜻에서 지홍이라 한다.

682 지후 · 智珝 · Ji-hu

깊고 큰 지혜로 왕의 날개가 되라

지혜로울 지智자에 옥이름 후珝자를 써 지후라 한다. 사람의 중심에 서 있는 사람은 지혜로워야 한다. 많은 사람이 서로 소통하며 화합할 수 있게 큰 지혜를 갖추고 공평무사해야 한다. 옥이름 후珝자는 파자로 풀면 왕의 날개를 말한다. 새에게 날개가 있듯 왕에게도 돕는 지혜로운 신하가 있어야 한다. 안에서 드러내지 않고 지혜롭게 돕는 모습이 지후의 향기다. 평생에 따를 관운 속에서 늘 지혜롭게 돕는 재상의 마음을 잊지 말고, 때를 맞춰 오고 가는 밝은 눈을 가지라는 뜻에서 지후라 한다.

683 진후 · 盡厚 · Jin-hu

안으로는 진정성을 갖추고 밖으로는 후덕한 사람이 되라

다할 진盡자에 두터울 후厚자를 써 진후라 한다. 삼국지에서 유래한 진인사대천명盡人事待天命은 자신의 일에 최선을 다하되 그 결과는 하늘에 맡긴다는 뜻이다. 늘 자신의 일과 사랑에는 남김없이 진심을 다하라는 뜻에서 다할 진盡자를 쓰고, 다음으로 그 마음이 따뜻하고 후덕하여 널리 사람을 감싸 안으라는 뜻에서 두터울 후厚자를 쓴다. 스스로에게는 정직하고 성실하나 타인에게는 넉넉하고 후덕한 성품을 가지라는 뜻에서 진후라 한다.

684 채경 · 寀鏡 · Chae-gyeong

만인의 수장으로 세상을 바르게 비추는 눈이 되라

녹봉 채寀 자에 거울 경鏡 자를 써 채경이라 한다. 넓은 땅에서 받는 녹봉으로 풍요로움이 끊이지 않기에 녹봉 채寀 자를 먼저 쓰고, 다음 거울 경鏡 자는 모든 진실을 거짓 없이 비추라는 뜻이다. 내 마음의 진실을 거짓 없이 드러내고 타인의 진실과 잘못을 여과 없이 비춰주는 눈 맑은 사람이 되라는 뜻에서 경鏡 자를 쓴다. 만인의 수장으로 책임과 소임을 다해 세상에 밝은 빛이 되고 아름다운 마음으로 세상을 청렴하게 살라는 뜻에서 채경이라 한다.

685 청라 · 淸羅 · Cheong-ra

맑고 청렴한 삶으로 아름다운 사람이 되라

맑을 청淸 자에 비단 라羅 자를 써 청라라 한다. 맑고 청렴함의 기준이 되라는 이름이다. 관직에 몸을 담고 일하는 운명이니 스스로 맑게 살고 그 맑게 사는 기준을 다른 사람에게도 적용해 스스로 떳떳하라는 뜻에서 청라라 한다. 바르고 맑음을 늘 가슴에 안고 살며 운명의 주인이 되기를 바라는 뜻에서 청라라 한다.

686 태경 · 泰卿 · Tae-gyeong

두 손을 모아 세상을 공경하라

클 태泰 자에 벼슬 경卿 자를 써 태경이라 한다. 클 태泰 자를 파자로 풀면 물을 떠 올리는 두 손이다. 물은 지혜요 재복이다. 세상을 주유하며 널리 지혜를 구하고 경청과 지식을 쌓아 풍요로운 사람이 되라는 뜻이다. 다음 벼슬 경卿 자는 겸손하게 공경하는 모습을 나타낸다. 두 손을 모으고 세상을 공경하는 모습이 바르고 정의롭다. 세상을 공경하는 마음으로 널리 큰 사람이 되라는 뜻에서 태경이라 한다.

687 태루 · 兌鏤 · Tae-ru

세상에 소통의 문을 열라

기쁠 태兌자에 새길 루鏤자를 써 태루라 한다. 예부터 태兌자는 길을 열어 사람이 오거니 만인이 기뻐한다는 뜻으로 쓰였다. 파자로 풀면 어진 이의 발과 고운 말로 사람을 기쁘게 한다는 뜻이다. 널리 사람을 기쁘게 하라는 뜻에서 태兌자를 쓰고, 다음 새길 루鏤자는 예부터 길을 뚫어 소통한다는 뜻으로 쓰였다. 사람과 사람의 소통의 문이 되고, 스스로 천지만물의 바른 기준이 되고 그 기준을 바탕으로 세상에 소통을 열라는 뜻에서 태루라 한다.

688 하온 · 昰蘊 · Ha-on

세상을 바른 위치로 돌려 만물이 풍요롭게 하라

여름 하昰자에 쌓을 온蘊자를 써 하온이라 한다. 여름 하昰자를 파자로 풀면 날 일日자에 바를 정正자이다. 천지만물의 중심인 태양이 바른 위치 즉 정위에 있으니 권위가 있고 화평하다. 마음을 바로세운 다음 그 위에 행복도 쌓고 재물도 쌓고 복덕 또한 쌓으라는 뜻에서 쌓을 온蘊자를 쓴다. 청렴한 뜻을 세우고 대지는 풍요롭게 다스려 널리 복된 삶을 살라는 뜻에서 하온이라 한다. 명예로운 일이 많은 운명인 만큼 올라갈 산도 높음을 알고 많이 참고 많이 기다릴 줄 아는 지혜로 큰 꿈을 이루길 바란다.

689 하원 · 昰源 · Ha-won

근본을 가꾸고 닦아 세상의 중심에 서라

여름 하昰자에 근원 원源자를 써 하원이라 한다. 여름 하昰자를 파자로 풀면 날 일日자에 바를 정正자이다. 천지만물의 중심인 태양이 바른 위치 즉 정위에 있으니 권위가 있고 화평하다. 다음으로 근원을 찾는 힘으로 구하고 구하여 마르지 않는 샘이 되라는 뜻에서 근원 원源자를 쓴다. 여름날 부지런한 농부의 마음으로 구하고 구하여 세상의 중심에 서라는 뜻에서 하원이라 한다.

690 해겸 · 偕兼 · Hae-gyeom

더디 가더라도 모두 함께 가는 세상을 만들라

함께 해偕자에 겸할 겸兼자를 써 해겸이라 한다. 함께 해偕자는 혈기가 왕성하여 두루두루 미친다는 뜻이다. 긍정적인 사고와 적극적인 성품으로 함께하는 사람들에게 영향력을 미치는 사람이 되라는 뜻에서 함께 해偕자를 쓰고, 다음 겸할 겸兼자는 넓은 마음으로 포용하고 치우치고 버리지 않는다는 뜻이다. 더디 가더라도 모두 함께 가는 세상을 만들라는 뜻에서 해겸이라 한다.

691 해민 · 偕閔 · Hae-min

세상을 향한 연민의 눈으로 함께하는 사람과 늘 행복하라

함께 해偕자에 위문할 민閔자를 써 해민이라 한다. 세상을 기르는 마음은 깊고 곱다. 생명을 아끼는 마음은 따뜻하고 쾌활하다. 세상을 불쌍히 여기는 따뜻한 마음으로 세상 모든 사람과 함께하라는 뜻에서 해민이라 한다. 널리 사람을 사랑하는 마음으로 함께하는 모든 사람들과 아름답고 행복한 삶을 살라는 뜻에서 해민이라 한다.

692 해성 · 海誠 · Hae-seong

한마디 한마디 진실을 다해 사해의 주인이 되라

바다 해海자에 정성 성誠자를 써 해성이라 한다. 바다는 만물의 근원이며 고향이다. 사해같이 넓은 마음과 풍요로움으로 한마디 한마디 모든 약속을 이루라는 뜻에서 해성이라 한다. 삶의 성공과 실패는 말의 진실에 있다. 한마디 한마디가 진실한 사람에게는 모든 사람이 믿음을 갖는다. 한마디 한마디 이룬 것이 바다 같은 사람이 되면 진정 꿈꾸던 자리에 서게 된다. 작은 것을 소중히 하는 동안 한 방울 한 방울이 모여 바다가 되는 기적을 이루라는 뜻에서 해성이라 한다.

693 현담 · 玄淡 · Hyeon-dam

깊은 지혜와 맑은 행동으로 세상의 큰 스승이 되라

검을 현玄자에 맑을 담淡자를 써 현담이라 한다. 예부터 검을 현玄자는 근원의 힘, 하늘의 법, 원칙과 본질을 뜻한다. 지혜를 바탕으로 하기 위해 북방의 힘이자 근원의 힘인 검을 현玄자를 기준으로 삼고, 다음으로 맑을 담淡자를 쓴다. 담淡은 욕심을 내되 집착하지 않음이요 고요하되 염착이 아니니, 집착과 염착의 마음을 넘어 늘 최선을 다하고 또다시 성공을 넘어 다시 도전하라는 뜻이다. 깊은 지혜와 맑은 행동으로 세상의 큰 스승이 되라는 뜻에서 현담이라 한다.

694 현솔 · 鉉率 · Hyeon-sol

깊은 지혜와 현명한 판단으로 세상을 바르게 이끌라

솥귀 현鉉자에 거느릴 솔率자를 써 현솔이라 한다. 세상을 이끄는 사람은 부드러워야 한다. 세상을 이끄는 사람은 편안해야 한다. 세상을 이끄는 사람은 공평해야 한다. 삼공의 지위에 앉아 공평하게 세상을 다스리는 모습을 예부터 현鉉이라 한다. 깊은 지혜와 현명한 판단으로 세상을 바르게 이끌라는 뜻에서 현솔이라 한다. 세상의 어둠을 깨우치고 세상의 미혹을 밝혀 바른 세상으로 이끌어 큰 성현이 되라는 뜻이 담긴 이름이다.

695 현율 · 鉉律 · Hyeon-yul

세상을 조화롭게 만드는 천상의 법칙을 이루라

솥귀 현鉉자에 법칙 율律자를 써 현율이라 한다. 청렴함과 고귀한 지위를 뜻하는 솥귀 현鉉자를 기준으로 삼고, 다음 거문고 소리는 느슨하면 탁하고 너무 당겨지면 갈라진다. 세상의 이법이 너무 조여지면 숨쉬기 힘들며 너무 느슨하면 이루는 성과가 없다. 평온과 결단의 양 기운을 하나로 모아 아름다운 천상의 음률을 이루고 천상의 조화를 이루라는 뜻에서 현율이라 한다.

696 호림 · 鎬林 · Ho-rim

자자손손 널리 풍족한 삶을 살라

호경 호鎬자에 수풀 림林자를 써 호림이라 한다. 호경 호鎬자를 파자로 풀면 쇠 금金자에 높을 고高자다. 재물과 곡식이 넉넉하고 풍족한 땅을 호경鎬京이라 한다. 부유하고 넉넉한 인생을 영위하라는 뜻에서 호경 호鎬자를 쓰고, 다음 수풀 림林자는 무성하고 유구하여 가업을 이루고 학풍을 연다는 뜻이다. 후손에게까지 전해지는 풍족하고 넉넉한 인생을 뜻해 호림이라 한다.

697 효우 · 曉禹 · Hyo-u

세상을 여는 지혜로 큰 스승이 되라

새벽 효曉자에 임금 우禹자를 써 효우라 한다. 새벽은 어둠이 밝음으로 가는 시간이다. 미혹이 깨달음으로 가는 시간이다. 생명의 근원된 힘과 큰 지혜를 효曉자로 받고, 다음으로 치수와 지덕의 상징인 하나라 우왕의 지덕을 배워 널리 세상을 풍요롭게 하라는 뜻에서 임금 우禹자를 쓴다. 새벽을 여는 지혜의 말씀이 늘 길을 안내할 것이다. 그 길을 따라 세상을 바르고 풍요롭게 하라는 뜻에서 효우라 한다.

698 휘서 · 徽序 · Hwi-seo

세상의 순서를 바로세워 조화롭게 살라

아름다울 휘徽자에 차례 서序자를 써 휘서라 한다. 예부터 휘徽자는 거문고 소리를 고르는 일을 뜻한다. 너무 느슨하지 않고 너무 조이지 않아 평온하고 아름다운 소리로 세상을 조율하라는 뜻에서 휘徽자를 쓰고, 다음 깊은 지혜로 일의 순서와 사람의 위아래를 바로세우라는 뜻에서 차례 서序자를 쓴다. 순서를 바로세워 모든 사람이 조화롭게 살라는 뜻에서 휘서라 한다.

699 휘원 · 徽源 · Hwi-won

심원한 곳에서 아름답고 조화롭게 빛나는 사람이 되라

아름다울 휘徽자에 근원 원源자를 써 휘원이라 한다. 예부터 휘徽자는 거문고 소리를 고르는 일을 뜻한다. 너무 느슨하지 않고 너무 조이지 않아 평온하고 아름다운 소리로 세상을 조율하라는 뜻이다. 다음으로 근원의 힘 속에서 삶을 영위하라는 뜻에서 근원 원源자를 쓴다. 깊고 심원한 곳에서 아름답고 조화롭게 빛나는 사람이 되라는 뜻에서 휘원이라 한다.

700 희재 · 熙齋 · Hui-Jae

공경하고 겸양하여 세상을 밝히는 빛이 되라

빛날 희熙자에 재계할 재齋자를 써 희재라 한다. 강건한 기상과 호연한 지기를 바탕으로 큰 빛이 되라는 뜻에서 빛날 희熙자를 쓰고, 다음 재齋자는 예부터 위로 사람을 공경하고 스스로 정진하는 모습을 뜻한다. 스스로를 거울 삼아 마음을 갈고 닦으면 세상의 빛이 될 것이다. 공경하고 겸양하여 세상을 밝히는 빛이 되라는 뜻에서 희재라 한다.

한글이름 100선

701 가람 · 佳覽 · Ga-ram

물처럼 흘러 흘러 낮으나 가장 큰 사람이 되라

가람은 강과 호수의 옛 우리말로 풍요와 너그러움을 상징한다. 또한 가람은 예부터 학문을 닦고 수도를 하는 집을 말한다. 청정하고 맑은 곳이다. 한자로는 아름다울 가佳자에 볼 람覽자를 쓴다. 람覽자를 파자로 풀면 신하 된 이가 세상을 둘러보는 마음이니 따뜻하고 세심한 눈을 말한다. 늘 풍족한 운명으로 널리 사람에게 많은 것을 베풀며 즐겁게 살라는 뜻에서 가람이라 한다.

702 가온 · 佳蘊 · Ga-on

세상의 중심에서 아름다운 말과 행동으로 큰 행복을 쌓으라

가온은 순우리말로 가운데라는 뜻이다. 가운데는 치우치지 않으니 안정되고 지혜로우며 보편타당하다. 사람의 중심에서 일의 중심에서 치우치지 말고 모든 일을 아름답게 완성하라는 뜻에서 가온이라 한다. 중심에 서는 일, 중도를 찾는 일은 쉽지 않지만 많은 사람을 소통케 하고 믿음을 준다. 한자로는 아름다울 가佳자에 쌓을 온蘊자를 쓴다. 아름다울 가佳자를 파자로 풀면 사람이 넓은 땅 위에 서 있는 모습이다. 참으로 풍족한 모습이며 땅의 기운을 받아 따뜻한 모습이다. 그 땅 위에 행복도 쌓고 재물도 쌓고 복덕 또한 쌓으라는 뜻에서 가온이라 한다.

703 가을 · Ga-eul

가을 하늘처럼 오늘에 열심을 다하고 지금에 공정을 다하라

천고마비天高馬肥의 운명이라 가을이라 한다. 가을 하늘은 푸르고 가을 들녘은 넉넉하다. 큰 재주와 넉넉한 결실로 풍요로운 인생을 누리고, 결실을 나누어 기쁨에 기쁨을 더하라는 뜻에서 가을이라 한다. 또한 가을은 금金이니 정의롭고 결단력이 있다. 정의란 옳고 그른 것을 따져 세상에 공평함을 이룬다는 뜻이다. 공사를 구분하여 정의의 칼로 평화를 이룬다. 늘 가을의 결실을 생각하며 오늘을 열심히 살고 지금에 공정을 다하여 세상이 꿈꾸지 못한 큰 결실을 이루라는 뜻에서 가을이라 한다.

704 강담 · 剛潭 · Gang-dam

정신이 강직하고 재물이 풍요로운 삶을 누리라

강담은 순우리말로 단단한 돌담과 성채를 뜻한다. 사람은 자신의 경계가 명확하고 삶의 테두리가 탄탄해야 한다. 자신의 일과 삶의 터전이 강건하고 단단하여 건강한 인생을 영위하라는 뜻에서 강담이라 한다. 한자로는 굳셀 강剛자에 못 담潭자를 쓴다. 건강하고 강직한 성품을 이루라는 뜻에서 굳셀 강剛자를 쓰고, 다음으로 재운과 오복을 가득 채우라는 뜻에서 못 담潭자를 쓴다. 정신이 건강하고 재물이 풍요로운 삶을 영위하라는 뜻에서 강담이라 한다.

705 검단 · Geom-dan

진퇴를 아는 사람이 되라

검단은 '검고 단단하다'를 다듬은 순우리말이다. 모든 색은 검은색으로 돌아온다. 세상의 모든 색깔과 감정을 담아내는 사람이 되라는 뜻이다. 또한 현지우현玄之又玄이라 한다. 시원이 깊고 깊어 검고 검다는 뜻이다. 깊이를 헤아릴 수 없는 큰 지혜를 이루라는 뜻에서 검을 쓰고, 그 생각은 금강석처럼 단단하라는 뜻에서 단이라 한다. 받아들이는 것은 깊고 그윽해야 하나, 결정하고 나아가는 것은 단단해야 한다. 배울 때는 깊은 마음으로 모든 것을 담아내고, 세상과 만날 때는 금강석보다 빛나는 단단함으로 밀고 나가는 진퇴를 아는 사람이 되라는 뜻에서 검단이라 한다.

706 고운 · 高韻 · Go-un

높은 뜻을 바로세워 아름다운 소리로 전하라

고운은 곱다에서 온 순우리말이다. 한자로는 높을 고高자에 운 운韻자를 쓴다. 예부터 높을 고高자는 존경과 위엄을 뜻한다. 스스로 귀해 높고 높으니 고高라 한다. 존경받는 사람, 뜻이 높은 사람이 되라는 뜻에서 높을 고高자를 쓰고, 다음 운韻자를 파자로 풀면 말하는 바가 널리 퍼진다는 뜻이다. 소리가 널리 퍼져 나가니 사해를 감싸 돈다. 존귀한 곳에 앉아 말하는 바가 사해에 퍼지니 세상이 하나의 빛으로 만난다. 뜻이 높고 소리가 깊어 고운이라 한다.

707 꽃별 · Kkot-byeol

행동은 꽃처럼 향기롭고 눈은 별처럼 빛나라

품행이 단정한 사람은 꽃처럼 향기가 난다. 꿈이 있는 사람은 눈이 별처럼 빛난다. 꽃처럼 향기롭고 별처럼 꿈이 빛나는 사람이 되라는 뜻에서 꽃별이라 한다. 말의 처음과 행동의 끝이 하나로 만나면 단정하다고 한다. 자신이 한 말을 행동으로 옮기는 아름다운 사람, 어떤 환경에서도 자신의 꿈을 이루어가는 멋진 사람, 삶에 타협하지 않고 불의에 굴하지 않으며 자신의 정의를 실현하는 멋진 사람이 되라는 뜻에서 꽃별이라 한다.

708 나리 · 羅利 · Na-ri

부지런히 운명을 일구어 세상을 이롭게 하라

나리꽃은 산에 피는 백합이다. 산나리는 향기가 깊고 그윽하다. 자신의 향기를 품은 사람이 되라는 뜻으로 순우리말로 나리라 한다. 한자로는 비단 나羅자에 이로울 리利자를 쓴다. 비단은 씨줄과 날줄이 만나 만들어진다. 일을 할 때 두서를 잡고 결을 다듬어 아름답게 이루라는 뜻에서 비단 나羅자를 쓰고, 다음 리利자를 파자로 풀면 벼 화禾자에 칼 도刀자로 벼를 베는 칼이라 이롭다 한다. 부지런히 운명을 일구어 세상을 이롭게 하고 풍요로운 수확을 거두라는 뜻에서 나리라 한다.

709 나온 · 羅蘊 · Na-on

세상을 사는 즐거움으로 큰 가업을 이루라

나온은 즐겁다의 옛 우리말이다. 늘 즐거운 마음으로 살고, 즐거운 가정을 이루며, 즐거운 일터에서 만나는 인연으로 큰 복을 받으라는 뜻에서 나온이라 한다. 태평성대의 온화함과 즐거움을 갖고 태어난 운명이다. 긍정적인 생각과 현실적인 감각이 뛰어나다. 한자로는 비단처럼 곱고 아름다운 인생을 살라는 뜻에서 비단 나羅자를 쓰고, 다음으로 행복도 쌓고 복덕도 쌓고 재물도 쌓으라는 뜻에서 쌓을 온蘊자를 쓴다.

710 노을 · 路乙 · No-eul

인생사 도리를 지켜 넉넉하고 평화로운 삶을 영위하라

석양에 비추는 곱고 아름다운 노을처럼 평화로운 인생을 걸어가라는 뜻에서 노을이라 한다. 노을지는 하늘은 풍요롭고 넉넉하다. 그처럼 따뜻하고 너그럽고 널리 용서하는 마음으로 살아가라는 뜻에서 노을이라 한다. 한자로는 길 노路자에 새 을乙자를 쓴다. 길 노路자는 예부터 도리와 일을 완성하는 방법을 뜻한다. 세상의 도의를 바로 지켜 만사를 이루라는 뜻에서 길 노路자를 쓰고, 다음 새 을乙은 을야지람乙夜之覽이라는 뜻이 있다. 왕이 정무를 끝내고 독서에 매진한다는 뜻이다. 열심히 배우고 스스로 돌아보는 사람이 되라는 뜻에서 가을이라 한다.

711 노해 · 路海 · No-hae

바닷가 들판처럼 풍요로운 삶을 살라

순우리말로 바닷가에 펼쳐진 큰 들판처럼 풍요로우라는 뜻에서 노해라 한다. 바닷가 들판은 풍요로운 바다의 텃밭이다. 인생이 풍요롭고 넉넉하여 늘 베푸는 사람이 되라는 뜻이다. 한자로는 길 노路자에 바다 해海자를 쓴다. 노路자는 예부터 중요한 자리를 뜻한다. 산물이 풍부하고 재운이 넉넉하여 늘 중요한 자리에 앉으라는 뜻에서 노路자를 쓰고, 다음으로 바다는 모든 생명의 모태이다. 풍요로운 생명의 근원이니 베풀고 베풀어 바다를 이룬다. 바닷가 들판처럼 풍요로운 삶을 살라는 뜻에서 노해라 한다.

712 눈길 · Nun-gil

세상에 처음 길을 여는 사람이 되라

"눈길을 걸어갈 때 어지럽게 걷지 말기를. 오늘 내가 걸어간 길이 훗날 다른 사람의 이정표가 되리니." 처음 눈길은 걷는 사람의 발자국을 따라 길이 된다. 세상에 처음 길을 여는 사람이 되라. 그 길로 많은 사람이 오가니 비로소 길이 되고 삶이 되고 소통하게 하라. 그 길을 나누고 넓혀서 기업을 이루고 문화를 이루고 역사의 길을 열라는 뜻이다. 길은 혼자 가면 빠르지만 멀리 가지 못한다. 더불어 함께 가는 길은 크고 넓으며 지평의 끝까지 다다를 수 있다. 세상에 처음 길을 열고, 그 길을 나누고 펼쳐 멋진 세상을 영위하라는 뜻에서 눈길이라 한다.

713 다물 · Da-mul

광활한 영토를 수복하고 위대한 문화를 되찾으라

다물은 모두 무르다, 즉 되물린다, 되찾는다는 뜻의 순우리말이다. 한민족의 광활한 영토를 수복하고 위대한 문화를 되찾으라는 뜻에서 다물이라 한다. 이 땅은 선조들의 영과 육이니 민족이 다스린 땅을 마침내 되찾으라는 소명이 있다. 풀 한 포기 돌 한 조각 조상의 손길이 닿지 않은 바 없으며, 선열의 숨결이 미치지 않은 바 없으니 생명은 생명과 연결되어 하나이다. 호연한 기상으로 일어나 영토의 능선마다에 새 깃발을 꽂고 광활한 영토를 말달리는 그 영광을 되찾으라는 뜻에서 다물이라 한다.

714 다미로 · 多美勞 · Da-mi-ro

아름다운 인생을 위해 더 노력하고 더 나아지고 더 발전하라

순우리말 '안다미로'를 다듬어 다미로라 한다. 안다미로란 그릇에 넘치도록 수북하게 음식과 오복을 담는다는 뜻이다. 인생에 그릇에 행복을 담고 꿈을 담고 재물을 담아 복되고 복된 삶을 살라는 뜻에서 다미로라 한다. 한자로는 많을 다多자에 아름다울 미美자 그리고 힘쓸 로勞자를 쓴다. 다多자는 예부터 더 나아지고 더 두터워진다는 뜻으로 쓰였다. 아름다운 인생을 위해 더 노력하고 더 나아져 늘 안다미로한 인생을 영위하라는 뜻에서 다미로라 한다.

715 다솔 · 茶率 · Da-sol

사랑받고 사랑하며 살라

다솔은 순우리말로 사랑이라는 뜻이다. 늘 사랑받고 사랑하며 살라는 뜻에서 다솔이라 한다. 한자로는 차 다茶자에 거느릴 솔率자를 쓴다. 차의 향기처럼 아름다운 인연을 쌓으라는 뜻이다. 아름다운 사람에게서는 인격의 향기가 난다. 그 향기로 많은 사람들을 바르게 이끌라는 뜻에서 다음 자로 거느릴 솔率자를 쓴다. 곱고 아름다운 성품으로 사랑하고 사랑받으며 살라는 뜻에서 다솔이라 한다.

716 다올 · 茶兀 · Da-ol

내면은 푸르고 밝으며 외양은 아름답고 우뚝하여라

다올은 순우리말로 '다 옳다'를 줄인 말이다. 세상은 많은 사람의 서로 다른 의견들로 이루어진다. 너도 옳고 나도 옳고 우리 모두가 옳다는 뜻에서 다올이라 한다. 넓은 마음으로 세상의 모든 사람을 안으라는 의미다. 한자로는 차 다茶자에 우뚝할 올兀자를 쓴다. 차는 향기가 난다. 또한 사람의 마음과 몸을 맑게 한다. 인격의 향기가 있는 사람이 되라는 뜻에서 차 다茶자를 쓰고, 모든 일에 두각을 보이는 훌륭한 사람이 되라는 뜻에서 우뚝할 올兀자를 쓴다.

717 다와라 · Da-wa-ra

세상의 모든 복이 내게로 다 오라

'세상의 모든 복이 다 오라'는 말을 다듬어 다와라라고 한다. 행복에 행복을 더하고 행운에 행운을 더하라. 날마다 행복의 기운이 들어와 즐겁고 명랑하게 세상을 살아가라는 뜻이다. 또한 어른은 어른답고 사람은 사람답고 말은 참다워야 한다. 스스로 나다운 모습을 찾아 참되고 진실한 사람이 되고, 자신이 서 있는 위치에서 가장 아름답고 합당한 사람이 되라는 뜻이다. 세상은 믿는 만큼 열리고 바라는 만큼 이루어진다. 세상의 모든 복을 다 받겠다는 큰 믿음과 열정으로 운명의 주인이 되라는 뜻에서 다와라라고 한다.

718 단비 · 旦毘 · Dan-bi

목마른 세상에 단비가 되라

단비는 꼭 필요한 때 알맞게 내리는 비를 뜻하는 순우리말이다. 한자로는 아침 단旦자에 도울 비毘자를 쓴다. 아침 단旦자를 파자로 풀면 땅 위에 해가 떠오르는 모습이다. 어둠이 밝음으로 가고 미혹이 깨달음으로 가는 모습이다. 태양처럼 세상에 우뚝한 선량하고 눈부신 소망 하나가 아름답다. 아침의 눈부신 소망을 받아 아침 단旦자를 쓰고, 세상을 돕는 아름다운 마음으로 살아가라는 뜻에서 도울 비毘자를 쓴다. 목마른 세상에 단비가 되고 아침 햇살처럼 밝고 따뜻한 사람이 되라는 뜻에서 단비라 한다.

719 단아 · 旦阿 · Dan-a

심지가 단단하여 얼굴이 아름다운 사람이 되라

단아는 '단정하고 아름답다'는 말을 줄여 쓴 이름이다. 마음이 아름다운 사람은 얼굴이 아름답다. 얼굴은 얼이 나오는 문이다. 얼굴은 마음을 속이지 못한다. 마음이 단단하고 정연하면 얼굴도 단정하고 아름답다. 한자로는 아침 단旦자에 언덕 아阿자를 쓴다. 아침 단旦자를 파자로 풀면 땅 위에 해가 떠오르는 모습이다. 어둠이 밝음으로 가고 미혹이 깨달음으로 가는 모습이다. 예부터 언덕 아阿자는 부드럽고 아름다운 모습을 뜻한다. 풍요로운 언덕에 떠오르는 태양이 단아이다. 태양처럼 세상에 우뚝 선 선량하고 눈부신 소망처럼 아름답다는 뜻에서 단아라 한다.

720 단휘 · 旦輝 · Dan-hwi

진취적 기상으로 국풍을 일으키라

단군의 큰 군대가 휘몰아 전진한다는 뜻에서 단휘라 한다. 단군은 한민족의 나라를 연 시조이다. 민족의 첫 뿌리이니, 그 단단한 뿌리를 바탕으로 세상을 휘몰아 국풍을 일으키라는 뜻에서 단휘라 한다. 한자로는 아침 단旦자에 빛날 휘輝자를 쓴다. 아침은 어둠이 밝음으로 가는 것이며 미혹이 깨달음으로 향하는 것이다. 빛날 휘輝자는 파자로 풀면 빛 광光자에 군사 군軍자이니 군사들이 갑옷을 갖추고 깃발을 휘날리며 진군하는 모습이다. 진취적이고 강건하다. 세상을 놀라게 할 큰 힘으로 국풍을 일으키라는 뜻에서 단휘라 한다.

721 달뜨레 · Dal-tteu-re

예술적 감각과 신비로운 음성으로 사람들의 영혼에 안식이 되라

신비로운 달의 뜨락을 거닐며 세상을 노래하라는 뜻에서 달뜨레라 한다. 달의 정원에는 영혼의 노래와 시가 흐르니 아름답고 그윽하다. 예술적 감각과 신비로운 음성으로 사람들의 영혼에 안식이 되라는 뜻에서 달뜨레라 한다. 마음 한켠에 향기롭고 소박한 뜨락을 가꾸어 인생이 소담한 안뜰처럼 다정하고 은은한 달빛처럼 신비롭게 펼쳐지라는 뜻에서 달의 뜨락을 다듬어 달뜨레라 한다.

722 도담 · 道淡 · Do-dam

건강하고 무탈하게 도담도담 자라라

순우리말로 건강하고 무탈하게 자라라는 뜻에서 도담이라 한다. 밝고 건강하고 구김 없이 성장하여 많은 사람의 중심에 서라는 뜻이다. 한자로는 길 도道자에 맑을 담淡자를 써 도담이라 한다. 세상에 길을 여는 사람이 되라는 뜻에서 길 도道자를 쓰고, 다음 맑을 담淡자는 욕심을 내되 집착하지 않음이요, 고요하되 염착이 아니니 집착과 염착의 세계를 넘어 늘 최선을 다하고 또다시 성공을 넘어 다시 도전하라는 뜻이다.

723 대산 · Dae-san

청렴과 절개로 위대한 산을 이루라

순우리말인 '대나무 산'을 다듬어 대산이라 한다. 대나무는 강직하고 절개가 있다. 산은 믿음직스럽고 한결같다. 청렴하고 강직한 대나무처럼 푸르고 맑은 사람이 되라는 뜻에서 대산이라 한다. 하루하루 대나무의 청렴함을 쌓아 숲을 이루고 산을 이루라는 뜻이다. 하나의 절개는 자신을 지키고, 백 개의 절개는 사회를 정화시키고, 천 개의 절개는 나라를 지킨다. 하루하루 지켜낸 청렴과 절개로 위대한 산을 이룰 것이니 대산이라 한다. 의로움을 지켜 사회의 큰 모범이 되라는 뜻이 담긴 이름이다.

724 두리 · 荳利 · Du-ri

서로서로 함께하여 합당하고 소중한 사람이 되라

두리란 순우리말로 뭉치다 등의 말과 함께 쓰여 하나로 뭉치게 되는 중심의 둘레를 뜻한다. 한자로는 콩 두荳자에 이로울 리利자를 쓴다. 콩 두荳자는 예부터 제사를 지낼 때 쓰이는 제기를 뜻한다. 성스럽고 경건하다. 제기는 가장 소중한 그릇이니 인생에서 가장 크고 아름다운 그릇이 되라는 뜻에서 콩 두荳자를 쓰고, 다음 이로울 리利자는 널리 그 재주와 복덕을 베풀라는 뜻이다. 안으로는 깊고 성스러우며 밖으로는 합당하게 쓰이는 복된 삶을 살라는 뜻에서 두리라 한다.

725 마루 · 磨鏤 · Ma-ru

뜻이 높고 만사의 기준이 되라

마루는 순우리말로 산꼭대기를 뜻한다. 세상의 가장 높은 곳을 마루라 한다. 소망이 있는 사람은 산을 오른다. 뜻이 있는 사람은 모든 일에서 기준이 된다. 뜻이 높고 만사의 기준이 되라는 뜻에서 마루라 한다. 또한 한자로는 문지를 마磨자에 새길 루鏤자를 쓴다. 마부작침磨斧作針이라는 말이 있다. 도끼를 갈아 바늘을 만든다는 뜻이니 늘 노력하고 도전하면 세상에서 가장 높은 산마루에 닿을 수 있다. 다음 새길 루鏤자는 길을 뚫어 소통한다는 뜻이다. 높은 곳에 있되 마음을 열어 늘 소통하라는 뜻이다. 세상이 꿈꾸는 가장 높은 곳에 서라는 뜻에서 마루라 한다.

726 마중 · 磨重 · Ma-jung

나라의 성대한 축일에 오는 손님을 맞이하는 사람이 되라

마중은 순우리말로 나아가 맞이한다는 뜻이다. 나라의 성대한 축일에 오는 손님을 맞이하는 사람이 되라는 뜻에서 마중이라 한다. 큰일과 귀한 사람은 나아가 맞아야 한다. 밝은 미소와 경건한 품행으로 나아가 맞이하는 귀한 사람이 되라는 뜻에서 마중이라 한다. 한자로는 문지를 마磨자에 무거울 중重자를 쓴다. 마부작침磨斧作針이라 한다. 도끼를 갈아 바늘을 만든다는 뜻이니 늘 노력하고 도전하면 꿈꾸는 세상을 이룰 수 있다. 다음 무거울 중重자는 소중하다는 뜻이다. 스스로를 갈고 닦아 소중하고 귀한 사람이 되라는 뜻에서 마중이라 한다.

727 물결 · 物決 · Mul-gyeol

세상에 새로운 길을 열고 만물을 보살펴 문화를 창조하라

순우리말로 세상에 새로운 창조의 물결을 일으키라는 뜻에서 물결이라 한다. 물은 지혜롭다. 물은 생명의 시원이다. 그 물이 길을 따르면 물길이 되고, 크게 모이면 바다가 되고, 하늘에 오르면 대지를 적시는 비가 된다. 세상 구석구석 소망 따라 흐르고 흐르라는 뜻에서 물결이라 한다. 한자로는 물건 물物자에 결단할 결決자를 쓴다. 物은 만물을 보살핀다는 뜻이다. 시공간에 존재하는 모든 것들을 잘 보살피고, 다음 결決은 닫힌 것을 뚫고 길을 연다는 뜻이다. 세상에 새로운 길을 열고 만물을 보살펴 문화를 창조하고 새로운 세계를 열라는 뜻에서 물결이라 한다.

728 미르 · Mir

하늘로 비상하는 한 마리 미르가 세상의 주인이 된다

비상하는 용을 순우리말로 미르라 한다. 미르는 동해를 수호하는 왕이니 강건하고 용맹스럽다. 미르는 또한 창조의 신이다. 푸른 바다에서 나와 하늘로 승천하는 기개로 세상을 주유하라. 새로운 문화를 창조하고 신비로운 예술의 선봉에 서라. 지금까지 꿈꾸지 못했던 세상을 열어갈 것이니 혁신의 삶을 살아갈 것이다. 또한 미르는 예부터 왕의 권위를 상징하니 정치, 사회, 예술, 경제 어느 분야에서든 최고의 자리에 앉을 것이다. 하늘로 비상하는 한 마리 미르처럼 세상의 주인이 되라는 뜻에서 미르라 한다.

729 믿음 · Mit-eum

믿음의 씨앗으로 믿음 없는 땅에 믿음의 꽃을 피우라

믿음이 높은 사람은 강을 건너 피안의 세계에 다다른다. 믿음이란 보이지 않는 것을 믿는 것이며, 믿기지 않는 것을 믿는 것이며, 믿음이 없는 자를 믿어주는 것이다. 믿음이란 신념의 땅이니 오직 자신 안에 있는 마음의 영토이다. 믿음을 시작하는 것도 자신이며 믿음을 끝내는 것 또한 자신이다. 하늘은 스스로 믿는 자를 믿는다. 믿음을 통해 세상의 길을 여는 사람이 되고, 믿음의 씨앗으로 믿음 없는 땅에 믿음의 꽃을 피우는 기적을 만드는 위대한 리더가 되라는 뜻에서 믿음이라 한다.

730 바다 · Ba-da

생명의 기원이 되고 모든 생명을 따뜻하게 감싸 안으라

모든 생명의 모태가 되라는 뜻에서 바다라 한다. 바다는 가장 낮은 곳에 있다. 그래서 모든 물이 모여든다. 바다는 쉬지 않고 파도친다. 그래서 썩지 않는다. 바다는 늘 푸르며 바다는 수평선 끝까지 평등하다. 이렇듯 바다는 쉬지 않고 겸손하며 늘 평등하고 한결같아 모든 생명의 모태가 된다. 아늑한 신비로움으로 생명의 기원이 되고 다시금 그 모든 생명을 따뜻하게 감싸 안으라는 뜻에서 바다라 한다.

731 바로 · Ba-ro

바르고 청렴한 뜻으로 세상의 정의를 구현하라

바로는 순우리말로 바르고 정확하며 틀림없다는 뜻이다. 비뚤어지거나 굽은 데가 없이 곧게 뻗어 시원하고 단정한 모습을 바로라 한다. 꾸밈 없고 거짓 없이 세상을 바로세우라는 뜻에서 바로라 한다. 또한 바로Pharaoh는 성경에서 고대 이집트의 국왕을 뜻한다. 태양신의 아들이니 권능이 있고 정의롭다. 세상을 살아갈 때 모든 일을 바르게 하고, 틀린 것은 바로잡고 굽은 것은 바로 펴고 오늘 일은 바로 지금 하며 바르고 청렴한 뜻으로 세상의 정의를 구현하라는 뜻에서 바로라 한다.

732 보라 · Bo-ra

정직한 눈으로 세상을 있는 그대로 보라

정직한 눈으로 세상을 있는 그대로 보라는 뜻에서 보라라 한다. 세상에 펼쳐진 삶의 진실들을 천천히 바로 보라. 무엇이 귀한 것인지 무엇이 거짓인지 섬세하고 통찰한 눈으로 일과 사람의 진실을 보라. 내면의 진실을 보는 눈을 가졌으니 사람을 치유하고 세상을 바로세울 것이다. 또한 보라색은 풍요로움과 권위 그리고 예술성과 깊은 신앙심을 뜻한다. 귀한 인생으로 풍요로움이 끊이지 않으며, 심미안과 신앙심으로 깊고 충만한 삶을 살라는 뜻에서 보라라 한다. 푸른 이성과 붉은 감성 모두를 잘 조율하여 아름다운 인생을 살라는 뜻이 담긴 이름이다.

733 보리 · 寶利 · Bo-ri

많은 재물과 재화로 세상을 이롭게 하라

초여름 보리밭처럼 건강하고 푸르다는 뜻에서 보리라 한다. 생명을 보살피는 귀한 인생을 누리고 늘 겸손하고 겸양하여 만인의 사랑을 받으라는 뜻에서 보리라 한다. 또한 불가에서 보리는 큰 깨달음과 자비심을 뜻하니 널리 나누는 마음으로 귀한 자리에 오를 것이다. 한자로는 보배 보寶자에 이로울 리利자를 쓴다. 많은 재물과 재화로 세상을 이롭게 할 소명이 있다. 가난과 아픔이 있는 곳을 찾아 건강과 기쁨을 나누는 사람, 늘 푸른 보리처럼 쓰임이 큰 사람이 되라는 뜻이 담긴 이름이다.

734 보미 · 寶美 · Bo-mi

큰 영토에 보배롭고 아름다운 보석을 가득 채우라

보미란 순우리말로 보람차고 미쁘다, 믿음직스럽다는 뜻이다. 부지런한 삶은 늘 풍요로운 열매를 맺는다. 믿음이 있는 행동에는 늘 많은 사람이 따른다. 부지런한 삶으로 보람차고 미쁜 행동과 말로 많은 사람의 지표가 되라는 뜻에서 보미라 한다. 한자로는 보배 보寶자에 아름다울 미美자를 쓴다. 보는 예부터 궁휼한 백성을 위하여 기금을 마련하던 관청을 말한다. 큰 창고에 아름답고 보배로운 보석이 가득하니 보미라 한다.

735 비단길로 · 祕單吉路 · Bi-dan-gil-ro

신비롭고 단정하며 참된 길로 인생을 걸어가라

비단길로 인생을 걸어가라는 뜻에서 비단길로라 한다. 인생에 준비된 길, 아름답고 향기로우며 넉넉하고 풍요로운 길로 인생을 걸어가라는 뜻이다. 한자로는 신비로울 비祕자에 하나 단單자 그리고 길할 길吉자에 길 로路자를 쓴다. 신비롭고 단정하며 참되고 오직 기쁘고 행복한 길이라는 뜻에서 비단길로라 한다. 모든 것이 풍족하고 평온하며 꽃처럼 맑고 해처럼 밝은 운명이다. 신비로운 인생의 길이 참되고 또한 많은 사람에게 길상吉祥이 되라는 뜻이 담긴 이름이다.

736 빛나 · Bit-na

세상을 밝히는 등불로 찬란히 빛나라

세상에는 날이 갈수록 빛이 나는 이름이 있다. 날이 갈수록 힘이 생기는 사람이 있다. 시간이 갈수록 큰 의미가 됨은 오직 하나 진실과 소망이 있기 때문이다. 오늘에 머물지 않고 더 밝고 찬란한 내일을 위해 한 걸음 더 나갈 수 있는 인내야말로 성공의 바탕이다. 오늘에 머물지 않고 무소의 뿔처럼 나아가 세상의 빛이 되라는 뜻에서 빛나라 한다. 어두운 곳에 찾아가 빛이 되고 힘없는 곳에 찾아가 희망이 되는 아름다운 인생을 살라는 뜻이 담긴 이름이다.

---

737 사랑 · Sa-rang

늘 사랑받고 사랑을 베풀며 살라

사랑은 시기하지 않으며 사랑은 오래 참으며 사랑은 처음 베푼 곳으로 다시 돌아온다. 사랑은 온유하고 사랑은 모든 생명을 훈육하고 사랑은 다시금 용서한다. 사랑은 다시 믿어주고 사랑은 기다리며 사랑은 메마른 영혼에 축복을 내린다. 인생을 살면서 늘 사랑받고 사랑을 베풀며 살라는 뜻에서 사랑이라 한다. 가지고 있는 사람이 널리 베풀 수 있다. 세상이 부러워할 많은 재주와 깊은 심성을 가졌으니 늘 베풀고 베풀어 운명의 큰 주인이 되라는 뜻에서 사랑이라 한다.

---

738 산누리 · San-nu-ri

산의 강건함과 풍요로움을 누리는 사람이 되라

산의 강건함과 풍요로움을 누리는 사람이 되라는 뜻에서 산누리라 한다. 산은 모든 생명의 터전이다. 산은 모든 공간을 주재한다. 산의 후덕함과 넉넉함을 즐겁게 누리는 사람, 모든 생명이 숨 쉬고 살아갈 수 있는 산을 닮은 사람, 푸른 빛으로 건강하고 나무와 숲과 계곡으로 아늑하고 평화로운 산 같은 사람이 되라는 뜻에서 산누리라 한다.

739 산아 · San-a

늘 푸른 강산아! 모두의 가슴에 꿈을 담으라

꿈을 담는 사람은 늙지 않는다. 꿈을 말하는 사람은 지치지 않는다. 새로이 태어나고 또다시 새로이 태어나 새 땅을 일구고 새 역사를 쓴다. 우리는 먼 길을 갈 때 푸른 강산을 보며 다시 힘을 얻는다. 수많은 역사의 굴곡 속에서 늘 푸른 강산처럼 그 모습 그대로 모든 이에게 소망을 주는 희망을 주는 사람이 되라는 뜻에서 산아라고 한다. 어려움 속에서도 푸르름을 잃지 않고 희망을 전하라는 마음으로 산아라 한다.

740 산해 · 祘該 · San-hae

힘찬 기상과 새로운 정신으로 세상의 빛이 되라

'여명을 뚫고 산마루에 떠오르는 햇살'을 다듬어 산해라 한다. 높은 산과 험한 고개에 떠오른 햇살은 힘차고 강건하다. 힘찬 기상과 새로운 정신으로 세상의 빛이 되라는 뜻에서 산해라 한다. 한자로는 셈 산祘자에 갖출 해該자를 쓴다. 산祘은 임금이 세상을 세세하게 헤아려본다는 뜻이다. 넓고 깊은 군자의 눈으로 세상을 보살피라는 뜻에서 산祘자를 쓰고, 다음 해該자는 만사를 포용하고 받아들인다는 뜻이다. 군자의 깊은 눈으로 세상을 넓게 포용하라는 뜻에서 산해라 한다.

741 새람 · 塞藍 · Sae-ram

새로운 사람아! 새 영토의 스승이어라

새람은 순우리말로 '새로운 사람'의 준말이다. 날마다 새롭게 태어나 새로운 땅의 스승이 되라는 뜻이다. 새롭게 태어나는 사람, 사람다운 사람, 기득권에 머무르지 않고 다시 도전하고 다시 일궈내는 사람이 되라는 뜻에서 새람이라 한다. 한자로는 변방 새塞자에 쪽빛 람藍자를 쓴다. 청출어람청어람靑出於藍靑於藍이란 말이 있다. 늘 새롭게 깨어나 진보하고 발전하는 모습이 참으로 아름답다. 새로운 영역을 개척하고 자신의 영토를 만드는 모습이 훌륭하다. 세상에 안주하지 않고 새로운 지평을 여는 데 도전하는 사람이 되라는 뜻에서 새람이라 한다.

742 새론 · 塞論 · Sae-ron

날마다 새로운 생각과 도전으로 신세계를 창조하라

순우리말로 날마다 새로운 생각과 도전으로 세상을 창조하는 사람이 되라는 뜻에서 '새로운'을 다듬어 새론이라 한다. 일신우일신日新又日新하는 마음으로 날마다 새로운 마음과 새로운 도전으로 신세계를 만들어가라. 과거에 머물지 않는 사람이니 늘 깨어나 미래를 열어갈 것이다. 한자로는 변방 새塞자에 논할 론論자를 쓴다. 넓은 장을 만들어 그곳에서 토론하고 소통하여 새로운 생각들의 지경을 만들어가라는 뜻이다. 세상이 꿈꾸지 못했던 새로운 세상을 만들 것이니 큰 영예와 영광이 따를 것이다.

743 새미 · 塞美 · Sae-mi

늘 새롭게 밝아지고 누구에게나 큰 믿음이 되라

새미는 순우리말로 '새롭고 미쁘다'의 준말이다. 날마다 새롭게 밝아지라는 기원과 누구에게나 큰 믿음이 되라는 뜻에서 새미라 한다. 한자로는 변방 새塞자에 아름다울 미美자를 써 새미라 한다. 예부터 새塞자는 단단한 성을 뜻한다. 자신의 영역이 튼튼하여 새塞자를 쓰고, 그 마음은 아름답고 믿음직스러워 다음으로 미美자를 쓴다. 작은 말에도 믿음을 담아 늘 새롭게 태어나는 멋진 사람이 되라는 뜻이 담긴 이름이다.

744 새벽 · 塞闢 · Sae-byeok

새로운 문화와 사상을 만드는 사람이 되라

새벽은 어둠이 밝음으로 가는 시간이다. 미혹이 깨달음으로 가는 시간이며 소망과 희망이 세상을 여는 시간이다. 세상에 새로운 희망이 되는 사람, 지금까지 없었던 새로운 문화와 사상을 만드는 사람이 되라는 뜻에서 새벽이라 한다. 또한 한자로는 변방 새塞자에 열 벽闢자를 써 새벽이라 한다. 변방 새塞자는 지평선 밖의 땅이니, 그 땅 위에 새로운 생명과 문물을 열라는 뜻에서 다음으로 열 벽闢자를 쓴다. 지평선 저 너머에 떠오르는 태양처럼 새로운 문명을 여는 창조자가 되라, 오늘에 머물지 말고 또다른 세상을 위해 늘 도전하는 사람이 되라는 뜻에서 새벽이라 한다.

745 새봄 · Sae-bom

새날 새봄처럼 건강하고 행복하라

순우리말로 '새롭게 찾아온 봄'을 다듬어 새봄이라 한다. 긴 기다림 끝에 찾아온 봄날은 새롭고 힘차다. 따뜻하고 평온하며 성스럽다. 봄날은 모든 일이 새롭게 시작되는 시간이다. 묵은 것을 털고 새로운 땅을 다져 새로운 씨앗을 심는 시간이다. 경건하고 성스러운 새봄처럼 늘 새롭게 태어나는 사람이 되라, 인생을 살아가면서 늘 새봄처럼 밝고 맑게 세상을 비추라는 뜻에서 새봄이라 한다. 또한 봄은 인仁의 계절이다. 자애로운 마음으로 세상에 그 재주와 지혜를 나누라는 뜻이다. 새날 새봄처럼 건강하고 행복하기를 바란다.

746 새빛 · Sae-bit

세상을 밝히는 새벽 등불이 되라

새벽은 어둠이 밝음으로 가는 시간이다. 미명이 깨달음으로 가는 시간이며 새날이 시작되는 시간이다. 세상에 새벽빛이 되라는 뜻에서 새빛이라 한다. 과거의 것을 버리고 새로운 학문과 역사를 여는 아름답고 힘찬 사람이 되라는 뜻에서 새빛이라 한다. 오늘에 머물지 않고 더 밝고 더 찬란한 내일을 위해 한 걸음 한 걸음 나아가라. 어두운 곳에 찾아가 빛이 되고 힘없는 곳에 찾아가 희망이 되는 아름다운 인생을 살라는 뜻이 담긴 이름이다.

747 새울 · 塞蔚 · Sae-ul

큰 지혜로 새로운 영토를 만들라

새울은 순우리말로 새로운 땅이라는 의미이다. 어제에 머물지 말고 새로운 지평을 열라는 뜻을 담아 새울이라 한다. 한자로는 변방 새塞자에 고을이름 울蔚자를 쓴다. 오늘에 머물지 않고 내일을 꿈꾸는 사람은 아름답다. 어제를 버리고 새로운 지경을 찾아가는 사람은 늘 푸르고 푸르다. 오로지 자신의 힘으로 자기 영역을 얻을 것이다. 그 영역이 크고 아름답고 풍요로우니 새울이라 한다.

748 새주 · 塞主 · Sae-ju

새로운 영토의 주인이 되라

새주는 순우리말로 새로운 땅의 주인이라는 뜻이다. 광활하고 아름다운 영토, 나만의 것이 아닌 세상의 경계를 넘어선 큰 세상의 주인이 되라는 뜻에서 새주라 한다. 한자로는 변방 새塞자에 주인 주主자를 쓴다. 오늘에 머물지 않고 내일을 꿈꾸는 사람은 아름답다. 어제를 버리고 새로운 지경을 찾아가는 사람은 늘 푸르고 푸르다. 그리고 스스로의 영역을 얻을 것이다. 그 영역이 크고 아름답고 풍요로워 새주라 한다.

749 샛별 · Saet-byeol

늘 아름답고 귀한 용모로 새로운 시대의 주인공이 되라

세상에 떠오르는 처음 별이 되라는 뜻에서 샛별이라 한다. 새벽녘 하늘의 별은 모든 사람의 표상이다. 길을 안내하고 희망을 보여준다. 찬란하게 반짝이며 아름답고 신선하다. 샛별처럼 반짝이며 밝고 희망찬 사람이 되라는 뜻에서 샛별이라 한다. 또한 샛별은 금성을 뜻한다. 금성은 미의 여신이 관장하는 별이니 얼굴과 마음이 곱고 아름다운 사람이다. 아름다운 마음이 아름다운 세상을 만든다. 늘 아름답고 귀한 용모로 새로운 시대의 주인공이 되라는 뜻에서 샛별이라 한다.

750 소담 · 素談 · So-dam

소박하고 진실한 마음을 세상 모두에게 따뜻이 전하라

순우리말로 탐스럽고 정갈한 사람이 되라는 뜻에서 소담이라 한다. 한자로는 흴 소素지에 말씀 담談자를 쓴다. 예부터 흴 소素자는 아직 물들이지 않은 명주를 말한다. 본디 소박하고 질박하여 무엇에도 쓸 수 있는 처음 물건이 바로 소素이니 바탕이 깨끗하다는 뜻이다. 다음 말씀 담談자는 화롯가에 모여 서로 이야기하는 모습을 말한다. 자신의 소박하고 진실한 마음을 세상 모두에게 따뜻하게 전하니 그 모습이 소담스럽고 아름답다. 말의 진실을 통해 세상을 따뜻하게 밝히라는 뜻에서 소담이라 한다.

751 손다음 · 孫茶音 · Son-da-eum

향기로운 말은 시간을 넘어 영원하리라

순우리말로 세상 모든 사람을 두 손으로 보살피라는 뜻에서 손다음이라 한다. 한자로는 손자 손 孫자에 차 다茶자 그리고 소리 음音자를 쓴다. 말의 권위는 시대와 공간을 거슬러 멀리멀리 퍼진다. 그 말의 향기와 진실이 사람에게 힘이 되고 역사를 이룬다. 차 향기처럼 아름다운 품행이 자자손손 멀리멀리 전해지라는 뜻에서 손다음이라 한다. 손길이 닿는 곳마다 빛이 되고 생명이 되고 진리가 되라는 뜻이 담긴 이름이다.

752 솜 · Som

넉넉한 마음 따뜻한 손길로 만인을 품으라

순우리말로 솜이라 한다. 솜은 따뜻하다. 솜은 부드럽다. 자신의 주장을 내세우기보다는 다른 사람의 의견을 받아들이고 다른 사람의 아픔을 안아주는 따뜻하고 풍요로운 사람이 되라는 뜻에서 솜이라 한다. 널리 많은 사람의 의견을 모아 큰일을 할 운명이다. 늘 넉넉하고 포근한 마음으로 만인을 가슴에 안고, 진실한 마음과 풍요로운 운명으로 아름다운 삶을 이루라는 뜻에서 솜이라 한다.

753 슬아 · 瑟牙 · Seul-a

슬기롭고 아름다운 음성으로 세상을 조율하라

'슬기롭고 아름다운 음성'을 줄여 슬아라 한다. 음은 파동이다. 깊은 사고이며 깊은 깨달음이며 천지만물의 조화를 음이라 한다. 슬아는 지혜롭고 아름다운 조화를 뜻하는 이름으로, 자신의 주장보다 타인의 이야기를 들을 줄 아는 깊은 배려심을 뜻한다. 사람의 말소리에는 상대의 마음을 움직이는 힘이 있다. 그 힘을 얻어 널리 사람을 복되게 하라는 뜻에서 슬아라 한다. 한자로는 큰 거문고 슬瑟자에 어금니 아牙자를 쓴다. 거문고 소리는 세상을 조율하는 힘이며, 어금니 아牙자는 최고라는 뜻이다. 세상을 조율하는 큰 사람이 되라는 뜻이다.

754 슬예 · 瑟藝 · Seul-ye

세상 가득 슬기롭고 예쁜 음성으로 사람을 기쁘게 하라

'슬기롭고 예쁜 음성'을 줄여 슬예라 한다. 음은 파동이다. 깊은 사고이며 깊은 깨달음이며 천지만물의 조화를 음이라 한다. 슬예는 지혜롭고 아름다와 자신의 주장보다 타인의 이야기를 들을 줄 아는 깊은 배려심이 있다. 사람의 말소리에는 상대의 마음을 움직이는 힘이 있다. 그 힘을 얻어 널리 사람을 복되게 하라는 뜻에서 슬예라 한다. 한자로는 큰 거문고 슬瑟자에 재주 예藝자를 쓴다. 거문고 소리는 세상을 조율하는 힘이며, 재주 예藝자는 심는다는 뜻이니 세상을 조율하는 농부의 마음이다. 널리 사람에게 길을 여는 이가 되라는 뜻이 담긴 이름이다.

755 슬예음 · 瑟藝音 · Seul-ye-eum

슬기로운 음성으로 사람에게 바른 길을 열라

'슬기롭고 예쁜 음성'을 줄여 슬예음이라 한다. 음은 파동이다. 깊은 사고이며 깊은 깨달음이며 천지만물의 조화를 음이라 한다. 슬예음은 지혜롭고 아름다운 조화를 뜻하는 이름으로, 자신의 주장보다 타인의 이야기를 들을 줄 아는 깊은 배려심이 있다. 사람의 말소리에는 상대의 마음을 움직이는 힘이 있다. 그 힘을 얻어 널리 사람을 복되게 하는 일에 앞장서라는 뜻이 담긴 이름이다. 한자로는 큰 거문고 슬瑟자에 재주 예藝자 그리고 소리 음音자를 쓴다. 한자를 파자로 풀면 왕의 권위와 법도를 가진 음성이라는 뜻이다. 널리 사람에게 길을 여는 이가 되라.

756 슬옹 · 瑟翁 · Seul-ong

슬기롭고 옹골찬 말과 행동으로 세상의 큰 스승이 되라

순우리말로 '슬기롭고 옹골찬'을 다듬어 슬옹이라 한다. 슬기롭게 인생의 난관들을 극복하고 인생의 굵고 깊은 나이테를 통해 옹골찬 사람이 되라는 뜻이다. 한자로는 큰 거문고 슬瑟자에 어른 옹翁자를 써 슬옹이라 한다. 슬瑟자는 예부터 현을 조율하여 평화롭고 아름답다는 뜻이다. 세상을 아름답게 조율하는 사람이 되라는 뜻에서 슬瑟자를 쓰고, 다음으로 인생의 깊은 지혜와 경험으로 세상의 큰 어른이 되라는 뜻에서 옹翁자를 쓴다. 슬기롭고 옹골찬 말과 행동으로 세상의 큰 어른이 되라는 뜻이 담긴 이름이다.

757 슬찬 · Seul-chan

길을 여는 슬기롭고 당찬 사람이 되라

'슬기롭고 당찬 사람'을 줄여 슬찬이라 한다. 슬기는 지혜로움이니 늘 지혜를 곁에 두면 모든 어려움을 하나하나 해결하는 힘이 될 것이다. 또한 한 손에는 용기를 받들고 기개를 펼쳐 세상에 당찬 목소리를 내라. 자신의 주장과 뜻을 올곧게 펼치는 사람이 당찬 사람이다. 어떤 힘에도 굴하지 않고 꿈을 펼쳐 나가는 멋진 사람이 되라. 안으로 슬기롭게 길을 열고 밖으로 당찬 목소리로 뜻을 펼칠 것이니 모두가 따를 것이다. 지혜와 용기는 양날의 칼이니 지혜가 필요할 때는 지혜로움을 따르고 용기가 필요할 때는 호연한 용기를 내라는 뜻에서 슬찬이라 한다.

758 아람 · 亞覽 · A-ram

세상을 돌보는 아름답고 우람한 사람이 되라

순우리말로 아름답고 우람한 사람이 되라는 뜻에서 아람이라 한다. 아름다운 마음은 먼저 존중하는 마음이다. 쓰고자 하면 먼저 주어야 하며, 말을 하고자 하면 먼저 귀를 기울여 들어야 한다. 몸은 스스로 낮추되 그 뜻은 우람하라는 뜻에서 아람이라 한다. 한자로는 버금 아亞자에 볼 람覽자를 쓴다. 버금 아亞자는 예부터 신성한 물건을 담는 제기를 뜻한다. 신성함을 널리 펼치라는 뜻에서 아亞자를 쓰고, 다음 람覽자를 파자로 풀면 신하 신臣자에 볼 견見자이니 신하가 천하를 보살피는 마음이다. 세상을 돌보는 아름다운 사람이 되라는 뜻에서 아람이라 한다.

759 알리 · Al-ri

세상에 진실을 알리는 사람이 되라

세상의 모든 신비를 알리라. 세상의 모든 지식을 알리라. 세상의 모든 지경을 알리라. 깊은 탐구심으로 세상의 모든 진실을 알리고 노력하는 사람이 되라는 뜻에서 알리라 한다. 또한 그 많은 진실과 지혜를 세상에 알리는 사람이 되라는 뜻이 있다. 소통과 대화의 장을 만들어 그 중심에서 진실을 진실로 있게 하라. 사람의 탐구심은 위대한 창조의 씨앗이다. 늘 열심히 진리를 찾아 나서고, 그렇게 찾은 귀한 진실을 세상에 있는 그대로 알리는 거울 같은 사람이 되라는 뜻에서 알리라 한다.

760 알천 · 謁天 · Al-cheon

삶의 어느 공간에서도 가장 귀하고 가장 멋진 인생을 영위하라

순우리말로 재물 가운데 가장 값나가는 물건, 음식 중에서 가장 맛있는 음식을 알천이라 한다. 삶의 어느 공간에서도 가장 귀하고 가장 멋진 인생을 영위하라는 뜻에서 알천이라 한다. 중국의 임제선사가 수처작주입처개진隨處作主立處皆眞이라는 말을 남겼다. 자신이 있는 어느 곳에서든 진실과 최선을 다하고 그 공간과 시간의 주인이 되라는 뜻이다. 세상 어디에서든 어느 순간이든 늘 주인공의 삶을 살라는 뜻에서 알천이라 한다. 한자로는 뵐 알謁자에 하늘 천天자를 쓴다. 하늘을 만난다는 뜻이니 지극한 심성과 노력이 하늘에 닿는다는 뜻이다.

761 얀새 · Yan-sae

하늘을 나는 하얀 새처럼 비상하라

'하늘을 나는 하얀 새'라는 순우리말을 다듬어 얀새라 한다. 흰색은 순결과 결단 그리고 평화를 뜻한다. 평화를 사랑하고 결단력 있게 판단하며 늘 청렴하고 깨끗한 사람이 되라는 뜻이다. 붕정만리鵬程萬里라 한다. 뜻이 높고 고결하면 한 번 날갯짓으로 세상을 덮는다. 드넓은 세상을 향해 자신의 포부를 펼치는 멋진 삶을 만들라는 뜻에서 얀새라 한다.

762 어진 · 御眞 · Eo-jin

세상을 돕는 어진 사람이 되라

세상을 돕는 자애롭고 따뜻한 사람이 되라는 뜻에서 어진이라 한다. 연민의 눈빛과 따뜻한 손길로 어렵고 가난한 사람을 돌보고, 세상의 소외된 곳을 찾아 도움이 되고 희망이 되라는 뜻에서 어진이라 한다. 또한 한자로는 거느릴 어御자에 참 진眞자를 쓴다. 거느릴 어御자는 바르게 다스려 세상이 통치된다는 뜻이다. 바른 마음으로 세상을 이치에 합당하게 하라는 뜻에서 거느릴 어御자를 쓰고, 다음 참 진眞자는 스스로 참되고 진실하여 거짓 없이 살라는 뜻이다. 스스로의 참됨으로 세상에 평화를 가져다 주라는 뜻에서 어진이라 한다.

763 여름 · Yeo-reum

여름날처럼 부지런히 노력하고 늘 예를 갖추어 법도를 이루라

여름은 강렬한 태양 아래 대지가 무르익는 시간이다. 깊은 녹음 속에서 대지는 생명을 길러내고 태양은 만물을 비추어 성장을 이룬다. 진취적인 생각과 건강한 몸으로 생명력이 가득한 사람이 되라는 뜻에서 여름이라 한다. 또한 여름은 예禮의 계절이다. 예란 세상을 바르게 하는 법도이니 서로 주고받는 정성과 몸가짐이다. 늘 예를 갖추어 윗사람에게 사랑받고 아랫사람에게 존경받으라는 뜻에서 여름이라 한다.

764 연두 · 硏豆 · Yeon-du

끝없는 탐구심으로 아름답고 성스러운 열매를 만들라

연한 초록색을 순우리말로 연둣빛이라 한다. 봄날 새싹처럼 싱그럽고 풋풋한 생명력을 간직하라는 뜻에서 연두라 한다. 한자로는 벼루 연硏자에 콩 두豆자를 쓴다. 벼루 연硏자는 파고들어 깊이 연구한다는 뜻이 있다. 궁극의 것을 찾는 분석적이고 심오한 탐구심을 연硏이라 한다. 다음 콩 두豆자는 예부터 제사를 지낼 때 쓰이는 제기를 뜻한다. 깊은 탐구심을 가지고 성스럽고 아름다우며 기쁜 성물을 창조하라는 뜻에서 연두라 한다.

765 예손 · 藝孫 · Ye-son

생명과 문화의 씨앗을 두 손에 담아 세세손손 이어라

예손은 순우리말로 '예쁜 손'의 준말이다. 한자로는 심을 예藝자에 손자 손孫자를 쓴다. 심을 예藝자는 나무와 화초를 심는 마음이니 극진하게 생명을 가꾸는 마음이다. 생명을 알맞은 곳에 심고 가꾸는 마음이니 따뜻하고 바르며 건강하고 힘이 있다. 다음 손孫자는 대대손손 그 아름다움을 전하라는 뜻이다. 아름다운 생명과 문화의 씨앗을 널리 심어 세세손손 그 영예가 이어지길 바라는 뜻에서 예손이라 한다.

766 예슬 · 禮瑟 · Ye-seul

예쁜 얼굴 슬기로운 음성으로 세상을 조화롭게 하라

순우리말로 '예쁜 얼굴 슬기로운 음성'을 줄여 예슬이라 한다. 얼굴은 마음의 창이다. 아름다운 마음으로 아름다운 얼굴, 슬기로운 생각으로 슬기로운 음성을 가진 사람이 되라는 뜻에서 예슬이라 한다. 또한 한자로는 예도 예禮자에 큰 거문고 슬瑟자를 쓴다. 거문고 소리는 세상을 조율하는 힘이며, 예는 세상을 바르게 사는 기준이다. 스스로의 기준을 바로세워 세상을 조율하라는 뜻에서 예슬이라 한다. 자신의 주장보다 타인의 이야기를 들을 줄 아는 깊은 배려심으로 큰일을 이루어내라는 뜻이 담긴 이름이다.

767 예음 · Ye-eum

세상 가득 아름답고 예쁜 음성으로 사람을 기쁘게 하라

'예쁨 음성'을 줄여 예음이라 한다. 음은 파동이다. 깊은 사고이며 깊은 깨달음이며 천지만물의 조화를 음이라 한다. 예쁘고 아름다운 조화를 뜻하는 이름인 예음은 자신의 주장보다 타인의 이야기를 들을 줄 아는 깊은 배려심을 뜻한다. 사람의 말소리에는 상대의 마음을 움직이는 힘이 있다. 그 힘을 얻어 널리 사람을 복되게 하는 일에 앞장서라는 뜻에서 예음이라 한다.

768 오름 · 梧廩 · O-reum

집안을 받쳐 든 기둥처럼 늠름하게 우뚝 서라

오름은 순우리말로 오르다라는 뜻이다. 작은 것, 낮은 것, 평범한 것에 머물지 않고 무리 중에서 높이높이 솟아오르라는 뜻에서 오름이라 한다. 한자로는 오동나무 오梧자에 곳집 름廩을 쓴다. 오동나무 오梧자를 파자로 풀면 나무 목木에 나 오吾자이니 나무 곁에 선 사람이다. 믿음이 있고 의지가 되는 버팀목이다. 다음으로 곳집 름廩자에는 쌓다, 늠름하다는 뜻이 있다. 공간을 받쳐 든 오동나무 기둥처럼 튼튼하고 건실하라는 뜻에서 오름이라 한다.

769 온슬 · 昷瑟 · On-seul

큰 슬기로움으로 세상의 중심에 서라

순우리말로 '가온 슬기'를 다듬어 온슬이라 한다. 가온은 중심이라는 뜻이다. 큰 슬기로움으로 세상의 중심에 서라는 뜻에서 온슬이라 한다. 큰 슬기로움으로 일과 사람의 중심에서 만사를 이루어내라. 한자로는 어질 온昷자에 큰 거문고 슬瑟자를 쓴다. 어질 온昷자를 파자로 풀면 반석 위에 떠오른 태양이니 바른 정의를 뜻한다. 어질고 바른 판단으로 세상의 중심에 서라는 뜻에서 어질 온昷자를 쓰고, 다음 거문고는 세상을 조율하고 마음을 소통케 하며 만물의 조화를 이루어낸다. 바른 중심으로 세상을 아름답게 조율하라는 뜻에서 온슬이라 한다.

---

770 우리 · 宇利 · U-ri

세상의 중심에서 늘 따뜻하고 이로운 사람이 되라

우리는 너와 나를 가리지 않고 함께 일컫는 말이다. 한자로는 집 우宇자에 이로울 리利자를 쓴다. 천지간에 모든 시간과 모든 공간을 우주라 한다. 우宇는 공간이며 주宙는 시간이다. 세상에는 공간을 채우는 사람과 시간을 채우는 사람이 따로 있다. 우는 공간을 채우는 사람이다. 사람 사는 공간을 따뜻하게 채우라는 뜻에서 우宇자를 먼저 쓰고, 다음 이로울 리利자를 파자로 풀면 벼를 베는 칼이다. 모든 일과 모든 사람에게 늘 이롭고 필요한 존재가 되라는 뜻에서 이로울 리利자를 쓴다. 세상 어느 곳에서든 늘 따뜻하고 이로운 사람이 되라는 뜻에서 우리라 한다.

---

771 웅산 · 熊山 · Ung-san

높은 권좌 위에 앉아 세상을 비추는 바른 빛이 되라

순우리말로 웅은 임금을 뜻한다. 임금이 사는 신성한 산을 웅산이라 한다. 지도자는 큰 뜻과 호연한 기상을 가져야 한다. 또한 깊고 푸른 산처럼 세상을 관조하는 힘이 있어야 한다. 기개가 드넓고 고귀한 운명을 살라는 뜻에서 웅산이라 한다. 한자로는 곰 웅熊자에 뫼 산山자를 쓴다. 웅은 예부터 빛을 발한다는 뜻이다. 세상을 밝히는 빛이 되라. 다음 산은 세상에 우뚝한 권좌이다. 높은 권좌 위에 앉아 세상을 비추는 바른 빛이 되라는 뜻에서 웅산이라 한다.

772 위로 · 尉勞 · Wi-ro

따뜻한 말과 진심 어린 손길로 상대를 위로하라

순우리말로 위로 오르는 사람이 되라는 뜻에서 위로라 한다. 사람은 날마다 나아지고 발전해야 한다. 어제보다 나은 내일을 꿈꾸고, 좋은 사람을 넘어 훌륭한 사람으로 거듭나야 한다. 늘 높은 이상을 찾아 위로 오르는 사람이 되라는 뜻에서 위로라 한다. 한자로는 위로할 위尉자에 힘쓸 로勞자를 쓴다. 따뜻한 말과 진심 어린 손길로 상대를 위로하고 슬픔을 달래주는 아름다운 사람이 되라는 뜻에서 위로라 한다.

773 으뜸 · Eu-tteum

자신이 선택한 분야에서 최고가 되라

으뜸은 왕 중의 왕이며 최고 중의 최고를 말한다. 여럿 가운데 가장 뛰어나 앞서 나간다는 뜻이다. 인생에서 가장 큰 성공은 자신이 선택한 것에서 최고가 되는 것이다. 어느 곳에서 무엇이 되든 그 분야에서 최고가 되라는 뜻에서 으뜸이라 한다.

774 은사랑 · 銀仕朗 · Eun-sa-rang

넉넉한 마음과 밝은 미소로 세상을 섬기라

순우리말로 '은은하게 빛나는 사랑'을 다듬어 은사랑이라 한다. 밝은 미소와 여유로운 마음으로 사랑을 나누는 사람이 되라는 뜻이다. 한자로는 은 은銀자에 섬길 사仕자 그리고 밝을 랑朗자를 쓴다. 은銀은 재운을 뜻한다. 창고에 재물이 가득하라는 뜻에서 은銀자를 쓴다. 세상의 주인은 낮은 곳에서 다른 이를 섬기는 사람이다. 섬기는 마음은 겸손하고 따뜻하다. 조화롭고 세심하다. 그래서 그 누구보다 빛난다. 섬기는 마음이 별처럼 빛나라는 뜻에서 밝을 랑朗자를 쓴다. 많은 재물과 재주를 갖추고 사람을 섬겨 밝은 세상을 만들라는 뜻이 담긴 이름이다.

775 은새 · Eun-sae

늘 보람차고 새로우라

순우리말로 은새란 보람차고 새롭다는 뜻이다. 사람이 일을 할 때 가장 중요한 것은 바로 보람이다. 일에 가치가 있어야 보람이 생기고 보람이 있어야 일이 늘 새롭다. 가치 있고 보람된 일을 찾아 늘 새롭게 도전하라. 그래서 풍요롭고 아름다운 세상을 열라. 주위의 많은 사람에게 학식과 기술을 베풀어 큰 보람을 찾고 스스로 만족하지 않아 새롭게 발전하고 발전하라는 뜻에서 은새라 한다.

776 이든 · I-deun

어진 마음으로 베풀고 베풀어 큰 믿음의 바탕이 되라

이든은 어질다의 옛말이다. 사람은 사람에게 인정을 베풀고 믿음을 주어야 한다. 믿음은 하루 아침에 생기지 않는다. 오랜 시간 경험을 통해 믿음은 자라나고 큰 나무가 되어 숲을 만든다. 세상 앞에 널리 베풀고 사람을 아껴 큰 믿음이 되라는 뜻에서 이든이라 한다. 인의지예신의 바탕은 바로 인仁이다. 어짐이야말로 세상을 움직이는 힘이다. 깊은 음성과 세상에 대한 연민으로 세상을 사랑하고 함께하는 모든 사람에게 믿음이 되어 큰 무리를 이끌라는 뜻에서 이든이라 한다.

777 이삭 · I-sak

온 우주의 숨결을 안고 만물을 길러 생명의 본처가 되라

이삭은 황금 들녘에 가득한 생명의 본원이다. 이삭 속에 붉은 태양이 뜨고 달이 지며 이삭 속에 뜨거운 대지의 열기가 흐르고 이삭 속에 바람의 숨결이 있다. 사계절 온 우주의 숨결로 무르익어 모든 생명을 길러내는 양식이 된다. 사람은 이삭을 통해 생명을 유지하고 몸을 강건하게 하니 이삭은 모든 사람의 생명줄이다. 세상에 이로운 이삭 같은 사람이 되라는 뜻에서 이삭이라 한다. 결실의 계절에 풍요로움이 가득한 운명이니 생명 속에 참된 생명이 되라는 뜻이 담긴 이름이다.

778 이새 · I-sae

생명의 힘과 새하얀 웃음으로 세상을 비추라

이새는 순우리말로 '이가 새하얀'의 준말로 이가 밝고 하얀 사람으로 자라라는 뜻이다. 이는 임금이요 우두머리니 늘 중심에 우뚝 설 것이며, 새하얀 것은 청렴함이니 그 자리를 오래 지킬 것이다. 새하얀 이처럼 밝은 미소를 지으며 인생을 아름답게 누리기를 바라는 뜻에서 이새라 한다. 성경에서 이새는 다윗의 아버지로 생명의 뿌리를 뜻한다. 이새의 나무에서 생명과 가문이 번성하니 많은 생명의 뿌리가 되라는 뜻에서 이새라 한다.

779 지금 · Ji-geum

오늘 이 순간 찬란하게 빛나라

황금보다 소중한 것은 소금이며 소금보다 소중한 것은 지금이다. 세상에서 가장 귀한 보석이니 오직 지금 이 시간과 이 공간을 한껏 누리며 살라는 뜻에서 지금이라 한다. 미래를 걱정하는 사람에게 만족은 없다. 과거를 후회하는 사람에게 축복은 찾아오지 않는다. 하늘이 내린 축복은 바로 오늘이며 내가 누릴 수 있는 최고의 순간은 바로 지금이다. 가는 것은 가게 두고 오는 것은 오게 두라. 모든 것은 생멸을 통해 영원의 이름을 얻으니 지금만이 영원으로 통하는 문이다. 오늘 이 순간 찬란하게 빛나 세상에서 가장 귀한 보물을 가진 사람이 되라는 뜻에서 지금이라 한다.

780 진솔 · 眞率 · Jin-sol

지극한 심성으로 많은 사람을 하나로 이끌라

진리는 세월을 넘어 늘 새롭고 참되다. 꾸밈 없고 솔직한 사람이 되라는 뜻에서 순우리말로 진솔이라 한다. 한자로는 참 진眞자에 거느릴 솔率자를 써 진솔이라 한다. 세상의 참된 진리를 설파하라는 뜻에서 참 진眞자를 쓰고, 다음 거느릴 솔率자는 서로 다른 의견과 생각을 가진 사람들을 한 곳으로 이끈다는 뜻이다. 지극한 심성으로 많은 사람을 하나로 이끌라는 뜻에서 진솔이라 한다.

781 찬별 · 贊鷩 · Chan-byeol

세상에 우뚝 선 새벽의 찬 별이 되라

찬별은 말 그대로 차가운 느낌을 주는 별을 뜻하는 순우리말로 주로 새벽이나 겨울철 밤하늘의 별을 일컫는다. 지혜가 깊은 사람은 새벽처럼 깨끗하고 겨울처럼 투명하다. 스스로 청렴한 기개로 세상의 빛이 되라는 뜻에서 찬별이라 한다. 한자로는 도울 찬贊자에 금계 별鷩자를 쓴다. 찬贊자를 파자로 풀면 재화를 가지고 나아가 많은 사람을 돕는다는 뜻이다. 늘 돕는 마음을 안에 갖추고, 밖으로는 황금새처럼 빛나는 사람이 되라는 뜻에서 금계 별鷩자를 쓴다. 세상에 우뚝 선 빛이 될 것이니 새벽을 여는 찬별이 되라는 뜻이 담긴 이름이다.

782 찬솔 · 贊率 · Chan-sol

호연한 기상과 굳건한 의지로 세상에 청렴한 뜻을 펼치라

순우리말로 꽉 찬 소나무처럼 단단하고 야무지라는 뜻에서 찬솔이라 한다. 호연한 기상과 굳건한 의지로 세상에 청렴한 뜻을 펼치라. 또한 한자로는 도울 찬贊자에 거느릴 솔率자를 써 찬솔이라 한다. 늘 돕는 마음으로 손을 먼저 내밀면 세상이 따라올 것이다. 받는 마음보다 먼저 주는 마음으로 세상을 이끄는 사람이 되라는 뜻에서 찬솔이라 한다.

783 초함 · Cho-ham

초롱초롱한 눈과 함박웃음으로 세상을 밝히라

초롱초롱한 눈은 세상을 왜곡 없이 바로 본다. 일을 치우치지 않고 바르게 선택한다. 이성의 칼은 날카롭게 서야 하며, 마음의 문의 활짝 열려야 한다. 마음의 문이 활짝 열린 사람은 함박웃음을 짓는다. 초롱초롱한 눈과 함박미소를 짓는 아름다운 마음을 초함이라 한다. 세상 속에서 바른 판단으로 일의 두서를 잡고 그 안에서 일하는 사람에게 함박웃음으로 함께 가는 즐거움을 주는 큰 사람이 되라는 뜻이 담긴 이름이다.

784 토리 · 土犁 · Tory

땅의 이로움을 널리 베풀라

토리는 순우리말인 '도토리'를 다듬은 말이다. 단단하고 살뜰하여 믿음직스럽고 가을날 풍요로움이 함께하니 넉넉하고 즐겁다. 어느 곳에서 무슨 일을 하든 야무지고 단단한 중심이 되고 알맹이가 되고 땅의 이로움을 널리 베풀라는 뜻에서 토리라 한다. 한자로는 흙 土자에 이로울 犁자를 쓴다. 흙처럼 땅을 딛고 살아가는 모든 생명에게 발판이 되라는 뜻에서 흙 土자를 쓰고, 다음 이로울 犁자를 파자로 풀면 벼를 베는 낫이다. 세상에 널리 생명의 도구가 되니 이롭다. 널리 쓰임이 많고 널리 베풂이 커 토리라 한다.

785 하늘 · Ha-neul

투명한 미소와 한결같은 마음으로 하늘처럼 푸르른 사람이 되라

하늘은 늘 푸르고 하늘은 늘 공평무사하다. 천지무정天地無情이니 흐르는 인연에 연연하지 않는다. 하늘은 한결같이 투명하여 수많은 희로애락 속에서도 그 푸르름을 잃지 않는다. 하늘은 스스로 떳떳하여 숨기는 것이 없으니 하늘처럼 늘 청렴결백한 사람이 되라는 뜻에서 하늘이라 한다. 또한 하늘은 세상 모든 것을 있는 그대로 바라본다. 선악을 가르지 않고 밤낮을 가리지 않으니 만물이 하늘 아래 모두 평등하다. 투명한 미소와 한결같은 마음으로 하늘처럼 푸르른 사람이 되라는 뜻에서 하늘이라 한다.

786 하늘못 · Ha-neul-mot

위대한 정신의 뿌리가 되라

백두산 천지는 민족혼의 정수이다. 검푸르고 깊으며 웅장하고 호연하며 성스럽고 고요하다. 민족사의 시작과 끝을 같이 할 것이니 위대한 정신의 뿌리가 되라는 뜻에서 하늘못이라 한다. 하늘못은 바다와 통하는 눈을 가지고 있다. 모든 문명과 문화의 시원에 하늘못이 있으니 나라가 가야 할 길을 잃었을 때 하늘못이 길을 안내할 것이다. 민족의 뿌리가 무엇인지 다시금 펼쳐낼 것이다. 푸르른 하늘처럼 깊은 연못처럼 푸르고 깊은 사람이 되라는 뜻에서 하늘못이라 한다.

787 하늘찬 · Ha-neul-chan

하늘에 가득 찬 열매처럼 풍요로운 인생을 영위하라

'하늘에 가득 찬 열매'를 줄여 하늘찬이라 한다. 늘 한결같은 마음으로 노력하고 깊은 성정으로 관조하면 충만한 인생을 영위할 것이다. 운명의 결이 풍요로워 도전하는 일마다 큰 열매로 보답 받을 것이다. 늘 스스로를 믿는 마음으로 앞으로 나아가라. 원하면 원하는 모두를 하늘이 준비할 것이니 늘 그 열매로 복과 덕을 쌓으라. 나누면 나눌수록 더 많은 것을 얻을 것이다. 하늘에 가득 찬 열매로 풍요롭고 행복한 인생을 영위하라는 뜻에서 하늘찬이라 한다.

788 하라 · 昰羅 · Ha-ra

바른 계획을 가지고 지혜의 중심에서 세상을 풍요롭게 하라

바른 계획으로 지혜의 중심에서 세상을 풍요롭게 하라는 뜻에서 하라라 한다. 한자로는 여름 하昰자에 비단 라羅자를 쓴다. 지혜와 열정으로 사람을 모으고 그 모은 힘을 날마다 갈고 닦아 넓고 풍족한 세상을 이룰 것이다. 여름 하昰자를 파자로 풀면 날 일日자에 바를 정正자이다. 천지만물의 중심인 태양이 바른 위치에 있으니 권위가 있고 화평하다. 다음 라羅자는 예부터 일을 계획하고 시작하는 의미로 쓰였다. 바른 것과 바르지 못한 것 모두를 제자리로 돌리라는 뜻이 담긴 이름이다.

789 하루 · 賀累 · Ha-ru

하루하루 주어진 것들을 소중하고 감사하게 여기라

하루하루 성실하고 감사한 삶을 살아가라는 뜻에서 하루라 한다. 모든 영광은 하루하루의 노력에서 비롯되고 모든 역사는 하루하루의 선택에서 이루어진다. 한자로는 경축할 하賀자에 여러 루累자를 쓴다. 날마다 경축하고 감사하고 즐거운 인생을 살라는 뜻에서 경축할 하賀자를 쓰고, 다음으로 그 날이 쌓이고 쌓여 역사를 이루고 명예를 이루라는 뜻에서 여러 루累자를 쓴다. 하루하루 주어진 것들을 소중하고 감사하게 여기고 날마다 행복한 삶을 살라는 뜻에서 하루라 한다.

790 하솔 · 夏率 · Ha-sol

하늘 소나무처럼 강직하고 청렴하라

하늘 소나무처럼 맑고 푸르라는 뜻에서 하솔이라 한다. 능선 위 우뚝 선 소나무는 거센 바람에 더욱 푸르고 찬 서리에 더욱 단단해진다. 하늘을 향해 뻗은 늘 푸른 소나무처럼 맑고 청렴하라는 뜻에서 하솔이라 한다. 한자로는 여름 하夏자에 거느릴 솔率자를 쓴다. 여름 하夏자를 파자로 풀면 태양이 떠올라 옳고 그름이 바르게 된다는 뜻이다. 정의를 바로세우라는 뜻에서 하夏자를 쓰고, 그 청렴함으로 솔선수범하라는 뜻에서 거느릴 솔率자를 쓴다. 스스로 바르고 정직하면 많은 사람이 그 길을 따른다. 하늘 소나무처럼 강직하고 청렴하라는 뜻에서 하솔이라 한다.

791 한결 · 韓潔 · Han-gyeol

한결같은 마음 넓고 깨끗한 마음으로 세상의 중심에 서라

깊고 맑은 사람, 늘 한결같은 사람, 세상의 중심에 서는 사람이 되라는 뜻에서 한결이라 한다. 한자는 나라 한韓자에 깨끗할 결潔자를 쓴다. 전통과 뿌리를 찾아 한국의 정신을 계승할 소명이 있으니 나라 한韓자를 먼저 쓰고, 다음 깨끗할 결潔자는 청렴하고 순수한 사람이 되라는 뜻이다. 늘 새롭게 태어나 한결같은 마음으로 넓고 풍요로운 영토를 열라는 뜻에서 한결이라 한다.

792 한별 · 翰鷩 · Han-byeol

큰 생각 단단한 신념으로 밝게 빛나는 인생을 살라

순우리말로 세상의 큰 별이 되라는 뜻에서 한별이라 한다. 한은 우리말로 크고 위대하다는 뜻이다. 작은 것을 보는 것이 아니라 큰 것을 생각하고 미래를 보라. 밝은 곳이 아니라 어두운 곳에 빛이 되는 사람이 되라는 뜻에서 한별이라 한다. 한자로는 날개 한翰자에 금계 별鷩자를 쓴다. 금계는 붉은 새를 말한다. 크게 날개를 펼친 붉은 새가 하늘을 평화롭게 날아가는 모습을 뜻하여 한별이라 한다. 큰 생각 단단한 신념으로 밝게 빛나는 인생을 살라는 뜻에서 한별이라 한다.

793 한새 · 韓塞 · Han-sae

큰 지혜로 새로운 영토를 만들라

한새는 순우리말로 크게 새롭고 새롭다는 뜻이다. 작은 것, 어제에 머물지 말고 새로운 지평을 열라는 뜻에서 한새라 한다. 한자로는 나라 한韓자에 변방 새塞자를 쓴다. 스스로의 영역을 얻을 것이다. 그 영역이 크고 아름답고 풍요로워 한새라 한다. 오늘에 머물지 않고 내일을 꿈꾸는 사람은 아름답다. 어제를 버리고 새로운 지경을 찾아가는 사람은 늘 푸르고 푸르다. 광활하고 아름다운 영토, 지금까지 사람들이 꿈꾸지 못했던 새로운 영토를 열라는 뜻이 담긴 이름이다.

794 한솔 · 瀚率 · Han-sol

웅대한 뜻을 펼쳐 아름답고 귀한 삶을 살라

세상을 향해 날아오르는 날개가 힘차고 밝다. 큰 뜻을 품고 하늘을 날며 푸르고 건강한 성품을 가지라는 뜻에서 순우리말로 한솔이라 한다. 크게 날개를 펼친 늘 푸른 소나무처럼 건강하고 풍족한 사람이 되라. 한자로는 넓고 클 한瀚자에 거느릴 솔率자를 쓴다. 넓고 큰 마음으로 늘 솔선수범하여 많은 사람을 이끌라는 뜻이다. 세계로 나아가 큰 뜻을 펼치고 아름답고 귀한 인생을 누리라는 뜻이 담긴 이름이다.

795 한슬 · 瀚瑟 · Han-seul

가장 큰 슬기로움으로 세상의 빛이 되라

크게 슬기롭다는 순우리말로 한슬이라 한다. 한은 예부터 크고 넓다는 뜻으로 쓰였다. 그 마음과 생각의 뿌리가 깊고 넓어서 한껏 그 뜻을 펼치라는 뜻에서 한자를 쓰고, 다음 슬기롭다에서 슬자를 쓴다. 한자로는 넓고 클 한瀚자에 거문고 슬瑟자를 쓴다. 큰 거문고 슬瑟자는 예부터 곱고 아름답다는 뜻이다. 슬기로움이란 처하는 곳마다 바른 말과 행동으로 만사를 옳게 하는 것이다. 큰 슬기로움으로 세상의 빛이 되라는 뜻에서 한슬이라 한다.

796 한얼 · Han-eol

크고 아름다운 민족의 참된 얼이 되라

얼은 영혼의 창이다. 크고 아름다운 민족의 참된 얼이 되라 하여 한얼이라 한다. 얼은 생사를 넘어 생명과 생명을 잇는 다리다. 조상의 얼을 오늘에 되새겨 민족의 뿌리를 계승하고 발전시키니 선조들의 혼이 보살피고 그 축복을 누릴 것이다. 귀하고 영광된 운명이니 스스로를 보호하고 깊은 숨결로 영혼을 밝히며, 얼을 잇고 혼을 밝혀 역사의 큰 지평을 열라는 뜻에서 한얼이라 한다.

797 한울 · Han-ul

우주의 신비 속에서 생명의 깊은 뜻을 펼치라

순우리말로 크고 넓은 우주의 본체를 한울이라 한다. 우주는 시작도 없으며 끝도 없다. 모든 생명의 근원이니 마르지 않는다. 하늘의 큰 울타리 속에 숨쉬는 모든 생명은 강건하고 오묘하다. 심오한 우주의 신비 속에서 생명의 깊은 뜻을 펼치라는 뜻에서 한울이라 한다. 울타리의 경계가 없으면 모두가 하나의 생명이며 모두가 하나의 영토이다. 하나의 큰 울타리로 모두가 하나 되는 세상을 만들라는 뜻에서 한울이라 한다.

798 함초롬 · Ham-cho-rom

아름답고 건강하여 함초롬히 빛나라

함초롬은 순우리말로 촉촉하여 곱고 생기 있다는 뜻이다. 대지는 흐르는 물로 비옥하며 생명은 대지를 수놓는다. 아름답게 단단히 빛나는 모습으로 주위 사람들의 마음을 촉촉하게 적시라는 뜻에서 함초롬이라 한다. 대지의 건강함과 싱그러움 속에서 운명을 단단하게 열고, 곱고 아름다운 언행으로 만인의 사람이 되라는 뜻에서 함초롬이라 한다.

799 해달 · Hae-dal

해처럼 달처럼 세상을 밝게 비추라

해처럼 달처럼 세상을 밝게 비추라는 뜻에서 해달이라 한다. 햇살은 세상 모든 생명을 공평하게 비춘다. 가난하거나 부유하거나 귀하거나 천하거나 아픔이 있거나 슬픔이 있거나 사람을 가리지 않고 생명을 가리지 않는다. 공평한 마음으로 세상의 중심에 서라는 뜻에서 해를 쓴다. 달은 영혼의 길을 연다. 어둠이 찾아온 세상에 은은한 달빛은 길 잃은 영혼들이 숨쉴 수 있는 공간을 만든다. 따뜻하게 신비롭게 그리고 섬세하게 마음을 위로한다. 해를 품은 달처럼 이성과 감성의 두 별을 가슴에 안고 살아가라는 뜻에서 해달이라 한다.

---

800 해온 · 楷蘊 · Hae-on

해가 나온 듯 밝고 힘차라

해온은 순우리말로 해가 나온 듯 밝고 힘차다는 뜻이다. 해는 중심이다. 사람의 중심에서 일의 중심에서 치우치지 말고 모든 일을 아름답게 완성하라는 뜻이다. 또한 해는 빛이다. 해가 떠올라 세상이 밝아지고 힘차지는 모습 그대로 밝고 건강하게 살라는 뜻에서 해온이라 한다. 한자로는 본보기 해楷자에 쌓을 온蘊자를 쓴다. 세상에 바른 본보기가 되라는 뜻에서 해楷자를 쓰고, 다음 쌓을 온蘊자는 바른 기준을 바탕으로 그 위에 행복도 쌓고 재물도 쌓고 복덕도 쌓으라는 뜻이다.

영어 여자이름 100선

801 Aadi

아디는 고대 인도의 산스크리트어로 시작과 처음이라는 뜻이다. 봄날 아침처럼 밝고 긍정적인 마음으로 세상을 열라는 뜻이다. 시작하는 마음은 새의 첫 날갯짓처럼 푸르고 강건하다. 건강한 몸과 마음으로 세상에 아침을 전하는 사람이 되라는 뜻에서 아디라 한다.

802 Abigail

'아버지의 기쁨'이라는 히브리어에서 유래한 아비가일은 뛰어난 미모와 예지력으로 왕을 충실하게 돕는 배필이다. 아비가일에게는 백악관 영부인의 모습이 있다. 품위 있으면서도 지혜롭고 책임감이 강하다. 늘 남편을 돕는 배필로서 최선을 다하고 가정을 행복하게 꾸려 나가는 여성이다.

803 Adeline

따뜻하고 깊은 목소리는 상대방의 마음을 연다. 애들린은 감미로운 목소리와 따뜻한 마음씨로 많은 사람의 사랑을 받으라는 의미가 있다.

804 Aida

아이다는 베르디의 오페라 〈아이다〉에 등장하는 에티오피아 공주의 이름으로 유명하다. 아름다운 머릿결과 건강한 피부 그리고 나라를 사랑하는 공주의 삶을 살라는 뜻이 있다. 풍요로운 대지 위에 유유히 흐르는 강물은 곡식을 무르익게 한다. 그 강물처럼 아이다는 건강과 풍요를 뜻한다.

805 Alice

앨리스는 고전적인 연구와 현대적인 감각으로 신구를 통합하는 사람이 되라는 뜻이 있다. 귀족적인 품위가 느껴지면서도 이상한 나라를 여행하는 끝없는 상상력의 소유자가 바로 앨리스이다. 옛 것을 익혀 새 것을 창조하는 예술가가 되라는 뜻에서 앨리스라 한다.

806 Althea

앨시아는 그리스어로 치유healing를 뜻한다. 건강한 아름다움으로 세상을 치료하는 치료사가 되라는 뜻에서 앨시아라 한다. 건강은 모든 복의 으뜸이다. 몸이 건강하면 정신이 건강하고 또한 운명이 건강하다. 건강한 마음으로 다른 사람의 고통과 아픔을 돌아보고 치료하는 사람이 되기를 바라는 이름이다.

807 Alyssa

알리사는 그리스어에서 유래한 이름으로 사려 깊은 사람을 뜻한다. 깊은 지혜와 창조력으로 세상을 풍족하게 하라는 뜻에서 알리사라 한다. 세상을 바라보는 깊고 그윽한 눈으로 큰 영예를 이루라는 뜻이 담긴 이름이다.

808 Amanda

아만다는 사랑받을 만한 가치가 있다는 의미다. 세상에서 가장 아름다운 일은 사랑하고 사랑받는 일이다. 서로 서로 사랑하며 아름답고 행복한 사람으로 완성되라는 뜻에서 아만다라 한다.

809 Angela

안젤라는 신의 전달자를 뜻한다. 영혼이 맑고 밝아 세상을 비추는 일을 하는 사람이다. 자신을 희생해 어린 아이들을 가르치는 성녀의 모습이 연상되는 안젤라는 따듯하고 자애로운 마음을 가지고 있다. 맑은 영혼으로 모든 사람을 안아주는 따뜻한 사람이 되라는 의미가 담긴 이름이다.

810 Anna

애나는 고풍스럽지만 단순하고 정직한 성품이 느껴지는 이름이다. 평범하면서도 온화한 성품으로 인해 많은 사람과 소통하고 교류한다. 세대를 넘어 귀천을 넘어 그 사람의 본질을 보는 눈을 가졌으니 소박하지만 강한 힘을 가지고 있다. 그 순수함을 통해 많은 사람의 목소리를 듣고 위안을 주는 사람이 되라는 의미가 담긴 이름이다.

811 Arabella

사랑스럽고 예쁜 얼굴이 눈부셔 아라벨라라 한다. 군계일학의 미모와 비단처럼 고운 마음씨로 사람들의 사랑을 한몸에 받을 것이다. 마음이 예쁘면 얼굴도 예뻐진다. 얼굴이 예쁘면 운명도 비단처럼 고와진다. 아름다운 얼굴로 비단같이 아름다운 인생을 살라는 뜻이 담긴 이름이다.

812 Ariel

아리엘은 히브리어에서는 하나님의 사자를 뜻하며, 구약성경에서는 예루살렘을 뜻한다. 셰익스피어의 희곡 〈템페스트Tempest〉에 등장하는 공기의 정령의 이름이기도 하다. 디즈니 만화 주인공인 인어공주의 이름 역시 아리엘이다. 섬세한 심성과 꿈이 반짝이는 눈은 사람들을 매료시킨다. 푸른 바다를 누비며 신비로운 음성으로 사람들을 이끄는 모습이다

813 Audrey

오드리는 영어에서 기원한 이름으로 권위를 말한다. 황족의 권위이니 품격이 높고 사고가 깊으며 널리 백성을 사랑하는 마음이 있다. 자신을 아름답게 가꾸는 일에서 시작해 세상을 풍족하게 하는 뜻 깊은 인생을 살라는 뜻이 담긴 이름이다.

814 Ava

에이바는 새를 뜻하는 라틴어와 관련된 이름이다. 또한 명랑하고 쾌활하다는 뜻도 있다. 새처럼 밝고 새처럼 부지런하고 새처럼 평화로운 사람이라는 의미에서 에이바라 한다. 작고 귀여운 새처럼 사람들에게 즐거움을 전해주는 행복한 삶을 살라는 뜻이 담긴 이름이다.

815 Bailey

베일리는 관리자로서 정직하고 성실하며 친절한 사람이다. 따뜻한 마음으로 성실하게 설명하고 모든 일을 청렴하고 정직하게 처리하는 모습이 있다. 세상을 돕는 마음과 정직한 행동으로 많은 사람의 본보기가 되어 존경받는 사람이 되라는 뜻이 담긴 이름이다.

816 Beatrix

여행자를 뜻하는 라틴어에서 유래한 이름으로, 현명하고 재치 있는 모습으로 세상을 활기차게 살아가라는 뜻에서 베아트릭스라 한다. 문학적 감수성으로 세상을 아름답게 만들고 무한 긍정으로 아무리 어려운 일도 유쾌하게 이루어내는 밝고 에너지 넘치는 아름다운 숙녀가 되라는 뜻이 담긴 이름이다.

817 Bella

벨라는 프랑스어 벨belle에서 유래한 이름이다. 그 생각과 말과 행동이 아름다워 벨라라 한다. 벨라는 사교성이 좋고 멋과 아름다움을 추구한다. 늘 생각하고 있는 것을 말과 행동으로 실천하는 아름다운 사람이 되라는 뜻에서 벨라라 한다.

818 Betty

베티는 긍정적이고 도전적인 삶을 살라는 뜻이다. 오늘에 안주하기보다는 내일을 향해 도전하고 사람들에게서 부정적인 면보다는 긍정적인 면을 발견하며, 늘 생기발랄한 모습으로 많은 사람들에게 기쁨을 전하는 삶을 살라는 뜻이 담긴 이름이다.

819 Bijou

비주는 프랑스어로 보석이라는 뜻이다. 보석처럼 영롱하고 고귀한 삶을 살라는 의미가 담긴 이름이다. 자신이 가진 것을 나누고 베풀어 더 큰 부와 명예를 이루고, 타고난 능력을 더욱 갈고닦아 더욱 빛나는 보석이 되라는 뜻이 있다.

820 Bridget

브리짓은 지혜의 여신에서 유래한 이름이다. 깊은 눈과 밝은 지혜로 세상에 평화를 가져다 준다. 다재다능한 능력은 물론이고 그 능력들을 잘 사용하여 일을 완성하고 사람들을 다루는 큰 힘이 있다. 자연을 깊게 관조하고 그 깊은 지혜로부터 큰 성공을 이루어내라는 뜻에서 브리짓이라한다.

821 Callie

그리스어로 '가장 아름다운'이라는 단어에서 유래한 캘리는 매력적인 사람을 말한다. 늘 아름다움을 몸과 마음으로 가꿔 행복하게 살라는 뜻에서 캘리라 한다. 늘 따뜻하고 기쁜 마음으로 세상을 풍요롭게 하라는 의미가 담긴 이름이다.

822 Camden

캠던은 영국의 캠던 마켓 Camden market을 연상시킨다. 고전적이면서도 현대적인 감각과 멋이 느껴진다. 세련되고 활기찬 성품에 잘 어울린다. 자유로운 사고를 가지고 사람들과 교류하고 소통하는 캠던은 늘 주위에 사람이 많다. 많은 사람들과 더불어 소통하며 활기차게 살라는 뜻에서 캠던이라 한다.

823 Claire

클레어는 저명한 사람을 일컫는다. 널리 칭송받고 널리 모범이 되는 사람이다. 많은 사람의 지표가 되는 맑고 향기로운 삶을 살아가라는 뜻에서 클레어라 한다. 말에 향기를, 행동에 향기를 품고 살면 늘 좋은 일이 가득할 것이다.

824 Clio

지적이며 현대적이고 권위가 있는 사람이 되라는 뜻에서 클리오라 한다. 커리어우먼으로서 일을 통해 자아를 실현하는 모습이 아름답다. 후배들을 이끌며 회사를 잘 이끌어가는 수장의 이미지가 빛난다. 무슨 일이든 단정하고 바르게 마무리하라는 뜻에서 클리오라 한다.

825 Daisy

인격의 향기는 바람을 거슬러 멀리멀리 퍼진다. 꽃처럼 향기 가득한 사람이 되라는 뜻에서 데이지라 한다. 맑은 햇살처럼 투명하고 신선한 바람처럼 시원한 사람이다. 늘 가까이하고 싶은 꽃 같은 사람이 되라는 뜻에서 데이지라 한다.

826 Dana

다나 히브리어로 신의 어머니이며 총명한 사람을 말한다. 넉넉하고 용서하는 마음으로 생명을 기르고 널리 사랑을 베푸는 모습이 있다. 또한 마음을 열어 신의 목소리를 경청하니 총명하고 순결하다는 뜻이다. 널리 어머니의 품으로 생명을 가꾸라는 뜻에서 다나라 한다.

827 Delia

에게 해의 아름다운 섬 델로스에서 태어난 달의 여신 아르테미스의 애칭이 델리아다. 바다 바람을 맞고 자란 순수한 델리아는 영혼의 선율로 세상을 이끈다. 바닷가에 보름달이 떠오르면 신비로운 음성이 영혼의 세계로 길을 연다. 순수한 영혼으로 사람들을 감화시키는 삶을 살라는 뜻이 담긴 이름이다.

828 Devi

데비는 여신을 뜻하는 산스크리트어에서 유래한 이름이다. 또한 힌두교에서는 모신으로서 선과 악을 판단하는 기준이다. 선과 악의 뿌리는 하나이며 생과 사의 이름은 모두 생명의 모태인 어머니로 회귀한다. 세상 모든 생명의 뿌리가 되고 선악을 가르며 정의를 바로잡으라는 뜻에서 데비라 한다.

829 Dionne

그리스 신화에서 신성이 가득하고 아름다운 여왕이 디온이다. 아름다운 머릿결과 투명한 피부만큼 곱고 깊은 목소리를 가졌다. 사람에게 환희를 불러일으키는 미모와 심성을 모두 가졌다. 여왕의 권위를 누리고 아름다움에 아름다움을 더하라는 뜻에서 디온이라 한다.

830 Elizabeth

영국 여왕 엘리자베스의 이름이다. 세례자 요한의 어머니 엘리사벳에서 유래하였으며 신의 약속, 신의 충만이라는 뜻이다. 아름답고 기품이 느껴진다. 고전적이나 고루하지 않고 기품이 있지만 무겁지 않아 많은 사람들이 사랑하는 모습이 엘리자베스에게 있다. Elizabeth를 줄여서 Eliza라고 한다.

831 Emerald

에머럴드는 아름다운 보석에서 유래한 이름이다. 평화와 생명을 뜻하는 녹색은 만물을 생육하고 사랑을 전파한다. 건강한 생명력으로 풍요로운 대지를 만들고 더불어 살아가는 공존의 세상을 펼치라는 뜻에서 에머럴드라 한다. 또한 평화의 여신으로 세상을 조율하라는 뜻이 담긴 이름이다.

832 Erin

애린은 아일랜드의 옛이름이기도 하며, 활기차고 건강한 여성을 말한다. 늘 스스로 중심을 찾고 모든 사람에게 좋은 에너지를 나누어주는 사람이 되라는 뜻에서 애린이라 한다. 사랑하는 사람들과 늘 행복한 삶을 영위하라는 뜻이 담긴 이름이다.

833 Esme

자신을 사랑하고 세상을 존중하라는 뜻에서 에스메라 한다. 스스로를 사랑하는 사람은 스스로 존귀해진다. 스스로가 존귀한 사람은 타인도 존중할 줄 안다. 자신을 사랑할 줄 아는 사람이 되고 타인을 존중하는 삶을 살라는 뜻에서 에스메라 한다.

834 Eve

태초의 순수성을 가진 사람이 이브이다. 최초의 여성이니 순수하고 우아하며 매력적이다. 여성스러움으로 늘 사랑받고 순수함으로 늘 보호받는 사람이 되라는 뜻에서 이브라 한다. 생명의 여신이 늘 함께하여 널리 생명의 뿌리가 되라는 뜻이 담긴 이름이다.

835 Evelyn

에블린은 아름다운 새를 뜻한다. 아침을 여는 새처럼 활기차고 부지런하라는 뜻에서 에블린이라 한다. 누구보다 아름다운 목소리로 세상에 기쁨을 전하고 누구보다 부지런한 날갯짓으로 멀리 날아오르라는 뜻이 담긴 이름이다.

836 Frankie

프랭키는 자유롭고 진실하다는 뜻이다. 늘 자유로운 사고로 세상에 아름다운 것을 창조하라는 뜻과 늘 자신의 삶에 진실하라는 뜻에서 프랭키라 한다. 스스로의 진실을 드러내 많은 사람에게 큰 기쁨을 주고 사랑받으라는 뜻이 담긴 이름이다.

837 Freesia

꽃처럼 맑고 향기로운 사람이 되라는 뜻에서 프리지아라 한다. 자유로운 영혼은 구속을 넘어 영원을 노래하니 아름답고 투명하다. 어느 곳에서도 구김 없이 밝고 맑으며 영혼이 자유로운 사람이 되라는 뜻에서 프리지아라 한다.

838 Gaia

가이아는 그리스 신화에 나오는 대지의 여신이다. 대지의 생명력과 잉태의 숨결을 주재하는 위대한 힘을 가졌다. 자연과 더불어 생명을 잉태하고 훈육하며 축복을 전할 것이니 땅에서 온 것들은 모두 땅으로 돌아갈 것이다.

839 Genoa

보석처럼 반짝이며 단단한 사람이 되라는 뜻에서 제노아라 한다. 반짝이고 귀하며 단단한 사람은 보석 같은 사람이다. 세상을 향해 별처럼 반짝이고 금강석처럼 단단하며 영롱한 인생을 살아가라는 뜻이 담긴 이름이다.

840 Hannah

한나는 히브리어로 영광을 드러낸다는 뜻이다. 신의 영광을 드러내는 사람은 빛이 난다. 때를 기다리고 장소를 찾아 그 뜻을 전한다. 신의 영광을 드러내고 전달하는 사람이 되라는 뜻에서 한나라 한다. 때와 장소를 알아 영광을 드러내는 삶을 살라는 뜻이 담긴 이름이다.

841 Helen

헬렌은 그리스 신화에서 제우스의 딸이며 세상에서 가장 아름다운 여인이다. 눈부신 미모와 귀족적인 풍모로 세상의 주목을 받는다. 또한 구김살 없이 밝고 친절한 성격을 가졌으며, 건강하고 해박한 지식을 자랑한다. 늘 풍요롭고 귀한 삶을 살라는 뜻이 담긴 이름이다.

842 Hillary

진취적 기상과 섬세한 배려로 세상을 이끄는 리더가 되라는 뜻에서 힐러리라 한다. 힐러리는 활기차고 즐겁다는 뜻으로 널리 사람들에게 도움을 주는 사람이다. 이상을 향한 순수함과 관계를 조율하는 유쾌함을 모두 가졌으니 만인의 중심에 설 것이다.

843 Holland

신이 내린 축복의 땅이 홀랜드이다. 풍요로운 대지의 넉넉함과 신으로부터의 따뜻한 보살핌이 있는 귀하고 정의로운 인생이다. 스스로를 깨끗이 갈고 닦아 성스러운 거울이 되고 축복의 대지 위에서 풍요로움을 누리라는 뜻에서 홀랜드라고 한다.

844 Hulda

훌다는 예언자를 말한다. 신의 뜻을 전하는 사람으로 깊은 예지력을 가지고 많은 사람을 이끌라는 뜻이다. 예언의 힘은 믿고 말하는 것으로 이루어진다. 선지자의 큰 힘을 받아 늘 영혼을 열어 뜻을 듣고 마지막까지 그 믿음으로 예언을 이루라는 뜻이 담긴 이름이다.

845 Imara

이마라는 스와힐리어로 확고하다는 뜻이다. 스스로 믿는 사람이 되라는 뜻에서 이마라라 한다. 모든 신념은 자신에서 시작한다. 마지막까지 믿어야 하는 것도 자신이다. 믿음의 본처는 마음에 있으니 스스로를 믿어 세상을 믿음의 땅으로 만들라. 신념에 찬 눈빛과 세상을 향한 도전으로 성공에 성공을 더하라는 뜻에서 이마라라 한다.

846 Irene

아이린은 그리스어에서 유래한 이름으로 평화의 여신을 뜻한다. 모든 평화는 힘의 균형과 진실에서 나온다. 힘이 없으면 빼앗기고, 진실이 없으면 결국 패배한다. 늘 자신과 가정 그리고 사회와 세계의 평화를 기도하고 고민하며, 스스로 평화의 여신이 되어 널리 그 아름다운 뜻과 말을 펼치라는 뜻에서 아이린이라 한다.

847 Isabel

사랑스럽고 어른을 공경하는 예의바른 사람이 되라는 뜻에서 이사벨이라 한다. 맑은 몸과 밝은 생각 그리고 깊은 심성을 모두 가졌으니 많은 사람들로부터 사랑받을 것이다. 늘 스스로 겸손하여 윗사람을 존경하고 아랫사람을 존중하며 사람의 중심에 설 것이다. 사람과의 관계 속에서 더욱 행복해지고 인생의 참된 의미를 찾으라는 뜻이 담긴 이름이다.

848 Jade

지혜와 정의 그리고 겸손을 갖추라는 뜻에서 제이드라 한다. 신비로운 보석으로 현대적이며 세련된 이미지가 있다. 또한 제이드는 지혜를 가져다 주고, 정의를 뜻하며, 늘 겸손하라는 메시지를 준다. 편안하면서도 정의로운 모습으로 많은 사람의 중심에 서라는 뜻이 담긴 이름이다.

849 Jennifer

타고난 개성과 매력으로 자신이 하고자 하는 일을 멋지게 해내는 사람이 제니퍼이다. 사랑스런 얼굴과 톡톡 튀는 매력으로 누구에게서나 사랑받는다. 자신의 일에 철저하면서도 순수한 사랑을 할 수 있는 멋진 사람이 되라는 뜻에서 제니퍼라 한다.

850 Jessica

제시카는 구약성경에서 유래한 이름으로 물질의 풍요와 정신의 풍요로움을 모두 갖춘 사람이다. 성경에서는 큰 유산을 상속받은 책임감 강한 여성으로, 물질을 다루는 힘과 함께 신앙심 또한 충만하여 문물을 모두 갖춘 리더이다. 치우침 없이 모두를 안아 풍족하고 풍요로운 인생을 영위하라는 뜻에서 제시카라 한다.

851 Joanne

진선미를 모두 갖추고 세상의 중심에 서라는 뜻에서 조앤이라 한다. 책임감 있으면서도 겸손하고 건강하면서도 부드러우며 늘 진실하고 성실한 이미지가 있다. 언제나 진실을 향한 소망과 건강하고 아름다운 몸 그리고 선한 마음으로 사랑스런 사람이 되라는 뜻에서 조앤이라 한다.

852 Julia

물처럼 부드럽게 흐르고 흘러 큰 대양에 다다르라는 뜻에서 줄리아라 한다. 줄리아는 부드럽게 흐른다는 뜻이다. 사람은 역경을 만나기도 하고 고난에 부딪히기도 한다. 그때마다 유연한 생각과 끊임없는 노력으로 현실을 극복하고 꿈을 이루는 사람이 되라는 뜻에서 줄리아라 한다.

853 Juno

부와 건강의 여신이 주노이다. 목성의 아내이니 풍요롭고 만물을 수용한다. 대인의 마음으로 세상을 용서하고 그 풍요로움을 세상과 나눈다. 혼자 가는 인생보다는 함께 가는 인생을 통해 삶의 뜻을 이루고 가정과 사회를 건강하게 하며 풍요를 나누며 살라는 뜻에서 주노라 한다.

854 Katherine

철학적 사색과 문장력 그리고 삶에 대한 열정으로 진정한 숙녀다움이 빛나라는 뜻에서 캐서린이라 한다. 외모도 아름답지만 깊은 심성과 쉬지 않는 열정으로 반짝이는 사람이다. 미지의 것을 탐구하는 깊은 눈을 가졌으니 새로운 세상을 향해 비상하라는 뜻이 담긴 이름이다.

855 Katy

케이티는 순수함을 뜻한다. 세상을 있는 그대로 보는 맑은 눈을 가진 사람이다. 시간이 지나도 늘 그 순수함을 지켜 사람들을 기쁘게 하라는 뜻에서 케이티라 한다. 귀엽고 깜찍한 이름으로 사람에게 늘 기쁨이 될 것이다.

856 Kayla

케일라는 월계관을 쓴 승리의 여신이다. 승리는 하루 아침에 이루어지지 않는다. 날마다의 노력과 날마다의 도전이 모여 영광된 날을 이룬다. 정당한 승리만이 온전한 것이다. 도전을 바탕으로 삶의 보람을 찾고 승리하는 인생을 살라는 뜻에서 케일라라 한다.

857 Kismet

키스멧은 아랍어에서 유래한 이름으로 운명이라는 의미다. 현실에 두 발을 딛고 오늘을 사랑하라는 뜻에서 키스멧이라 한다. 부딪히고 만나고 나눠야 인생은 길이 열린다. 황금보다 소중한 것이 소금이라면 소금보다 소중한 것은 지금이다. 지금 이 자리에서 할 수 있는 일에 최선을 다하라는 뜻에서 키스멧이라 한다.

858 Lauren

로렌은 품격 높고 가정교육을 잘 받은 예의바른 사람이다. 좋은 집안에서 태어나 미모와 학력은 물론 인사성도 깍듯한 이미지가 있다. 최고의 숙녀로 기품 있고 지혜로운 삶을 누리라는 뜻에서 로렌이라 한다.

859 Lily

깊은 산속 청초하고 순수한 나리꽃을 닮아 릴리라 한다. 드러내지 않는 재주로 향기를 더하고 고고함과 순수함을 함께 갖춘 꽃 중의 꽃이다. 화려하지 않지만 깊은 향기가 있고 순수하지만 가볍지 않은 중후함이 있어 귀한 자리에서 모든 이에게 사랑을 받으라는 뜻에서 릴리라 한다.

860 Lucy

루시의 어원은 빛이다. 세상을 밝히는 빛은 모든 사람에게 기쁨이 된다. 어려울수록 힘들수록 어둠일수록 깊은 지혜와 밝은 미소로 세상의 빛이 되라는 뜻에서 루시라 한다.

861 Maria

성모 마리아는 현모양처의 대명사이다. 세계 어느 나라에서도 그 이름 하나로 인정되고 사랑받고 존중받는다. 우아함은 물론 따뜻한 심성으로 믿음이 가득한 삶을 살면서 소중한 소명을 이루어낼 것이다. 기도하는 마음과 축복된 소명 속에서 생명의 참뜻을 이루라는 뜻이 담긴 이름이다.

862 Marisol

마리솔은 마리아에서 변형된 라틴식 이름이다. 마리아Maria는 바다의 별에서 유래하고, 솔sol은 태양을 뜻한다. 바닷가에 쏟아지는 태양빛처럼 건강하고 밝은 심성을 마리솔이라 한다. 바다 햇살 가득히, 솔바람 가득히, 푸르고 맑은 사람이 되라는 뜻에서 마리솔이라 한다.

863 Maya

석가모니 부처를 잉태한 창조의 여신이 마야이다. 동양적 신비와 서양적 풍요를 모두 갖춘 운명으로 위대한 생명을 탄생시킬 수 있는 평온함이 있다. 물질과 정신이 균형을 이루고 있으니 평화롭고 안정되며 온후함이 있다. 생명과 문화를 창조하는 위대한 역사를 이루라는 뜻에서 마야라 한다.

864 Megan

당차고 스마트하며 일을 사랑하는 사람이 되라는 뜻에서 매건이라 한다. 자신이 원하는 것을 말하고 실천하는 언행일치의 사람이다. 배운 것을 바로바로 현실에 적용하는 융통성이 뛰어나고 많은 사람들의 이견을 조율하여 일을 완성해낸다. 일하는 모습이 아름다운 매건은 책임감 있고 성실하다.

---

865 Michele

귀족적 풍모와 상대의 이야기를 경청하는 열린 마음을 가지라는 뜻에서 미셸이라 한다. 고전미를 한껏 갖추었지만 누구나 쉽게 마음을 열어 친구가 될 수 있는 편안함이 함께 있다. 신구를 조화롭게 갖추고 세상을 따뜻하게 하라는 뜻에서 미셸이라 한다.

---

866 Nadia

나디아는 희망을 뜻한다. 희망은 모든 어둠 속에서 빛이며 희망은 오늘의 역경을 이겨내는 이유이다. 사람은 모두가 희망이 있어 삶을 살아낸다. 세상에 희망을 주는 희망전도사, 밝은 성격과 지치지 않는 열정으로 세상에 꿈을 심는 사람이 되라는 뜻에서 나디아라 한다.

---

867 Naomi

나오미는 즐거움과 따뜻한 매력을 뜻한다. 얼굴도 몸매도 아름답지만 늘 타인을 배려하는 마음이 더 아름다운 사람이다. 세상을 긍정적으로 바라보니 모든 일이 즐거운 축제가 된다. 뜻하지 않은 어려움도 행복으로 바꿀 것이다. 따뜻한 말과 매력적인 행동으로 기쁨에 기쁨을 더하는 사람이 되라는 뜻에서 나오미라 한다.

868 Newlyn

영혼을 치료하는 치료사가 되라는 뜻에서 뉴린이라 한다. 영혼은 운명 저편에 있는 신의 목소리를 따른다. 신의 목소리를 잃은 영혼들은 길을 헤매며 고통의 바다를 건넌다. 길 잃은 영혼들에게 길을 안내하는 등대지기, 아픈 영혼을 빛으로 치유하는 사람이 되라는 뜻이 담긴 이름이다.

869 Nicole

니콜은 그리스 신화의 승리의 여신 니케에서 유래한 이름으로, 건강하며 현대적인 이미지가 있다. 승부근성을 바탕으로 늘 도전하고, 도전을 통해 자아를 완성해간다. 정의로운 승리만이 오래가고 스스로를 이기는 싸움이 진짜 싸움이다. 정의를 위해 늘 앞장서고 자신을 이기는 멋진 사람이 되라는 뜻에서 니콜이라 한다.

870 Nina

니나는 메소포타미아 신화에서 물의 여신이다. 물은 모든 생명의 시원이다. 물은 재물이며, 또한 지혜를 뜻한다. 지혜롭고 온화한 성품으로 가정을 보호하고 기업을 일으키고 세상을 풍요롭게 하며, 물처럼 흘러 큰 대양을 만나라는 뜻에서 니나라 한다.

871 Ophelia

오필리아는 도움을 뜻하는 그리스어에서 유래한 이름이다. 생명을 구하고 사람을 돕는 귀한 손을 가지라는 뜻에서 오필리아라 한다. 따뜻한 손길이 필요한 곳에는 풍요로운 재물을 베풀고, 병을 치료하는 손길이 필요한 곳에는 구원의 손길을 베풀며, 함께 걸어갈 손이 필요한 곳에는 손을 내미는 사람이 되라는 뜻이 담긴 이름이다.

872 Paige

학구적이고 탐구적인 성품이므로 페이지라 한다. 세상을 향한 깊은 탐구심으로 학문의 뿌리가 되고 널리 학풍을 이루라는 뜻에서 페이지라 한다. 교학상장이니 배우고 가르치는 것은 서로가 성장하고 발전하는 일이다. 배움에 늘 겸손하여 큰 학문을 이루고 가르치는 소명을 이루라는 뜻이 담긴 이름이다.

873 Pauline

세상의 중심에 서라는 뜻에서 폴린이라 한다. 중심은 치우치지 않았다는 뜻이다. 중심은 스스로를 찾았다는 뜻이다. 많은 사람들의 의견과 바람들 속에서 소통의 장을 만들고 바른 중심에 설 것이다. 자신이 바르면 세상도 바르게 된다. 치우치지 않는 중도로써 세상의 길을 열라는 뜻에서 폴린이라 한다.

874 Phoebe

피비는 하늘의 신 우라노스와 대지의 여신 가이아 사이에 태어난 딸이며, 밝고 순수하다는 뜻이다. 하늘과 땅이 만나 처음 세상에 빛이 나왔으니 순결하고 경건하다. 델포이 신전의 주인이며 토성의 기운이 있으니 넓은 땅의 주인이 될 것이다. 보석처럼 빛나는 아름다움은 물론 선조에게서 받은 많은 유산으로 귀하고 명예로운 인생을 살라는 뜻에서 피비라 한다.

875 Rachel

창세기에 등장하는 야곱의 아내 라헬이 레이첼이다. 아름다움과 부드러움 그리고 깊은 모성을 가지고 세상을 따뜻하게 하는 사람이다. 섬세한 감정을 가졌으니 사람의 마음을 치유하는 힘이 있다. 따뜻한 눈길과 섬세한 손길로 세상을 아름답게 하라는 뜻에서 레이첼이라 한다.

876 Regina

상쾌한 봄날 아침 아름다운 목소리가 들려오면 레지나의 음성이다. 여왕이라는 뜻이니 권위의 상징이다. 아침 햇살 같은 싱그러움과 여왕의 우아함을 함께 가졌으니 모두가 그 얼굴과 음성을 사랑하고 흠모한다. 고결한 성품으로 세상을 밝게 비추라는 뜻에서 레지나라 한다.

877 Renata

레나타는 기쁨을 노래한다는 뜻이다. 아름다운 선율이 흐르고 레나타의 음성도 울려 퍼진다. 곱고 아름다운 음성으로 세상 사람들을 위로하고 기쁘게 하라는 뜻에서 레나타라 한다. 성대한 축일에 어울리는 목소리와 품위를 가졌으니 큰일에 쓰이는 동량이 될 것이다.

878 Robin

로빈은 작고 야무진 커리어우먼을 연상시키는 이름이다. 용감하고 정의감에 불타 늘 앞장서서 일을 마무리하는 사람이다. 늘 자신을 아름답게 가꾸는 일에서 시작해 세상을 바르게 하는 뜻 깊은 인생을 살며, 복된 삶을 누리라는 뜻에서 로빈이라 한다.

879 Rose

장미는 붉고 향기롭다. 품위 있고 열정적인 사람이 되라는 뜻에서 로즈라 한다. 열정과 사랑을 가슴에 담고 세상을 향해 자신의 꿈을 펼치면 따뜻하고 신비로운 향기가 세상에 퍼질 것이다. 사랑스런 얼굴과 자신만의 개성으로 향기를 발하는 사람이 되라는 뜻이 담긴 이름이다.

880 Sage

세이지는 안정과 치유를 뜻하는 꽃이다. 기분을 밝게 하고 항균작용이 있어 치유의 허브로 쓰인다. 세상에 약초 같은 사람이 되라는 뜻에서 세이지라 한다. 깊은 성정과 치유의 손을 가졌으니 많은 생명을 구할 것이다. 세상의 아픈 영혼을 치유하는 고귀한 삶을 살라는 뜻이 담긴 이름이다.

881 Serena

세레나는 평온이라는 뜻이다. 달빛은 평온하게 흐르고 구름은 평화롭다. 삶이 고요한 호수처럼 넉넉하고 평온하라는 뜻에서 세레나라 한다. 호수는 모든 물을 가두어 생명을 길러낸다. 넉넉하게 생명을 기르는 기쁨이 함께하라는 뜻이 담긴 이름이다.

882 Shirley

빛나는 눈동자와 효성이 지극한 딸을 이름하여 셜리라 한다. 보석처럼 귀엽고 효심이 지극하며, 성장해서는 가난한 사람을 돌보는 사회사업가의 이미지가 있다. 다이아몬드처럼 맑고 귀한 마음을 가졌으니 누구나 꿈꾸는 이상적인 딸의 모습이다. 많은 사람들의 사랑 속에서 경건하게 자라고, 받은 사랑을 베풀 줄 아는 사람이 되라는 뜻에서 셜리라 한다.

883 Skylar

하늘을 향해 비상하는 큰 날개를 펼치라는 뜻에서 스카일라라 한다. 쾌활하고 호방한 성격으로 푸른 하늘처럼 창창하다. 새로운 세상을 향한 도전으로 비상의 나래를 펼칠 것이니 눈부신 꿈을 가진 소녀이다. 하늘빛을 닮아 늘 푸르고 건강할 것이다.

884 Sophie

소피는 지혜를 뜻하는 그리스어에서 유래한 이름이다. 지혜는 만물을 길러낸다. 지혜는 만사를 완성한다. 서로 다른 사람의 의견을 모으고 서로 다른 영역의 이권을 조율해 다 함께 공존하고 교류하는 세상을 만들어간다. 세상의 힘은 깊은 지혜에서 나온다. 깊은 혜안을 가진 사람이 되라는 뜻에서 소피라 한다.

885 Stella

길을 인도하는 세상의 첫 별이 되라는 뜻에서 스텔라라 한다. 밤하늘의 별은 길을 찾는 이에게 희망이 된다. 꿈을 꾸는 사람에게는 꿈이 되고 빛을 찾는 이에게는 빛이 된다. 새벽녘 푸른 별처럼 맑고 희망찬 사람이 되라는 뜻에서 스텔라라 한다.

886 Summer

서머는 계절 중 가장 부지런한 계절, 가장 활기찬 계절이다. 여름날 하루처럼 밝고 즐겁고 건강하게 삶을 살아가라는 뜻에서 서머라 한다. 늘 주위를 행복하게 하는 건강한 사람, 늘 부지런한 몸과 마음으로 크고 비옥한 땅을 일구라는 뜻이 담긴 이름이다.

887 Surya

태양의 여신이 수리야이다. 지고한 빛이라는 뜻으로 빛 중에 최고의 빛을 뜻한다. 어둠이 있는 곳에 빛을 전할 것이며, 아픔이 있는 곳에 구원을 전할 것이다. 근원이 되는 인생을 살 것이니 자신의 신념으로 세상을 밝힐 고귀한 운명이다. 황금무지개가 늘 따르며 보호하는 숭고한 인생을 살라는 뜻에서 수리야라 한다.

888 Tamar

성경에서 다윗의 딸로 강인하고 진실한 사람이 타마르이다. 야자수를 뜻하는 이름으로 뜨거운 사막에 그늘과 쉼터를 만들어 주는 고마운 사람이다. 또한 유대의 축제일이니 건강하고 활기찬 이미지가 있다. 건강한 몸과 마음으로 세상의 큰 그늘이 되라는 뜻에서 타마르라 한다.

889 Tessa

테사는 성녀 테레사의 애칭이다. 종교적 신념으로 빛나는 눈빛이 아름다운 사람이다. 신이 선택한 쓰임에 합당한 사람이 되라는 뜻에서 테사라 한다. 가난과 아픔 그리고 고통이 있는 곳을 찾아가 신의 숨결을 전하며 고귀하고 경건한 삶을 영위할 것이다.

890 Tiffany

부와 명예를 모두 가진 멋진 인생을 살라는 뜻에서 티파니라 한다. 〈티파니에서 아침을〉이라는 영화에서처럼 풍요로움 속에서 즐겁고 행복한 시간을 보내는 티파니는 오늘을 즐기며 유쾌하게 살아가는 사람이다. 늘 주위에 돕는 사람이 많은 운명이니 귀한 인생을 살라는 뜻이 담긴 이름이다.

891 Tracy

트레이시는 영어에서 기원한 이름으로 용감한 사람이라는 뜻이 있다. 세상의 불의에 맞서는 정정당당한 사람으로 살라는 뜻에서 트레이시라 한다. 늘 마음에 용기를 가득 품고 세상을 향해 전진하고 꿈꾸는 세상을 이루라는 뜻이 담긴 이름이다.

892 Trinity

우주를 이루는 성부, 성자, 성령 삼위가 함께 만나 완성을 이루라는 뜻에서 트리니티라 한다. 온 우주는 삼위가 모여야 그 힘을 이룬다. 하늘과 땅 그리고 사람이 만나야 하며, 몸과 마음과 정신이 하나 되어야 일체를 이룬다. 극진한 마음과 혼연일체의 정신으로 세상이 이루지 못했던 이상을 이루라는 뜻에서 트리니티라 한다.

893 Una

우나는 아일랜드어 우나Oona에서 유래하였다. 지성미가 넘치고 정직한 사람이 되라는 뜻에서 우나라 한다. 인류가 꿈꾸는 지성의 전당에 정직하고 성실한 우나가 있다. 세상에 어디에서든 자신의 일에 충실하고 소박하고 검소한 삶으로 사람들의 모범이 되라는 뜻이 담긴 이름이다.

894 Varda

톨킨의 소설 『반지의 제왕』에서 바르다는 별들의 여왕이다. 바르다가 옛 별과 새 별들을 모아 하늘에 수를 놓으면 그것이 별자리가 된다. 세상에 수많은 별자리를 만드는 별들의 모태가 되라는 뜻에서 바르다라 한다. 바르다의 별들이 세상을 찬란하게 수놓은 모습처럼, 세상의 별로 살아가면서 빛나는 인생을 살라는 뜻이 담긴 이름이다.

895 Veronica

베로니카는 한편으로는 성녀의 모습이 있고 또 한편으로는 승리를 부르는 여신의 모습이 있다. 안으로는 기도의 은사를 가지고 밖으로는 진취적인 도전을 거듭할 것이다. 세상 어디에서든 중심에서 늘 복을 부르는 사람, 바르고 바른 기준들 속에서 늘 승리하는 사람이 되라는 뜻이 담긴 이름이다.

896 Violet

바이올렛은 프랑스어에서 유래한 이름으로 보라색을 말한다. 보라색은 깊은 사고와 지혜의 상징으로 큰 학자나 수장을 뜻한다. 권위와 지혜로 세상을 아름답게 하라는 뜻이 담긴 이름이다.

897 Willow

버드나무의 우아하고 유연한 모습과 강건함을 모두 갖추라는 뜻에서 윌로라 한다. 강가에 드리운 버드나무처럼 부드럽게 하늘거리며 인생을 노래하고, 바람보다 가볍게 햇살보다 투명하게 세상을 노래하고 즐길 줄 아는 사람이 되라는 뜻에서 윌로라 한다.

898 Yael

정의를 통해 자유를 얻으라는 뜻에서 야엘이라 한다. 단호하고 선명한 판단과 옳고 그름을 판단하는 권위로써 세상의 정의를 실현하는 소명이 있다. 바르고 정직한 판단으로 청렴함을 지키고 공평하고 평등한 눈으로 자유를 지켜내라는 뜻이 담긴 이름이다.

899 Zenobia

새로운 세계를 창조하는 사람이 되라는 뜻에서 제노비아라 한다. 제노비아는 팔미라의 여왕으로서 열정과 지혜로 제국을 통치하며 영토를 넓혔다. 어떤 역경 속에서도 자신의 세계와 영역을 창조해내라는 뜻에서 제노비아라 한다.

900 Zoey

조이는 삶, 인생을 뜻한다. 인생은 희로애락을 엮어서 만들어진다. 그 인생의 참된 의미를 찾고 아름다운 인생, 건강한 인생을 영위하라는 뜻에서 조이라 한다. 참된 인생을 찾아가는 그 길이 햇살처럼 즐겁고 꽃처럼 행복하라는 뜻이 담긴 이름이다.

영어 남자이름 100선

901 Aaron

아론은 진중하고 경건한 사람을 뜻한다. 성경에서 모세의 형으로 이스라엘의 최고 제사장이다. 신의 목소리를 경청하고 많은 사람들에게 그 뜻을 전하는 메신저의 이미지가 있다. 모세를 돕고 신의 뜻을 대변하는 진실하고 강한 정신을 가졌으니 많은 사람들이 그를 믿고 따른다. 청렴한 마음으로 많은 사람의 리더가 되라는 뜻에서 아론이라 한다.

902 Aidan

에이단은 성격이 강직하고 성실한 이미지가 있다. 아일랜드의 목가적인 풍경에 잘 어울리는 성실한 청년의 모습이다. 아침 일찍 일어나 소를 이끌고 들판을 달리는 건강한 청년이 에이단이다. 늘 건강하고 쾌활하게 자연의 일부로 살아가라는 뜻에서 에이단이라 한다.

903 Andrew

앤드루는 신뢰할 수 있는 믿음직한 사람을 말한다. 사람 사이의 관계에서 가장 중요한 것은 믿음이다. 믿음은 깊은 신념에서 나온다. 어떤 어려움 속에서도 자신의 신념을 가지고 나아갈 수 있는 멋진 남자가 되라는 뜻이 담긴 이름이다.

904 Arlo

알로는 고대영어에서 유래한 흔하지 않은 독특한 이름이다. 성격이 명랑하고 유쾌하며, 사람과 사람 속에서 기쁨과 활기를 찾는 사람으로 새로운 것을 창조하는 힘이 남다르다. 날로 발전하는 사람으로 늘 새로운 것을 찾아 도전하고 그 경험을 많은 사람들과 나누고 공유할 것이다. 사람 사이에서 늘 행복하고 즐거운 사람이 되라는 뜻이 담긴 이름이다.

905 Ashton

애시턴은 귀족적 외모에 자유롭게 사고하는 잘생긴 남자의 이미지를 가지고 있다. 상류층에서 태어나 구김살 없이 자신의 뜻을 펼치고 자유로운 사고와 행동으로 많은 사람들에게 기쁨을 준다. 자신의 재주와 능력을 사람들과 나눌 때 그 기쁨이 커짐을 기억하고 넓고 큰 세상으로 비상하라는 뜻이 담긴 이름이다.

906 Birch

버치는 자연에서 유래한 이름으로 우아한 자작나무의 이미지가 있다. 깊은 숲속에서 맑은 향기를 내뿜는 건강한 나무가 버치가 타고난 운명의 결이다. 자연의 하나처럼 서두르지 않고 기다리며, 가지려는 마음보다는 주려는 마음이 많은 사람으로 세상을 살라는 뜻에서 버치라 한다.

907 Brandon

브랜던은 생명이다. 영어에서 기원한 이름으로 큰 언덕에 꽃들이 가득 펼쳐져 있는 풍요로운 모습이다. 영토 가득 향기로운 사람이 되라는 뜻에서 브랜던이라 한다. 모든 생명이 그 생명의 빛을 발하고 행복하게 살 수 있도록 늘 돕고 아끼라는 뜻이 담긴 이름이다.

908 Brian

브라이언은 용맹한 왕들의 이름 중에 가장 많은 이름으로, 용기와 충성심으로 나라를 지키는 사람을 뜻한다. 호국은 나라의 근간이니 늘 나라를 사랑하는 마음으로 용기 있게 나아가는 사람, 영토 곳곳을 소중히 여기는 용맹한 사람이 되라는 뜻에서 브라이언이라 한다.

909 Cain

케인은 히브리어에서 유래한 이름으로 무엇을 만들어내는 창조적 힘을 말한다. 무에서 유를 만드는 일처럼 아름다운 일은 없다. 새로움을 지향하는 창조력과 늘 꾸준히 일을 진행하는 인내력을 갖춘 사람이란 뜻에서 케인이라 한다.

910 Cameron

수려한 외모와 예술적 감각으로 군계일학의 재주를 가진 운명이라 캐머런이라 한다. 용모와 복장이 단정하면 운명도 단정해진다. 주위의 모든 것을 예술적 눈으로 바라보면 모두가 아름다워진다. 스스로를 잘 가꾸어 늘 단정한 사람이 되고 예술적 감각으로 세상을 아름답게 하라는 뜻에서 캐머런이라 한다.

911 Cornell

코넬은 권위 있는 학자를 말한다. 깊은 학식과 타인에게 관대한 태도로 세상을 바르게 만드는 사람이다. 학문의 전당에서 근원의 힘을 다루는 일을 할 사람이다. 널리 세상에 바른 법을 설하는 큰 스승이 되라는 뜻에서 코넬이라 한다.

912 Curtis

커티스는 정중하고 공손한 사람을 뜻한다. 사람을 공경하는 사람은 주위에 사람이 많다. 사람을 중시하는 사람은 만사의 중심에 선다. 늘 공손하고 사람을 존중하는 사람이 되라는 뜻에서 커티스라 한다.

913 Dale

데일은 관계를 잘 다루는 사람이라는 이미지가 있다. 늘 관계 속에서 처세의 바른 자리를 찾아 큰 성공을 이루라는 뜻에서 데일이라 한다. 또한 데일에게서는 산골에서 부는 푸른 바람이 느껴진다. 늘 청렴하고 배려하는 마음으로 세상의 맑은 청량제가 되라는 뜻에서 데일이라 한다.

914 Damon

데이먼은 우정의 화신이다. 진정한 친구를 위해 목숨을 거는 우정의 상징이 데이먼이다. 세상을 살면서 늘 신의를 가장 소중히 하라는 뜻에서 데이먼이라 한다. 신화나 역사 속에서 늘 신의를 지키는 의리의 사나이로 나타나니 모두가 그를 사랑하고 아낀다. 신의를 지켜 아름다운 인생을 영위하라는 뜻이 담긴 이름이다.

915 Daniel

구약성경에 등장하는 위대한 예언자의 이름이 다니엘이다. 진실의 숲에서 걸어 나온 다니엘은 미래를 예측하고 깊은 지혜로 고난을 대비한다. 선견지명과 유비무환의 정신으로 세상을 준비하라는 뜻에서 다니엘이라 한다. 영적으로 투명하고 맑으며 내일을 보는 특별한 힘을 가졌으니 늘 앞으로 나아가 세상을 이끌라는 뜻이 담긴 이름이다.

916 David

구약성경에 등장하는 이스라엘 다윗 왕이 바로 데이비드로 세상에서 가장 사랑받는 사람을 뜻한다. 다정하고 믿을 수 있는 성품을 말하며 강하고 지적인 남성의 이미지가 있다. 세상 어디에서 무엇을 하든지 늘 사람 사이에서 사랑하고 사랑받는 아름다운 사람이 되라는 뜻이 담긴 이름이다.

917 Denver

덴버는 영어에서 유래한 이름으로 녹색 계곡을 뜻한다. 건강하고 신념이 있는 남성으로 만능 스포츠맨의 이미지가 느껴진다. 호감이 가고 신뢰할 수 있는 남성으로 늘 진취적으로 세상과 만나라는 뜻에서 덴버라 한다.

918 Denzel

덴젤은 영어에서 유래한 이름으로 낙천적이고 청렴한 영국 신사를 뜻한다. 믿을 수 있는 성품을 의미하며, 강하고 지적인 남성의 이미지가 있다. 겸손한 마음과 청렴한 성품으로 널리 사람에게 존경받는 사람이 되라는 뜻에서 덴젤이라 한다.

919 Devin

데빈은 지중해에 내리쬐는 상쾌한 햇살 같은 이미지가 있다. 늘 유쾌하고 멋을 부린 신사의 이미지로 톡톡 튀는 아이디어 뱅크이다. 재치와 유머로 많은 사람을 사로잡으니 모두가 그를 기다린다. 창의적인 사고와 자유로운 발걸음으로 늘 새로운 곳을 찾아 떠나라는 뜻에서 데빈이라 한다.

920 Dylan

딜런은 바다처럼 푸르고 달처럼 시적인 사람을 뜻한다. 풍류를 즐길 줄 알면서도 따듯한 마음으로 사람을 돌보는 모습이 있다. 바다는 모든 생명의 모태이니 바다처럼 넓고 푸르른 사람이 될 것이다. 부유한 가정에서 태어나 사회사업에도 열심히 동참하는 사람이 되라는 뜻에서 딜런이라 한다.

921 Edward

에드워드는 부유한 보호자를 뜻한다. 넉넉한 부유함을 갖추고 세상을 잘 보호하고 관리하는 후덕한 사람을 에드워드라 한다. 널리 나누고 베푸는 심성으로 사람들에게 늘 사랑받는 사람, 늘 존경받는 사람이 되라는 뜻이 담긴 이름이다.

922 Elias

엘리아스는 현명하고 신앙이 깊은 사람을 말한다. 영어에서 유래한 이름으로 늘 스스로를 반추해 세상을 일깨우는 사람이다. 늘 겸손하고 진중한 마음으로 널리 사람에게 중심이 되라는 뜻에서 엘리아스라 한다.

923 Elliott

엘리엇은 신뢰성 있는 사람을 말한다. 신을 사랑하고 신이 선택한 사람이다. 믿음은 깊은 신념에서 나온다. 어떤 어려움 속에서도 자신의 신념을 가지고 나아갈 수 있는 멋진 남자가 되라는 뜻에서 엘리엇이라 한다.

924 Ethan

이선은 사려 깊고 지혜로운 사람이다. 논리적 사고와 해박한 지식을 바탕으로 문제를 해결하는 현자의 모습이 있다. 어려움 속에서도 희망의 잃지 말고 지혜롭게 문제를 해결하라는 뜻에서 이선이라 한다. 지혜란 모든 지식의 근원이니 근원을 밝혀 큰 빛으로 거듭나라는 뜻이 담긴 이름이다.

925 Evan

부드럽고 착한 남자가 에번이다. 널리 많은 사람을 사랑하여 그 어려움을 구제해주고 영혼의 안식을 전하는 전달자의 이미지가 있다. 자신의 이득보다는 상대를 배려하고 남 모르게 상대를 지원하는 후원자로 나타난다. 착한 마음과 세심한 배려로 많은 사람의 영육을 도우라는 뜻에서 에번이라 한다.

926 Finn

핀이라는 이름에는 초자연적인 힘과 자비심을 가지고 세상을 구원하는 영웅의 이미지가 있다. 용맹과 자비를 함께 지닌 사람이니 치우치지 않는다. 오른손에 용맹을, 왼손에 자비를 들었으니 그 매력에 사람들이 빠져든다. 신화 속 영웅이 막 세상으로 뛰어나온 듯 신비롭고 매력 넘치는 사람이다.

927 Francis

성자의 영혼 그리고 모든 생명과 소통하는 문을 가지라는 뜻에서 프랜시스라 한다. 맏형의 이미지로 늘 나누고 베푸는 성품이다. 가난하고 병든 사람들에게 도움을 전하는 성자의 삶을 살라는 뜻에서 프랜시스라 한다. 영혼의 울림 속에서 신의 목소리를 듣는 귀한 인생을 살라는 뜻이 담긴 이름이다.

928 Gabriel

가브리엘은 히브리어에서 유래한 이름이다. 성경의 대천사 가브리엘로 생명과 진실 그리고 꿈을 관장한다. 천상을 관장하는 힘을 가졌으니 권위가 있으면서도 경쾌하다. 진취적인 기상과 강한 정신력 그리고 튼튼한 몸으로 세상을 이끌라는 뜻에서 가브리엘이라 한다.

929 Glenn

글렌은 여름날 불어오는 청량한 계곡의 바람 같은 이미지가 느껴지는 이름이다. 중후하면서도 편안하고 깨끗하면서도 가볍지 않은 남성으로 목소리가 좋고 예의바르다. 따뜻한 눈과 청량한 목소리로 사람들을 가르치는 중후한 스승이 되라는 뜻에서 글렌이라 한다.

930 Grant

그랜트는 위대한 사람을 말한다. 키가 큰 미남으로서 전문직 남성의 이미지가 강한 이름이다. 인격이 훌륭하고 재치가 많아서 늘 사람들의 중심에 서게 된다. 위대한 정신을 꿈꾸고 자존심을 지켜 멋진 남자가 되라는 뜻에서 그랜트라 한다.

931 Harry

해리는 풍부한 상상력으로 미지의 세계를 모험하는 탐험가의 이름이다. 기존의 관념과 제도에 싫증을 느끼고 새로운 세계로의 도전을 감행하는 개척가가 되라는 뜻에서 해리라 한다. 왕족의 이름으로 귀족적이면서도 그 보수성을 넘어 새로운 개척자의 이미지가 있다. 자신의 세계를 펼치는 위대한 영혼을 꿈꾸라는 뜻에서 해리라 한다.

932 Houston

휴스턴은 외유내강인 사람이다. 영어에서 유래한 이름으로 언덕 위에 평화로운 마을을 뜻한다. 성품이 넉넉하고 평화롭지만 가정과 사회를 위해 강건하고 신념에 찬 모습이다. 밖으로는 인품이 후덕하고 안으로는 강건한 사람이 되라는 뜻에서 휴스턴이라 한다.

933 Hugh

부유하고 귀족적이며 신사적인 사람이 휴이다. 바르고 정직한 지성의 절정을 휴라고 한다. 단정한 옷차림과 가문의 매너가 몸에 밴 사람으로 고결하여 다가가기 쉽지 않다. 예를 아는 사람 그리고 몸과 행동이 늘 단정한 사람이 되라는 뜻에서 휴라 한다. 건전한 정신과 바른 몸가짐으로 늘 만인에게 사랑받으라는 뜻이 담긴 이름이다.

934 Hyman

헤이먼은 생명이다. 히브리어에서 유래한 이름으로 생명을 관장하는 신비한 힘을 말한다. 모든 생명이 그 생명의 빛을 발하고 행복하게 살 수 있도록 늘 돕고 아끼며, 자신의 생명력을 주위 사람에게 나누라는 뜻이 담긴 이름이다.

935 Ian

이언은 독창적이며 톡톡 튀는 신선한 매력을 가진 사람이다. 성격이 쾌활하여 여러 사람들과 소통하고 때로는 창조적 본능으로 사람들을 깜짝 놀라게 한다. 대인관계에서는 유쾌하지만 자신의 영역에서만은 늘 새로움을 추구하는 사람이 되라는 뜻에서 이언이라 한다.

936 Isaiah

구약성경에 등장하는 위대한 예언자 이사야가 바로 아이제이어이다. 신의 구원이라는 뜻이 있다. 그는 귀한 신분으로 태어나 역사를 통찰하고 사회를 구원하기 위해 노력한 인물이다. 새 시대에 대한 열망으로 많은 사람을 계도하고 신의 음성을 대신하여 미래를 예언하였다. 깊은 예지력으로 세상을 이끄는 선지자가 되라는 뜻이 담긴 이름이다.

937 Issac

구양성경에 등장하는 이스라엘 족장 이삭이 아이작이다. 신앙심이 깊으며 웃음이 멋있는 신사의 이름이다. 히브리어로 큰 웃음이라는 뜻으로 인생에 밝고 기쁜 일만 있기를 바라는 마음에서 아이작이라 한다. 웃는 마음과 긍정적인 태도에 운명은 밝아지고 인생은 너그러워진다. 크고 맑은 웃음으로 세상에 기쁨을 전하라는 뜻이 담긴 이름이다.

938 Ivan

이반은 신의 은총을 말한다. 여러 가지 재주를 타고난 운명이니 그 재주를 많은 사람에게 베풀어 신의 즐거움이 되라는 뜻에서 이반이라 한다.

939 Jacob

구약성경에 등장하는 덕망 높고 정직한 대족장 야곱이 제이콥이다. 많은 사람의 리더로서 책임감이 강하고 덕이 있는 이미지로 따뜻한 느낌을 준다. 청렴하면서도 차갑지 않고 넉넉하면서도 섬세한 느낌을 가진 사람이라 모든 일에 원만하다. 널리 많은 사람의 리더로서 책임감을 다하라는 뜻에서 제이콥이라 한다.

940 James

미국 역대 대통령 중 가장 많은 이름이 제임스이다. 영국의 왕가에서도 전통적으로 지어지는 이름으로 귀족적 풍모와 현명한 지혜가 제임스의 이미지를 만든다. 외모가 출중하면서도 내적으로도 성숙한 제임스는 편안하고 부드러운 성격이다. 타고난 외모와 신사적인 매너로 많은 사람에게 흠모의 대상이 되라는 뜻에서 제임스라 한다.

941 Jason

제이슨은 그리스어에서 유래한 이름이다. 치료자라는 뜻으로 단정하고 유머감각이 뛰어난 소년을 뜻한다. 늘 많은 사람들과 즐겁게 살라는 뜻에서 제이슨이라 한다. 많은 사람들과 어울려 그 사람들의 몸과 마음을 치료하는 훌륭한 사람이 되라는 뜻이 담긴 이름이다.

942 Jasper

재스퍼는 신비롭고 해박한 사람을 뜻한다. 세상에 보이지 않는 것들을 꿈꾸며 이상을 찾아가는 모습이 있다. 실패를 두려워하지 않고 새롭게 도전하고 신세계를 찾아 길을 떠나는 동방박사의 이름이다. 해박한 지식으로 많은 사람을 가르치고 자신의 신비로운 세상을 늘 꿈꾸라는 뜻에서 재스퍼라 한다.

943 Jethro

제스로는 친절과 지혜 그리고 부와 풍요를 뜻한다. 풍요로운 대지에서 검붉은 얼굴로 강건하고 부지런한 일하는 사람의 모습이있다. 대지의 넉넉함과 함께 몸과 마음이 강건한 이미지가 있다. 늘 새로운 땅을 개척하는 부지런한 농부의 성실함이 있으니 늘 참되고 진실하게 자신의 영역을 넓혀가는 사람이 되라는 뜻에서 제스로라 한다.

944 John

존은 성스러우면서도 우직하고 품위를 지키면서도 위트가 있다. 너무 무겁지 않고 또 너무 가볍지 않아서 한결같은 성품을 간직하라는 뜻에서 존이라 한다. 또한 성자와 교황의 권위를 나타내는 요한이라는 이름으로도 불린다. 성스럽지만 누구나에게 마음이 열린 친근한 사람으로 하늘에서 지상까지 모든 영역을 아우르는 폭 넓은 사람이 되라는 뜻이 담긴 이름이다.

945 Jordan

조던은 운동신경이 뛰어나고 늘 긍정적인 사람이다. 진취적인 기상으로 늘 전진하고 여러 사람과 어울려 우정을 쌓는 유쾌한 사람이 되라는 뜻에서 조던이라 한다. 조던은 세례받는 자라는 뜻으로 새롭게 태어나는 이미지가 있다. 어제에 연연하지 말고 늘 새로운 세상을 향해 높이 날아오르라는 뜻에서 조던이라 한다.

946 Joseph

조지프는 예수의 어머니 마리아의 남편이다. 나사렛의 목수 요셉이라는 이름으로 잘 알려져 있다. 일하는 자의 수호자로 겸손과 성실을 양손에 들고 있다. 스스로를 낮은 곳에 두어 많은 사람에게 칭송받고 남을 위해 봉사하며 늘 기도하며 삶의 뜻을 새기는 사람이다. 정직하고 솔직하여 가장의 책임을 다하는 모습이 아름답다.

947 Joshua

조슈아는 히브리어에서 유래한 이름으로 용서와 구원을 뜻한다. 세상을 살아가며 만나는 모든 사람을 용서하고 사랑하라는 뜻에서 조슈아라고 한다. 생명 있는 모든 것에 생명을 주는 아름다운 사람이 되라는 뜻이 담긴 이름이다.

948 Julian

줄리언은 부드럽고 깨끗하다는 뜻이다. 자신의 주장을 내세우기보다는 타인의 의견을 경청하는 사람이 되라는 뜻에서 줄리언이라 한다. 또한 마음이 거울처럼 깨끗하니 세상을 참된 눈으로 바라본다. 봄날 호수처럼 세상을 맑게 비추는 투명한 인생을 찾으라는 뜻이 담긴 이름이다.

949 Justin

저스틴은 공정한 사람이다. 늘 공평무사하게 모든 일을 처리하고 모든 사람에게 기준이 되라는 뜻에서 저스틴이라 한다. 청렴하고 투명하게 인생을 영위하라는 뜻이 담긴 이름이다.

950 Kai

카이는 드넓은 바다라는 뜻이다. 바다처럼 넓은 마음이니 많은 사람의 휴식처가 된다. 더 넓은 세계를 향해 뻗어 나가는 삶을 살라는 뜻에서 카이라 한다. 막힘이 없는 바다처럼 큰 생각과 큰 도전으로 대양을 건너라는 뜻이 담긴 이름이다.

951 Kent

켄트는 초록이 우거진 숲 속의 성주를 뜻한다. 충실하고 신의가 있으며 우정을 소중히 하는 사람이 되라는 뜻에서 켄트라 한다. 고전적이면서 현대적인 이미지가 있으니 신구를 넘나들며 자신의 영역을 만들어간다. 윗사람을 잘 공경하고 아랫사람을 잘 보살피는 사람이니 소통의 장에 늘 함께한다. 중심에서 늘 신의를 지키는 사람이 되라는 뜻이 담긴 이름이다.

952 Kevin

케빈은 잘생긴 남자를 뜻하며, 섬세하면서도 창조력이 뛰어난 사람이다. 남들보다 독특한 생각과 창조력을 바탕으로 놀라운 발견이나 발명을 이루어낸다. 새로운 문화를 창조하고 학문의 가지를 넓게 펼치라는 뜻에서 케빈이라 한다.

953 Krishna

잠든 영혼을 깨우는 영적 스승이 되라는 뜻에서 크리슈나라 한다. 사람은 몸으로 태어났지만 영혼으로 부활한다. 영적 성장이 있어야 사람답게 인생을 마무리할 수 있다. 잠든 영혼에 생명을 불어넣는 영혼의 스승이 되라는 뜻에서 크리슈나라 한다. 영적 성장 속에서 자유를 누리라는 뜻이 담긴 이름이다.

954 Kyle

카일은 단순하지만 강하고, 세련되지만 고전적인 멋이 있는 사람이다. 인생의 풍류를 즐길 줄 아는 여유와 함께 모든 일을 세련되게 처리하는 지혜를 갖추고 있다. 일과 사랑 모두를 멋지게 완성해낸다. 멋과 지혜로써 세상의 중심에 서라는 뜻에서 카일이라 한다.

955 Land

대지의 신을 뜻하는 이름이 랜드이다. 땅은 후덕하고 풍요로우며 단단하다. 초록의 대지는 모든 생명을 길러내고, 끝없는 지평선 위에 생명은 자유롭다. 땅의 기운으로 늘 건강하고 풍요로우며 많은 식구들을 거느리는 사람이 되라는 뜻에서 랜드라 한다.

956 Leo

하늘의 사자자리 리오는 권위가 있으면서도 신비로움이 있다. 힘과 권력을 상징하면서도 하늘의 별을 연상하게 하는 이름이다. 닿을 수 없는 곳에서 성스럽게 빛나는 별이니 숨겨진 힘을 가지고 있다. 권위와 성령으로 세상을 호령하라는 뜻에서 리오라 한다.

957 Lewis

루이스는 프랑스 왕 루이Louis와 같은 이름이다. 사려 깊고 철학적인 면이 있어 매사에 진지하다. 강한 집중력으로 모든 일을 완벽히 하는 모습이 아름답다. 유럽 전통의 진중함과 진실함이 있으니 많은 사람이 믿고 따른다. 진실하고 정직한 사람이 되라는 뜻에서 루이스라 한다.

958 Lucas

루카스는 모험심이 많고 리더십이 빛나는 사람이다. 상상력이 뛰어나며 늘 저 산 너머 무엇이 있을까 궁금해한다. 새로운 세상을 위한 도전을 멈추지 말고 혼자 가기보다는 함께 가는 사람이 되라는 뜻에서 루카스라 한다. 산을 넘고 강을 건너 세상으로 나아가는 진취적인 인생을 살라는 뜻이 담긴 이름이다.

959 Luke

복음의 성자 누가가 루크이다. 신의 음성을 널리 전하는 성령이니 스스로 맑고 스스로 밝다. 또한 예술과 수공의 수호성인이라 손끝에 큰 재주를 가지고 태어났다. 신의 음성과 따뜻한 손길로 세상을 안으라는 뜻에서 루크라 한다.

960 Mac

결이 단단하고 문제의 본질을 파헤치는 사람이 맥이다. 펼쳐진 산맥처럼 장중하고 단단하여 사람들에게 신뢰를 준다. 세련되면서도 진취적이고 남자다우면서도 현명한 신사의 모습이 있다. 어디를 가든 요지를 잡아 문제를 해결하니 해결사의 면모가 있다. 모든 일에 절도 있게 행동하고 지킬 수 있는 말만 하라는 뜻이 담긴 이름이다.

961 Macon

메이컨은 예술가이다. 만들고 수행하고 창조하니, 늘 땀 흘려 만들고 그 수고로움이 삶의 수행이 되고 역사 앞에 창조가 된다는 뜻이다. 위대한 창조는 하루 아침에 이루어지지 않는다. 날마다의 노력과 땀으로 이루어지는 것이니 깊은 내면의 성찰과 관조로 이어진다. 위대한 예술가의 영혼으로 세상을 창조하라는 뜻에서 메이컨이라 한다.

962 Malcolm

맬컴은 혁명가이다. 자상한 성격을 가지고 있으면서도 늘 정신은 새롭게 깨어나 과거를 타파하는 성향이 있다. 구습을 철폐하고 불의에 저항하는 신인류의 선봉에 맬컴이 있다. 기득권에 머물지 말고 모두가 평등하고 모두가 존중받는 세상을 만들라는 뜻에서 맬컴이라 한다.

963 Mason

메이슨은 강인하고 성실한 남자를 뜻한다. 열심히 자신의 일을 수행하는 충실한 남자의 모습이 있다. 최선을 다하는 모습으로 늘 주위 사람에게 신뢰와 믿음을 주는 사람이다. 성실은 부유함을 낳는 힘이니 늘 검소하게 부지런하게 만들고 쌓아 큰 부를 이루고, 늘 존경받는 사람이 되라는 뜻에서 메이슨이라 한다.

964 Matthew

예수의 제자 마태가 매튜이다. 믿음 안에서 세상을 가르치는 사도이다. 믿음을 가지고 모든 역경을 넘어 신의 성스러운 산을 만들어간다. 강한 신념과 끊임없는 열정으로 세상 사람들을 신성한 세계로 이끈다. 보이지 않는 곳에서 빛을 보며 들리지 않는 곳에서 음성이 되는 세상의 큰 스승이 되라는 뜻에서 매튜라 한다.

965 Melvin

멜빈은 점잖은 상관을 뜻한다. 부하들을 아끼는 건강하고 책임감 있는 이미지가 있다. 부하들을 이끄는 힘은 경청하는 데 있다. 부하들을 이끄는 힘은 신뢰에 달려 있다. 늘 경청과 신뢰를 통해 많은 사람을 이끌라는 뜻에서 멜빈이라 한다.

966 Michael

준수한 외모와 좋은 집안 그리고 기품이 넘치는 행동 등 무엇 하나 빠지는 것이 없으면서도 누구에게나 친근한 사람이 마이클이다. 자신이 가진 것보다 더 겸손한 마음으로 인해 많은 사람의 사랑을 받는다. 또한 하늘의 대천사장이니 남녀노소 누구에게서나 사랑받고, 가는 곳마다 행운과 영광이 따른다. 스스로를 낮추어 더욱 높아지는 위대한 삶을 누리라는 뜻이 담긴 이름이다.

967 Miles

마일스는 현대적 감각과 예술적 혼을 함께 가진 사람이다. 모든 일에 최첨단을 걸으면서도 다른 한편으로는 예술가의 길을 걷는 멋이 있다. 머릿속에 떠오르는 영감들을 현실과 잘 접목시켜 성공적인 결과물을 선보인다.

968 Moses

십계명을 손에 들고 만백성을 약속의 땅으로 인도한 모세가 모지스이다. 예지력과 신의 은총으로 권위를 물려받으니 영광이 하늘에 닿아 있다. 강한 신념과 깊은 지혜 그리고 하늘의 보호를 받기에 지도자로서 손색이 없다. 하늘의 영광을 드러내는 귀한 삶을 살라는 뜻이 담긴 이름이다.

969 Myron

마이런은 향기롭다는 뜻이다. 사람마다 향기가 있다. 사람에게 가장 좋은 향기는 인격의 향기다. 인격의 향기는 바람을 거슬러 널리 퍼진다. 인격의 향기가 깊고 맑은 사람이 되라는 뜻에서 마이런이라 한다.

970 Nelson

넬슨은 인권 운동가의 이미지가 있다. 사회적 약자와 정의에 편에 선 사람들은 청렴하고 또한 열정적이다. 누구나 존중받으며 스스로의 가치를 실현시키는 세상을 위해 전진하고 개혁한다. 많은 사람의 선봉에 서라는 뜻에서 넬슨이라 한다.

971 Nemo

신비로움에 대한 동경과 모험심으로 새로운 세상을 향해 도전하라는 뜻에서 니모라 한다. 엉뚱하지만 귀엽고 늘 재치와 미소로 세상을 즐겁게 한다. 미지의 땅을 항해하는 눈이 반짝이는 청년이 되라는 뜻에서 니모라 한다.

972 Nicholas

니콜라스는 고전미와 현대미가 조화를 이룬 이미지다. 성인 니콜라스는 고전적이고 진중한 모습을 보여주고, 승리의 여신 니케는 진취적으로 세상을 향해 도전하는 전사의 모습을 보여준다. 안으로는 전통을 지키며 밖으로는 새로운 이상을 향해 도전하는 사람이 되라는 뜻에서 니콜라스라 한다.

973 Noah

노아의 방주 이야기에서 하늘이 선택한 유일한 사람이 노아이다. 신세계의 아버지이며, 순종과 생명을 뜻하는 이름이다. 모든 일에 순종과 헌신하는 것을 삶의 지표로 삼고 새로운 세상의 뿌리가 되라는 뜻에서 노아라 한다. 청렴하면서도 인자하고 순종적이면서도 권위가 있으니 모든 생명이 노아를 따를 것이다.

974 Ocean

바다처럼 푸르고 바다처럼 풍요로우라는 뜻에서 오션이라 한다. 바다는 모든 생명의 모태이다. 풍요와 넉넉함으로 많은 사람을 안고 늘 푸르른 바다처럼 한결같은 사람이 될 것이다. 바다는 강을 가리지 않아 세상에서 가장 큰 물을 이룬다. 한결같은 마음 한결같은 행동으로 그 푸름에 푸름을 더하라는 뜻이 담긴 이름이다.

975 Oliver

순수하고 절개 있는 청년이 올리버이다. 한 사람을 소중하게 사랑할 줄 알며, 작은 것에 감사하고 낮은 곳을 바라볼 줄 아는 사람이다. 한 걸음 한 걸음 자신이 꿈꾸는 세상을 사랑하는 사람과 함께 이루라는 뜻에서 올리버라 한다.

976 Omar

수학과 기하학의 대가를 연상케 하는 이름이 오마르이다. 개방적이면서도 정밀하고 유쾌하면서도 깊은 탐구심으로 연구실에서 바삐 움직이는 모습이 있다. 세상을 정밀하게 관찰하여 공식을 만들고 그 공식 속에서 많은 창조물들을 이루어내라는 뜻에서 오마르라고 한다.

977 Oren

오렌은 히브리어로 소나무라는 뜻이다. 소나무 향기처럼 맑고 사철 푸른 사람이 되라는 뜻에서 오렌이라 한다. 한결같은 사람은 많은 사람이 믿고 따른다. 눈바람에도 시들지 않고 푸르게 푸르게 하늘을 향해 뜻을 펼치라는 뜻에서 오렌이라 한다.

978 Oscar

오스카에게는 도시적인 외모이면서도 한편으로는 오래된 신비로움을 간직한 이미지가 있다. 오스카는 세상을 살며 경험한 천일야화를 펼치며 신비의 지평을 열어주는 위트 있는 이야기꾼이다. 또한 오스카는 아일랜드의 위대한 전사이니 강한 승부근성으로 전진한다.

979 Pablo

예술가의 혼으로 세상을 창조하라는 뜻에서 파블로라 한다. 영혼의 창문이 하늘을 향해 열려 있으니 신의 음성을 듣고 그것을 현실에서 음악과 시 그리고 그림으로 다시 창조해낸다. 뛰어난 관찰력과 그것을 뛰어넘는 창조력으로 문화를 선도하고 문명을 발전시켜 나가라는 뜻이 담긴 이름이다.

980 Patrick

패트릭은 남자 중의 남자이다. 울창한 숲 속에서 나무를 하는 건강한 모습 그리고 못과 망치를 들고 정교하게 집을 짓는 모습이 떠오른다. 성실하고 순박하여 무엇이든 쉽게 믿고 누구든 친절하게 대한다. 태어나서 다른 곳에 시선을 두지 않고 한 길을 꾸준히 걷는 성실과 정직의 상징이다. 우직하고 근면한 인생으로 큰 영토를 이루라는 뜻에서 패트릭이라 한다.

---

981 Paul

폴은 부활한 사도 바울이다. 세례로 다시 태어나 신약을 완성했으니 비로소 하늘의 뜻이 땅에서 이루어진다. 깊은 성령과 지혜 그리고 그것을 세상에 펼쳐 보이는 필력으로 사람들을 눈뜨게 한다. 말과 글을 통해 잠든 영혼들을 깨울 것이니 신탁을 받은 영혼은 푸르고 맑다. 잠든 영혼을 깨워 성령으로 인도하라는 뜻에서 폴이라 한다.

---

982 Peter

예수의 12제자 중 한 사람인 베드로가 피터이다. 피터는 반석이다. 성전을 세우는 반석이니 튼튼하고 견고하고 단단하다. 세상의 큰일을 이루는 반석 같은 사람이 되라는 뜻에서 피터라 한다. 믿음이 되고 중심이 되면 만사를 이룰 수 있다. 또한 피터는 천국의 열쇠를 가졌으니 닫힌 것을 열고 묶인 것을 풀어 자유를 세상에 선사할 것이다.

---

983 Philip

필립은 그리스 장군의 이름에서 유래하였다. 전장으로 나아가는 진취적인 기상으로 말을 쓰다듬고 있는 모습이다. 강한 정신력과 튼튼한 몸으로 세상을 향해 나아가라는 뜻에서 필립이라 한다.

984 Quentin

쿠엔틴은 인의지예신을 모두 갖춘 사람이다. 또한 오복을 모두 갖추었으니 후덕하고 넉넉하며 풍요롭다. 선조에게서 받은 많은 유산과 재능을 널리 베풀 것이니 복에 복을 더할 것이다. 재주란 나눌 때 기쁨이 되고, 재물이란 베풀 때 덕행이 된다. 오륜의 덕행과 품성으로 널리 칭송받으라는 뜻이 담긴 이름이다.

985 Raphael

라파엘은 일곱 대천사 중 치유의 수호성이다. 생명을 치유하고 질병과 고통에서 해방시켜준다. 라파엘은 또한 여행자의 수호성이기도 하니 길을 나선다. 전 세계를 주유하며 사람들을 치유하는 사람이 되라는 뜻이다.

986 Richard

대대로 왕가의 혈통을 이어받아 책임감 있고 품위 있는 사람이 리처드이다. 은발 신사를 연상케 하는 리처드는 때론 사랑을 위해 권좌를 내려놓는 순수한 내면이 있다. 좋은 집안에 좋은 성격으로 사회적 명성과 운명적 사랑 모두를 성실하게 가꾸라는 뜻에서 리처드라 한다.

987 Roy

붉은 노을을 배경으로 노래 부르는 카우보이가 있다면 바로 로이이다. 목가적이고 낭만적이며, 색이 붉다는 뜻이 담긴 로이는 프랑스어로는 왕이란 뜻이다. 늘 열정을 가슴에 품고 솔직하면서도 한편 멋을 즐기는 낭만인 사람이 되라는 뜻에서 로이라 한다.

988 Ryan

겸손하고 예의바른 청년이 라이언이다. 늘 솔선수범하여 남들이 꺼려하는 일에 앞장서고 스스로 자랑하지 않아서 많은 사람들로부터 사랑받는다. 듬직한 외형을 가진 인사성 밝은 훌륭한 청년이 되라는 뜻에서 라이언이라 한다.

989 Scott

왕을 지키는 충성스런 기사가 스콧이다. 화살처럼 빠르고 황소처럼 단단한 갑옷으로 무장하고 왕을 호위한다. 왕의 오른쪽 날개이니 늘 전장의 선봉에 선다. 스스로를 내세우기보다는 왕을 돕는 조력자로서 삶을 완성한다. 충성과 신의를 다해 후대에 큰 이름을 전하라는 뜻이 담긴 이름이다.

990 Simon

사이먼은 진솔하고 정직하다는 뜻이다. 인생에서 가장 중요한 것은 스스로에게 진실한 것이다. 스스로 진실하여 자유롭고 스스로 솔직하여 타인에게 믿음이 되라는 뜻에서 사이먼이라 한다. 정직과 진실은 처음에 시간이 걸리나 그 열매는 풍성하고 당당하다. 시간이 흐를수록 진면목이 드러나는 사람이 되라는 뜻이 담긴 이름이다.

991 Sion

시온은 높은 곳을 뜻한다. 세상의 처음 산이니 건강하며 푸르고 풍족하고 풍요롭다. 날마다 새롭게 태어나 더 높은 곳을 향해 오르는 부지런한 사람이 되라는 뜻에서 시온이라 한다. 귀한 인연으로 귀하고 높은 자리에 앉아 세상을 보라는 뜻에서 시온이라 한다.

992 Spencer

청량한 바람이 느껴지는 세련된 신사가 스펜서이다. 마음에 욕심이 없고 눈에 삿됨이 없어 한 점 바람처럼 가볍고, 다른 한편으로는 잘 교육받는 집안에 정직한 성품이 드러나는 사람이 스펜서이다. 영혼이 맑아 타인의 마음까지 맑게 만드는 힘이 있다. 세상과 사람을 밝히는 소명 아래 큰 열매들을 이루라는 뜻이 담긴 이름이다.

993 Thor

천둥의 신이 토르이다. 하늘에서 천둥과 비를 만드는 신이니 대지에 모든 생명을 키워낸다. 돌아갈 줄 모르고 강직하여 처음과 끝이 하나로 만난다. 처음은 그 성격으로 인해 역경을 만나지만, 나중은 그 성품으로 인해 제왕의 자리에 앉게 된다. 늘 솔직함으로 빛에 빛을 더하고 강직함으로 자리를 단단히 하라는 뜻이 담긴 이름이다.

994 True

진실하게 살라는 뜻에서 트루라 한다. 소박하고 진실한 것은 세상살이의 근본이다. 가장 본질적인 것이 가장 오래 간다. 진실만이 그 생명을 오래 유지할 수 있다. 껍질을 벗어버리고 오직 알맹이만 가지고 세상과 호흡하는 사람이 되라는 뜻에서 트루라 한다. 진실한 마음은 하늘을 감동시키니 기적을 늘 생활 속에서 이룰 것이다.

995 Valor

진실을 향해 용기 있는 사람이 되라는 뜻에서 밸러라 한다. 정의를 외면하면 부패가 되고 진실을 외면하면 부정이 된다. 세상은 진실을 향해 용기를 낼 때 발전하고 개선되며 정의가 구현된다. 스스로 떳떳함을 지킬 줄 아는 용기를 가지라는 뜻에서 밸러라 한다.

996 Wade

웨이드는 고대영어에서 유래한 이름이다. 강을 건너 산을 넘어 멀리 세상을 여행하는 사람을 뜻한다. 활달하고 명랑하며 늘 진취적인 성품을 가졌다. 멀리 세상으로 나아가 견문과 학식을 넓히라는 뜻이 담긴 이름이다.

997 William

윌리엄은 황족이다. 강건한 남성의 정신을 안고 세계를 정복하는 정복자의 이름이다. 보수적인 생각은 역사를 지키는 힘이다. 늘 역사 속에서 중심에 자리하고 진취적인 기상으로 세계로 나아가 이름을 떨친다. 자신의 영토와 생명을 지키는 큰 소망을 안고 널리 세상을 주유하라는 뜻이 담긴 이름이다.

998 Winston

철학이 있는 지도자로서 많은 사람을 이끌라는 뜻에서 윈스턴이라 한다. 그는 겨울 바람처럼 차갑지만 선명하며 뚝심과 이성으로 만사를 이루어낸다. 한편으로는 끝까지 신념을 이루어내려는 뚝심이 있으며, 다른 한편으로는 그것을 이루어내는 지혜가 있다. 전통과 변화를 읽을 줄 아는 큰 지혜가 있으니 많은 사람의 리더로서 역사의 큰 장을 열라는 뜻이 담긴 이름이다.

999 Zane

스마트하고 멋진 신사를 제인이라 한다. 자신의 세계가 독특하면서도 사람들과 잘 어울린다. 현명하면서도 늘 겸손하여 예의바르고 품행과 언행이 세련된 사람이다. 늘 약자들을 돌보며 이 땅에 두 발을 딛고 현실을 이상세계로 만들어간다. 눈부신 외모와 현명한 지혜로 세상을 구하라는 뜻에서 제인이라 한다.

1000 Zeno

동양의 선적 신비로움과 서양의 진취적 사고를 모두 갖추라는 뜻에서 제노라 한다. 젠Zen, 선은 스스로 비추는 힘이다. 내재적 힘을 발현하여 빛이 되는 것이니 늘 자신을 되새겨 빛나는 사람이 되라는 뜻이다. 오O는 우주이다. 처음과 끝이 하나로 만나는 우주의 힘이니 전 우주에 생명의 힘을 전하라는 뜻이다. 이렇게 동서양이 하나로 만나 소통과 교류의 발판이 되라는 뜻에서 제노라 한다.

아기 운이 쑥쑥

예쁜 이름 좋은 이름 1000

펴낸이 유재영
펴낸곳 동학사
지은이 박상원

기획 이화진
편집 나진이
디자인 전지영·정민애

1판 1쇄 2014년 3월 10일
1판 7쇄 2023년 9월 8일
출판등록 1987년 11월 27일 제10-149
주소 04083 서울 마포구 토정로 53 (합정동)
전화 324-6130, 6131
팩스 324-6135

E메일 dhsbook@hanmail.net
홈페이지 www.donghaksa.co.kr
　　　　 www.green-home.co.kr

ⓒ 박상원, 2014

ISBN 978-89-7190-440-4　13150

- 저자와의 협의에 의해 인지를 생략합니다.
- 잘못된 책은 구매처에서 교환하시고, 출판사 교환이 필요할 경우에는 사유를 적어 도서와 함께 위의 주소로 보내주세요.